REPASE Y ESCRIBA

Curso avanzado de gramática y composición

SECOND EDITION

MARÍA C. DOMINICIS
ST. JOHN'S UNIVERSITY, NEW YORK

JOHN J. REYNOLDS
Emeritus, ST. JOHN'S UNIVERSITY, NEW YORK

JOHN WILEY & SONS, INC.
New York Chichester Brisbane Toronto Singapore

Acquisitions Editor	Mary Jane Peluso
Marketing Manager	Debra Riegert
Senior Production Editor	Micheline Frederick
Designer	Laura Nicholls
Manufacturing Manager	Andrea Price
Photo Researcher	Hilary Newman
Illustration Coordinator	Gene Aiello

This book was set in 10/12 Galliard by Digitype and printed and bound by Hamilton Printing. The cover was printed by Phoenix

Recognizing the importance of preserving what has been written, it is a policy of John Wiley & Sons, Inc. to have books of enduring value published in the United States printed on acid-free paper, and we exert our best efforts to that end.

The paper in this book was manufactured by a mill whose forest management programs include sustained yield harvesting of its timberlands. Sustained yield harvesting principles ensure that the number of trees cut each year does not exceed the amount of new growth.

Library of Congress Cataloging in Publication Data:

Dominicis, María Canteli.
Repase y escriba : curso avanzado de gramática y composición / María C. Dominicis, John J. Reynolds. — 2nd ed.
p. cm.
Includes index.
ISBN 0-471-58488-6
1. Spanish language—Grammar. 2. Spanish language—Composition and exercises. I. Reynolds, John J., 1924- . II. Title.
PC4112.D663 1994
468.2'421—dc20 93-41739
CIP

Printed in the United States of America

10 9 8 7 6 5 4 3 2 1

P • R • E • F • A • C • E

Repase y escriba is designed for advanced grammar and composition courses. It can be most effectively used in the third or fourth year of college study and can be covered in two semesters or, by judicious selection, in one semester.

We have taken into account the fact that some institutions add a conversation component to their composition courses. In that case, the *Comprensión*, *Interpretación* and *Intercambio oral* sections following the *Lectura* will be especially useful. In addition, the themes for composition lend themselves to oral discussion.

This text has notable features that make it different from other books of its kind.

1. It emphasizes the everyday usage of educated persons rather than the more formal, literary Spanish. Thus, for example, many of the *Lecturas* are derived from popular periodicals. Literary selections, however, are included for variety, contrast, and cultural information.
2. This book is not geared exclusively to Peninsular Spanish. Significant differences between Peninsular and New World Spanish are pointed out. Wherever possible, the usage of the majority is given preference.
3. **Repase y escriba** does not attempt to cover every grammar point but rather focuses on those crucial aspects of the language that challenge even advanced students. During our many years of teaching grammar and composition courses, we have found that the same errors occur over and over again. These areas of difficulty have been grouped into fourteen categories and the book aims at eradicating them.
4. This text offers a multitude and a wide variety of exercises. Not only are there compositions — both directed and free — but there are exercises that involve creativity, completion, substitution, and matching. A majority of the exercises are contextualized.
5. **Repase y escriba** takes into consideration the special needs of the ever-increasing number of Hispanics in the classrooms of our universities. Spelling and the placement of accents create serious problems for these students as they strive to improve their writing skills. Accordingly, many exercises deal with those matters.
6. Other useful features of **Repase y escriba** are:
   a. An appendix that contains a series of charts showing certain grammar topics not included in the body of the text.
   b. English-Spanish and Spanish-English glossaries.
   c. An answer-key, available to instructors upon request. This key contains answers to those exercises that involve translation from English to Spanish and to some of the other exercises on points that are especially subtle for non-natives.

The format of the chapters is as follows:

1. *Lectura*. (It offers illustrations of the grammatical points.)
   a. *Comprensión*
   b. *Interpretación* (Personal reactions related to the *Lectura*.)
   c. *Intercambio oral* (Designed to stimulate conversation among the students.)
2. *Sección gramatical* (Exercises of different kinds are interspersed among the grammatical explanations.)
3. *Análisis de la lectura* (Questions and exercises to stimulate class discussion of the grammatical and/or lexical problems exemplified in the *Lectura*.
4. *Sección léxica*
   a. *Repaso* (Exercises — synonyms, etc. — to review some of the new vocabulary introduced in the *Lectura*.)
   b. *Ampliación* (Proverbs, idioms, word families, false cognates, etc.)
   c. *Distinciones léxicas* (English words with more than one Spanish equivalent, Spanish words with more than one meaning in English. The *Ampliación léxica* and *Distinciones léxicas* sections are largely self-contained so that either or both can be skipped if time doesn't permit the instructor to cover them.)
5. *Para escribir mejor* (Spelling, punctuation, the art of writing.)
6. *Traducción* (A contextualized passage in English to be translated into Spanish, illustrating the grammatical principles and other matters treated in the lesson.)
7. *Temas para composición* (Topics for creative compositions, with guidelines.)

The grammar rules are explained in English to facilitate the students' comprehension while doing their home preparation, and, at the same time, the *Análisis de la lectura* provides the opportunity for classroom discussion of grammar in Spanish. To lighten somewhat the students' burden, traditional terminology is used rather than the newer nomenclature and symbols.

MAJOR CHANGES IN THE SECOND EDITION

We have retained the basic structure of the first edition but we have added to it the following new features:

1. Each *Lectura* is followed by a new exercise called *Intercambio oral* which is designed to enhance the oral component of the book.

2. Each chapter includes a section called *Para escribir mejor*. These sections deal with the mechanics of writing (punctuation, written accents, etc.) as well as the art of writing narratives, dialogue, and descriptions.

3. In order to stimulate oral and/or written discussion in a lighter vein, many Hispanic cartoons have been introduced.

4. Numerous new reproductions of realia have been included and all photo captions have been greatly expanded with the aim of providing many different kinds of cultural information.

Furthermore, 7 of the fourteen *Lecturas* as well as many exercises throughout are new. (Some of the short stories have been slightly abridged.) Also, as suggested by several users, we have expanded a number of grammatical explanations, e.g., imperfect vs. preterite and the subjunctive.

Users of the first edition of **Repase y escriba** have reported very positive results. We believe that this new edition will be even more successful.

We wish to express our gratitude to Mary Jane Peluso and her associates at John Wiley and Sons for their helpful editorial advice, and to our friends and colleagues for their encouragement and suggestions.

MCD
JJR

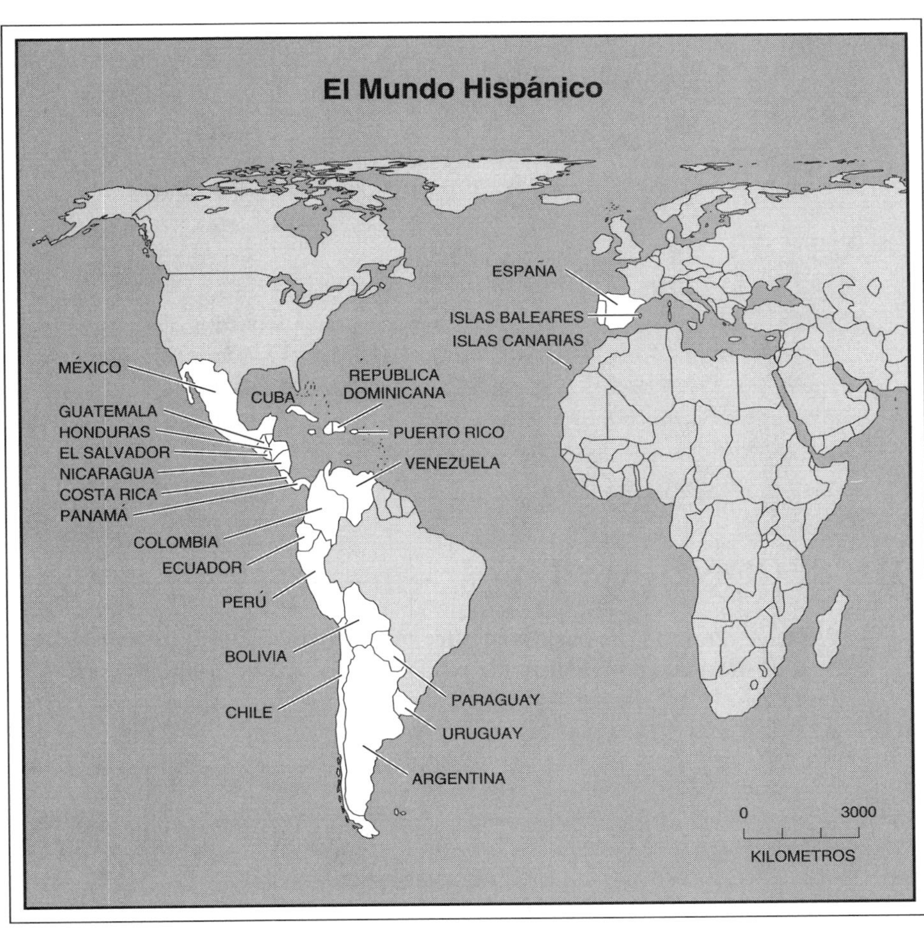

C · O · N · T · E · N · T · S

C · A · P · Í · T · U · L · O 1

Lectura

Este cuento de Ana María Matute, una conocida escritora española contemporánea, nos traslada al mundo de los niños y nos enseña varias cosas, una de ellas, que el miedo nos hace ver a nuestros enemigos más grandes de lo que son realmente.

Los chicos

Eran sólo cinco o seis, pero así, en grupo, viniendo carretera adelante°, se nos antojaban° quince o veinte. Llegaban casi siempre a las horas achicharradas° de la siesta, entre una nube de polvo, que levantaban sus pies, como las pezuñas de los caballos. Los veíamos llegar, y el corazón nos latía de prisa. Alguien, en voz baja, decía: «¡Que vienen los chicos...!» Por lo general, nos escondíamos para tirarles piedras, o huíamos.

viniendo... avanzando por la carretera / **se...** nos parecían / muy calientes

Porque nosotros temíamos a los chicos como al diablo. En realidad, eran una de las mil formas del diablo, a nuestro entender. Los chicos harapientos°, malvados, con los ojos oscuros y brillantes como cabezas de alfiler negro. Los chicos descalzos y callosos, que tiraban piedras de largo alcance°, con gran puntería. Los que hablaban un idioma entrecortado°, desconocido, de palabras como pequeños latigazos°, de risas como salpicaduras de barro. En casa nos tenían prohibido terminantemente entablar relación alguna con ellos.

muy mal vestidos

de... que llegaban muy lejos / vacilante

golpes con un látigo

Los chicos vivían en los alrededores del Destacamento Penal°. Eran los hijos de los presos del Campo, que redimían sus penas en la obra del pantano°. Entre sus madres y ellos habían construido una extraña aldea de chabolas° y cuevas, adosadas° a las rocas, porque no se podían pagar el alojamiento en la aldea, donde, por otra parte, tampoco eran deseados. «Gentuza, ladrones, asesinos...», decían las gentes del lugar°. Nadie les hubiera alquilado una habitación.

prisión

que... who were working off their sentences in the construction of a dam / casas muy pobres / pegadas

la aldea

Para nosotros, los chicos eran el terror°. Nos insultaban, nos apedreaban, deshacían nuestros huertecillos° de piedra y nuestros juguetes, si los pillaban sus manos. Nosotros los teníamos por seres de otra raza, mitad monos, mitad diablos.

la personificación del terror / jardines hechos como juego

Los niños de familias pobres que pasan sus horas libres en la calle son un problema muy generalizado en las ciudades de Hispanoamérica. Estos muchachos de diversas edades de Cuzco, Perú, se entretienen jugando fútbol de mesa. Muchos chicos de la calle, sin embargo, se dedican a actividades más violentas.

El hijo mayor del administrador era un muchacho de unos trece años, alto y robusto, que estudiaba el bachillerato° en la ciudad. Aquel verano vino a casa de vacaciones, y desde el primer día capitaneó° nuestros juegos. Se llamaba Efrén y tenía unos puños rojizos, pesados como mazas, que imponían un gran respeto. Como era mucho mayor que nosotros, audaz y fanfarrón°, le seguíamos a donde él quisiera.

El primer día que aparecieron los chicos de las chabolas, en tropel°, con su nube de polvo, Efrén se sorprendió de que echáramos a correr y saltáramos el muro en busca de refugio.

—Sois cobardes —nos dijo—. ¡Ésos son pequeños!

No hubo forma de convencerle de que eran otra cosa: de que eran algo así como el espíritu del mal.

—Bobadas° —dijo. Y sonrió de una manera torcida y particular que nos llenó de admiración.

Al día siguiente, Efrén se escondió entre los juncos° del río. Nosotros esperábamos, ocultos detrás del muro, con el corazón en la garganta. Algo había en el aire que nos llenaba de pavor.

Al llegar, los chicos escudriñaron° hacia el río, por ver si estábamos buscando ranas, como solíamos. Y para provo-

bachillerato: escuela secundaria
capitaneó: dirigió
fanfarrón: *boastful*
tropel: grupo desordenado
Bobadas: Tonterías
juncos: *reeds*
escudriñaron: miraron con mucha atención

carnos empezaron a silbar y a reír de aquella forma de siempre, opaca y humillante. Ése era su juego: llamarnos, sabiendo que no apareceríamos. Nosotros seguimos ocultos y en silencio. Al fin, los chicos abandonaron su idea y volvieron al camino, trepando terraplén arriba°.

trepando... *climbing up the embankment*

Mi hermano mayor se incorporó a mirar por entre las piedras y nosotros le imitamos. Vimos entonces a Efrén deslizarse entre los juncos como una gran culebra. Con sigilo trepó hacia el terraplén, por donde subía el último de los chicos, y se le echó encima°.

se... saltó sobre él

Con la sorpresa, el chico se dejó atrapar. Los otros ya habían llegado a la carretera y cogieron piedras, gritando. Pero Efrén no se dejó intimidar. Era mucho mayor y más fuerte que aquel diablillo negruzco que retenía entre sus brazos, y echó a correr arrastrando a su prisionero hacia el refugio del prado, donde le aguardábamos. Las piedras caían a su alrededor y en el río, salpicando de agua aquella hora abrasada°. Pero Efrén saltó ágilmente sobre las pasaderas°, y arrastrando al chico, que se revolvía furiosamente, abrió la empalizada° y entró con él en el prado. Al verlo perdido, los chicos de la carretera dieron media vuelta y echaron a correr, como gazapos°, hacia sus chabolas.

de mucho calor

piedras para pasar sobre el agua / cercado

conejos jóvenes

Efrén arrastró al chico unos metros, delante de nosotros. El chico se revolvía desesperado e intentaba morderle las piernas, pero Efrén levantó su puño enorme y rojizo, y empezó a golpearle la cara, la cabeza y la espalda. Una y otra vez, el puño de Efrén caía, con un ruido opaco. El sol brillaba de un modo espeso y grande, sobre la hierba y la tierra. Había un gran silencio. Sólo oíamos el jadeo° del chico, los puñetazos° de Efrén y el fragor° del río, dulce y fresco, indiferente, a nuestras espaldas.

respiración agitada / golpes con el puño
sonido

Efrén estuvo mucho rato golpeando al chico con su gran puño. El chico, poco a poco, fue cediendo. Al fin, cayó al suelo de rodillas, con las manos apoyadas en la hierba.

Parecía mentira lo pequeño y delgado que era. «Por la carretera parecían mucho más altos», pensé. Efrén estaba de pie a su lado, con sus grandes y macizas piernas separadas, los pies calzados con gruesas botas de ante°. ¡Qué enorme y brutal parecía Efrén en aquel momento!

buckskin, suede

—¿No tienes aún bastante? —dijo en voz muy baja, sonriendo. Sus dientes, con los colmillos salientes°, brillaron al sol.

colmillos... *protruding eyeteeth*

—Toma°, toma... Y le dio con la bota en la espalda. Efrén se volvió, grande y pesado, despacioso, hacia la casa, muy seguro de que le seguíamos.

Take that!

Mis hermanos, como de mala gana°, como asustados, le obedecieron. Sólo yo no podía moverme, no podía, del lado del chico. De pronto, algo raro ocurrió dentro de mí. El chico estaba allí, tratando de incorporarse°, tosiendo. No lloraba. Tenía los ojos muy achicados, y su nariz, ancha y aplastada,

de... *reluctantly*

levantarse

vibraba extrañamente. Por la barbilla le caía la sangre, que empapaba sus andrajos° y la hierba. Súbitamente me miró. Y vi sus ojos de pupilas redondas, que no eran negras sino de un pálido color de topacio°, transparentes, donde el sol se metía y se volvía de oro. Bajé los míos, llena de una vergüenza dolorida.

harapos

piedra preciosa de color amarillo dorado

El chico se puso en pie, despacio. Se debió herir en una pierna, cuando Efrén lo arrastró, porque iba cojeando hacia la empalizada. No me atreví a mirar su espalda, renegrida° y desnuda entre los desgarrones°. Sentí ganas de llorar, no sabía exactamente por qué. Únicamente supe decirme: «Si sólo era un niño. Si era nada más que un niño, como otro cualquiera».

black-and-blue

partes rotas de la camisa

COMPRENSIÓN

Estrategia: Antes de contestar las preguntas, es importante leer primero la lectura completa rápidamente, y después leerla con más detenimiento, dividiéndola en pasajes cortos.

1. ¿Qué hacían la narradora y sus compañeros cuando veían llegar a los chicos forasteros?
2. ¿Cómo estaban vestidos estos chicos?
3. ¿Cómo hablaban y actuaban los chicos?
4. ¿Quiénes eran estos muchachos y por qué no vivían en la aldea?
5. ¿Qué opinión tenían en la aldea de los forasteros?
6. ¿Por qué eran los chicos el terror para la narradora y sus amigos?
7. ¿Quién era Efrén y cómo era?
8. ¿De qué se sorprendió Efrén cuando vio a los forasteros? ¿Por qué?
9. ¿Cuál era el juego de los forasteros?
10. ¿Qué hizo Efrén para atrapar al chico?
11. ¿Cuál fue la reacción de los compañeros del muchacho cuando Efrén lo atrapó?
12. Después de arrastrar al chico, ¿qué le hizo Efrén?
13. Cuando el chico miró a la narradora, ¿qué notó ella? ¿Por qué bajó ella los ojos?
14. Mientras se alejaba cojeando el chico, ¿qué se dijo la narradora?

INTERPRETACIÓN

1. ¿Qué le parece este cuento? ¿Cuáles son sus méritos? ¿Sus defectos?
2. ¿Es importante que la narradora sea una mujer? ¿Cambiaría el enfoque del cuento con un narrador masculino? Explique.
3. La narradora describe el lenguaje de los chicos de las chabolas como «desconocido». ¿En qué sentido es significativo este adjetivo?
4. ¿Qué indica la comparación de las palabras de los niños con latigazos y la de sus risas con salpicaduras de barro?

5. Al principio la narradora describe al chico como alto y con los ojos negros como cabezas de alfiler; después lo ve pequeño y de pupilas doradas. ¿Qué significado tiene esto para Ud.?
6. Además de la discriminación de los niños contra los chicos forasteros, ¿qué otra clase de discriminación hay en este cuento?
7. ¿Qué le parece Efrén? ¿Es anormal su comportamiento? Explique.
8. ¿Cómo cambia la imagen de Efrén para la narradora después que comienza la pelea? ¿Qué quiere indicar la autora con esto?
9. ¿Cuál es la moraleja o lección de este cuento?

INTERCAMBIO ORAL*

A. La sociedad no sólo siente aprehensión ante delincuentes y criminales, el miedo se extiende también a sus familias. ¿Cuál es la razón de este miedo? ¿Es esto justo? ¿Qué puede hacer la sociedad para ayudar a los presos y a sus familias?

B. ¿Reforman hoy las cárceles a los delincuentes? ¿Por qué (no)? ¿Qué defectos tiene hoy el sistema penal? ¿Cómo podría mejorarse?

C. ¿Contra quiénes existe discriminación en los Estados Unidos? ¿Existe la discriminación «al revés»? ¿Qué noticias de incidentes relacionados con la discriminación se han publicado recientemente?

D. ¿Es cierto o no que las raíces de la discriminación están en las enseñanzas que los niños reciben y en los ejemplos que ven? ¿Hasta qué punto influyen en una persona las experiencias de la niñez?

E. Frecuentemente se dice que los niños pueden ser muy crueles. ¿Es esto verdad? ¿O son más crueles los adultos? ¿Por qué (no)?

Sección gramatical

THE PRETERITE AND THE IMPERFECT

The correct use of two simple past tenses — the preterite and the imperfect — is one of the most challenging facets of Spanish grammar. Happily, Spanish and English usage coincide in some cases. For example, compare *Last night Miguel arrived from his trip while we were having supper* and **Anoche Miguel llegó de su viaje mientras cenábamos.** In this case, the different past tenses in English are clues to the different past tenses in Spanish.

It can be said, in general, that the English simple past corresponds to the preterite while a past progressive (*was/were* + *-ing* form) or the combination *used to* + infinitive in English are represented in Spanish by the imperfect. In many instances, however, the English verb form gives no hint about the possibilities in Spanish. For example, compare *We were in Spain in 1993*

*El objeto de estos temas es animar a los estudiantes a conversar entre sí en clase.

and **Estuvimos/Estábamos en España en 1993.** The use of **estuvimos** implies that the speaker and his/her companion(s) visited Spain in 1993 while **estábamos** stresses their stay there for an indefinite period of time during 1993.

The rules given in this chapter on the uses of the preterite and the imperfect will help you determine which tense you must use in Spanish when the English sentence doesn't provide a definite clue.

THE PRETERITE

The preterite tense narrates events in the past. It refers to a single past action or state or to a series of actions viewed as a completed unit or whole.*

1. Verbs that express actions that happened and ended quickly are used in the preterite.

Efrén se le echó encima al chico.	*Efrén jumped on the boy.*
Elena se fue cuando nosotros llegamos.	*Elena left when we arrived.*
Se sentó en el sofá y cerró los ojos.	*He sat down on the sofa and closed his eyes.*

2. The preterite can be used regardless of the length of time involved or the number of times the action was performed, provided that the event or series of events is viewed as a complete unit by the speaker.

Te esperamos media hora.	*We waited for you for half an hour.*
Estuvo golpeando al chico mucho rato.	*He was hitting the boy for a long time.*
Leí tres veces las instrucciones.	*I read the directions three times.*

3. The preterite also refers to the beginning or ending of an action.

Efrén empezó a golpear la cara del chico.	*Efren began to hit the boy's face.*
La reunión terminó a las cinco.	*The meeting ended at five.*

*In the central region of Spain, and especially in Madrid, the present perfect is used in cases where the preterite has been traditionally regarded as the correct form; for example, **El sábado pasado la hemos visto** instead of **El sábado pasado la vimos**. The opposite phenomenon also occurs in certain areas of Spain and in most of Spanish America: the preterite is frequently found in cases where the present perfect would be more usual according to traditional usage. For example: **¿No tienes apetito? No comiste nada**. is used instead of **No has comido nada.**
For a more complete discussion of this problem, see Charles E. Kany, *Sintaxis hispanoamericana*, (Madrid: Gredos, 1969), pp. 199–202. On the tendency in informal American English to use the simple past (*I did it already*) in place of the perfective (*I have already done it*), see Randolph Quirk and Sidney Greenbaum, *A Concise Grammar of Contemporary English* (N.Y.: Harcourt Brace Jovanovich, 1973), p. 44.

APLICACIÓN

A. *Sustituya según se indica, fijándose en el uso del pretérito que cada oración ejemplifica. (En este ejercicio hay muchos verbos irregulares. Antes de hacerlo, repase los verbos irregulares en el apéndice.)*

1. Como mi coche no funcionaba, *reparé* el motor.
   (componer / apagar / reemplazar)
2. El profesor *señaló* mi error dos veces.
   (advertir / predecir / oponerse a)
3. Cuando el niño oyó el ruido, *dejó de* llorar.
   (ponerse a / abstenerse de / querer)
4. Yo redacté el proyecto y Juan lo *copió*.
   (corregir / traducir / destruir)
5. *Visitaron a* los Camejo la semana pasada.
   (despedir / detener / mentirles)
6. *Acompañaron a* los visitantes mientras estuvieron aquí.
   (perseguir / andar con / entretener)

B. *¿Qué hizo Ud. ayer? Prepare una lista resumiendo sus actividades usando el tiempo pretérito.*

C. *Conteste con oraciones completas usando el pretérito.*

1. ¿Dónde naciste?
2. ¿Se casaron tus padres en este pueblo?
3. ¿En qué año empezaste a ir a la escuela?
4. ¿A qué hora saliste de tu casa esta mañana?
5. ¿A cuántos amigos viste hoy?
6. ¿Te caíste alguna vez en la nieve el invierno pasado?
7. ¿Tuviste un accidente grave alguna vez?
8. ¿Soñaste anoche con tu profesor(a)?
9. La última fiesta a que fuiste, ¿terminó muy tarde?
10. ¿Quién fue la última persona que te llamó por teléfono?
11. ¿Estuviste alguna vez en España?
12. ¿Qué puso el profesor sobre la mesa cuando llegó hoy a clase?
13. ¿Quién contestó la pregunta anterior?
14. ¿A qué hora comenzó esta clase?

D. Mi fin de semana. *Un estudiante que no conoce las formas del tiempo pretérito, escribió la siguiente composición usando sólo el presente. Corríjala poniéndola en pretérito.*

Este fin de semana duermo en casa de mis primos. El sábado ando perdido por la ciudad y el domingo estoy muy ocupado todo el día. Por la mañana hago la maleta para mi viaje de regreso, pero tengo un problema, porque mis zapatos no caben en ella. Los pongo en una bolsa y luego me dirijo al hospital, porque una amiga mía sufre un accidente. Lo siento muchísimo, y así se lo digo apenas llego. Escojo claveles rojos para llevárselos y le gustan mucho. Por la tarde, mis primos y yo vamos a un restaurante muy bueno. Carlos les traduce el menú a sus hermanos. Los otros piden bisté, pero Carlos y yo preferimos el arroz con pollo. Nos sirven un arroz delicioso. Yo quiero pagar la cuenta, pero Carlos me lo impide. Por supuesto, que no me opongo.

THE IMPERFECT

The imperfect is the past descriptive tense. It takes us back to the past to witness an action or state as if it were happening before our eyes. The action or state is not viewed as a whole and its beginning and termination are not present in the mind of the speaker.

Compare **Mi amigo estaba enfermo la semana pasada** and **Mi amigo estuvo enfermo la semana pasada**. Both sentences mean in English *My friend was sick last week*. The state of being sick is viewed in the first Spanish sentence, however, as a description of the friend's condition at some time last week and the speaker is not concerned with the beginning, end, or duration of that condition. In the second sentence the condition is viewed as a unit and as terminated, the clear implication being that the friend is no longer sick.

The imperfect often appears combined with the preterite in the same sentence. In such cases the imperfect serves as the background or stage in which the action or actions reported by the preterite took place or it expresses that an action was in progress at the time something else happened.

Era tarde y hacía frío cuando salimos de la iglesia. — *It was late and it was cold when we left the church.*

Mi hermana tocaba el piano cuando llamó su novio. — *My sister was playing the piano when her boyfriend called.*

USES OF THE IMPERFECT

The imperfect is used

1. As the Spanish equivalent of the English past progressive (*was, were* + *-ing*) to tell what was happening at a certain time.

Hablábamos mientras tocaba la orquesta. — *We were talking while the orchestra was playing.*

—¿Qué hacías en la cocina? —Fregaba los platos. — *"What were you doing in the kitchen?" "I was washing the dishes."*

2. To express repeated or customary past actions, as the equivalent of *used to*, *would* + *verb*.*

*Note, however, that *used to* does not always refer to customary actions, for it sometimes emphasizes that something was and no longer is. When this is the case, the stress is on the ending of the action and the preterite must be used.

Mi padre fue profesor de español, pero ahora es comerciante. — *My father used to be a Spanish teacher but he is now a merchant.*

Íbamos a la playa con frecuencia en esa época.	*We would go to the beach often then.*
Por lo general, nos escondíamos para tirarles piedras.	*Usually, we hid to throw rocks at them.*

3. To describe and characterize in the past.

Se llamaba Efrén; era un muchacho alto y robusto y tenía unos puños pesados como mazas.	*His name was Efrén; he was a tall, robust boy and he had fists as heavy as clubs.*
El cuarto estaba oscuro y silencioso y olía a rosas.	*The room was dark and quiet and it smelled of roses.*

There was, *there were* have a descriptive character and are used in the imperfect generally. **Hubo** means in most cases *happened* or *took place*.

Había sólo tres casas en esa cuadra.	*There were only three houses on that block.*
Hubo tres fiestas en esa cuadra anoche.	*There were three parties on that block last night.*

Because of the descriptive character of the imperfect, Spanish speakers frequently employ it when telling a dream they had or the plot of a movie they saw, even in cases that would call for a preterite in normal usage. Note Pérez Galdós' use of imperfects in *Doña Perfecta,* in the passage that describes Rosario's dream:

> **Oía** el reloj de la catedral dando las nueve; **veía** con júbilo a la criada anciana, durmiendo con beatífico sueño, y **salía** del cuarto muy despacito para no hacer ruido; **bajaba** la escalera... **Salía** a la huerta... en la huerta **deteníase** un momento para mirar al cielo, que estaba tachonado de estrellas... **Acercábase** después a la puerta vidriera, del comedor, y **miraba** con cautela a cierta distancia, temiendo que la vieran desde dentro. A la luz de la lámpara del comedor, **veía** de espaldas a su madre...

In a narration of real events, the verbs above would be in the preterite: **oyó**, **vio**, **salió**, etc.

4. To express emotional, mental, or physical states in the past. Thus, verbs that describe a state of mind, such as **amar**, **admirar**, **creer**, **estar enamorado**, (**alegre**, **preocupado**, **triste**, etc.), **gustar**, **pensar**, **querer**, **odiar**, **temer**, and **tener miedo**, are generally used in the imperfect.

A Juan le gustaba mucho ese postre.	*Juan used to like that dessert very much.*
Isabel tenía miedo de ese perro porque ladraba continuamente.	*Isabel was scared of that dog because he barked all the time.*
Ella creía en Dios y lo amaba.	*She believed in God and loved Him.*

All the preceding sentences use the imperfect because they describe mental attitudes and feelings. In the case of sudden reactions, however, the preterite is used, since the emphasis is on the beginning of the state of mind or feeling. (See rule 3 of the preterite.)

Juan probó ese postre, pero no le gustó.	*Juan tried that dessert but he didn't like it.* (Juan's dislike for that dessert started when he tried it.)
Cuando oyó ladrar al perro Isabel tuvo miedo.	*Isabel was scared when she heard the dog barking.* (Isabel's fear started upon hearing the dog barking.)
En aquel momento ella creyó en Dios.	*At that moment she believed in God.* (Her belief in God began as a result of what happened at that moment.)

The following two stanzas by Bécquer provide some examples of how a state of mind or feeling, normally expressed by the imperfect, requires the preterite when the speaker emphasizes its beginning. The poet describes here what he felt upon hearing that his beloved had betrayed him:

Cuando me lo *contaron sentí* el frío
de una hoja de acero en las entrañas,
me apoyé contra el muro, y un instante
la conciencia *perdí* de dónde estaba.
Cayó sobre mi espíritu la noche;
en ira y en piedad *se anegó* el alma...
¡Y entonces *comprendí* por qué se llora,
y entonces *comprendí* por qué se mata!

5. To express in the past: time of day, season, etc.

Aunque eran sólo las seis, ya era de noche.	*Although it was only six o'clock it was already dark.*
Era primavera y todos nos sentíamos jóvenes.	*It was springtime and we all felt young.*

6. After verbs that quote indirectly (indirect discourse) in the past.

Juanita dijo que quería ayudarte.	*Juanita said that she wanted to help you.*
Dijeron que iban de compras.	*They said that they were going shopping.*

RECAPITULATION

Observe the use of the preterite and the imperfect in the following passages.

Me *levanté* sobresaltado, me *asomé* a la ventana, y *vi* desfilar mucha gente con carteles gritando: ¡Muera el tirano! ¡Viva la libertad! *Salí* a la calle y *observé* por todas partes gran agitación y alegría. En la plaza central de la ciudad, se *apiñaba* la multitud escuchando el discurso que, desde una plataforma, *improvisaba* un exaltado ciudadano. Cuando el hombre *terminó* de hablar, un grupo de gente *entró* en el ayuntamiento. Alguien *arrojó* a la calle el retrato del Presidente, que se *hallaba* en el salón principal del edificio, y el populacho se *apresuró* a hacerlo pedazos.

The first five verbs in italics are preterites. They are a summary of the actions completed by the speaker: He got up, he looked out the window, he saw the people parading, and then he went out in the street and observed certain activities. At this point the imperfect is used to describe what was going on: people were crowded together and a citizen was improvising a speech. Once the speech ended (preterite, end of an action) a group of people entered (a completed action) city hall. Someone threw out into the street (a completed action) the portrait of the president that was (imperfect to describe location) in the main room of the building and the populace rushed to tear it to pieces (preterite, beginning of an action).

Aquel día *cené* mejor de lo que *pensaba*, porque el hombre me *llevó* a su casa y su familia, que se *componía* de dos hijos y una vieja cocinera, me *recibió* con hospitalidad.

The preterites **cené**, **llevó**, and **recibió** refer to completed actions. **Pensaba** and **componía** are imperfects: the first one refers to a mental action; the second one has a descriptive nature.

APLICACIÓN

A. *¿Cómo era su vida cuando era niño/a? ¿Dónde vivía? ¿Quiénes eran sus amigos? ¿Qué deportes practicaba? ¿Qué le gustaba hacer? ¿Cuáles eran sus comidas favoritas?*

B. *De las frases y verbos que se dan en la parte (a), escoja los que le parezcan más apropiados para describir cómo se sentían las diez personas de la parte (b), y forme oraciones con ellas, añadiendo algo original.*

(a)

amar, detestar, dudar, estar confuso/a, (emocionado/a, exhausto/a, nervioso/a, orgulloso/a, sorprendido/a), imaginar, planear un viaje de vacaciones, querer estrangular, querer llorar, querer vengarse, sentir una gran pena, sentirse optimista, soñar, tener dolor de cabeza, tener miedo, tratar de decidir

(b)

1. un muchacho a quien otro chico le había dado dos puñetazos
2. un estudiante que recibió un premio de excelencia
3. un importante hombre o mujer de negocios que tenía muchas responsabilidades y tensión en su trabajo
4. una madre cuyo hijo había muerto

5. dos novios que se reunieron después de una separación
6. una señora que acaba de comprar un billete de lotería
7. una joven que estudió por más de seis horas consecutivas para un examen
8. dos jovencitas que escogían un vestido elegante para una fiesta
9. un chofer que iba de noche por una carretera que no conocía
10. una niña que accidentalmente rompió una de las copas finas de su madre

VERBS WITH DIFFERENT MEANINGS IN THE IMPERFECT AND THE PRETERITE*

IMPERFECT		PRETERITE	
conocía	*I knew, I was acquainted with*	**conocí**	*I met, made the acquaintance of*
costaba	*it cost (before purchasing)*	**costó**	*it cost (after purchasing)*
podía	*I could, was able to (I was in a position to)*	**pude**	*I was able to and did*
no podía	*I was not able to, could not*	**no pude**	*I tried but couldn't*
quería	*I wanted to, desired to*	**quise**	*I tried to*
no quería	*I didn't want to*	**no quise**	*I refused, would not*
sabía	*I knew, knew how to, had knowledge that*	**supe**	*I learned, found out*
tenía	*I had (in my possession)*	**tuve**	*I had, received*
tenía que	*I had to (but did not necessarily do it)*	**tuve que**	*I had to (and did do it)*

*Sometimes the preterites of these verbs retain their original meanings.

Siempre supe que ibas a triunfar. — *I always knew that you were going to succeed.*

No conocía al Dr. Rodríguez; lo conocí ayer en casa de Juan.	*I didn't know Dr. Rodríguez; I met him yesterday at Juan's.*
Carmen no quiso comprar las entradas, porque costaban mucho.	*Carmen refused to buy the tickets because they cost too much.*
Tuve carta de Susanita ayer.	*I received a letter from Susanita yesterday.*

No pude venir el lunes a clase porque tuve que acompañar a mi madre al médico.	*I couldn't come to class on Monday because I had to accompany my mother to the doctor.*
Compré los libros que tenía que comprar, pero me costaron $60.	*I bought the books I had to buy (was supposed to buy), but they cost me $60.*

(Note that when Spanish speakers say **tenía que comprar** they aren't thinking of the completion, only of the obligation.)

APLICACIÓN

A. Situaciones y explicaciones. *Escoja la forma verbal correcta según la situación que se describe.*

1. Ud. hizo un viaje a España y su amigo Enrique le dio dinero para que le trajera un diccionario Espasa-Calpe.
   a) Ud. no lo trajo y le explica a Enrique: Lo siento; me diste $20 y el diccionario (costaba/costó) $35. Yo (tenía/tuve) poco dinero y no (podía/pude) poner la diferencia de mi bolsillo.
   b) Ud. compró el diccionario y le explica: (Podía/pude) comprar el diccionario porque llevaba mi tarjeta de crédito. Pero me debes $15 porque (costaba/costó) $35.
2. El padre de su mejor amigo murió recientemente. Ud. se encuentra a su amigo en la calle y le dice:
   a) Siento mucho no haber ido al entierro de tu padre, pero no (sabía/supe) que había muerto; lo (sabía/supe) ayer por Jaime.
   b) ¡Cómo siento la muerte de tu padre! (Sabía/supe) la noticia antes del entierro, pero no (podía/pude) ir porque (tenía que/tuve que) hacer un trabajo de urgencia ese día en mi oficina y no (quería/quise) tener problemas con mi jefe.
3. Como presidenta del Club de Español, Ud. va al aeropuerto a recibir a Consuelo Jordán, una joven escritora sudamericana que va a hablar en su universidad. Ud. regresa del aeropuerto y comenta con los otros miembros del club:
   a) ¡Qué tragedia no haber encontrado a la señorita Jordán! Como no la (conocía/conocí) y (sabía/supe) que no (podía/pude) encontrarla fácilmente entre tanta gente, (quería/quise) que la llamaran por el altavoz, pero el empleado de información no (quería/quiso) hacerlo.
   b) ¡Qué persona encantadora es Consuelo Jordán! Cuando la (conocía/conocí) en el aeropuerto, me pareció que éramos viejas amigas. Me dijo que (podíamos/pudimos) almorzar juntas un día y que (podía/pude) llamarla Consuelo en vez de Srta. Jordán.
4. Carmita cumplió ocho años ayer. Conversa con su amiguita Lucía y le dice:
   (Tenía/tuve) muchos regalos de cumpleaños, pero yo (quería/quise) una bicicleta nueva y mi padre no (quería/quiso) comprármela. Dijo que la bicicleta que yo (tenía/tuve) todavía estaba en muy buenas condiciones.

B. Un cuento de hadas. *Complete, decidiendo entre el pretérito y el imperfecto.*

1. En un país muy extraño (*vivir*) ______ hace tiempo un campesino que (*tener*) ______ tres hijos.
2. El mayor, Pedro, (*ser*) ______ gordo y grande, el segundo, Pablo, (*tener*) ______ la cara pálida y triste y el tercero (*ser*) ______ tan pequeño que (*poderse*) ______ esconder en la bota de su padre.
3. El padre, que (*ser*) ______ muy pobre, les (*rogar*) ______ un día a sus hijos que fueran a buscar fortuna por el mundo.
4. Cerca de allí (*vivir*) ______ un rey poderoso en un palacio magnífico.
5. Un día, de repente, (*aparecer*) ______ un enorme árbol frente al palacio y (*dejar*) ______ a oscuras todas las habitaciones, porque sus grandes ramas (*cubrir*) ______ las ventanas.
6. El rey (*ofrecer*) ______ dar tres sacos de oro a quien quitara el árbol.
7. Pero (*haber*) ______ un problema: (*tratarse*) ______ de un árbol mágico y no (*existir*) ______ hacha que pudiera cortarlo.
8. Por cada rama que se le (*cortar*) ______ al árbol le (*salir*) ______ dos ramas.
9. Cuando los tres hijos del campesino (*oír*) ______ el ofrecimiento del rey, (*tomar*) ______ el camino del palacio.
10. Pero cuando (*llegar*) ______ al palacio, (*ver*) ______ un cartel pequeño que (*estar*) ______ clavado en el árbol mágico.
11. El cartel (*decir*) ______ que los que intentaran cortar el árbol sin éxito, perderían las orejas.
12. Y en efecto, (*haber*) ______ allí treinta orejas sangrientas. ¿Qué cree Ud. que (*hacer*) ______ los tres jóvenes al verlas?

C. *Cambie las siguientes oraciones al pasado, decidiendo entre el pretérito y el imperfecto.*

1. La niña viene corriendo calle abajo y al verme en la puerta se detiene.
2. El gato duerme. Me acerco a él y le paso la mano varias veces por el lomo.
3. El barco se hunde cuando está llegando a Veracruz.
4. La maestra me mira las orejas y en ese momento me alegro de habérmelas lavado.
5. De pronto, una nube negra cubre el sol y se oye un trueno.
6. Su corazón late muy rápido cada vez que mira a su vecina.
7. El niño llora a gritos y la madre tiene una expresión triste en la cara.
8. Desde la ventana contemplamos los copos de nieve que se acumulan en las ramas.
9. Los soldados que suben por el sendero van pensando en su familia.
10. Detesta esas reuniones y siempre que lo invitan da la misma excusa para no ir.
11. Son tantas las dificultades con el coche que lo dejan allí, y allí permanece dos días.

12. El recepcionista pone cara de sorpresa cuando ve tanta gente.
13. El viajero está sentado solo y bebe una cerveza, cuando observa que en la mesa contigua se halla una bellísima mujer.
14. El enfermo está muy grave. El médico que lo atiende no me da esperanzas.
15. Don Pepe es un viejecillo simpático, que sonríe constantemente y les cuenta cuentos fantásticos a los chicos del barrio.

D. *Sustituya las palabras en cursiva por las que están entre paréntesis, cambiando el verbo principal si es necesario.*

Modelo: *Siempre* comíamos a las seis de la tarde. (el martes pasado)
→*El martes pasado comimos* a las seis de la tarde.

1. Hablábamos con él *a menudo*. (la semana pasada)
2. Estabais en su casa *en aquel momento*. (poco tiempo)
3. Fuimos al cine *ayer*. (a veces)
4. *Cuando ella era niña* recibía muchos regalos. (en su último cumpleaños)
5. Pérez tuvo mucho dinero *en su juventud*. (cuando lo conocí)
6. Pepe la amó en silencio *por muchos años*. (toda la vida)
7. *Frecuentemente* me sentía optimista. (de repente)
8. Tú no pensabas *nunca* en mí. (una sola vez)
9. *Ayer* trajiste el libro de español a clase. (todos los días)
10. Doña Esperanza era maestra de mi hijo *entonces*. (algunos meses)
11. *Siempre* llegábamos tarde a clase. (frecuentemente)
12. *De pronto,* pensé que ese chico no era tan temible. (a veces)

E. *Cambie al pasado.*

1. **Mi viaje a Santa Rosa.**

El despertador suena y suena mientras yo escondo la cabeza debajo de la almohada resistiéndome a despertar. Estoy soñando que soy bombera y que la alarma anuncia un fuego que mis compañeros y yo debemos apagar, pero que estoy paralizada y no puedo mover los pies. Tardo más de cinco minutos en darme cuenta de que el sonido viene de mi mesa de noche y no de una alarma de incendios.

Me lavo y me visto precipitadamente. No tengo tiempo para preparar el desayuno. Viajo muy temprano a Santa Rosa porque mi tía, que vive sola, me escribe que está enferma y me necesita. Por fin lista, miro mi reloj de pulsera. ¡Qué tarde es! El autobús sale a las siete y sólo faltan veinte minutos. No vale la pena llamar un taxi porque vivo a sólo diez cuadras de la estación, así que tomo mi maleta— que afortunadamente no pesa mucho—, cierro con llave la puerta de entrada y echo a correr.

No hay nadie en la calle tan temprano porque es domingo. Es otoño y amanece tarde; todavía el cielo está oscuro. Yo ando tan rápido como me lo permiten mis piernas. Cuando estoy a mitad de camino, un gato madrugador cruza veloz frente a mí. En el patio de una casa, un gallo canta tres veces.

Llego antes de las siete a la estación terminal de autobuses, pero estoy tan agitada por la carrera, que apenas puedo respirar. Consulto el horario que está en la pared. Efectivamente, allí dice que el autobús para Santa Rosa sale a las siete de la mañana. Miro a mi alrededor. Hay un autobús estacionado en el otro extremo de la estación terminal y cerca de él veo a cuatro o cinco pasajeros que esperan en los bancos. Un niño duerme en el regazo de su madre y ella inclina la cabeza, un poco dormida también. En mi sección de la estación, sin embargo, estoy yo sola y esto me parece muy extraño.

Junto a mí pasa un viejecillo pequeño y delgado, que lleva un uniforme azul desteñido y aprieta en la mano derecha un llavero enorme. —Un empleado —me digo— y le pregunto al viejo si el autobús para Santa Rosa viene retrasado. —No, señorita, —contesta, y consulta la hora en un reloj antiguo que saca del bolsillo de su pantalón. Pero el viejo añade que mi espera va a ser larga porque apenas son las seis. ¡Las seis! Dirijo la vista a mi muñeca. Yo tengo las siete. El viejecillo sonríe y aclara mi confusión. Me recuerda que la hora de verano ha terminado la noche anterior y que hay que atrasar una hora los relojes. Todo va a tener un final feliz, después de todo. Pero ¡qué lástima! A causa de mi error con respecto a la hora, no puedo apagar el fuego.

2. **El regreso a la estancia.**

Cuando don Marcial Rodríguez llega a su estancia no encuentra más que montones de escombros. Todo ha sido arrasado por el fuego: las habitaciones, cuyos muros yacen en forma de montículo, y los grandes ranchos donde duermen los peones. Culebras y lagartos se señorean en las ruinas. En medio de tanta desolación, sólo el ombú se yergue siempre verde, siempre sereno e inmutable.

Don Marcial, acompañado de su hijo Juan y de dos amigos que son sus oficiales subalternos, emprende la tarea de reconstruir lo destruido. Con troncos de sauce se levanta un rancho y luego se forma un rectángulo para el galpón. Se trabaja con ahinco y en pocos días todo está armado.

Ya están instalados en la nueva casa. En la improvisada cocina, por cuyas paredes penetra el frío sin obstáculos, arden con dificultad las astillas de sauce. Mientras el teniente Gutiérrez prepara el mate, Juan, en cuclillas, sopla el fuego.

F. **Un accidente automovilístico.** *Imagine que Ud. presencia un choque múltiple entre dos automóviles y un camión, y debe declarar como testigo. Describa qué tiempo hacía, cómo era el sitio del accidente, dónde estaban Ud. y las otras personas, cómo fue el accidente, quién tuvo la culpa, qué hizo cada persona, etc.*

Análisis de la lectura

A. *Observe estos casos del uso del pretérito.*

1. Aquel verano vino a casa de vacaciones...
2. ... y desde el primer día capitaneó nuestros juegos.

3. El primer día que aparecieron los chicos de las chabolas...
4. Efrén se sorprendió de que echáramos a correr...
5. —Sois cobardes— nos dijo.
6. Y sonrió de una manera torcida y particular que nos llenó de admiración.
7. Al día siguiente, Efrén se escondió entre los juncos del río.
8. Al llegar, los chicos escudriñaron hacia el río...
9. Y para provocarnos empezaron a silbar...
10. Nosotros seguimos ocultos y en silencio.
11. Al fin, los chicos abandonaron su idea y volvieron al camino...
12. Mi hermano mayor se incorporó a mirar...

Todos estos verbos **narran** lo sucedido. Los núms. 4 y 6 usan el pretérito porque expresan las reacciones repentinas de las personas. Las expresiones 2, 3 y 9 se refieren al comienzo de una acción.

Al final la narradora dice: Únicamente supe decirme: «Si sólo era un niño...». Aquí vemos cómo a veces se funden los usos de los verbos saber y poder.

B. *Observe ahora cómo el imperfecto nos traslada al momento de los sucesos y se encarga de* **describir** *el aspecto de las personas y de las cosas, los sentimientos y emociones de las personas y la situación en general. También indica acciones acostumbradas o en progreso o que no se muestran como acabadas.*

1. Eran sólo cinco o seis...
2. ... pero así... se nos antojaban quince o veinte.
3. Llegaban casi siempre a las horas achicharradas de la siesta...
4. Los veíamos llegar y el corazón nos latía de prisa.
5. Eran los hijos de los presos...
6. Nos insultaban, nos apedreaban...
7. Se llamaba Efrén y tenía unos puños rojizos...
8. Algo había en el aire que nos llenaba de pavor.
9. Con sigilo trepó hacia el terraplén, por donde subía el último de los chicos...
10. Era mucho mayor y más fuerte que aquel diablillo negruzco que retenía entre sus brazos...

C. *Lea con cuidado el resto del cuento y encuentre ejemplos de los siguientes casos.*

1. narración de acciones completas
2. reacción emocional o sicológica
3. descripción del aspecto de una persona
4. principio, fin o interrupción de una acción
5. acciones acostumbradas
6. descripción de una situación
7. acciones en progreso

Sección léxica

REPASO*

La pelea de Carlitos y Miguel. *Reemplace las palabras en cursiva con palabras sinónimas, haciendo contracciones y otros cambios que sean necesarios.*

Ayer, cuando pasé por el *jardín* oí un ruido. Miré *con mucha atención* el huerto a través *del cercado* y vi a Carlitos, un chico muy pobre que vivía en una de las *chozas pegadas unas a otras* del barrio bajo. Carlitos estaba en el suelo y trataba de *levantarse*. Noté *la respiración agitada* del niño y sus palabras *vacilantes*. Su pantalón y su camisa estaban rotos y parecían *andrajos*. Carlitos le había dicho a Miguel, uno de los estudiantes de *la escuela secundaria, unas tonterías* que a él *le parecieron* insultos, y Miguel *saltó sobre él* furioso, mientras los amigos de Carlitos huían en *grupo desordenado,* como *conejillos* asustados.

AMPLIACIÓN

LOS NOMBRES DE GOLPES Y HERIDAS

En la lectura, las palabras de los niños son como **latigazos** y Efrén da **puñetazos** al chico. Los golpes de los puños de Efrén, que son pesados como mazas, pueden compararse con **mazazos**. Un golpe con las piedras que lanzan los chicos es una **pedrada**. Los sufijos **-azo** y **-ada** se añaden frecuentemente al nombre del instrumento o parte del cuerpo que se usa, o a la parte del cuerpo afectada, para referirse al golpe o a la herida producida.

Otros nombres se forman de manera irregular: **apretón** (*squeeze*), **empujón** (*push*), **mordisco** (*bite*), **paliza** (*beating, series of blows with a stick*), **pellizco** (*pinch*).

Cuando se describe una pelea, ataque, etc., se usa la preposición **a** + el sustantivo para describir la manera en que se realiza la acción.

El asesino mató a su víctima *a hachazos*.	*The murderer* ***axed*** his victim.
Me sacaron del cuarto *a empujones*.	*They got me out of the room* ***by pushing me.***

APLICACIÓN

A. *Diga qué instrumento o parte del cuerpo está relacionado con cada palabra.*

balazo	machetazo	cachetada
batazo	manotazo	cornada
cabezazo	martillazo	cuchillada

*Esta sección repasa el vocabulario de la lectura.

codazo	navajazo	dentellada
correazo	palazo	lanzada
culatazo	pinchazo	palmada
hachazo	rodillazo	patada
ladrillazo	zapatazo	puñalada

B. *Reemplace las palabras en cursiva con el nombre apropiado del golpe o herida.*

1. Ese pobre chico tenía un padre muy cruel, que le daba a veces *golpes con un palo* y *con una correa*.
2. En la revolución, el pueblo luchaba como podía, dando *golpes con los machetes*, dando *golpes con bates*, o *tirando ladrillos* y *piedras* (*a*...). Los soldados, bien armados y entrenados, les daban *con la culata de sus rifles* o disparaban contra ellos. Muchas personas tenían *heridas de bala* en diferentes partes del cuerpo.
3. Los *golpes del hacha* del hombre que cortaba el árbol y *el ruido repetido del martillo* del carpintero me despertaron muy temprano.
4. Luisita: Mamá, Elvira me dio un *golpe con el codo* y *uno con la cabeza*; también me dio *un golpe con la mano*. Elvira: No es verdad, mamá. Ella empezó. Me dio *un golpe en el cachete* y *varios golpes con los pies*.
5. El torero está grave; tiene *una herida de cuerno* en el pecho.
6. La víctima tenía *heridas de cuchillo* y *de lanza* en todo el cuerpo.
7. Cuando me dio *varias veces con la palma de la mano* en la espalda, sentí el dolor de *una herida con un pincho*; era su anillo.
8. Era una lucha desigual: el perro se defendía *mordiendo* (*a*...) pero ya tenía *varias heridas de navaja* y estaba lleno de sangre.

DISTINCIONES LÉXICAS

SOLER

El verbo **soler** se usa sólo en los tiempos presente e imperfecto y sus dos significados básicos son:

1. con referencia a seres vivos, **tener costumbre**.
2. con referencia a hechos o cosas, **ser frecuente**.

Observe en los ejemplos siguientes los equivalentes de este verbo en inglés.

Solemos estudiar antes de un examen.	*We generally (usually) study before a test.*
Antes solíamos ir mucho al cine, pero ahora vamos poco.	*We used to go (we were in the habit of going, we were accustomed to going) to the movies a lot before but now we seldom go.*
En Suiza suele nevar mucho en invierno.	*In Switzerland it generally (frequently, usually) snows a lot in winter.*

ACABAR DE

Presente de **acabar de** + infinitivo = *have (has) just (done something)*
Imperfecto de **acabar de** + infinitivo = *had just (done something)*

Acaban de recibir el paquete que les envié.	*They have just received the package I sent them.*
Acabábamos de salir cuando empezó a llover.	*We had just left when it began to rain.*

POR POCO

Por poco + verbo en el presente = ***almost*** + *past-tense verb*

Al volver a verlo por poco me desmayo.	*On seeing him again I almost fainted.*

APLICACIÓN

A. *Complete de una manera original.*

1. Tengo un amigo que es muy distraído. Suele...
2. Es extraño que esté nevando hoy. Aquí no suele...
3. Le gustaban mucho los deportes y solía...
4. Cuando estábamos en la escuela secundaria solíamos...
5. Los sábados, si tengo dinero, suelo...
6. ¿Sueles tú...?
7. Antes Ud. solía...
8. Mi familia solía...

B. *Conteste las preguntas de manera afirmativa usando* **acabar de** *en el presente.*

1. ¿Ya llegó su tío de la Argentina?
2. ¿Han visto Uds. esa película?
3. ¿Ya inauguraron el nuevo edificio?
4. ¿Llamó Manuel a sus padres?
5. ¿Repartió el cartero la correspondencia?
6. ¿Lavó Ud. los platos?

C. *Vuelva a escribir los siguientes pasajes, reemplazando el pretérito pluscuamperfecto con la construcción* **acabar de** + *infinitivo en el pasado.*

1. Me había tirado en la cama para ver cómodamente la televisión, cuando mi compañero de cuarto entró, muy nervioso, y me contó que el pescado que habíamos comido en la cena estaba malo y que habían llevado a seis

estudiantes al hospital. De repente, di un grito. Había sentido una punzada terrible en el estómago.

2. El piloto había quitado el anuncio de abrocharse el cinturón de seguridad y yo había respirado, aliviada. ¡Estábamos en el aire! Entonces una voz dijo: «¡No se mueva!» Mis ojos buscaron a la persona que había hablado, pensando que se trataba de un secuestrador de aviones. Pero no, era el señor sentado detrás de mí, que había visto una avispa cerca de mi cabeza.

D. *Haga un comentario original usando* **por poco** *y basándose en los datos que se dan en cada caso.*

1. Había llovido y la carretera estaba resbaladiza.
2. Tomábamos un examen y yo miraba el papel de Gonzalo, cuando el profesor levantó la cabeza del libro que leía.
3. Ayudaba a mi madre a poner la mesa y llevaba varios platos, cuando tropecé.
4. Yo no quería decirle la verdad a Joaquina, pero ella me seguía preguntando.
5. Él tenía el número 585 en la lotería y salió el número 584.
6. Josefina estuvo muy grave. Pasó tres días en la sala de cuidado intensivo.
7. Salimos de la oficina a las cinco y a las seis estalló un terrible incendio.
8. Los niños jugaban a la pelota en la acera y Ud. pasó en ese momento.

EQUIVALENTES EN ESPAÑOL DE LA PALABRA *TIME*

1. *time* = **tiempo** (en sentido general)

Trabajo mucho y no tengo tiempo para divertirme.	*I work a lot and I don't have time to enjoy myself.*
Hace mucho tiempo que conozco a Luisito.	*I have known Luisito for a long time.*

2. *time* = **hora** (en el reloj)

¿A qué hora llegaste a casa anoche?	*At what time did you get home last night?*

3. *time* = **vez, veces** (para indicar ocasión o frecuencia)

He estado en México sólo una vez.	*I have been to Mexico only once.*
Jacinto, te advierto por última vez, que no quiero que juegues con ese niño.	*Jacinto, I warn you for the last time that I don't want you to play with that boy.*

4. Algunas frases que usan la palabra *time* tienen los siguientes equivalentes en español:

1. a la vez, al mismo tiempo	*at the same time*
2. anticuado/a	*old-fashioned*
3. a tiempo	*on time*
4. a veces	*at times*
5. comprar a plazos	*to buy on time*
6. cumplir una condena	*to do time in jail*
7. de vez en cuando, de cuando en cuando	*from time to time*
8. decir la hora	*to tell time*
9. el (un) momento oportuno (inoportuno)	*the right (wrong) time*
10. en muy poco tiempo, en seguida	*in no time, at once*
11. edad	*time of life*
12. hora de verano	*daylight saving time*
13. (me) llegó la hora	*(my) time has come*
14. nuestra época	*our times*
15. por	*times (multiplied by)*
16. pasar un (buen) mal rato	*to have a (good) bad time*
17. ser hora de	*to be time to*
18. una vez	*once upon a time*
19. una y otra vez	*time after time, over and over again*
20. ya es (era) hora	*it is (was) about time*

A veces no llego a tiempo a mis citas.	*Sometimes I don't get to my appointments on time.*
Su pedido estará listo en seguida.	*Your order will be ready in no time.*
Carlos aprendió a decir la hora a los seis años.	*Carlos learned to tell time at the age of six.*
No creo que éste sea el momento oportuno para hablarle a tu padre.	*I don't believe this is the right time to talk to your father.*
Es hora de irnos, seguía repitiendo ella una y otra vez.	*It it time for us to go, she kept repeating time after time.*

LA VIDA DE UNA VÍCTIMA DEL RELOJ

Haga un resumen —oral o escrito— de este chiste.

APLICACIÓN

A. *Conteste incluyendo en su respuesta uno de los modismos anteriores.*

1. ¿Compra al contado su coche la mayoría de la gente?
2. ¿Qué relación simbólica existe entre las épocas del año y las distintas edades del ser humano?
3. ¿Qué sentencia le dio el juez al acusado?
4. ¿Por qué es inútil regalarle un reloj a un niño muy pequeño?
5. Explique los cambios de hora que hay en nuestro país en las distintas estaciones.
6. ¿Qué dicen muchos cuando piensan que van a morir?
7. ¿Cuántos son seis por seis?
8. ¿Te divertiste en la última fiesta a la que fuiste?
9. ¿Vas a menudo a los museos?

10. ¿Llegan tarde muchas veces las personas puntuales?
11. ¿En qué época pasada o futura preferirías vivir?
12. ¿Cómo sabes cuándo ha llegado la hora de comer?
13. Si estás cansado de un ejercicio, ¿qué comentas cuando llegamos a la última pregunta?

B. *Exprese en español.*

1. I have told you many times that this is not the right time to think of having a good time.
2. You are behind the times. It is about time for you to adjust yourself to our times. (*Use subjunctive in the second sentence.*)
3. From time to time my parents buy something on time.
4. It is time that you realize that time is money.
5. I can talk on the phone and type at the same time so the letter will be ready in no time.

La ortografía puede tener gran importancia. En 1991 surgió un problema serio entre España y los otros países de la Comunidad Europea, porque una ley española requiere que los ordenadores (computadoras) importados tengan la letra ñ *en el teclado. Este chiste está inspirado en el incidente. ¡Todo por una tilde!*

Para escribir mejor

OBSERVACIONES SOBRE LA ORTOGRAFÍA ESPAÑOLA

Usted evitará muchos errores ortográficos si tiene en cuenta los siguientes datos:

1. Las consonantes dobles son muy raras en español, en tanto que abundan en inglés. Ejemplos: **asesinar**/*to assassinate,* **atención**/*attention,* **apreciar**/*to appreciate*

2. Una **n** doble ocurre en algunas palabras como **innovación**, **perenne**, y en formas verbales como **den + nos** (que se escribe **dennos**). En estos casos generalmente se pronuncian las dos enes.

3. La **c** doble ocurre sólo antes de **i** o **e** y cada **c** tiene un sonido distinto: **accidente** (**k + th** o **k + s**).

4. La ortografía de ciertos sonidos consonánticos difiere según la vocal que les sigue:

SONIDO DE	A	E	I	O	U
k	ca	que	qui	co	cu
g	ga	gue	gui	go	gu
gw	gua	güe	güi	guo	
h	ja	ge, je	gi, ji	jo	ju
th, s	za	ce	ci	zo	zu

Lea estos ejemplos en voz alta, fijándose en la relación sonido/grafía.

casa	queso	quinta	como	cuna
gato	guerra	guitarra	goma	gula
guasa	Camagüey	pingüino	antiguo	
jamón	gema, jeta	giro, ají	joven	junio
zapato	cena	cinco	zócalo	zumo

Las combinaciones **z + e** y **z + i** son sumamente raras en español. Por esta razón, las normas ortográficas requieren cambios tales como **lápiz > lápices; cruzar > cruce Ud.**

Las normas anteriores producen algunos de los cambios ortográficos que se dan en la conjugación de muchos verbos. Las tablas que siguen resumen los cambios más frecuentes.

ANTES DE *E*

Los verbos cuyos infinitivos

TERMINAN EN	CAMBIAN	EN	EJEMPLOS
-car	*c* > *qu*	1a. persona sing. pret. y todo el presente de subjuntivo	**mascar**
-gar	*g* > *gu*		**pagar**
-guar	*gu* > *gü*		**atestiguar**
-zar	*z* > *c*		**avanzar**

ANTES DE *O, A*

Los verbos cuyos infinitivos

TERMINAN EN	CAMBIAN	EN	EJEMPLOS
-ger	*g* > *j*	1a. persona sing. presente de indicativo y todo el presente de subjuntivo	**proteger**
-gir	*g* > *j*		**fingir**
-quir	*qu* > *c*		**delinquir**
-guir	*gu* > *g*		**extinguir**
consonante + **cer**	*c* > *z*		**convencer**
consonante + **cir**	*c* > *z*		**zurcir**
vocal + **cer**	*c* > *zc*		**nacer**
vocal + **cir**	*c* > *zc*		**traducir**

Las mismas reglas se ven en la formación de ciertos superlativos absolutos.

Adjetivos o adverbios que

TERMINAN EN	CAMBIAN	ANTES DE	EJEMPLOS
-co	*c* > *qu*	-ísimo	**riquísimo**
-go	*g* > *gu*		**larguísimo**
-z	*z* > *c*		**felicísimo**

ALGUNAS CORRESPONDENCIAS ORTOGRÁFICAS FRECUENTES

INGLÉS	ESPAÑOL	EJEMPLOS
1. *ph*	**f**	*philosophy*/**filosofía**
2. *th*	**t**	*theology*/**teología**
3. *mm*	**nm**	*immobile*/**inmóvil**
4. *s* + consonante al principio de palabra	**es** + consonante	*school*/**escuela**

5. *-tion*	**-ción**	*nation*/**nación**
6. *chl*	**cl**	*chlorine*/**cloro**
7. *(s)sion*	**-sión**	*passion*/**pasión**
8. *psy*	**si***	*psychology*/**sicología**
9. *trans*	**tras**	*transplant*/**trasplantar**

*Algunos hispanoparlantes conservan la **p** (por ejemplo, psicología).

APLICACIÓN

A. *Escriba el mandato formal (de Ud.) de los siguientes verbos:* **sacar, alcanzar, llegar, averiguar.**

B. *Escriba el imperativo negativo (tú) de los verbos que siguen:* **coger, distinguir, vencer, lucir, delinquir, dirigir, conocer, esparcir.**

C. *Dé el superlativo absoluto de los adjetivos contenidos en las frases siguientes.*

vendedor tenaz	niño precoz	¿lejos o cerca?
pescado fresco	discursos parcos	sábanas blancas
mujeres flacas	poco dinero	palabras vagas
joven audaz	medicina amarga	detective sagaz

D. *Escriba los equivalentes españoles de las siguientes palabras.*

immediate	psychopathic	chloroform	schizophrenic
transcendence	space	mission	pharmacy
immigration	psychosis	chlorophyll	choleric
spectator	thyroid	Philadelphia	phonology
sclerosis	transmutation	commission	immunization

TRADUCCIÓN

A Childhood Episode

I don't remember exactly how old I was when it happened. Perhaps ten or eleven, since the Coyárez were no longer living in my neighborhood when I turned twelve. There was a fire in their house and they had to move out.

There were five children in the Coyárez family and the youngest, Pablito, was more or less my age. When I met him, I liked him instantly and we soon were excellent friends.

We both attended the school of the Marist Brothers.* I remember that when Brother Crispín called out his family name in class for the first time, several kids smiled, for it sounded like "necklaces." Brother Crispín noticed the smiles and he made Pablito spell out his last name. He then stressed that it was written with *y* and *z*, not with *ll* and *s*.

*Generalmente en los países hispánicos, sólo los niños muy pobres van a las escuelas públicas. Las escuelas privadas son muy numerosas y son católicas en su mayoría. Las niñas van a escuelas de monjas y los niños a escuelas de curas o hermanos.

En los países hispánicos, los niños de las clases media y alta asisten generalmente a escuelas privadas, religiosas en su mayoría. Como se ve en esta foto de México, hay colegios separados para niños y para niñas y se lleva uniforme.

The other strange thing in Pablito's life, besides his last name, was his grandfather. Old Coyárez was a tall, thin man who always seemed to be in a bad mood and seldom talked. He smoked constantly and his cigars smelled very bad. He had worked for many years at a funeral home and he had a somber expression in his eyes. I couldn't explain why but I found Pablito's grandfather very unpleasant and I always avoided running into him.

Pablito and I had (emplee *soler*) very good times together. One Friday afternoon, we went swimming in the river after school. We had just gone into the water when someone stole my books. It happened very quickly; the thief ran away and we couldn't see him well. Pablito was lucky; his books were behind a bush and the thief didn't see them. I was very worried and didn't know what to do. Those were hard times and I knew my parents were having financial problems. When I got home and told my father, he became (emplee *ponerse*) so furious that he almost hit me. He said that books cost a lot of money and he couldn't afford that extra expense. Besides, I had to learn to be more careful with my belongings, he said.

Since my father refused to buy me new books that weekend, I went to school empty-handed on Monday. I felt very embarrassed, but what could I do? After lunch, Brother Crispín called me. "Pablito's grandfather found out you were robbed," he explained. "He has just sent you this." And he gave me a brown package that contained four new books.

TEMAS PARA COMPOSICIÓN

1. Continúe la narración que acaba de traducir. ¿Cómo reaccionó el chico ante la generosidad de una persona que él detestaba? Seguramente fue a

darle las gracias. ¿Cómo fue la entrevista de ellos? Y los padres del narrador, ¿qué hicieron y qué dijeron cuando él llegó con los libros nuevos?

2. Su mejor amigo/a cuando era niño/a. ¿Cómo era? ¿Cómo se conocieron? ¿En qué actividades solían participar juntos? ¿Cómo era la familia de su amigo/a? ¿Se siguen viendo Uds.? ¿Dónde está y qué hace?
3. Un episodio interesante de su niñez. ¿Pasó algo extraordinario en su casa o en su escuela? ¿Tuvo en alguna ocasión problemas con alguien? ¿Fue Ud. o alguien de su familia víctima de algún delito?
4. Las rivalidades entre chicos. ¿Qué las ocasiona? ¿Deben permitir padres y maestros que los chicos peleen físicamente? ¿Por qué (no)? Sus propias rivalidades en su niñez. ¿Peleaba Ud. a veces con otros niños? ¿Con sus hermanos? Explique.

CAPÍTULO 2

Lectura

En este artículo de la revista Tú, *publicada en los Estados Unidos, una periodista entrevista a una chica que roba cosas en las tiendas y, basándose en sus respuestas, analiza su caso y los posibles motivos de su conducta.*

CONFESIONES DE UNA LADRONA DE TIENDAS

Vamos a llamarla Sonia. Tiene 17 años y aparenta° un par menos. Nos cuenta que adora a Madonna, no se pierde una película de Sylvester Stallone... y que es muy buena para los «negocios». Esto último lo dice con una sonrisa pícara y un gesto significativo de la mano. Su negocio «entre comillas» es robar en las tiendas. Sonia comenzó muy joven y su hábito ha ido en escalada. Al principio se llevaba chicles, un par de aretes, alguna baratija°. Hoy roba joyas de fantasía fina°, blusas, faldas, jeans... «¡De todo!». Sonríe. Y nos muestra su botín más reciente: un reloj de Mickey Mouse, un cinturón de piel y una cartera de diseñador.

PERIODISTA: ¿Cómo empezó todo?

SONIA: Yo tenía doce años. Lo recuerdo muy bien porque estaba desesperada por un álbum de Madonna. Me cansé de pedírselo a mis padres y siempre me salían con lo mismo°: «Ahora no tenemos para eso». ¡El cuento de siempre! La verdad es que mis padres andan en su onda°. Lo cómico es que se creen que no me doy cuenta de lo que pasa.

PERIODISTA: ¿Qué es lo que pasa?

SONIA: Mi padre es un poco... Casanova, ¿me entiendes? Y mi madre se la pasa persiguiéndolo. ¡Es ridiculísimo! Allá ellos°. Yo estoy en lo mío°.

PERIODISTA: ¿Cómo te sentiste?

SONIA: ¿Durante el hecho? (risas) ¡Muy nerviosa! Dudé° mucho; di un millón de vueltas por° la tienda y por fin me dije: «¡Ya basta!» y lo eché en la bolsa. Cuando salí de la tienda... me sentí poderosa. Yo había «ganado» algo; no sé qué.

PERIODISTA: ¿Por qué volviste a hacerlo?

parece tener

objeto de poco valor / **joyas...** *costume jewelry*

siempre... *they always came up with the same story*

andan... *are doing their own thing*

Allá... *That's their problem.* / **Yo...** *I am doing my thing*

Vacilé

di... *I walked around for a long time*

SONIA: Porque ya se me hizo más fácil°. Aprendí a hacer las cosas «bien».

se... fue más fácil para mí

PERIODISTA: ¿Qué haces con las cosas que robas?

SONIA: Las uso. A veces se las regalo a mis amigos por el cumpleaños o algo así. Le regalé a mi mamá una bolsa de marca° y no se le ocurrió preguntarme de dónde había sacado la plata° para comprarla. ¿En qué planeta vive? ¿De dónde iba a sacar yo más de cien dólares? (risas).

de... con el nombre de un diseñador
dinero

PERIODISTA: Vamos a imaginar lo peor. Un día te sorprenden en el acto y... ¿qué pasa entonces?

SONIA: Pues... vamos a ver: me imagino que llaman a la policía y después a mis padres (ríe con picardía). Mis padres lloran, gritan, me amenazan... ¡Qué horror! (risas). Supongo que entonces tratan de hablarme, de aconsejarme... no sé.

PERIODISTA: ¿Tú te consideras ladrona?

SONIA: Oye, ya está bien°, ¿no? Yo no soy una criminal. No se puede comparar robar un par de jeans con vender marihuana o matar...

ya... *that's enough*

PERIODISTA: Las grandes tiendas por departamentos reportan pérdidas de cientos de millones de dólares anualmente por robos «pequeños» como los tuyos. ¿Sabes quién paga por eso?

Los ladrones de mercancía son un problema en cualquier parte del mundo. Esta tienda de San José, Costa Rica, trata de resolver el problema prohibiendo que sus clientes entren con paquetes. ¿Compra Ud. en tiendas que obligan a dejar los paquetes a la entrada? ¿Cree que este sistema es eficaz? ¿Por qué (no)?

Gente como tus padres o tus vecinos. Las tiendas se ven obligadas a° invertir en cámaras ocultas, guardias de seguridad, etc... y para compensar el gasto les suben el precio a las mercancías. Sé sincera. ¿De veras te sientes feliz contigo misma? ¿Te respetas? ¿Estás orgullosa de lo que haces?

se... tienen que

SONIA: Mira, no quiero seguir con el tema°.

PERIODISTA: Está bien. Gracias por la entrevista, Sonia.

seguir... seguir discutiendo esto

ANÁLISIS DEL CASO

Aunque se ha convencido a sí misma de que roba en las tiendas «por deporte», la realidad es muy distinta. Sonia tiene una personalidad sumamente inmadura y actúa por impulso. Su conversación está salpicada° de referencias a sus padres. Todo parece indicar que ella —aunque lo niega— desea ser atrapada, porque de esta forma tendrá la completa atención de ellos. Otra característica de este caso es el deseo de revancha°: Sonia se venga de la poca atención de sus padres haciendo algo indebido, que si se descubre los hará sufrir.

llena

venganza

No todas las personas que roban en las tiendas lo hacen como una reacción a conflictos con sus padres; cada caso es único. Lo que sí queremos recalcar° es que —por regla general— la persona que comete esta clase de delito lo hace por algún motivo personal que va más allá del deseo de robar impunemente°. Quizás trata de obtener algo de la vida... porque siente que ésta le debe algo; tal vez padece de un conflicto emocional o un trauma sicológico. Muy pocas de estas personas carecen de la capacidad de distinguir entre el bien y el mal.

acentuar, enfatizar

sin castigo

El robo aplaca° a la persona momentáneamente, («Me salí con la mía»°; «gané»), pero cuando pasa el entusiasmo, se siente mezquina°, desleal, «poca cosa»°. No se respeta a sí misma. Y todos sabemos que el concepto que tenemos de nosotros mismos es la base que determina la calidad de nuestra vida. La persona que se siente «poca cosa» no tiene impulso para salir adelante y triunfar, y cae en relaciones destructivas.

contenta

me... conseguí lo que quería

baja / insignificante

DE ÚLTIMA HORA

Poco antes de ir a la imprenta, nos llegó la noticia de que Sonia fue atrapada por un guardia encubierto°. Intentaba robarse un creyón° de labios. Tal como ella pronosticó, sus padres lloraron, gritaron... y —por primera vez en mucho tiempo— le dieron toda su atención. Pero la chica no es feliz. Nos confesó que se siente triste y humillada y que jamás volverá a cometer un robo. El juez le impuso una multa y seis meses de trabajo para la comunidad. Por supuesto, la condena° es leve° porque Sonia es menor de edad y se trataba de su primer arresto. «Quiero empezar por cero»°, dice. «El juez recomendó terapia

sin uniforme

lápiz

sentencia/ligera

por... de nuevo

y voy a sacarle provecho. Sé que tengo algunos problemas por resolver conmigo misma y también con mis padres...»

Todo parece indicar que Sonia va por el buen camino.

COMPRENSIÓN

1. ¿Qué entretenimientos le gustan a Sonia?
2. Nombre algunas de las cosas que ella ha robado.
3. ¿Cómo empezó Sonia a robar?
4. ¿Cómo son las relaciones de los padres de ella entre sí?
5. ¿Por qué siguió Sonia robando después de la primera vez?
6. ¿Qué hace con lo robado?
7. ¿Cuáles son algunas de las consecuencias de los llamados robos «pequeños»?
8. Según el análisis, ¿cuáles son los dos motivos verdaderos de los robos de Sonia?
9. ¿Por qué es importante el concepto que tenemos de nosotros mismos?
10. ¿Qué hicieron los padres de Sonia cuando fue atrapada la chica?
11. ¿Cuál fue la condena de Sonia? ¿Por qué es leve?
12. ¿Qué decisiones ha tomado Sonia?

INTERPRETACIÓN

1. ¿Cree Ud. que este artículo está basado en una persona real o que es ficción? ¿Por qué?
2. Antes de ser atrapada, ¿se avergonzaba o no Sonia de lo que hacía? ¿Por qué piensa Ud. así?
3. Sonia robaba cosas superfluas. ¿Por qué? ¿Es esto común en los cleptómanos?
4. ¿Qué nos dice sobre la madre de Sonia el episodio de la bolsa de marca?
5. En su opinión, ¿cuáles son los verdaderos motivos por los que Sonia roba?
6. Además de los conflictos familiares, ¿qué otros motivos puede tener un cleptómano?
7. ¿Fue demasiado leve la condena de Sonia? ¿Qué condena le habría impuesto Ud.?
8. ¿Cuál es su reacción ante Sonia y su conducta? ¿Lástima? ¿desprecio? ¿antipatía? ¿censura? Explique.

INTERCAMBIO ORAL

A. Una persona está en una tienda y ve a una joven como Sonia coger una bufanda de seda de marca y meterla rápidamente en su bolsa. ¿Debe llamar a una empleada y decírselo discretamente? ¿Debe no hacer nada y marcharse de esa sección de la tienda? Los estudiantes explicarán el porqué de su opinión.

B. Además de los robos en las tiendas, hay otros también dañinos, como el de libros en las bibliotecas. ¿Roban muchos libros en la biblioteca de su universidad? ¿Por qué roban algunos estudiantes libros de la biblioteca? Otras veces, el estudiante no roba el libro entero, sino que arranca las páginas que le interesan. ¿Es esto menos serio, peor o igualmente grave? ¿Debe un estudiante acusar a un compañero que hace estas cosas? ¿Por qué (no)?

C. Defienda o ataque las siguientes afirmaciones.
   1. La mayor parte de los problemas de los adolescentes son el resultado de una vida familiar insatisfactoria. Cuando los padres se divorcian o se llevan mal, los hijos generalmente se comportan de manera anormal. Por otra parte, los adolescentes con padres y hogares felices, rara vez tienen problemas.
   2. La obsesión consumista de nuestra sociedad es la raíz de la mayoría de los robos. Las personas roban porque quieren poseer las mismas cosas que tienen sus amigos y no disponen de dinero para comprarlas.

D. Una mujer anónima le envió recientemente a Ann Landers $260 en efectivo para que los devolviera en su nombre a una tienda porque se había llevado, distraída, mercancía con ese valor sin pagarla. ¿Es posible que una persona salga de una tienda olvidándose de pagar tanto dinero? ¿Y una cantidad más pequeña? ¿Qué motivos puede haber tenido esta mujer para llevarse la mercancía? ¿Y para pagarla después?

E. Cada día se hace un poco más difícil robar. ¿Qué precauciones toman los grandes almacenes para evitar los robos? ¿Y las bibliotecas? ¿Y los bancos? ¿Detienen estos métodos a los ladrones o les sirven de desafío al presentarles una operación difícil?

UNA ADICTA A LAS COMPRAS

Resuma este chiste. ¿Es Ud. adicto/a a las compras? ¿Conoce a alguien que lo sea? ¿Sabía Ud. que esta adicción puede llegar a convertirse en un problema serio que debe ser tratado por un sicólogo?

Sección gramatical

SER

1. Ser means *to be* in the sense of *to exist*. Its primary function is to establish identity between the subject and a noun, a pronoun, or an infinitive used as a noun, in order to indicate who someone is or what something is.

En esas novelas el asesino es siempre el mayordomo.	*In those novels the murderer is always the butler.*
Fue él quien te llamó.	*He was the one who called you.*
Lo que más le gusta a ella es bailar.	*What she likes best is dancing.*

2. **Ser** is also used to indicate origin, ownership, material, or destination.

—¿De qué parte de Sudamérica eres? —No soy de Sudamérica, soy de México.	*"From what part of South America are you?" "I am not from South America, I am from Mexico."*
Estas joyas son de mi abuela.	*These jewels are my grandmother's.*
Todos mis muebles son de roble.	*All my furniture is [made of] oak.*
¿Para quién son todas esas flores?	*For whom are all those flowers?*

3. **Ser** has the meaning of *to take place, happen*.

La reunión fue en casa de Rosita.	*The meeting took place at Rosita's.*

4. **Ser** is the Spanish equivalent of *to be* in most impersonal expressions (i.e., when *it* is the subject of the English sentence). Thus, **ser** is used to tell the time of day, season, month, etc.

Es tarde, son ya las ocho y tengo prisa.	*It is late, it is already eight o'clock and I am in a hurry.*
Era verano y todas las ventanas estaban abiertas.	*It was summertime and all the windows were open.*
Era muy posible que la contrataran.	*It was very possible that they would hire her.*

5. **Ser**, combined with the past participle, is used to form the passive voice when an agent is expressed or strongly implied.

El libro fue publicado en Costa Rica el verano pasado.	*The book was published in Costa Rica last summer.*
Las palabras del orador no fueron bien acogidas por el público.	*The speaker's words were not well received by the audience.*

This true passive is used in Spanish less often than in English. (For a more complete discussion of the passive voice, see chapter 12.)

6. **Ser**, combined with an adjective, tells us some essential characteristic of a person or thing.

Su casa es grande y moderna.	*His house is large and modern.*

—¿Cómo es tu profesor de español?	*"What is your Spanish teacher like?"*
—Es muy inteligente y simpático.	*"He is very intelligent and charming."*

7. **Ser** indicates the social group to which the subject belongs. Examples of social groups are **joven, rico, pobre, viejo, millonario, católico, comunista**. Trades and professions also fall into this category.

Aunque sus padres son millonarios, Julián es socialista.	*Although his parents are millionaires, Julián is a socialist.*
En mi familia, todas las mujeres son médicas.	*In my family all the women are medical doctors.*
Eres muy joven para un puesto de tanta responsabilidad.	*You are too young for such a responsible position.*

APLICACIÓN

A. *Hágale las siguientes preguntas a un compañero/una compañera, quien contestará con oraciones completas.*

1. ¿Quién eres? ¿Qué eres? ¿De dónde eres? ¿Cómo eres?
2. ¿Eres pobre o rico? ¿Eres extranjero? ¿Eres millonario?
3. ¿Qué es tu padre? ¿Qué es tu madre? ¿Son jóvenes tus padres o son de mediana edad? ¿Quién es el más joven de tu familia?
4. ¿De quién es la casa donde vives? ¿De qué es tu casa? ¿Cómo es? ¿En qué año, aproximadamente, fue construida?
5. ¿Qué hora es? ¿Qué día de la semana es? ¿Qué mes? ¿Qué estación?
6. ¿En qué año fuiste aceptado/a como estudiante por esta universidad? ¿Es difícil o es fácil ser aceptado aquí?
7. ¿Quién es la persona a quien admiras más? ¿Qué es lo que admiras de esta persona?
8. ¿Cuándo será nuestra próxima clase? ¿Dónde será?

B. *Complete de manera lógica, usando una expresión con* **ser.**

1. A Gloria le gustan mucho las matemáticas, por eso trabaja con números; ella...
2. La blusa de mi amiga es de seda, pero la mía...
3. Hoy es el cumpleaños de mi amigo y este pastel...
4. Soy muy diferente de mi hermano: él es bajo y gordo y yo...
5. Mi casa tiene un jardín muy hermoso y, si el sábado hace buen tiempo, la fiesta...
6. Mi familia es protestante, pero yo...
7. ¿Sabes quién llamó antes? Sospecho que...
8. Siempre ayudo a mis amigos todo lo que puedo porque...
9. Los muebles de mi habitación son de mi hermano, pero el televisor...
10. ¡Qué extraño! Hoy hace calor aunque...

C. *Complete de manera original.*

1. Es evidente que...
2. Mis abuelos eran de...
3. El coche en el cual ando es de...
4. Nuestro próximo examen será...
5. Las flores que compré eran para...
6. Lo que más me gusta hacer en el verano es...
7. En el futuro, quisiera ser...
8. Mi profesor(a) de español es de...
9. Creo que este libro es...
10. Mi actor y actriz favoritos son...

ESTAR

Unlike **ser**, **estar** never links the subject with a predicate noun, pronoun, or infinitive. **Estar** may be followed by a preposition, an adverb of place, a present participle (**gerundio**), a past participle, or an adjective.

1. **Estar** expresses location, in which case it is usually followed by a preposition or an adverb.*

Valparaíso está en Chile.	*Valparaíso is in Chile.*
Andrés y Patricia están aquí ahora.	*Andrés and Patricia are here now.*
La playa está lejos de nuestra casa.	*The beach is far from our home.*

2. **Estar** combined with the present participle (**-ndo** form) forms progressive tenses.**

Estuvieron trabajando toda la tarde.	*They were working the whole afternoon.*
Estás hablando más de la cuenta.	*You are talking too much.*

3. Combined with adjectives or past participles, **estar** refers to a condition or state of the subject.

No puedo grabar el programa, porque mi video está descompuesto.	*I can't record the program because my VCR isn't working.*

*Exception: Occasionally **ser** is combined with adverbs of place to refer to location. Such is the case, for instance, of the person who gives directions to the taxi driver saying:

Es allí en la esquina. *My destination is (that place) there, at the corner.*

Avoid using the progressive form with verbs implying movement: **ir, venir, entrar, salir. They are in the progressive only in very special cases. Also do not use the progressive when the English expression is equivalent to a future: *We are buying (We will buy) a new car next fall.* (See chapter 13.)

Estoy enamorado, ilusionado y contento.	*I am in love, hopeful and happy.*
A pesar de los cuidados que recibe, el paciente está peor.	*In spite of the care he receives, the patient is worse.*

4. Used with an adjective or past participle, **estar** may also refer to a characteristic of the subject as viewed subjectively by the speaker or writer. In this case, **estar** often conveys the idea of: *to look, to feel, to seem, to act.*

Ud. está muy pálida hoy.	*You are very pale today. (You look pale to me.)*
Ayer vi a tu niño; está muy alto.	*I saw your child yesterday; he is very tall.* (In the speaker's opinion, the child has grown a lot.)
Sarita estuvo muy amable con nosotros en la fiesta.	*Sarita was (acted) very nice to us at the party.*
Hacía calor en la playa pero ¡qué fría estaba el agua!	*It was hot at the beach but, the water was (felt) so cold!*

5. Estar + past participle refers to a state or condition resulting from a previous action.

El espejo está roto; lo rompieron los niños.	*The mirror is broken; the children broke it.*
La puerta estaba cerrada; la había cerrado el portero.	*The door was closed; the doorman had closed it.*
El ladrón fue detenido ayer por la policía; todavía está detenido.	*The thief was arrested yesterday by the police; he is still under arrest.*

Observe that **ser** + past participle = action; **estar** + past participle = resulting state or condition. (For further discussion of **estar** + past participle [the apparent passive], see chapter 12.)

APLICACIÓN

A. *¿Dónde están? Señale, con oraciones completas, la situación de objetos y personas en la clase: libros, tizas, las mochilas de los estudiantes, los estudiantes, el profesor (la profesora), las ventanas, la puerta, etc.*

B. Escena mañanera. *Cambie los verbos que se indican al presente del progresivo.*

Son las siete y la pequeña ciudad *despierta* con el bullicio acostumbrado pero, como es sábado y no hay escuela, los niños todavía *duermen*. Paula *riega* las plantas del jardín. *Canturrea* una tonada popular. *Mira* a Francisco, que *poda* el seto junto a la calle. Las plantas *crecen* mucho últimamente —piensa Paula —. En el caminito de piedra que conduce a la casa, el gato negro *se lame* las patitas delanteras. Al fondo del jardín, el perro *mueve* con gran agitación la cola porque acaba de divisar a una ardilla que *construye* su nido en la rama de un árbol. Ahora el perro le *ladra* a la ardilla con insistencia. Paula lo llama, porque es temprano y los ladridos *molestan* a los vecinos.

C. Situaciones y estados. *Combine* **estar** *con los adjetivos de* **B** *para expresar cómo se sentiría Ud. en las circunstancias que se explican en* **A**. *Use más de un adjetivo en cada caso si es posible. Añada además una breve explicación.*

A

1. Ud. se ha preparado con cuidado para una entrevista de empleo, pero cuando llega al lugar, le dicen que ya contrataron a otra persona.
2. Ud. va a ver por primera vez a una persona del sexo opuesto a quien conoció por la sección de anuncios de un periódico.
3. Acaba de mudarse solo/a y ha pintado su nuevo apartamento sin ayuda de nadie. Ha sido un trabajo muy duro, pero cuando termina, piensa que todo quedó muy bonito.
4. Está en una fiesta. Tropieza con un/una joven, y la bebida que llevaba en la mano se derrama sobre el traje de él/ella.
5. ¡Por fin va realizer el sueño de su vida! Como premio por sus buenas notas, sus padres le han regalado un viaje al Japón.
6. Ud. está en un banco haciendo un depósito, y la cajera le dice que los cuatro billetes de $50 que Ud. acaba de darle, son falsos.
7. Hace dos semanas le prestó un libro de la biblioteca a un amigo, que le prometió devolverlo al día siguiente. Ahora ha recibido una carta que le informa que el libro no ha sido devuelto y que tiene que pagar una multa.
8. Su novio/a le ha prestado su coche nuevo. En una esquina se descuida, no ve la luz roja, y choca con otro auto. Por suerte, Ud. está ileso/a, pero el precioso auto de su novio/a parece un acordeón.

B

ansioso/a,
alegre
avergonzado/a
cansado/a
confundido/a
contento/a
decepcionado/a
defraudado/a
desesperado/a
emocionado/a
enojado/a
exhausto/a
frustrado/a
furioso/a
ilusionado/a
nervioso/a
orgulloso/a
satisfecho/a
temeroso/a
triste

D. Después del huracán. *Su familia tiene una casa de verano en el campo. Hubo un huracán y Uds. van a inspeccionar los daños en la propiedad. Exprese el estado resultante en cada caso.*

1. Una sección del techo de la casa se hundió.
2. Varios árboles cayeron al suelo.
3. El establo se llenó de agua.

4. El caballo y dos de las vacas murieron.
5. Algunas paredes se rajaron.
6. La fuerza del huracán arrancó los arbustos.
7. El río se desbordó.
8. Se rompieron los vidrios de las ventanas.
9. El agua destruyó el jardín.
10. El viento derribó las cercas.

E. *Doña Amparo es una señora muy criticona. Asiste a la boda de una sobrina y comenta sobre el acto y los invitados. Exprese Ud. la opinión personal de doña Amparo usando* **estar** + *adjetivo.*

1. Josefina tiene mi edad, pero parece tener diez años más.
2. La novia no es fea, pero en la ceremonia no se veía bien.
3. El traje que llevaba mi cuñada parecía antiguo.
4. A todos les gustó el pastel de boda, pero a mí no.
5. La fiesta no me pareció muy divertida.
6. No sirvieron mucha comida.
7. Mi sobrina actuó un poco fríamente conmigo.
8. Pero, a pesar de tantas cosas negativas, la boda me gustó.

SER/ESTAR + CALIENTE, FRÍO, CALENTURIENTO, AND *FRIOLENTO*

	ANIMATE REFERENCE	INANIMATE REFERENCE
1. ser caliente	*hot* (vulgar), *passionate* (sexual connotation; characteristic)	*warm, normally of warm temperature*
2. ser frío	*cold* (having a cold personality)	*cold, normally of cold temperature*
3. ser friolento	*sensitive to the cold*	(not applicable)
4. estar caliente	*hot* (to the touch); *hot (vulgar)* (sexual connotation; condition)	*hot* (to the touch), *having a high temperature at a given time*
5. estar frío	*cold* (to the touch)	*cold* (to the touch), *having a low temperature at a given time*
6. estar calenturiento	*feverish*	(not applicable)

Examples:

Animate reference

Arturo es muy frío y no nos recibió con afecto.	*Arturo has a cold personality and he didn't receive us warmly.*
Lucía siempre lleva abrigo de pieles porque es muy friolenta.	*Lucía always wears a fur coat because she is very sensitive to the cold.*
«Estás caliente, creo que tienes fiebre», dijo mi madre.	*"You're hot; I think you have a fever," said my mother.*
Cuando la ambulancia llegó, el hombre estaba frío y pálido; parecía muerto.	*When the ambulance arrived, the man was cold and pale; he looked dead.*
Creo que tengo gripe. Estoy calenturiento y me duele la cabeza.	*I think I have the flu. I'm feverish and my head aches.*

Inanimate reference

Mi habitación es muy caliente porque le da el sol por la tarde.	*My room is very warm because the sun hits it in the afternoon.*
Tierra del Fuego era fría e inhóspita.	*Tierra del Fuego was cold and inhospitable.*
Cuidado. No te quemes. La sopa está caliente.	*Be careful. Don't burn yourself. The soup is hot.*
No puedo planchar con esta plancha porque está fría.	*I can't work with this iron because it's cold.*

Do not confuse *hot* referring to temperature with *hot* meaning *spicy* (= **picante**).

Si le pones tanto chile a la comida, quedará muy picante.	*If you put so much chili in the food it will be too hot.*

CHANGES IN MEANING OF SOME ADJECTIVES

Some adjectives (and past participles) have differences in meaning depending on whether they are combined with *ser* or *estar*.

	WITH **SER**	WITH **ESTAR**
aburrido	*boring*	*bored*
borracho	*a drunk(ard)*	*drunk*
bueno	*good*	*in good health*
callado	*quiet*	*silent*

	WITH **SER**	with **ESTAR**
cansado	*tiring*	*tired*
completo	*exhaustive, total*	*not lacking anything*
consciente*	*conscientious*	*aware of, conscious*
despierto	*alert, bright*	*awake*
divertido	*amusing*	*amused*
entretenido	*entertaining*	*occupied (involved)*
interesado	*(a) mercenary (person)*	*interested*
listo	*witty, clever*	*ready*
malo	*bad*	*sick*
nuevo	*brand new*	*like new*
seguro	*sure to happen, safe (reliable)*	*certain, sure (about something)*
verde	*green (in color)*	*unripe*
vivo	*lively, witty, bright (color)*	*alive*

*In Spain one hears **ser consciente de** with the meaning of *to be aware of*.

La chica no es callada, pero estaba callada en la fiesta porque no conocía a nadie y estaba aburrida. *The young girl is not a quiet person but she was silent at the party because she didn't know anyone and she was bored.*

El padre es borracho e interesado, pero los hijos son buenos y listos. *The father is a drunk and a mercenary person but the children are good and clever.*

El chofer del coche no estaba consciente, aunque el médico estaba seguro de que estaba vivo. *The driver of the car wasn't conscious; however, the doctor was sure that he was alive.*

APLICACIÓN

Decida qué forma verbal completa correctamente cada oración.

1. El examen médico de los astronautas (fue/estuvo) completo; necesitábamos (ser/estar) seguros de que (eran/estaban) listos para el vuelo espacial.
2. Mi habitación (es/está) muy fría y, como (soy/estoy) friolento, sufro mucho en el invierno.
3. Esa fruta (es/está) verde de color, pero no (es/está) verde; (es/está) lista para comer.
4. Un individuo que (es/está) consciente no maneja si (es/está) borracho.
5. Debes (ser/estar) seguro de que el horno (es/está) caliente antes de meter el pastel.
6. El niño (es/está) malo hoy; (es/está) calenturiento.

7. A veces (soy/estoy) aburrido en esa clase porque, aunque el profesor (es/está) bueno, (es/está) un poco aburrido.
8. (Soy/Estoy) cansado de ver paredes blancas; quiero una habitación cuyos colores (sean/estén) vivos.
9. El negocio (es/está) muy seguro y, como doña Alicia (es/está) una persona interesada, la garantía de ganar dinero la hará invertir en él.
10. La abuela de Irene (es/está) viva, aunque tiene ya noventa años; sus otros abuelos (son/están) muertos.
11. El chico (era/estaba) callado y tímido y siempre (era/estaba) entretenido sacando crucigramas.
12. La fiesta (fue/estuvo) muy divertida, pero bailé tanto que ahora (soy/estoy) muy cansada.
13. —José, ¿(eres/estás) despierto? —No, porque sé lo que vas a decirme y no (soy/estoy) interesado en oírlo.
14. El juego de herramientas que vende Toño (es/está) completo, no le falta ni una pieza y, como Toño es muy cuidadoso con sus cosas, (es/está) nuevo.
15. Esta computadora (es/está) nueva, pero no (es/está) buena, o tal vez yo no (soy/estoy) bastante listo para usarla.
16. El enfermo (es/está) consciente desde ayer; creo que (será/estará) bueno pronto.

ADJECTIVES, PAST PARTICIPLES, AND IDIOMATIC EXPRESSIONS THAT ARE USED WITH *ESTAR* ONLY

asomado (a la ventana)	*looking out (the window)*
arrodillado*	*kneeling*
ausente	*absent*
colgado*	*hanging*
contento**	*in a happy mood*
de acuerdo	*in agreement*
de buen (mal) humor	*in a good (bad) mood*
de guardia	*on duty, on call*
de moda (pasado de moda)	*fashionable (out of style, unfashionable)*
de pie, parado*	*standing*
de vacaciones	*on vacation*
descalzo	*barefoot*
escondido*	*hiding*
presente	*present*
satisfecho	*satisfied*
sentado*	*sitting*

Notice that the English equivalents of these past participles are present participles (-ing* forms).

Unlike **contento, the adjective **feliz** is normally used with **ser**. However, in the spoken language in some Spanish-American countries **estar** may be used with **feliz**.

APLICACIÓN

Añada una oración adecuada a cada una de estas afirmaciones, utilizando expresiones de la tabla anterior.

Modelo: La chica está rezando.
→Está arrodillada en la iglesia.

1. La chica está rezando.
2. Tengo un Picasso en la sala de mi casa.
3. Bernardo no vino hoy a clase.
4. ¡Saqué una *A* en el último examen!
5. Hoy no se puso zapatos.
6. El maestro está escribiendo en la pizarra.
7. El soldado no puede salir esta noche con su novia.
8. Nunca discutimos.
9. Don Jesús tiene muy mal carácter.
10. Espero con ansiedad la llegada del verano.
11. Todos fuimos testigos de lo que sucedió.
12. A mi abuela le gusta mirar a los que pasan por la calle.

COMMON COMBINATIONS OF PAST PARTICIPLE/ADJECTIVE AND PREPOSITION THAT REQUIRE *SER*

amigo de	*fond of*	**enemigo de**	*opposed to*
aficionado a	*fond of*	**fácil de + inf.**	*easy to*
difícil de + inf.	*hard, difficult to*	**idéntico a**	*identical to, with*
(in)capaz de	*(in)capable of, (un)able to*	**responsable de**	*responsible for*
parecido a	*similar to*	**(def. art.) + último en**	*the last one to*
(def. art.) + primero en	*the first one to*	**(im)posible de + inf.**	*(im)possible to*

Mi hermano es muy aficionado al boxeo, pero yo soy enemigo de los deportes violentos.

My brother is very fond of boxing but I am opposed to violent sports.

Si eres capaz de convencer a Pablo de que nos ayude, yo seré la primera en felicitarte.

If you are able to convince Pablo to help us, I'll be the first one to congratulate you.

Observe the difference between **difícil** *(***fácil, imposible** *etc.)* + infinitive and **difícil** *(***fácil, imposible***)* **de** + infinitive:

Sus instrucciones eran siempre difíciles (fáciles, imposibles) de seguir.	*His instructions were always hard (easy, impossible) to follow.*

(**Difíciles [fáciles, imposibles] de seguir** are adjectival phrases referring to **sus instrucciones**.)

But:

Siempre era difícil (fácil, imposible) seguir sus instrucciones.	*It was always difficult (easy, impossible) to follow his instructions.*

(In Spanish, **seguir sus instrucciones** is the subject of **era difícil** (**fácil, imposible**, etc.)

A useful rule regarding these constructions: **de** is not used when the infinitive is followed by an object or clause.

COMMON COMBINATIONS OF PAST PARTICIPLE/ADJECTIVE AND PREPOSITION THAT REQUIRE *ESTAR*

acostumbrado a	*used to*	**enemistado con**	*estranged from, an enemy of*
ansioso por (de)	*anxious to*		
cansado de	*tired of*	**libre de**	*free from*
cubierto de	*covered with*	**listo para**	*ready to*
decidido a	*determined to*	**loco de**	*crazy with*
		loco por	*most anxious to*
(des)contento de (con)	*(un)happy with*	**lleno de**	*filled with*
disgustado con	*annoyed with*	**peleado con**	*not on speaking terms with*
dispuesto a	*willing to, determined to*		
enamorado de	*in love with*	**rodeado de**	*surrounded by*
encargado de	*in charge of*	**vestido de**	*dressed in, dressed as*

Estoy loca por terminar esta lección.	*I am most anxious to finish this lesson.*
El niño se puso loco de contento cuando vio tu regalo.	*The child went crazy with joy when he saw your gift.*

Dámaso dijo que estaba dispuesto a hacer el viaje, pero que todavía no estaba listo para salir.	*Dámaso said that he was determined to take the trip but that he wasn't ready to leave yet.*
¡Los escritorios están cubiertos de polvo! ¿Quién está encargado de la limpieza?	*The desks are covered with dust! Who is in charge of the cleaning?*

APLICACIÓN

A. *Traduzca.*

1. Luisita, I am not responsible for your new schedule. I know that you are annoyed with the strange hours and that you are determined to change them. I would be the last one to suggest that you keep this schedule. But it was all your fault: your handwriting is very difficult to read and the person who was in charge of registration was not able to understand it.
2. I am not very fond of washing cars, but mine is covered with mud and I am willing to wash it. I am tired of driving a dirty car.
3. Olga, who is married to a policeman, was at the party. She was dressed in blue. I am not on speaking terms with her, but I must confess that she looked pretty. Soon she was surrounded by admirers. She was filled with pride. Her husband, who is very much in love with her, was mad with jealousy. I was very annoyed with this situation but for a different reason: her dress was almost identical to mine!

B. *Clasifique las siguientes cosas de acuerdo con su opinión personal, usando, en oraciones completas, las expresiones* **fácil (difícil, casi imposible) de hacer; fácil (difícil, casi imposible) de comprender; fácil (difícil, casi imposible) de resolver.**

1. Hacer un acto en un trapecio.
2. Usar correctamente *ser* y *estar*.
3. Ahorrar suficiente dinero para ser millonario.
4. Montar en bicicleta.
5. La teoría de la relatividad.
6. La lección tres de este libro.
7. La última explicación que dio el profesor.
8. Las complicaciones del déficit en el presupuesto de los Estados Unidos.
9. Los problemas de matemáticas.
10. El problema de no tener una pluma para tomar apuntes en clase.

C. *Complete estas narraciones con la forma apropiada de* **ser** *o* **estar**.

1. **Un viaje a Bogotá.**

Se dice que Bogotá ______ en el centro de todos los caminos de Colombia porque las instituciones más importantes del país ______ concentradas en la capital. Santa Fe de Bogotá ______ fundada por Gonzalo

Jiménez de Quesada y ______ llamada así por el nombre de Bacatá, que ______ la villa india que ______ en este lugar cuando llegaron los españoles. Bogotá ______ en un valle y ______ rodeada de altos picos montañosos. Muchas de sus calles ______ estrechas y retorcidas, porque ______ trazadas en la época colonial. El centro de la ciudad ______ un muestrario de diversos estilos arquitectónicos.

Uno de los sitios más famosos de Bogotá ______ el Museo del Oro, donde hay unas 35,000 piezas precolombinas de oro. Tal riqueza artística no ______ sorprendente, porque antes de la llegada de los españoles, la región ______ habitada por los indios chibchas, que ______ excelentes artesanos. Muchas de las piezas de oro que hay en el museo ______ joyas y objetos ceremoniales, y la mayoría de ellas ______ muy bien conservadas.

2. **Manzanillo.**

Antes de la llegada de los españoles, Manzanillo ______ un pequeño pueblo de agricultores y pescadores. Después que México ______ independiente, en 1825, Manzanillo ______ nombrado puerto oficial. En aquella época, la mercancía que traían los buques ______ enviada a las ciudades del interior por medio de mulas. Hoy Manzanillo ______ el puerto principal del Pacífico mexicano. Manzanillo ______ en la llamada «Costa Dorada» de México y su clima ______ cálido todo el año. El lugar ______ conocido sobre todo por el hotel Las Hadas, que ______ construido hace veinte años por el magnate Antenor Patiño, quien ______ de Bolivia. El sueño de Patiño ______ hecho realidad en un edificio de estilo único donde ______ representados elementos moriscos, españoles y mexicanos. En Manzanillo ______ el Rancho Majahua, un verdadero paraíso ecológico, que ______ lleno de jaguares, armadillos, mapaches y aves. Las villas de este rancho ______ construidas de materiales primitivos y ______ rodeadas de árboles. El atractivo mayor de unas vacaciones en este rancho ______ el contacto con la naturaleza.

3. **La finca «El Paraíso».**

Cuando llegamos a «El Paraíso» nos dijeron que la finca ______ de don Abundio Vargas. Don Abundio ______ un hombre de setenta años, pero ______ bastante conservado y parecía ______ diez años más joven. De joven ______ en la revolución; había ______ general y ______ condecorado varias veces por su valor. ______ un hombre alto y recio; su cara ______ expresiva y ______ tostada por el sol. Don Abundio ______ viudo. Sus hijos ______ ya hombres y mujeres y ______ viviendo en la ciudad; sólo ______ con el padre Clotilde, que ______ la menor. Aunque nos habían dicho que don Abundio ______ un hombre callado, ______ muy hablador con nosotros esa tarde. Le explicamos que ______ buscando a Cirilo Cruz, que ______ capataz de «El Paraíso» por muchos años. Don Abundio no sabía dónde ______ Cruz ni qué ______ haciendo en esos días. Dijo que Cruz ______ un excelente capataz, pero que ______ viejo y achacoso y por eso había dejado el empleo.

Este anuncio es de un almacén de Santo Domingo, República Dominicana. Observe la abundancia de anglicismos: sábanas twin, set de sábanas, overoles, etc.

Análisis de la lectura

A. *Lea con cuidado las expresiones que contienen el verbo* **ser.**

1. ... y que es muy buena para los «negocios».
2. Su negocio «entre comillas» es robar en las tiendas.
3. La verdad es que mis padres andan en su onda.
4. Lo cómico es que se creen que no me doy cuenta...
5. ¿Qué es lo que pasa?
6. Mi padre es un poco... Casanova...
7. ¡Es ridiculísimo!
8. Yo no soy una criminal.
9. Sé sincera.
10. ... la realidad es muy distinta.
11. ... ella —aunque lo niega— desea ser atrapada...
12. Otra característica de este caso es el deseo de revancha...
13. ... cada caso es único.
14. Lo que sí queremos recalcar es que...
15. ... el concepto que tenemos de nosotros mismos es la base...
16. ... Sonia fue atrapada por un guardia encubierto...

17. Pero la chica no es feliz.
18. ... la condena es leve...
19. ... porque Sonia es menor de edad...

B. *Lea las expresiones que contienen el verbo* **estar.**

1. ... estaba desesperada por un álbum de Madonna.
2. Oye, ya está bien, ¿no?
3. ¿Estás orgullosa de lo que haces?
4. Está bien. Gracias por la entrevista, Sonia.
5. Su conversación está salpicada con referencias a sus padres.

C. *Conteste.*

1. ¿Cuál de las expresiones que usan **ser** es equivalente de una expresión impersonal con *it* en inglés?
2. ¿En qué casos sirve el verbo **ser** como vínculo entre dos sustantivos?
3. ¿En qué casos une **ser** el sujeto con un adjetivo? ¿Con una cláusula?
4. ¿En qué casos el segundo elemento de la identidad es un infinitivo?
5. En 11A y 16A se usa **ser** más el participio pasivo; en 5B se usa **estar** más el participio pasivo. Explique la diferencia.
6. ¿En qué casos une **estar** el sujeto con un adjetivo?

Sección léxica

REPASO

Reemplace las palabras y expresiones en cursiva con sinónimos.

La ladrona, que *parece* ser muy joven, comenzó robando *cosas de poco valor* en las tiendas. Hoy roba costosos vestidos *con el nombre de un diseñador*. La conversación de esta chica está *llena* de alusiones a sus padres, y el sicólogo piensa que ella busca *la venganza* porque se siente olvidada por ellos. Inmediatamente después de un robo, la persona *se contenta*, y piensa que *hizo lo que quería*, pero más tarde se siente *insignificante* y *baja*.

El sicólogo *pone énfasis en* que si la persona sale del episodio *sin castigo,* va a seguir robando; por el contrario, al recibir *una sentencia de castigo,* aunque sea *ligera,* la persona, humillada, *tiene que* analizarse y empezar *de nuevo*.

AMPLIACIÓN

LOS CALCOS SEMÁNTICOS

En español, un **álbum** (pl. **álbumes**) es un libro donde se coleccionan fotografías, poesías, autógrafos, etc. En inglés, *album* significa esto y también un disco. Recientemente, el significado de **álbum** se ha extendido en español a los discos por influencia del inglés, y con este último significado lo vemos usado en la lectura (aunque este sentido no figura todavía en los diccionarios). Las palabras de este tipo, iguales o muy similares en su forma en ambos idiomas, pero con diferencias parciales o totales de significado, se llaman **calcos semánticos**. La siguiente lista contiene algunas de ellas:

PALABRA INGLESA	NO DIGA	DIGA
SUSTANTIVOS		
apology (excuse)	apología	**disculpa, excusa**
application (for a job, school, etc.)	aplicación	**solicitud, planilla**
argument (quarrel, dispute)	argumento	**discusión, pelea**
boat (large ship)	bote	**barco**
card (postcard, ID)	carta	**tarjeta**
compromise (settlement by mutual concessions)	compromiso	**acuerdo, convenio**
confidence (trust, faith)	confidencia	**confianza**
dependant	dependiente	**persona a (su) cargo**
engineer (train)	ingeniero	**maquinista**
faculty (professors)	facultad	**profesorado, profesores**
lecture	lectura	**conferencia**
mark (school grade)	marca	**nota**
notice	noticia	**aviso**
office (doctor's)	oficina	**consulta, consultorio**
official (person holding a public office)	oficial	**funcionario**
policy (plan or regulation)	policía	**política**
question (interrogation)	cuestión	**pregunta**
success	suceso	**éxito**
subject (school)	sujeto	**asignatura**
VERBOS		
assume (to suppose)	asumir	**suponer**
attend (to be present)	atender	**asistir**
pretend (to feign, make believe)	pretender	**fingir**
realize (to be or become aware)	realizar	**darse cuenta de**
register (in school)	registrarse	**matricularse, inscribirse**
resign (a position)	resignar	**renunciar a**
save (money)	salvar	**ahorrar**
support (to provide for a person)	soportar	**mantener**
ADJETIVOS		
actual (true, real)	actual	**real, verdadero/a**
effective (something that works)	efectivo	**eficaz**

formal (elegant)	formal	**de etiqueta**
ordinary (common, average)	ordinario	**común, vulgar**
peculiar (odd, eccentric)	peculiar	**extraño/a**
quiet (subdued, non-talkative)	quieto	**tranquilo/a, callado/a**
vulgar (rude, obscene)	vulgar	**grosero/a**

APLICACIÓN

A. *Traduzca al español las palabras en inglés.*

1. Los hermanos Cabral tienen profesiones muy diversas; Manuel, el mayor, es (*train engineer*), Raúl, el segundo, es capitán de un (*boat*) que hace viajes a las costas de Sudamérica y Tomás, el más joven, es (*official*) de gobierno. Yo no los conozco, pero conozco a Tito, el hijo de Raúl, un chico un poco (*peculiar*) que usa un vocabulario muy (*vulgar*).
2. Necesito dinero, porque tengo dos (*dependants*) que (*support*). Por eso, cuando vi en el periódico que un doctor necesitaba una buena recepcionista para su (*office*), envié mi (*application*) en seguida. Contesté todas las (*questions*) con exactitud y, aunque soy una chica (*ordinary*) y (*quiet*), tengo (*confidence*) en conseguir el empleo.
3. Hubo varias (*arguments*) en la última reunión del (*faculty*). Por fin, se llegó a un (*compromise*) y se va a cambiar la (*policy*) general de la institución. Ahora será obligatorio para los estudiantes el asistir a las (*lectures*). Espero que este cambio sea (*effective*).
4. Como yo no (*attended*) a clase la primera semana, el profesor (*assumed*) que no estaba (*registered*) en el curso y me envió un (*notice*) a casa. Ahora tengo que ofrecerle (*apologies*) por mis ausencias y enseñarle la (*card*) que me dieron al inscribirme. Creo que voy a (*pretend*) que estuve enfermo, porque no quiero tener una (*mark*) mala en esta (*subject*). La razón (*actual*) de mis ausencias es que acepté un trabajo y no (*realized*) que había un conflicto con las horas de clase. Ahora (*resigned*) a este empleo. No podré (*save*) dinero para el próximo año, pero por lo menos tendré (*success*) en éste.

B. *Busque en un diccionario con definiciones en español el significado de las siguientes palabras. Haga después una oración con cada una:* **actual, atender, compromiso, confidencia, lectura, marca, cuestión, salvar.**

DISTINCIONES LÉXICAS

TO KNOW

1. Saber means *to know* in the sense of possessing knowledge or understanding.

¿Sabes el camino?	*Do you know the way? (Do you know which is the right way?)*

Sé que tengo que estudiar mucho para pasar este curso. *I know that I have to study a lot in order to pass this course.*

No sabíamos a qué hora empezaba la función. *We didn't know at what time the show was supposed to begin.*

2. **Saber** + infinitive means *to know how,* when referring to a skill or ability.

A los tres años de edad, ya Rubén Darío sabía leer y escribir. *At three years of age, Rubén Darío already knew how to read and write.*

In English, when referring to a skill or ability, *to know how* and *to be able* are often interchangeable, but in Spanish, in such cases, **saber** and **poder** are more carefully distinguished.

Yo sé tocar la guitarra pero hoy no puedo por el dedo roto. *I can play the guitar but today I can't because of my broken finger.*

Ellos no hablaron con el hombre porque no saben hablar portugués. *They didn't speak to the man because they can't speak Portuguese.*

3. **Saber(se) de memoria** or simply **saberse** means *to know very well* or *to know by heart.*

Cuando yo era niño, todos (nos) sabíamos de memoria los diez mandamientos. *When I was a child we all knew the ten commandments by heart.*

Pepito tiene diez años y todavía no se sabe la tabla de multiplicar. *Pepito is ten years old and he still doesn't know the multiplication tables.*

4. As seen in chapter 1, the preterite of **saber** often means *learned, found out.*

¿Cuándo supo Ud. que había ganado el premio? *When did you learn that you had won the prize?*

5. When referring to food, **saber** means *to taste.** **Saber a** + noun means *to taste of (like).*

Este puré de manzana sabe muy bien. *This applesauce tastes very good.*

Esta carne sabe a cerdo. *This meat tastes like pork.*

Saber a gloria and **saber a rayos** are two common idioms used when something tastes wonderful or awful.

*When the subject is a person, *to taste* is **probar.**

Siempre pruebo lo que estoy cocinando para saber si tiene bastante sal. *I always taste what I am cooking to find out if it has enough salt.*

Preparó un postre para sus invitados que sabía a gloria.	*She prepared a dessert for her guests that tasted wonderful.*

6. **Conocer** means *to know* in the sense of being acquainted or familiar with a person, place, or thing.

¿Conoces este camino?	*Do you know (Are you familiar with) this road?*
La mayoría de las personas que conozco son pobres.	*Most of the people I know (I am acquainted with) are poor.*
Conozco bien la música de Chopin.	*I know well (I am quite familiar with) Chopin's music.*

7. **Conocer** is also used as a synonym of **reconocer** (*to recognize*).

Pasé junto a él pero no me conoció.	*I passed next to him but he didn't recognize me.*
Conocí a don Pablo por las fotografías que había visto de él.	*I recognized Don Pablo from the photographs of him I had seen.*
Apenas vi el sobre conocí tu letra.	*As soon as I saw the envelope I recognized your handwriting.*

8. As seen in chapter 1, the preterite of **conocer** generally means *met* (*was* or *were introduced to*).

Julio y yo nos conocimos el año pasado en la Argentina.	*Julio and I met last year in Argentina.*

9. **Se conoce (conocía)** means *It is (was) obvious*.

Se conoce que el cuchillo no tenía filo, porque la herida no fue grave.	*It is obvious that the knife wasn't sharp because the wound wasn't serious.*
Se conocía que tenía dinero, pues había invitado a todos sus amigos.	*It was obvious that he had money because he had invited all his friends.*

APLICACIÓN

A. *Nombre algunas cosas que...*

1. Sabe Ud. hacer.
2. No sabe hacer, pero quisiera saber hacer.
3. Supo Ud. recientemente.
4. Se sabe Ud. de memoria.
5. En su opinión, saben mal.

B. *Nombre algunas ciudades o lugares que:* (a) *conoce,* (b) *le gustaría conocer.*

C. *Nombre algunas personas que conoció recientemente.*

D. *Complete con la forma correcta de* **saber** *o* **conocer**.

1. Hubo tres víctimas en el accidente, pero yo no ______ los nombres.
2. No salgas solo; no ______ la capital y te perderás.
3. Él dice que es especialista en español y no ______ quién escribió el *Quijote*.
4. No puedo beber esta agua; ______ a cloro.
5. Si no ______ Ud. bailar, nosotros le enseñaremos en una semana.
6. Yo ______ esa canción, pero no puedo cantarla porque no ______ la letra.
7. ¿______ qué caballos correrán en la carrera de mañana?
8. ¿______ Ud. al jockey que montará el caballo favorito?
9. Había visto tantas veces esa película, que ya se ______ el diálogo.
10. Anoche soñé que estaba en un lugar extraño donde no ______ a nadie.
11. Ha comprado tres latas de insecticida, se ______ que hay insectos en su casa.
12. (Nosotros) ______ recientemente que Miguelito se casará en junio.
13. —¿Muerde su perro? —No a los extraños, sólo a las personas que ______.
14. Miraba a la chica de tal manera, que se ______ que estaba enamorado.

E. *Un estudiante hizo el siguiente ejercicio, pero no sabía usar bien los verbos* **saber** *y* **conocer** *y cometió algunos errores. Corríjalos.*

1. Aunque Pepito es un niño inteligente, no creo que conozca la respuesta.
2. Él llevará pronto a su novia a saber a su familia.
3. Siempre está discutiendo con todos porque no sabe controlarse.
4. Te tiemblan las manos; se sabe que estás nervioso.
5. Estoy muy delgado y por eso Ruperto no me conoció.
6. Tráigame otra leche, por favor, no me gusta como prueba ésta.
7. No sé quién te llamó; no dijo quién era.
8. El bebé tiene dos años y todavía no conoce hablar.
9. Cuando tenemos mucha hambre, todo nos sabe a gloria.
10. Conocíamos que Uds. tenían prisa, pero no podíamos trabajar tan rápido.
11. Si hubiera conocido que su padre había muerto, le habría escrito en seguida.
12. Ella es incapaz de decir una mentira, la sé bien.

Para escribir mejor

SILABEO

A continuación se enumeran las reglas fundamentales para dividir las palabras en sílabas. Estas reglas son necesarias para separar con guión los vocablos que deben dividirse al final de una línea y principio de otra. Las separaciones con guión son especialmente importantes en español, porque los hispanoparlantes procuran mantener el margen derecho tan parejo como sea posible al escribir o mecanografiar. Saber dividir bien las sílabas es además necesario para poder acentuar correctamente las palabras.

1. Una palabra tiene tantas sílabas como vocales. (Este último término se usa en este contexto para referirse a una sola vocal, un diptongo o un triptongo.)
ha-ra-pien-tos ter-mi-nan-te-men-te

2. Una sola consonante se agrupa con la vocal que le sigue. Hay que notar que la **che**, la **elle** y la **erre** se consideran letras simples e inseparables.
la-ti-ga-zos va-ca-cio-nes chi-cha-rro-nes be-lle-za

3. Cuando dos consonantes ocurren entre vocales:
a. si son fáciles de pronunciar juntas, las dos se unen a la vocal que sigue.
ne-gro a-plas-ta-da
b. si son difíciles de pronunciar juntas, las consonantes se separan.
sal-pi-ca-du-ras lar-go

4. Cuando tres consonantes o más ocurren entre vocales, las dos últimas se juntan a la vocal siguiente si es posible (véase 3a).
en-tre-cor-ta-do nues-tros

5. A diferencia del inglés, en español la **ese** se separa de la consonante que sigue.
des-co-no-ci-do es-tu-dia-ba

6. Cualquier combinación de dos vocales o más que incluya **u** o **i** forma un grupo inseparable (diptongo o triptongo).

LOS DIPTONGOS MÁS FRECUENTES SON:

ai, ay	ai-re, hay	iu	viu-dez
au	cau-sa	oi, oy	sois, soy
eu	eu-fo-ria	ua	cuan-do
ei, ey	vein-te, ma-mey	ue	fuen-te
ia	far-ma-cia	ui	fuis-te
ie	vie-ne	uo	cuo-ta
io	vi-cio		

LOS TRIPTONGOS MÁS FRECUENTES SON:

iai	en-viáis	uai	a-mor-ti-guáis
iei	a-pre-ciéis	uei	con-ti-nuéis

a. Un acento gráfico sobre la **i** o la **u** deshace el diptongo, produciendo dos sílabas distintas.
te-ní-a con-ti-nú-a

b. Cualquier otra combinación vocálica se separa en sílabas distintas.
a-pe-dre-a-ban ca-pi-ta-ne-ó

7. Los prefijos forman sílabas distintas.
des-ha-cí-an im-po-ní-an
Sin embargo, cuando el prefijo precede a **s** + consonante, la **ese** se une al prefijo.
cons-tan-te ins-pi-rar

APLICACIÓN

A. Divida en sílabas:

embriagar	anticipar	esdrújula
potrillos	veintisiete	también
aclarar	coetáneo	hablaríais
libro	facsímile	hispanoamericano
desarrollar	diviértanse	apreciéis
compensar	nauseabundo	Cochabamba
entregar	manantial	desharrapado

B. Divida en sílabas todas las palabras de dos sílabas o más en los siguientes pasajes.

1. Es una pieza preciosa, de tamaño natural, y aunque el marchante asegura su originalidad, lo dudo. La piedra es corriente, pero ello no aminora la elegancia de la postura o lo macizo del bloque. El desleal vendedor le ha embarrado salsa de tomate en la barriga, para convencer a los turistas de la autenticidad sangrienta de la escultura.
   Carlos Fuentes, *Chac Mool*
2. Severo del Valle era ateo y masón, pero tenía ambiciones políticas y no podía darse el lujo de faltar a la misa más concurrida cada domingo, para que todos pudieran verlo. Su esposa Nívea prefería entenderse con Dios sin intermediarios y se aburría con las descripciones del cielo, el purgatorio y el infierno, pero acompañaba a su marido en sus ambiciones parlamentarias, en la esperanza de que si él ocupaba un puesto en el Congreso, ella podría obtener el voto femenino, por el cual luchaba desde hacía diez años, sin que sus numerosos embarazos lograran desanimarla.
   Isabel Allende, *La casa de los espíritus*

TRADUCCIÓN

Emilia's Problem

That style of jeans was very fashionable. On Thursday when I left work, I went shopping and bought them without trying them on. When I put them on at home, I realized they were too big (*No emplee* **quedar**). I was very busy on Friday and on Saturday morning, so I decided to exchange them on Monday.

On Saturday afternoon, Tula called me to invite me to go to the mall. "I have to buy a gift urgently," she explained. "It's for Juan's mother. Tomorrow is her birthday and I had forgotten." Tula is my best friend and she is used to having her own way but, although I knew how stubborn she was, I objected. "It's too late to go shopping. It's already after 5 o'clock and today they close at 6." "But, Emilia, the mall is nearby," replied Tula. "If you can be ready to leave in 10 minutes, we'll be there before 6." I agreed because Juan is Tula's boyfriend and I knew that her relations with her future mother-in-law were a little cool lately. Besides, I thought that it was a good chance to exchange my jeans.

En las ciudades importantes de México abundan las tiendas por departamentos similares a las de los Estados Unidos. Este almacén está en la Ciudad de México.

It was a quarter to six when I reached the sports clothing department of the store. The place was deserted. The employees, since they had no customers, were probably in the ladies' room preparing to go home. I waited (*use el pretérito progresivo*) for almost five minutes. The jeans in the size I needed were hanging on a rack within my reach. "They are identical to the ones I bought and the price is the same," I said to myself. "A saleswoman is not needed to make this type of exchange." I hung my jeans on the rack and put the smaller sized ones in my shopping bag. I told myself that what I had done was completely legal. In my shopping bag was the receipt that indicated I had paid for the merchandise.

Tula was on the main floor. She was very satisfied because she had found a good gift for her future mother-in-law. Everything happened very fast. When we were going through the exit door, a deafening bell could be heard. Instantly a policeman and several employees appeared. The policeman opened my shopping bag. A plastic circle that I hadn't seen before was attached to one of the legs of the jeans. I was so nervous that I could hardly speak. I showed the receipt, but it was evident that I was surrounded by hostile persons. The expression on all the faces was ironic. "This receipt is from Thursday, miss," said the policeman. "How could you leave the store with these pants after buying them on Thursday without the alarm going off? I'm sorry but this receipt is not proof of payment for this merchandise. You're under arrest. Come with me."

Centro comercial de Montevideo, Uruguay. En esta país, y también en la Argentina, son raros los grandes almacenes; la gente prefiere comprar en pequeñas tiendas especializadas como las que se ven en la foto.

TEMAS PARA COMPOSICIÓN

1. Continúe la narración de lo que le pasó a Emilia. ¿Cómo salió ella de este apuro? ¿Estuvo bien lo que ella hizo o fue una estupidez? ¿Ha tenido Ud. alguna vez una experiencia similar a ésta? ¿Qué hubiera hecho Ud. en este caso?
2. Lo que me pasó en una tienda. Cuente una experiencia —real o imaginaria— sobre un día que fue de compras.
3. La manía de comprar. La sociedad norteamericana es una sociedad típicamente consumista. Muchos extranjeros se asombran de la frecuencia con que la gente va de compras, de las continuas liquidaciones en las tiendas y de cómo la gente devuelve constantemente la mercancía que compró. ¿Está Ud. o algunas de las personas que conoce en este grupo de adictos a las compras? Explique su punto de vista sobre esto.
4. La moda de hoy. Muchas personas de gustos tradicionales se quejan de que la gente se viste hoy en día de una manera demasiado descuidada. ¿Qué opina Ud. de las modas, tanto masculinas como femeninas? ¿Le gustaría que fueran diferentes?

CAPÍTULO 3

Lectura

Antonio Gala, un importante escritor y dramaturgo español contemporáneo, es el autor de esta narración, que fue publicada en El País. *En ella nos presenta un episodio que, desgraciadamente, es muy común hoy día: una familia abandona a su perro al irse de vacaciones. Lo que no es común es que el hecho lo narre el propio perro, como sucede en este caso.*

UNA HISTORIA COMÚN

Yo no creo haber hecho nada malo esta mañana... Me parecieron todos muy nerviosos. Iban y venían por los pasillos, esquivándose unos a otros. Ella le gritaba a la madre de él, y los dos niños, con las manos llenas de cosas, entraban en el dormitorio de los padres, que yo tengo prohibido°. La pequeña —la más amiga mía— chocó contra mí dos o tres veces. Yo le buscaba los ojos, porque es la mejor manera que tengo de entenderlos: los ojos y las manos. El resto de su cuerpo ellos lo saben dominar y, si se lo proponen°, pueden engañarte y engañarse entre sí; pero las manos y los ojos no. Sin embargo, esta mañana mi pequeña no me quería mirar. Sólo después de ir detrás de ella mucho tiempo, en aquel vaivén° desacostumbrado, me dijo: «Drake, no me pongas nerviosa. ¿No ves que nos vamos de veraneo°, y están los equipajes sin hacer?» Pero no me tocó ni me miró.

Yo, para no molestar, me fui a mi rincón, me eché encima de mi manta y me hice el dormido°. También a mí me ilusionaba el viaje°. Les había oído hablar días y días del mar y de la montaña. No sabía con certeza qué habían elegido, pero comprendo que en las vacaciones mi pequeña podrá estar todo el día conmigo. Y lo pasaremos muy bien, estemos donde estemos, siempre° que sea juntos.

Tardaron tres horas en iniciar la marcha. Fueron bajando las maletas al coche, los paquetes, la comida —que olía a gloria°— y los envoltorios° del último momento. Me hacía falta correr de arriba abajo por la escalera, pero me aguanté°. Cuando fueron a cerrar la puerta, eché de menos mi manta.

que... donde no me permiten entrar

si... si quieren

ir y venir

nos... *we are going away on summer vacation*

me... fingí estar dormido

También... *I too was looking forward to the trip*

con tal

a... muy bien / bultos

contuve

Este niño peruano sostiene un diálogo sin palabras con su perrito. No todos los perros son tan afortunados en los países hispánicos. Por desgracia, los perros abandonados y hambrientos deambulando por las calles son un espectáculo común en muchas ciudades.

Entré en su busca; me senté sobre ella; pero él me llamó muy enfadado y no tuve más remedio que seguirlo. Mientras bajaba, caí en la cuenta° de que, en el lugar a que fuéramos, habría otra manta. Ellos siempre tienen razón.

caí... me di cuenta

Los tres mayores, mi pequeña, su hermano y yo... nos costaba trabajo caber en aquel coche, tan cargado de bultos. Yo me acurruqué° en la parte de atrás, bajo los pies de los niños. La madre de él se sentó en un extremo, que suele ser su sitio. Los niños se peleaban con cualquier pretexto esta mañana; seguían muy nerviosos. Yo sufrí sus patadas con tranquilidad, porque sabía que no iban a durar y porque era el principio de las vacaciones. Cuando, de pronto, el niño le dio un coscorrón° a mi pequeña, yo le lamí° en cambio las piernas con cariño; pero ella me dio un manotazo, como si la culpa hubiera sido mía. La miré para ver si sus ojos me decían lo contrario. Ella, mi pequeña quiero decir, no me miraba.

me... me apreté

golpe en la cabeza con el puño/ pasé la lengua

Fue cuando ya habíamos perdido de vista la ciudad. Él se echó a un lado y paró el coche. Los de delante daban voces° los dos; no sé si porque discutían o por qué. La madre de él no decía nada; ya antes había comenzado a decir algo, y ella la cortó con malos modales°. Tampoco los niños decían nada...

daban... gritaban

con... de manera brusca

Él bajó del coche y cerró de un portazo°; le dio la vuelta°; abrió la puerta del lado de los niños, y me agarró por el collar. Me resistí un poco y él, con mucha irritación y voces, tiró de mí. Me bajó del coche. Empujó con violencia la puerta, y volvió a sentarse al volante. Oí el ruido del motor. Alcé las manos hacia la ventanilla; me apoyé en el cristal. Detrás de él vi la cara de mi pequeña con los ojos muy redondos; le temblaban los labios... Arrancó el coche, y yo caí de bruces°. Corrí tras él, porque no se daban cuenta de que yo no estaba dentro, pero aceleró tanto que tuve que detenerme cuando ya el corazón se me salía por la boca... Me aparté, porque otro coche, en dirección contraria, casi me arrolla°. Me eché a un lado, a esperar y a mirar, porque estoy seguro de que volverán por mí...

de... tirando con fuerza la puerta / **le**... *he walked around it*

de... con la boca contra el suelo

atropella

Tanto miraba en la dirección de los desaparecidos, que me distraje, y un coche negro no pudo evitar atropellarme... No ha sido mucho: un golpe seco° que me tiró a la cuneta°... Aquí estoy. No me puedo mover. Primero, porque espero que vuelvan a este mismo sitio en el que me dejaron; segundo, porque no consigo menear° esta pata. Quizá el golpe del coche negro aquél no fue tan poca cosa como creí... Me duele la pata hasta cuando me la lamo. Me duele todo... Pronto vendrá mi pequeña y me acariciará y me mirará a los ojos. Los ojos y las manos de mi pequeña nunca serán capaces de engañarme. Aquí estaré... Si tuviese siquiera un poco de agua: hace tanto calor y tengo tanto sueño... No me puedo dormir. Tengo que estar despierto cuando lleguen... Me siento más solo que nadie en este mundo... Aquí estaré hasta que me recojan. Ojalá vengan pronto...

dull / zanja al lado del camino

mover

COMPRENSIÓN

1. ¿Quiénes son los cinco seres humanos que figuran en el cuento?
2. Según el narrador, ¿cuál es la mejor manera de entender a las personas? ¿Por qué?
3. ¿Qué aspectos de la conducta de la pequeña inquietaban al narrador?
4. ¿Por qué se hizo el dormido el perro?
5. ¿Por qué lo ilusionaba el viaje?
6. ¿Qué pasó cuando Drake echó de menos su manta?
7. ¿Cómo reaccionó la niña cuando su hermano le dio un coscorrón?
8. ¿Por qué no decía nada la madre del hombre?
9. ¿Cuál fue la reacción del perro cuando vio que el coche se iba y lo dejaba? ¿Por qué reaccionó así?
10. ¿Qué le sucedió a Drake después? ¿Por qué?
11. ¿Cómo se sentía el perro después del accidente?
12. ¿Por qué no se movía él de aquel sitio?

FUTUROS PERROS-GUIA BUSCAN FAMILIA

La **FUNDACION ONCE DEL PERRO-GUIA** tiene prevista la implantación de su Centro de Adiestramiento de Perros-Guía en la zona Noroeste de Madrid.

La instrucción de estos perros, que se inicia desde el primer mes de vida, ha de realizarse durante el primer año en un núcleo familiar donde reciban cariño y atención.

Todas aquellas familias que residan en las localidades de la zona Noroeste de Madrid y que deseen colaborar en la educación de los cachorros, pueden dirigirse a los teléfonos 589 46 17 y 613 22 20 de la FUNDACION ONCE, donde se les ampliará esta información.

Lea este anuncio sobre perros-guía y resuma su contenido. ¿Puede explicar Ud. algunas de las cosas que hacen estos perros por sus amos ciegos? ¿Conoce a algún perro-guía o sabe alguna historia relacionada con uno de estos animales?

INTERPRETACIÓN

1. ¿Qué le parece este cuento? ¿Es conmovedor? ¿Demasiado sentimental? ¿Refleja la realidad?
2. ¿Cuál es la intención del Sr. Gala al escribir este cuento? ¿Cree Ud. que logra su propósito? ¿Por qué (no)?
3. ¿En qué momento se da cuenta el lector de que el narrador no es un ser humano?
4. En su opinión, ¿es buena idea hacer que el perro cuente la historia en primera persona? ¿Por qué (no)?
5. El narrador dice que las manos y los ojos de las personas no pueden engañar. ¿Qué opina Ud.?
6. ¿Por qué dice el narrador «ellos siempre tienen razón»?
7. El perro quiere mucho a la pequeña. ¿Corresponde ella a este cariño? ¿Cómo interpreta Ud. la actuación de la pequeña?
8. Basándose en la actuación de los otros personajes, ¿cuál diría Ud. que es la posición de cada uno sobre el abandono del perro?

INTERCAMBIO ORAL

A. ¿Podrían ser los Estados Unidos el escenario de esta narración? ¿Es serio el problema del abandono de animales en nuestro país? ¿Por qué motivos hacen esto las personas?

B. Si Ud. se viera obligado a deshacerse de su perro, ¿qué haría? ¿Qué opciones tiene una persona en este caso? ¿Cuál es preferible?

C. Existe un serio problema de superpoblación de perros y gatos en los Estados Unidos. ¿De qué manera es evidente esto en la región donde Ud. vive? ¿Qué se hace para mejorar esta situación?

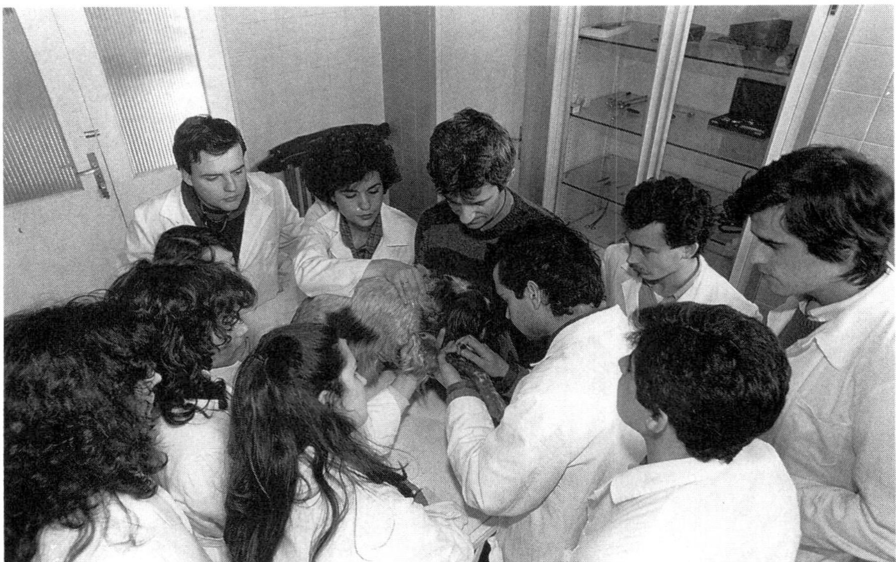

Estos estudiantes de la Universidad Complutense de Madrid, futuros veterinarios, parecen muy interesados en los problemas de un paciente canino.

D. Algunas personas prefieren la compañía de perros y gatos a la de otros seres humanos. ¿Cómo se explica este fenómeno?

E. En vez de perros y gatos, a muchos les gusta tener mascotas exóticas como serpientes, cocodrilos, monos y hasta tigres. ¿Está bien esto? ¿Qué animales deben permitirse en una casa además de los perros y los gatos? ¿Cuál debe ser el criterio para decidir si un animal debe o no tenerse en casa?

F. En los Estados Unidos se gastan anualmente billones de dólares en alimentos y productos para animales domésticos. ¿Es esto justificable cuando tantos seres humanos mueren de hambre en otras partes del mundo? ¿Son superfluos algunos de estos gastos?

Sección gramatical

SPECIAL VERB CONSTRUCTIONS

Some Spanish verbs require a special construction in which the person affected is not the subject but the indirect object.

Me encanta este libro. *To me this book is delightful.*

In certain cases, there is an alternate structure in which the person affected is expressed as the subject (not the indirect object), but this alternative construction is much less frequent in Spanish than in English.

Estoy encantado con este libro. *I'm delighted with this book.*

Where the two constructions exist in English, they are generally used with equal frequency. For these reasons, in section 4 the alternative structures have been indicated for English but not for Spanish.

1. The most frequently used of these verbs is **gustar**. In the case of **gustar**, one or more things are pleasing (or displeasing) to the person or persons. The verb, therefore, will always be in either the third-person singular or the third-person plural, as seen in the following chart.

SENTENCE STRUCTURE WITH *GUSTAR*

STRESSED INDIRECT OBJECT PRONOUN*	INDIRECT OBJECT PRONOUN	VERB (THIRD-PERSON SINGULAR OR THIRD-PERSON PLURAL)	THE THING(S) THAT PLEASE(S)**
A mí	me		
A ti	te		
A él	le		
A ella	le		
A Ud.	le	**GUSTA**	ese disco.
A nosotros/as	nos	**GUSTAN**	esos discos.
A vosotros/as	os		
A ellos	les		
A ellas	les		
A Uds.	les		

*Necessary in the case of third persons for clarification. Used with the other persons for emphasis.

Do not use a person here. **Me gustas does not mean *I like you* but *I am attracted to you*. To tell a person that you like him/her, say: **Me cae Ud. (Me caes) bien**, or **Me cae Ud. (Me caes) simpático/a.**

A mucha gente le gustan las piñas pero no le gusta pelarlas.	*Many people like pineapples but they don't like to peel (cut) them.*

Although the table shows only the present tense, note that the same principles apply to all tenses.

A doña Hortensia le gustaban las flores blancas.	*Doña Hortensia liked white flowers.*
No creo que al peón le gustaría esa clase de trabajo.	*I don't think the worker would like that kind of work.*

2. Another common verb of this type is **doler** (*to hurt*).

STRESSED INDIRECT OBJECT PRONOUN*	INDIRECT OBJECT PRONOUN	VERB (THIRD-PERSON SINGULAR OR THIRD-PERSON PLURAL)	THE THING(S) THAT HURT(S)
A mí	me		
A ti	te		
A él	le		
A ella	le		
A Ud.	le	**DUELE**	la cabeza.
A nosotros/as	nos	**DUELEN**	los pies.
A vosotros/as	os		
A ellos	les		
A ellas	les		
A Uds.	les		

*Necessary in the case of third persons for clarification. Used with the other persons for emphasis.

¿Dónde le duele? —preguntó el médico.	*"Where does it hurt?" the doctor asked.*
A mi hermano le dolían las muelas pero no quería ir al dentista.	*My brother's teeth ached but he didn't want to go to the dentist.*

3. This type of construction is also used with the verb **faltar** in the case of distances, time, amount, etc., to tell the distance one has to go to arrive at one's destination, the time left before a deadline, the amount or quantity needed to reach a certain limit or goal, etc. The English translation varies according to the context.

A mi coche le faltan 732 millas para tener 5,000. *The mileage on my car is 732 miles short of 5,000.*

A Juanito le falta una cuadra para llegar a su casa. *Juanito is a block away from his home.*

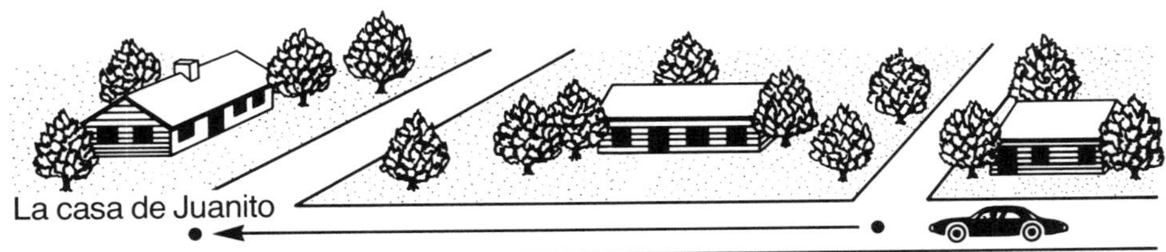

A la botella le falta le mitad para estar llena. *The bottle is half-full.*

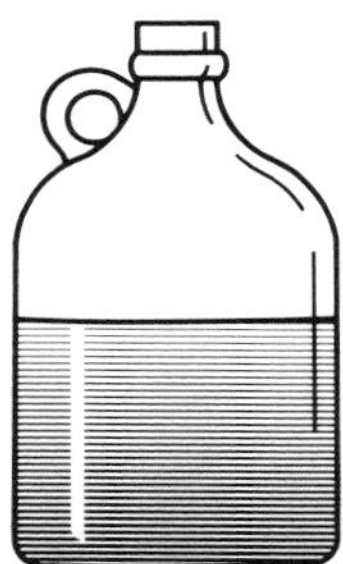

This construction can also mean *to lack* or *to be missing*.

A este libro le faltan seis páginas. *Six pages are missing in this book.*

APLICACIÓN

A. *Conteste usando oraciones completas.*

1. ¿Qué comidas te gustan más?
2. ¿Qué te gustaría hacer el próximo verano?
3. ¿Qué les gusta hacer a tus amigos?
4. ¿A cuál (cuáles) de tus amigos le(s) gusta(n) más...

   (a)... los gatos? (b)... estudiar? (c)... el dinero?

B. *Reemplace las palabras en cursiva con las que están entre paréntesis, haciendo otros cambios si es necesario.*

1. Si haces demasiado ejercicio te dolerán *los pies*. (todo el cuerpo)
2. *A muchas personas* les duele la cabeza cuando tienen gripe. (yo)
3. *La soprano* prometió que cantaría aunque le doliera la garganta. (tú)
4. A Benito le dolía ayer *la herida*, pero ya no le duele. (los ojos)
5. *A mí* me duele el brazo derecho cuando lo muevo. (nosotros)
6. *Al pobre perrito* le dolía una de las patitas. (los perritos)
7. —No creo que *el diente* le duela más —me dijo el dentista. (las muelas)
8. ¡Qué mal me siento, me duelen *el pecho y la espalda*! (todo)
9. *A nosotros* nos duele llegar tarde a las citas. (mucha gente)
10. Al boxeador le dolía *la cara*. (las dos piernas)

C. *Exprese las palabras en cursiva usando una contrucción con el verbo* **faltar.**

Eran las ocho menos diez cuando comencé a hacer mi tarea anoche. Entonces descubrí que *mi libro no tenía* las páginas que yo necesitaba leer. Decidí ir a casa de Carlos para pedirle su libro. Salí, pero no llegué a su casa. Cuando *estaba a dos o tres cuadras* recordé que Carlos había salido esa noche.

D. *Traduzca.*

1. How many kilometers do we have to go to get to Madrid?
2. "Nobody likes insects." "I do."
3. Often one's ears hurt when one has a cold.
4. "Does your head ache?" "No, doctor, but I have a sore throat."
5. Few people like cold weather.
6. Would your friend like to come to my home tonight?
7. It is twenty minutes to seven. (*Use* **faltar**.)
8. I explained my idea to Mr. García but he didn't like it.
9. He likes coffee a lot but she doesn't.
10. My cat's leg hurts.

4. Other verbs and expressions that use the **gustar** construction.

1. agradar(le) (a uno)	*to like*
No me agrada que los desconocidos me traten de «tú».	*I don't like it when strangers use the* **tú** *form with me.*
2. alcanzar(le) (a uno)	*to have enough*
A mi prima no le alcanzó la soga para amarrar la caja.	*My cousin didn't have enough rope to tie the box.*

3. **caer(le) bien (mal, etc.) (a uno)**	*to create a good (bad) impression (on one), to like*
La Sra. Jiménez me cae muy bien, pero su esposo me cae pesado.	*I like Mrs. Jiménez very much but I don't like her husband.*
4. **convenir(le) (a uno)**	*to suit (one's) interests, to be good for*
A Ud. no le conviene cambiar de empleo ahora.	*It is not good for you to change positions now.*
5. **costar(le) trabajo (a uno)**	*to be hard (for one); to have a hard time* + **ing** *form*
A Mauricio le cuesta mucho trabajo madrugar.	*It is very hard for Mauricio to get up early.* *Mauricio has a hard time getting up early.*
6. **dar(le) lástima (a uno)**	*to feel sorry for*
A los jóvenes les daba mucha lástima la viejecita.	*The young men felt very sorry for the old woman.*
7. **disgustar(le) (a uno)**	*to dislike*
Me disgustan las personas que no son sinceras.	*I dislike people who are not sincere.*
8. **encantar(le) (a uno)**	*to delight, to charm; to be delighted with*
Puerto Rico me encanta.	*I am delighted with Puerto Rico. To me Puerto Rico is delightful (charming).*
9. **extrañar(le) (a uno)**	*to be surprised*
¿No le extraña a Ud. que hoy haga tanto calor?	*Aren't you surprised that it is so hot today?*
10. **fascinar(le) (a uno)**	*to delight, to charm, to fascinate; to be fascinated by*
A ella le fascinan esas pulseras.	*Those bracelets delight her. She is fascinated by those bracelets.*
11. **hacer(le) falta (a uno)**	*to need, to be lacking, to miss*
¿Cree Ud. que a uno le hace falta dinero para ser feliz?	*Do you think that one needs money to be happy?*
12. **importar(le) (a uno)**	*to matter (to one); to mind*
A nosotros no nos importa esperar, ¿le importa a Ud.?	*We don't mind waiting, do you?*

13. **interesar(le) (a uno)**	*to interest (one); to be interested in*
Al profesor Quevedo le interesan mucho las ruinas egipcias.	*Egyptian ruins interest Professor Quevedo a great deal.* *Professor Quevedo is very much interested in Egyptian ruins.*
14. **molestar(le) (a uno)**	*to bother (one); to be bothered by*
¿Les molesta a Uds. que fume?	*Does my smoking bother you?* *Are you bothered by my smoking?*
15. **parecer(le) (a uno)**	*to seem (to one)*
A Raúl no le pareció bien que no lo llamaras.	*Your not calling him didn't seem right to Raúl.*
16. **preocupar(le) (a uno)**	*to worry; to be worried by*
A los padres de Julián les preocupaba su conducta.	*Julián's behavior worried his parents.* *Julián's parents were worried by his behavior.*
17. **quedar(le) (a uno)**	*to have left*
¿Cuánto dinero les queda a Uds.?	*How much money do you have left?*
18. **quedar(le) bien (mal) (grande, pequeño)**	*to fit right (badly); to be (un)becoming; to be too large (small) (for one)*
A la clienta no le quedaba bien la falda.	*The skirt didn't fit the customer right.*
El rosado es el color que me queda mejor.	*Pink is the most becoming color for me.*
19. **resultar(le) agradable (desagradable, difícil, doloroso, fácil, penoso, triste) (a uno)**	*to be (turn out to be) pleasant (unpleasant, difficult, painful, easy, distressing, sad) (for one)*
A algunos padres les resulta difícil castigar a sus hijos.	*It is difficult for some parents to punish their children.*
20. **sobrar(le) (a uno)**	*to have in excess, to have more than enough, to have left over*
Hicimos tan rápido el trabajo, que nos sobró el tiempo.	*We did the work so fast that we had more than enough time.*
21. **sorprender(le) (a uno)**	*to be surprised*
A Ernesto le sorprende que ella no haya venido.	*Ernesto is surprised that she hasn't come.*
22. **tocar(le) el turno (una rifa, la lotería) (a uno)**	*to be (one's) turn; to win (a raffle, a lottery prize)*

—¿A quién le toca contestar ahora? —A mí.	*"Whose turn is it to answer now?" "Mine."*
A la familia Solís le tocó el premio gordo.	*The Solís family won the grand prize in the lottery.*

5. Poner(lo) (a uno) + adjective = *to make* (*one*) + adjective. Notice that the difference between this idiom and the **gustar** construction is the use of the direct object pronoun.

Esa canción siempre la pone triste.	*That song always makes her sad.*
A ese piloto lo pone muy nervioso el montar en avión.	*Flying makes that pilot very nervous.*

APLICACIÓN

A. *Genoveva y Gerardo son gemelos, pero son totalmente diferentes en sus gustos y en sus reacciones. Exprese en cada caso la reacción opuesta del otro gemelo usando expresiones de la lista anterior. No use la misma expresión dos veces.*

Modelo: A Genoveva le fascinan las películas de horror
→ A Gerardo le disgustan las películas de horror.

1. A Gerardo le cuesta trabajo escribir cartas.
2. A Gerardo le preocupan los problemas políticos.
3. Gerardo se ve muy bien con ropa negra.
4. A Genoveva le dan mucha lástima los perros abandonados.
5. A Genoveva le resulta difícil llegar a tiempo a sus citas.
6. Genoveva administra bien su dinero y siempre le sobra.

B. *Exprese de otra manera las oraciones, usando las expresiones entre paréntesis.*

Modelo: No todo el mundo encuentra simpático a Conrado (caerle bien)
→ Conrado no le cae bien a todo el mundo.

1. **Mi amigo Conrado.**

Mi amigo Conrado adora los animales (encantarle). Tiene más de cincuenta gatos y veinte perros y nunca tiene suficiente dinero para comprarles comida (alcanzarle). A veces estoy un poco preocupado por la situación de Conrado (preocuparle). Él necesita la ayuda de todos sus amigos (hacerle falta). Los vecinos de Conrado no aceptan que él tenga tantos animales en su casa (molestarle). Sería bueno para él mudarse (convenirle). Si Conrado ganara el premio gordo de la lotería, esto resolvería sus problemas (tocarle). Muchas personas encuentran extraño que un joven viva tan dedicado a los animales (extrañarle). Pero, como yo me intereso mucho en los animales también (interesarle), encuentro normal su interés (parecerle). Yo disfruto mucho de la compañía de Conrado (agradarle) y adoro sus perros y sus gatos (fascinarle).

2. **Un tipo necesitado.**

   Soy muy sentimental y es desagradable para mí ver personas necesitadas por la calle (resultarle). Por eso decidí ayudar a aquel hombre que me había causado tan buena impresión (caerle bien). Sentí pena por él (darle lástima). Llevaba unos pantalones que eran muy cortos para él y una chaqueta que era enorme (quedarle). Pensé que era una buena persona caída en desgracia (parecerle). Decidí regalarle alguna ropa mía y un par de zapatos extra que tenía (sobrarle). A él le causó sorpresa que lo llevara a mi casa (sorprenderle). Cuando le di la ropa, quedó muy agradecido. Después que se marchó, descubrí que no tenía mi billetera (faltarle).

C. *Diga o nombre, usando oraciones completas.*

1. algo que les disgusta a sus padres y algo que les encanta
2. algo que le resulta difícil a mucha gente
3. la persona que le cae mejor (peor) de todas las que conoce
4. una cosa que no le conviene a nadie hacer
5. lo que le hace más falta a su amigo
6. la cantidad de dinero que le queda para el resto de la semana
7. la persona a quien le tocó contestar antes que a Ud.
8. algunas cosas que le molestan a su madre

D. Reacciones. *Diga, usando oraciones completas, algo que...*

1. lo/la pone triste generalmente a Ud.
2. pone contentos a sus amigos.
3. va a poner alegre a su madre.
4. lo/la pone nervioso/a.

"Me quedan cuatro pelos, pero me los fortifico con un champú bárbaro".

"Cuando me duelen los pies, ¡me duele todo!"

Estos chistes contienen cuatro ejemplos de puntos gramaticales tratados en este capítulo. ¿Puede Ud. encontrarlos todos?

5. lo/la puso frenético/a alguna vez.
6. lo/la pone muy molesto/a.

PRONOUN CONSTRUCTIONS

SPECIAL USES OF THE INDIRECT OBJECT PRONOUN

In Spanish the indirect object pronoun often expresses for whose advantage or disadvantage the action is done. This is frequently expressed in English with prepositions like *on, at, for,* and *from.*

—¡No te me mueras! —gritó la mujer desesperada, sacudiendo al herido.

"Don't die on me!" yelled the woman, desperately shaking the wounded man.

Me reía porque Luisito me hacía muecas.

I was laughing because Luisito was making faces at me.

Las naranjas estaban baratas y le compré dos al chico.

The oranges were cheap and I bought two for (from) the boy.

Note that in the last example the Spanish indirect object renders the meaning of both *for* and *from*. The context will usually indicate the exact meaning.

This so-called dative of interest is commonly found with verbs that are used reflexively. The subject of the Spanish verb is often inanimate in this case, and the sentence conveys the idea of an accident or involuntary event. Observe the difference in meaning between **Perdí las llaves** and **Se me perdieron las llaves**. In the first sentence the speaker shows guilt for the loss of the keys, perhaps through some neglect on his/her part; in the second sentence, the loss of the keys is presented as something accidental: *The keys got lost on me.*

Other examples:

¡Qué día de mala suerte tuvo Lola! **Se le rompió** el auto y **se le hizo tarde** para ir a trabajar, porque **se le fue** el autobús. Además, **se le perdieron** cinco dólares. Por la noche, **se le quemó** la comida y **se le cayó** al piso una de sus copas finas.

What an unlucky day Lola had! Her car *broke down on her*, and *it got too late for her* to go to work because *she missed* the bus. Besides, *she lost* five dollars. In the evening, dinner *got burnt on her* and *she dropped* one of her fine wineglasses on the floor.

Note that although there is often a parallel construction in English, at other times there is no exact equivalent and the sentence is expressed differently: **A Joaquín se le olvidaron las entradas.** *Joaquín forgot the tickets.* (Literally: *The tickets got forgotten to Joaquín.*)

REDUNDANT USE OF THE DIRECT OBJECT PRONOUN

The noun direct object often precedes the verb in Spanish. In this case, a redundant direct object pronoun is used between the noun and the verb.

La carta la envié por correo; el paquete lo entregaré en persona.	*I mailed the letter; I will deliver the package in person.*
A María la vi ayer; a sus padres no los he visto en mucho tiempo.	*I saw María yesterday; I haven't seen her parents in a long time.*

USE OF *LO* WITH SOME VERBS

The neuter pronoun **lo** is used in Spanish as the direct object with the verbs **creer**, **decir**, **estar**, **parecer**, **preguntar**, **saber**, and **ser**. The **lo** refers to a previously stated idea. Note that no pronoun is used in English. The idea is sometimes rendered by *so*.

—¿Cree Ud. que ellos llegarán a tiempo al aeropuerto? —No, no lo creo.	*"Do you think that they'll arrive on time at the airport?" "No, I don't think so."*
—¿Quién le dio a Ud. esa noticia? —Lo siento, no puedo decirlo.	*"Who gave you that piece of news?" "I am sorry, I can't tell."*
Creíamos que González estaba casado, pero no lo está.	*We thought that González was married, but he is not.*
Mi novio no es escandinavo, pero lo parece.	*My sweetheart is not a Scandinavian but he looks like one.*
—¿Cuánto cuesta el collar? —No lo sé, pero lo preguntaré.	*"How much is the necklace?" "I don't know but I'll ask."*
Este capítulo parece difícil, pero no lo es.	*This chapter seems difficult but it is not (so).*

APLICACIÓN

A. *Exprese que una o más personas reciben ventaja o desventaja por cada verbo en negrita.*

1. Le presté a Roberto mi grabadora y él la **rompió**. **Grité** mucho porque estaba furioso. Mi novia **había comprado** esa grabadora en Navidad.
2. Le dije a mi madre que **limpiaría** las ventanas. Ella lo **agradeció** mucho, y para **demostrarlo**, **horneó** un pastel de chocolate.
3. La goma se **desinfló** en una carretera solitaria. La noche se **venía** encima. Recordé que el gato **se había quedado** en el garaje. Afortunadamente, un hombre **se acercó** y ofreció **cambiar** la goma.

B. *Cambie las oraciones para expresar el carácter involuntario de la acción.*

Modelo: El pintor manchó el piso.
→Al pintor se le manchó el piso.

1. La secretaria rompió la fotocopiadora.
2. La camarera derramó el jugo que llevaba en el vaso.
3. No puedo leer bien, porque olvidé mis lentes en casa.
4. En invierno los niños siempre pierden los guantes.
5. Ojalá que resolvamos pronto el problema que tenemos.
6. Haz la maleta con cuidado para no arrugar los trajes.
7. Cuando estaba terminando el dibujo, usé demasiada tinta y lo estropeé.
8. La mantequilla está líquida porque la derretisteis.
9. Había lodo en la calle y ensucié mis zapatos blancos.
10. Ya no me duele el pie porque me curé la herida.

C. *Exprese de otra manera, anteponiendo el complemento directo al verbo.*

Alquilamos **el apartamento** hace quince días, pero nos mudamos el domingo. Es un apartamento muy bonito. Pintamos **las paredes** de azul, porque es el color favorito de mi esposa. Limpiamos **la alfombra** el viernes, ya que el sábado traían **los muebles**. Habíamos comprado **el refrigerador** en Caracas y estaba instalado hacía una semana.

D. *Conteste usando* **lo** *en su respuesta.*

1. ¿Sabe Ud. cuáles de sus compañeros tienen beca?
2. ¿Cree Ud. que lloverá esta tarde?
3. ¿Es o era su abuelo una persona conservadora?
4. ¿Está casado/a su profesor(a)?
5. ¿Está Ud. decidido en cuanto a la carrera que va a seguir?
6. En su último discurso, ¿dijo el presidente que aumentaría los impuestos?
7. ¿Somos todos aquí norteamericanos?
8. ¿Parecemos todos norteamericanos?

SPECIAL TIME CONSTRUCTIONS

1. An action or state that began in the past may continue in the present and be still going on. To emphasize this type of continuity, Spanish often uses one of the following three constructions:*

a) **Hace** + period of time + **que** + present or present progressive tense:

*Also correct but much less frequent: **He estado trabajando tres** (or **por tres**, or **durante tres**) **años en Los Ángeles.**

Hace tres años que trabajo (estoy trabajando) en Los Ángeles.	*I have been working in Los Angeles for three years.*

b) Present or present progressive tense + **(desde) hace** + period of time:

Trabajo (Estoy trabajando) en Los Ángeles (desde) hace tres años.

c) Present tense of **llevar** + period of time + **gerundio** of main verb:

Llevo tres años trabajando en Los Ángeles.

2. Likewise, an action or state that began in the remote past may continue over a period of time to a point in the less-distant past when another ocurrence took place. To emphasize this type of continuity, Spanish often uses one of the following constructions.**

a. Hacía + period of time + **que** + imperfect tense (simple or progressive):

Hacía tres años que trabajaba (estaba trabajando) en Los Ángeles, cuando me ofrecieron un empleo mejor en San Diego.	*I had been working in Los Angeles for three years when I was offered a better job in San Diego.*

b. Imperfect tense of **llevar** + period of time + **gerundio** of main verb:

Llevaba tres años trabajando en Los Ángeles, cuando me ofrecieron un empleo mejor en San Diego.

3. Hace and **hacía** are also used in expressions of time where *ago* and *before/previously* are found in English.

a. With **hace**, the main clause is usually in the preterite or imperfect tense.

Hace tres años que se marcharon. (Se marcharon hace tres años.)	*They left three years ago.*

b. With **hacía**, the pluperfect tense is usually found in the main clause.

Hacía tres años que se habían marchado. (Se habían marchado hacía tres años.)	*They had left three years before (previously).*

The above patterns with **hace** and **hacía** are also equivalent to another time pattern in English:

Also correct but much less frequent: **Había estado trabajando tres (or **por tres** or **durante tres**) **años en Los Ángeles, cuando me ofrecieron un empleo mejor en San Diego.**

Hace tres años que se marcharon.	*It is three years since they left.*
Hacía tres años que se habían marchado.	*It was three years since they had left.*

APLICACIÓN

A. *Lea estos párrafos y conteste las preguntas con oraciones completas.*

1. Antonio empezó a estudiar español en 1988, y en 1992 decidió pasar el verano en México para perfeccionar sus conocimientos. ¿Cuánto tiempo hacía que Antonio estudiaba español cuando decidió pasar el verano en México?
2. Un fin de semana, él volvió a visitar las pirámides de Teotihuacán que había visto por primera vez en 1990. ¿Cuánto tiempo hacía que Antonio había visto las pirámides por primera vez?
3. Este año, Antonio vuelve a México para continuar sus estudios. Otra vez los profesores le preguntan cuánto tiempo hace que comenzó a estudiar el español. ¿Qué debe contestar?
4. El primero de mayo, Antonio tomó alojamiento en un hotel de lujo, pero hoy es el primero de agosto y está pensando en mudarse a un hotel menos caro. ¿Cuánto tiempo hace que Antonio reside en un hotel de lujo?

B. *Cambie las siguientes oraciones a construcciones* (a) *con* **hacer** *y* (b) *con* **llevar.**

Modelo: He estado buscando a mi gato perdido por una semana.
→Hace una semana que busco (estoy buscando) a mi gato perdido.
Llevo una semana buscando a mi gato perdido.

1. He estado viviendo en esta ciudad durante ocho años.
2. Habíamos estado jugando a las cartas por varias horas cuando ocurrió el apagón.
3. Mónica había estado esperando una hora y media cuando llegó su galán.
4. Los detectives han estado investigando ese crimen durante muchos meses.
5. He estado tratando de comunicarme con él por más de una hora, pero su teléfono está ocupado.
6. La familia había estado planeando el veraneo por varios meses.
7. Mi amiga había estado ahorrando más de dos años para comprar aquel carro.
8. Hemos estado discutiendo ese asunto por varios días y no nos ponemos de acuerdo.

Análisis de la lectura

A. *Observe las oraciones que usan la construcción de* **gustar.**

1. Me parecieron todos muy nerviosos.
2. También a mí me ilusionaba el viaje.
3. Me duele la pata...
4. Me duele todo...

B. *En lo que se refiere a su traducción al inglés, ¿cómo difiere la segunda oración de las otras tres?*

C. *Observe la oración: El resto de su cuerpo lo saben dominar. ¿Cuál es la función de* **lo** *en este caso?*

D. *Observe la frase: ...y todavía no se le habían olvidado las voces de ella... ¿Cómo se expresa en inglés? Usando* **olvidar** *en lugar de* **olvidársele,** *¿cómo se diría en español?*

E. *La pequeña le dice al perro «Drake, no me pongas nerviosa». ¿Cómo habría dicho ella en español* Don't make them nervous?

Sección léxica

REPASO

Todas las palabras y expresiones de la siguiente lista aparecen en la lectura. Usando los números 1–6, prepare seis preguntas para dirigírselas a sus compañeros de clase. Usando los números 7–12, escriba seis oraciones originales.

1. el coscorrón
2. la cuneta
3. los modales
4. el vaivén
5. el envoltorio
6. el portazo
7. ilusionarlo a uno
8. dar la vuelta a
9. acurrucarse
10. caer de bruces
11. caer en la cuenta
12. saber a gloria

AMPLIACIÓN

MODISMOS CON EL VERBO *HACERSE*

Hemos visto en la lectura que **hacerse** puede emplearse en el sentido de **fingirse: hacerse el dormido (la dormida),** *to pretend to be asleep.* La siguiente lista contiene algunas expresiones comunes de este tipo. Con excepción de la última expresión, que se forma con una frase preposicional, todas estas expresiones tienen formas femeninas y plurales. Sólo el masculino se da aquí por razones de espacio.

1. **hacerse el desentendido/ el distraído/ el sueco/ el sordo**	*to pretend not to understand (not to hear, not to notice); to turn a deaf ear*
2. **hacerse el enfermo**	*to pretend to be sick*
3. **hacerse el enojado**	*to pretend to be angry*
4. **hacerse el gracioso**	*to say or play an unpleasant joke, to try to be funny*
5. **hacerse el muerto**	*to play possum (dead)*
6. **hacerse el nuevo**	*to pretend to be innocent (surprised)*
7. **hacerse el olvidadizo**	*to pretend to be forgetful*
8. **hacerse el tonto*/el loco**	*to play dumb*
9. **hacerse el valiente**	*to pretend to be brave*
10. **hacerse de la vista gorda****	*to pretend not to notice, to look the other way*

Ejemplos:

La jefa de Carmela es muy tolerante; cuando ella se hizo la enferma ayer, la jefa se dio cuenta del engaño, pero se hizo de la vista gorda.	*Carmela's boss is very lenient; when she pretended to be sick yesterday, the boss was aware of the deceit but looked the other way.*
Los tres soldados salvaron sus vidas haciéndose los muertos.	*The three soldiers saved their lives by pretending to be dead.*
Ellas sabían desde el principio que el televisor no funcionaba, pero se hicieron las nuevas cuando yo lo dije.	*They knew all the time that the TV set wasn't working but pretended to be surprised when I said it.*
Le he pedido la llave a Ramón varias veces, pero se hace el olvidadizo y no la trae.	*I have asked Ramón for the key several times but he pretends to be forgetful and doesn't bring it.*
La película me asustó mucho, aunque me hice el valiente delante de mi novia.	*The movie scared me a lot though I pretended to be brave in front of my girlfriend.*

*En México es común oír **¡No te hagas!** con el sentido de **¡No te hagas el tonto!**

** Es común en varias regiones de Hispanoamérica. Es variante de **hacer la vista gorda**.

APLICACIÓN

Traduzca el siguiente diálogo, fijándose en el uso de **hacerse.**
Inés: You were unbearable last night at the party. You were trying to be funny the whole evening.
Raúl: Don't pretend to be angry. You're exaggerating.
Inés: I'm really angry. I pretended not to notice but I was embarrassed. In fact, when someone asked if you were my husband, I pretended not to hear.
Raúl: All right, maybe you're right, but don't pretend to be surprised; you know I usually behave this way.
Inés: That's true and I always have to pretend not to be listening. In fact, on one occasion, I even pretended to be asleep.
Raúl: The next time, instead of pretending not to hear, give me a nudge.
Inés: With pleasure.

DISTINCIONES LÉXICAS

ECHAR(SE) / TO THROW

En la lectura de este capítulo aparecen cuatro ejemplos del verbo **echar** y en cada caso la traducción al inglés es diferente. Aquí examinaremos algunas de las acepciones de este verbo, además de su relación con uno de sus equivalentes en inglés: *to throw*. En su sentido básico, los dos verbos expresan ciertos tipos de moción, pero, como se verá, ese significado se ha ampliado mucho. Primero, veremos algunas semejanzas y después algunas diferencias. Los tres grupos de ejemplos que presentamos indican **algunos*** de los múltiples usos literales y figurados de estos verbos. Tenga presente que muchas de estas oraciones —tanto en español como en inglés—, pueden expresarse de otra(s) manera(s). Note también cómo el significado varía según el contexto. En otros términos, no tiene sentido preguntar qué significa **echar** o *to throw* si no se da un contexto. Este análisis demuestra lo importante que es tener un buen diccionario y saber usarlo con inteligencia.

A. Ejemplos de **echar** y *to throw* como equivalentes

El público echó flores a las carrozas en el desfile.	*The public threw flowers at the floats in the parade.*
Han echado a Sergio de su trabajo.	*They have thrown Sergio out of his job.*
Cuando mi hermano me echó la culpa a mí, yo le eché una mirada furibunda.	*When my brother threw the blame on me I threw him a furious look.*

*El verbo **echar** se usa tanto en la lengua popular que un miembro de la Real Academia Española, D. Manuel Seco, ha comentado lo siguiente: «... **echar** es un verbo comodín que la lengua culta tiende a no emplear, prefiriendo verbos de sentido más preciso...» El académico presenta varios casos del contraste entre la lengua popular y la culta:

Popular	*Culta*
echar una película	poner una película
echar un discurso	pronunciar un discurso

Colón se echó a los pies de la Reina Isabel. *Columbus threw himself at the feet of Queen Isabella.*

Ellos me van a echar en (la) cara que no he terminado mi tesis. *They'll throw in my face that I haven't finished my thesis.*

B. Casos en que **echar** —solo o en frases— no equivale a *to throw,* sino que significa

1. *to add*

No le eches más sal a la sopa; no le hace falta. *Don't add more salt to the soup; it doesn't need it.*

2. *to begin* (**echar a**)

Cuando los niños vieron a su perrito, echaron a correr hacia él. *When the children saw their dog, they began to run toward him.*

3. *to mail*

¿Has echado la carta que te di esta mañana? *Have you mailed the letter I gave you this morning?*

4. *to pour*

A Fabio se le derrama el vino cada vez que lo echa en la jarra. *Fabio spills the wine every time he pours it into the pitcher.*

5. *to spare no expense in celebrating (an occasion)* (**echar la casa por la ventana**)

Siempre que tenemos visitas, echamos la casa por la ventana. *Every time we have guests we spare no expense (splurge).*

6. *to spoil* (transitive) (**echar a perder**)

Has echado a perder mis vacaciones con tus quejas. *You've spoiled my vacation with your complaints.*

C. Diferentes equivalentes de **echarse**

1. *to lie down*

No quiero que la gata se eche en esta alfombra. *I don't want the cat to lie down on this rug.*

2. *to pull over/step aside* (**echarse a un lado**)

Cuando vi que el camión venía directamente hacia mí, me eché a un lado.

When I saw that the truck was coming straight toward me, I pulled over (if in a car)/ I stepped aside (if on foot).

3. *to spoil* (intransitive) (**echarse a perder**)

Si no se arregla pronto el refrigerador, se echará a perder la comida.

If the refrigerator is not fixed soon, the food will spoil.

D. Casos en que *to throw* no equivale a **echar**, sino que significa

1. **arrojar**

¿Arroja la película nueva luz sobre la materia?

Does the movie throw new light on the subject?

2. **asestar**

Uno de los peloteros le asestó un puñetazo al árbitro.

One of the ball players threw a punch at the umpire.

3. **confundir**

Las preguntas de ese profesor siempre me confunden.

That professor's questions always throw me.

4. **dar**

Anoche dieron una fiesta estupenda.

They threw a great party last night.

5. **perder deliberadamente**

Creo que ese equipo perdió el partido deliberadamente la semana pasada.

I think that team threw the game last week.

APLICACIÓN INTERACTIVA

Los estudiantes se harán entre sí estas preguntas. Al contestar, deben emplear las expresiones anteriores.

1. ¿Por qué echaron del partido a ese lanzador?
2. Diego es muy romántico. ¿Qué hará cuando le pida a Leticia que se case con él?

3. ¿Cómo piensas celebrar tu cumpleaños?
4. ¿Por qué no terminaste tu examen de cálculo?
5. Cuando se acerca una ambulancia, ¿qué debe hacer un automovilista?
6. Si dejas la leche fuera del refrigerador por varias horas, ¿qué le pasa?
7. Si las papas fritas que te sirvieron no tienen sabor, ¿qué les haces?
8. Tan pronto como el ladrón vio llegar a un policía, ¿qué hizo?
9. Si el rey de España viniera a visitar nuestra universidad, ¿qué haría el rector?
10. ¿Qué hacen muchas veces los niños culpables para evitar un castigo?
11. Si tienes sed en un restaurante y tu vaso está vacío, ¿qué le pides al camarero?
12. Al terminar de llenar tu declaración de impuestos, ¿qué haces con ella?
13. Cuando usas palabras feas, ¿cómo reacciona tu madre?
14. Cuando sacas malas notas y tus amigos se enteran, ¿qué no quieres que hagan?

Para escribir mejor

LA ACENTUACIÓN*/ EL ACENTO ORTOGRÁFICO

¿Cuándo se usa normalmente el acento gráfico (la tilde)? La respuesta es muy sencilla: Si la palabra no se pronuncia de acuerdo con las reglas 1 y 2 que siguen, lleva acento ortográfico o tilde sobre la vocal acentuada:

1. En las palabras que terminan en vocal o en consonante **n** o **s**, el acento de intensidad *(stress)* cae naturalmente en la penúltima sílaba:
sa-le **vie**-nen re-**ci**-bes

2. En las palabras que terminan en consonante que no sea **n** o **s**, el acento de intensidad cae naturalmente en la última sílaba:
ha-**blar** ciu-**dad** a-**bril**

3. Las palabras que no siguen estas reglas en cuanto a la posición de su acento de intensidad, llevan tilde:
di-**fí**-cil, **mé**-tri-ca, pa-**sión**, sa-**lís**, **Víc**-tor.

La aplicación de esta última regla supone que uno sabe pronunciar correctamente la palabra en cuestión.

4. Como se vio en la regla 6a de la página 56, se usa el acento gráfico sobre la vocal débil (**i**, **u**) de un grupo vocálico para indicar que no se trata de un diptongo, sino de dos sílabas distintas: **grúa**, **desvío**, **rompía**.

*Note que **acentuación** se refiere a dos conceptos distintos en inglés: *vocal stress (emphasis)* y *written accent.*

APLICACIÓN

A. *Añada los acentos. La vocal subrayada es la que lleva la intensidad en la pronunciación.*

1. Mi conyuge tiene una clavicula dislocada.
2. Digamelo espontaneamente, pero no de improviso.
3. El verdor de los arboles de guayaba y del cesped verde me dejaron estupefacto.
4. El guia queria que volviesemos a ver el tumulo de marmol.
5. El transeunte sonambulo se rompio una vertebra aunque llevaba como amuleto un trebol de cuatro hojas.
6. La hipotesis hace hincapie en que el planeta tiene una orbita eliptica.
7. Benjamin Pages fue elegido alcalde de un pueblo de Aranjuez.
8. El vastago primogenito de la victima fue el culpable del robo.
9. El peligro nuclear es una cuestion de primordial importancia.
10. Felix era farmaceutico en la ciudad de Durango.
11. La timida e ingenua heroina de la pelicula realiza un salvamento heroico.
12. En Xochimilco platicamos con los mariachis y les compramos orquideas y gardenias a los vendedores ambulantes.
13. Mario les garantizo a Maria y a Mariana que la mansion quedaba en optimas condiciones.
14. Son caracteres opuestos: Cayetano es un celebre cosmonauta y Dario es un asceta mistico.
15. Ese zangano no tiene vocacion y es un imbecil y un farsante.
16. Esas reglas de trigonometria no son utiles para calcular volumenes.
17. Sanchez, Marques, Carvajal y Aranguren son mis huespedes.
18. El ruido continuo de la grua y de los vehiculos continua molestandome.
19. Asdrubal asevera que quiere ser quimico y no arqueologo.
20. No es verosimil que la mujer que llevaba la cantara cantara antes, pero pienso que cantara pronto.

B. *En los siguientes pasajes se han suprimido los acentos gráficos. Póngalos.*

1. El hombre se tendio boca abajo junto al alambrado. Protegido del calor brutal del mediodia, escuchaba el correr de la acequia, y atento al levisimo agitarse de las hojas, vigilaba el jardin. A lo lejos, quiza brotada espontaneamente como parte de la vegetacion, vio a la niña...
   José Donoso, *Ana María*

2. En la segunda edicion de esta guia practica, usted encontrara ejemplos fehacientes de la grandeza arquitectonica prehispanica, lo mas representativo de su cultura y su historia, asi como los servicios con que cuenta cada lugar, mapas de ubicacion, vias de acceso y consejos para disfrutar y conservar los sitios arqueologicos.
   México Desconocido, Febrero de 1993

PÓKER DE ASES

Explique este chiste.

TRADUCCIÓN

Use una construcción con **hace** *o* **hacía** *cuando sea posible.*

In my home we have had two cats for many years because my mother thinks that a house without a cat is not a home. My house is very large and we have more than enough space, (*no emplee* **suficiente**) but dogs are not to the liking of my sisters or my father (*no use* **gustar**).

I, however, dislike cats; they are ungrateful animals. I want to be a veterinarian and to specialize in canines, because dogs delight me. When I was a child, the program "Lassie" fascinated me. I also liked to watch old Rin-Tin-Tin movies. However, these programs didn't attract my sisters (*no emplee* **atraer**); they preferred to watch cat cartoons. But it seems to me that, deep down, it bothered them that there were no heroic cats on television.

There was a time when I was a little afraid of dogs. It was about five years ago, when I read in secondary school about Cerberus, the mythological dog with three heads. That negative image stuck in my mind until I read another old tale that impressed me more, the one about Argus, Ulysses' dog. It made me sad to learn that Argus had been waiting for more than twenty years for his master when the latter returned. Upon seeing Ulysses again, the poor dog died of joy.

It seems to me that the most interesting characteristic of dogs is that they adapt to every climate. For example, huskies, which pull sleds in the snow, as well as St. Bernards, have very abundant hair because they need it (*no emplee* **necesitar**) to protect themselves from the cold. There are dogs for every taste. For those who live in a city, a small dog is appropriate (*no use* **apropiado**). To me, what is attractive is an animal that will love and defend me, so the dog that I would like to have would be a German shepherd.

For a long time I have been trying to influence my parents and sisters but, unfortunately, it has proved impossible to impose my taste on them. A friend told me, a few days ago, that perhaps their attitude will change, but I don't think so. Nevertheless, I should say that, although it hurts me a little that my wishes don't matter to anyone, I am delighted with my family.

TEMAS PARA COMPOSICIÓN

1. El destino de Drake. Continúe la historia del perro. Puede darle a su composición un final desgraciado o un final feliz.
2. Escriba sobre un perro, gato u otra mascota que tenga o haya tenido. ¿Dónde lo/la consiguió? ¿Cómo es? ¿Cómo son las relaciones de Uds.? ¿Es suyo/a o pertenece a toda la familia? ¿Qué cualidades positivas y negativas tiene?
3. ¿Perros o gatos? ¿Cuáles prefiere? ¿Qué buenas cualidades y qué defectos pueden tener unos y otros? ¿Se presentan en los animales domésticos problemas sicológicos similares a los de las personas? ¿Sufren los animales domésticos espiritualmente como sufrimos nosotros? (Use el mayor número de construcciones del tipo de **gustar** que sea posible.)
4. Las personas que maltratan a los animales. ¿Podemos hacer algo por resolver esta situación? ¿Qué motivos existen para que una persona sea cruel con un animal? ¿Es posible que una persona que maltrata a los animales sea buena en otros sentidos? ¿Existen diferencias en el tratamiento que se da a los animales en otras culturas?

C · A · P · Í · T · U · L · O 4

Lectura

La palabra **duende** *es sinónimo de fantasma o espíritu, pero también se refiere a* ***un enano*** *o gnomo con poderes sobrenaturales que hace maldades y mortifica a la gente. Su equivalente aproximado en inglés sería* troll *o* gremlin.

En esta historia inconclusa, un joven cuenta sus experiencias con uno de estos hombrecitos.

un enano = persona muy pequeña

El duende

Me llamo Roberto y tengo dieciocho años. Es posible que a Ud. no le interese mi historia, pero la cuento de todas maneras porque quiero que quede en el papel. Ya la he llevado dentro bastante tiempo.

Sepa Ud. que desde niño he tenido un miedo terrible de la oscuridad. No de la oscuridad en sí, claro, sino de los terribles duendecillos que en ella se esconden. ¿Duda Ud. de que existen los duendes? Pues yo estoy seguro de que existen, porque he hablado con uno de ellos muchas veces.

Tenía yo siete años la primera vez que oí su risa, una risa que sonaba con eco, como si su dueño estuviese dentro de una cueva. Llamé a mi madre y le pedí que viniera a mi cuarto. Necesitaba que se sentara al borde° de mi cama y espantara° al autor de la risa, pero me gritó malhumorada: —¡Roberto, duérmete en seguida si no quieres que te haga probar el cinturón°!— Conocía bien las iras de mi madre, que la hacían pegarme sin misericordia y sin fin por el menor motivo, y decidí no tratar de buscarle cinco pies al gato°. Atrapado entre la indiferencia de mi madre y la oscuridad amenazante, me quedé quietecito en la cama, congelado de terror, sin respirar apenas°, temiendo que el que se había reído saltara sobre mí en cualquier momento. No saltó y tampoco volvió a reír. Sin darme cuenta, me fui quedando dormido.

La escena se repitió varias veces a través de los años. Tras la risa vino la voz, una voz de viejecillo cínico. Esa voz me

extremo lateral / hiciera huir

te... te pegue

buscarle... buscar problemas

casi

hablaba y me decía que hiciese toda clase de maldades°. Cuando se perdieron los retratos de familia que mi madre guardaba en una caja de zapatos, fue porque el duende insistió en que yo los cogiera. Él me hizo esconderlos en la rendija° que había entre dos tablas del piso. Y después reía y reía con su risa cavernosa en la oscuridad, mientras yo temblaba al oír a mi madre buscarlos frenética por toda la casa, refunfuñando° que ojalá que a ella y al mundo entero los partiera un rayo° y que a mí me hubiera partido al nacer.

mischief

grieta, espacio vacío, largo y estrecho

quejándose y protestando en voz baja / **ojalá**... she wished that lightning would strike her and the whole world /

Fue el enano quien me mandó aflojar° los tornillos de la silla para que don Vicente, el señor que cortejaba° a mi madre se cayera al sentarse; también me obligó a que soltara en la mesa de la cocina las hormigas que guardaba en un frasco y a que derramara° grasa frente al fregadero para que mi madre resbalase°. Cuando recuerdo estas cosas, me asombro de que golpes y castigos no hayan acabado conmigo°, pero es que, la mayoría de las veces, mi madre no adivinaba° que mi mano estaba detrás de tantos accidentes caseros, y se limitaba a maldecir° contra «tan mala pata»°. Gracias a eso estoy todavía vivo.

lo contrario de apretar / enamoraba

echara

perdiera el equilibrio y se cayera / **no**... no me hayan matado / imaginaba

to curse / mala suerte

Este grabado de Francisco de Goya (1746-1828) se titula Duendecitos. *¿Se imaginaba Ud. así al duende de la Lectura? Como éste, los grabados de Goya son muy impresionantes y hasta deprimentes, y parecen fruto de la locura o de una pesadilla.*

Fui creciendo y el enano siguió visitándome. Aunque nunca me amenazó directamente, yo tenía miedo de que se enojase si no lo obedecía, y seguía sus instrucciones al pie de la letra°. Mis travesuras° ya hombre°, por supuesto, han sido muy diferentes de las que solía hacer de niño.

al... exactamente

maldades (***pranks***) / **ya**... ahora que soy hombre

El enano llevaba ya varios meses sin visitarme. Pero hace dos noches, cuando entré en mi cuarto, me sorprendió que la ventana estuviera abierta. Hacía frío, fui a cerrarla y lo divisé°, agazapado° junto a la cortina desteñida°. Era la primera vez que lo veía bien. ¡Ojalá no lo hubiera visto! Era más viejo de lo que yo pensaba y tenía un brillo maligno en la mirada que me hizo desear que cerrara los ojos y no me mirara más. Pero, en vez de cerrar los ojos, el repulsivo hombrecito me miró con más fijeza°, como si quisiera hipnotizarme. —Hace rato que te espero —me dijo severo— . Necesito hablar contigo. Quiero que hagas algo...

vi

agachado, con el cuerpo encogido para ocultarse / que había perdido el color

intensidad

COMPRENSIÓN

Conteste basándose en el texto.

1. ¿Cómo explica Roberto su temor a la oscuridad?
2. ¿Qué hizo Roberto la primera vez que oyó la risa del duende?
3. ¿Cómo reaccionó la madre cuando el niño la llamó?
4. ¿Qué pasó con los retratos de familia?
5. ¿Con qué intención aflojó Roberto los tornillos de la silla?
6. ¿Qué otras maldades le mandó hacer el duende?
7. ¿Por qué Roberto no recibió golpes y castigos por sus travesuras?
8. ¿Por qué obedecía siempre Roberto al duende?
9. ¿En qué circunstancias vio Roberto al duende la última vez?
10. ¿Por qué deseó Roberto que el duende cerrara los ojos?

Los miembros de esta familia tan grande de Bogotá, Colombia, parecen muy unidos. Todavía se encuentran en los países hispánicos más familias numerosas que en los Estados Unidos, aunque hay muchas menos que en el pasado.

INTERPRETACIÓN

1. Al principio de la historia, el narrador nos habla de la oscuridad y de los duendes que se esconden en ella. En el caso del narrador, ¿cree Ud. que creía en duendes y fantasmas y que por eso temía a la oscuridad? O, por el contrario, ¿piensa que el temor excesivo a la oscuridad lo hacía imaginar que había seres extraños en ella? Explique su opinión.
2. Cuando Roberto tuvo su primer encuentro con el duende, tenía sólo siete años y comenta que su madre le pegaba «sin misericordia y sin fin por el menor motivo». ¿Es común que una madre le pegue de esta manera a un chico de siete años? Basándose en este párrafo, ¿qué clase de relación diría Ud. que tenía la madre de Roberto con su hijo?
3. ¿Es cierto que todas las travesuras que nos relata Roberto están conectadas de alguna manera con las relaciones madre-hijo? ¿Por qué (no) piensa Ud. así?
4. El narrador nos dice que sus travesuras de hombre han sido diferentes. ¿Qué clase de cosas cree Ud. que él ha hecho?
5. A lo largo de la narración, el duende es sólo una voz, pero al final se materializa en un hombrecito que Roberto describe. ¿Cree Ud. que una persona cuerda, si es muy imaginativa, puede «ver» un ser inexistente o que esto es sólo posible si la persona está loca? ¿Está loco Roberto? Explique su opinión.

INTERCAMBIO ORAL

A. Roberto busca ayuda profesional. Un estudiante será Roberto y otro hará el papel de siquiatra. Prepare un diálogo con un compañero/una compañera donde Roberto expone su problema y el siquiatra lo evalúa.

B. La locura. ¿Cómo se puede decidir quién está loco y quién está cuerdo? ¿Está loca una persona que ve lo que otros no ven? ¿Y alguien que habla consigo mismo/a? ¿Estaba loco Don Quijote? ¿Por qué (no)?

C. Una entrevista con la madre de Roberto. Una compañera será la madre de Roberto y contestará las preguntas de un(a) periodista sobre sus relaciones con su hijo.

D. Debate. Los estudiantes defenderán o atacarán la siguiente tesis: Un hogar con sólo el padre o la madre tiene grandes problemas. Es mejor que los hijos tengan madre y padre y que la familia se mantenga aunque ya no exista amor entre los esposos.

E. El miedo a la oscuridad. ¿Por qué tantas personas comparten este miedo? ¿Le temía Ud. a la oscuridad en su niñez? Otras fobias comunes y sus posibles motivos.

F. El abuso de los niños. ¿Qué puede hacerse para remediar este serio problema de nuestra sociedad? ¿Cuál es su causa? Los castigos físicos. ¿Es aceptable que los padres les peguen a sus hijos o debe considerarse esto como abuso? ¿Por qué? ¿Hay otras clases de abusos además de los castigos físicos? Explique.

Esta familia mexicana se reúne a tomar café. La familia hispánica es generalmente muy unida y es rara la situación de una madre totalmente sola con su hijo o hijos. Aunque falte el padre, los chicos pueden contar con tíos y abuelos.

El tiempo necesario para llegar al parque, puede evitar que usted golpée a su hijo.

La próxima vez que sienta deseos de golpear a su hijo haga otra cosa. Como compartir juntos este pasatiempo. O algún otro juego que le dé el tiempo necesario para calmarse. Pruébelo. Se sentirá satisfecho de haberlo hecho.

Para recibir un folleto gratis, escriba a "Parenting," P.O. Box 2866P, Chicago, IL 60690.

Utilice bien su tiempo. No lo use en contra de su hijo.

El abuso de los niños es hoy un problema serio en los Estados Unidos, y el gobierno federal tiene varios programas para contrarrestarlo. Como Ud. ve por este anuncio, no se ha olvidado a los millones de hispanohablantes que viven en este país, y se ofrece además un folleto en español para ellos.

Sección gramatical

THE SUBJUNCTIVE

The subjunctive mood is much more extensively used in Spanish than in English. But it still exists in the latter language. Notice the difference in meaning between (a) *The professor insists that Charles go* (subjunctive) *to class every day* and (b) *His friends insist that Charles goes* (indicative) *to class every day*. Sentence (a) requires the subjunctive because there is an implicit command on the part of the subject that someone do something. In sentence (b), however, Charles' friends are presenting his daily class attendance as a fact.

As in the first English sentence, the subjunctive in Spanish is generally found in the dependent (subordinate) clause and conveys a meaning different from the indicative: **El profesor insiste en que Carlos vaya a clase todos los días** versus **Sus amigos insisten en que Carlos va a clase todos los días.**

Spanish uses the subjunctive in uncertain or contrary-to-fact situations; English does too sometimes. The subjunctive is often shown in English through the use of the form *were* of the verb *to be* or the auxiliary words *may*, *might,* and *should*.

Si yo fuera Carlos, no perdería ninguna clase.	*If I **were** Charles [but I am not] I wouldn't miss any class.*
Temo que Carlos no apruebe este curso.	*I am afraid that Charles **may** fail this course.*
Si Carlos no aprobara este curso, su padre se disgustaría mucho.	***Should** Charles fail this course his father would be very upset.*

In this text the subjunctive will be discussed as follows: (a) in noun clauses (chapter 4), (b) in relative or adjective clauses (chapter 5), and (c) in adverbial clauses (chapter 6).

a. A noun clause is a clause that has the same function as a noun, that is, it can be the subject or the object of a sentence.
Subject:

El que Ramón no esté aquí (= La ausencia de Ramón) me molesta.	*The fact that Ramón is not here (= Ramón's absence) bothers me.*

Object:

Quiero que me ayudes (= tu ayuda).	*I want you to help me (= your help).*

b. An adjective or relative clause has the same function as an adjective, that is, it describes (modifies) a noun.

Necesitan empleados que hablen español (= hispanohablantes).	*They need employees who speak Spanish (= Spanish-speaking).*
Busco un carro que no cueste caro (= barato).	*I am looking for a car that isn't expensive (= cheap).*

c. Adverbial clauses modify the verb as adverbs do. Likewise, they answer questions like where?, how?, when?

Te esperaré (¿dónde?) en el lugar que me digas.	*I'll wait for you (where?) in the place you tell me to.*
Se levantó (¿cómo?) sin que nadie lo ayudara.	*He got up (how?) without anyone's helping him.*
Le daremos tu recado (¿cuándo?) tan pronto como llegue.	*We'll give him your message (when?) as soon as he arrives.*

THE SUBJUNCTIVE I: THE SUBJUNCTIVE IN NOUN CLAUSES

EXPRESSIONS OF VOLITION

The subjunctive is required in Spanish in a dependent clause when the verb in the main clause indicates volition, intention, wish, or preference. Some typical verbs of this type are: **querer, desear, prohibir, sugerir, preferir,** and **aconsejar.**

Roberto quiere que contemos su historia.	*Roberto wants us to tell his story.*
Prefiero que Ud. no invite a esos señores.	*I prefer that you do not invite those gentlemen.*
¿Deseas que yo esconda los retratos?	*Do you wish me to hide the pictures?*
Él logrará que su hijo se gradúe este año.	*He will succeed in having his son graduate this year.*

In each of the preceding examples the subject of the dependent clause is different from the subject of the main clause, that is, there is a change of subject. When there is no change of subject, the second verb is not a subjunctive but an infinitive.

Roberto quiere contar su historia.	*Roberto wants to tell his story.*
Prefiero no invitar a esos señores.	*I prefer not to invite those gentlemen.*
¿Deseas esconder los retratos?	*Do you wish to hide the pictures?*
Él logrará graduarse este año.	*He will succeed in graduating this year.*

Observe that sentences like *Roberto wants us to tell his story* can not be translated word for word. The English direct object pronoun *us* becomes a subject pronoun in Spanish: **Roberto quiere que *nosotros* contemos su historia**.

Do not be misled by sentences like **Ella quiere que me afeite**. (*She wants me to shave.*) In this case, the Spanish **me** is not the equivalent of the English *me* but is a reflexive pronoun, since **afeitarse** is a reflexive verb. The subject of the dependent verb is **yo** and it is understood: **Ella quiere que (yo) me afeite**.

VERBS OF COMMUNICATION

Sometimes verbs of communication like **decir**, **telefonear**, and **escribir**, convey the idea of will or preference. In this case, the verb in the dependent clause is in the subjunctive. When the verb of communication merely introduces a fact, the subjunctive is not used.

VERBS THAT COMMONLY INDICATE VOLITION, INFLUENCE, OR PREFERENCE			
aceptar	*to accept*	**lograr**	*to succeed in, bring about that*
acceder a	*to agree to*	**mandar**	*to order*
aconsejar	*to advise*		
conseguir	*to succeed in*	**obligar a**	*to force*
consentir en	*to consent*	**oponerse a**	*to oppose*
dejar	*to let, allow*	**ordenar**	*to order*
desear	*to wish*	**pedir**	*to ask (someone to do something)*
disgustar(le) (a uno)	*to dislike*	**permitir**	*to allow*
empeñarse en	*to insist*	**preferir**	*to prefer*
estar de acuerdo con	*to agree with (approve of)*	**procurar**	*to try*
exhortar	*to exhort*	**prohibir**	*to forbid*
exigir	*to demand*	**proponer**	*to propose*
gustar(le) (a uno)	*to like*	**querer**	*to want*
hacer	*to have or make (someone do something)*	**recomendar**	*to recommend*
		rogar	*to beg*
		sugerir	*to suggest*
impedir	*to prevent*	**suplicar**	*to beg, implore*
insistir en	*to insist*		
intentar	*to try*		
invitar a	*to invite to*		

Laura dice que cambies la fecha de tu viaje.	*Laura says for you to change the date of your trip.*
Le escribiré que espere nuestra llegada.	*I will write him (asking him) to wait for our arrival.*

But:

Laura dice que vas a cambiar la fecha de tu viaje.	*Laura says that you are going to change the date of your trip.*
Le escribiré que esperamos su llegada.	*I will write him that we are waiting for his arrival.*

APLICACIÓN

A. *Conteste de manera original usando el subjuntivo.*

1. ¿Qué les exigen generalmente los jefes a sus empleados?
2. ¿A qué se oponen sus padres?
3. ¿Con qué no está Ud. de acuerdo?
4. ¿Qué quiere Ud. que hagamos ahora?
5. ¿Qué órdenes les grita un sargento a los soldados?
6. ¿Qué mandan los estatutos de esta escuela?
7. ¿Qué prohíben los estatutos?
8. ¿En qué insisto yo siempre?
9. Si un amigo suyo tiene insomnio, ¿qué le recomienda Ud. que haga?
10. ¿Qué desean sus compañeros?
11. ¿Qué le gusta a Ud. que hagan sus amigos?
12. ¿Qué le pide su madre que haga?

B. *Ud. y un compañero (una compañera) acaban de alquilar un apartamento y están leyendo el contrato. Escoja en la columna de la derecha la frase que le parezca más apropiada para completar cada regla del contrato, cambiando los infinitivos al subjuntivo.*

1. El contrato exige que (nosotros)...
2. El dueño recomienda que el nuevo inquilino...
3. El contrato nos impide que...
4. La segunda cláusula prohíbe que (nosotros)...
5. La ley obliga a los inquilinos a que...

a. pagar el día primero del mes
b. haber fiestas ruidosas en los apartamentos
c. tener gato
d. pagar la renta por adelantado
e. subarrendar el apartamento
f. darle una llave al administrador para casos de emergencia
g. instalar una cerradura nueva en la

6. No se consiente que los inquilinos..., pero extraoficialmente el administrador permite que...
7. Está prohibido que...
8. El contrato insiste en que el inquilino...
9. Se aconseja que el inquilino...
10. No se permite que...

puerta de entrada
h. hacer reparaciones sin autorización del dueño
i. tener perro
j. fumar en los pasillos del edificio
k. no desconectar la alarma de incendios

C. **En el aeropuerto.** *Ud. oye que el empleado de una línea aérea les da instrucciones a dos señores mexicanos en tránsito hacia Europa. Como ellos no saben inglés ni el empleado habla español, Ud. se ofrece a traducir. (Este ejercicio se puede hacer por escrito o prepararse en casa y escenificarse en clase con cuatro estudiantes).*

Señor 1: ¿Tendremos problemas con las visas?

Empleado: Well, some countries ask that foreigners have visas, others don't. I suggest that you ascertain what each consulate requires travelers to do. It is also important to know what products they don't allow travelers to bring into the country. By the way, let me remind you to keep your passports in a safe place.

Señor 2: ¿Y las reservaciones? ¿Sugiere Ud. que las confirmemos? También queremos que nos informe sobre la posibilidad de cambiar la fecha de regreso.

Empleado: Of course, we recommend that you confirm your reservations several days before departure. As for the changes in dates, airlines only agree to passengers changing them in case of a sudden illness. And they require that one submit a medical certificate.

Señor 1: Gracias, señor. (Hablándole al intérprete): Joven, dígale que nos disgusta que los empleados de esta compañía no hablen español y que propongo que lo/la contraten a Ud. que lo ha traducido tan bien todo.

Empleado: Gentlemen, I beg you to forgive me for this inconvenience. I want you to understand that it is not my fault that our Spanish-speaking clerk is on vacation. Hispanic groups insist that airlines hire more Hispanics but, so far, the law doesn't force them to do it. I invite you to write to our main office and explain that you prefer to be taken care of in your own language.

Señor 2: Sí, vamos a escribir. Gracias por todo. Adiós.

VERBS OF INFLUENCE

Some of the verbs listed in the table on pages 94–95 are verbs of influence. This name indicates that the subject of the main verb tries to exert some influence over the subject of the subordinate clause in the performance of an action. The following verbs of influence allow an alternate infinitive construction: **dejar, hacer, impedir,*** **invitar a, mandar,*** **obligar a, permitir,*** and **prohibir.***

*These verbs take an indirect object pronoun.

Sus padres no la dejan que salga con su novio. **Sus padres no la dejan salir con su novio.**	*Her parents don't let her go out with her boyfriend.*
Te prohíbo que me hables de esa manera. **Te prohíbo hablarme de esa manera.**	*I forbid you to speak to me (in) that way.*
Siempre la invitan a que cene con ellos. **Siempre la invitan a cenar con ellos.**	*They always invite her to have dinner with them.*
El maestro le mandó que escribiera en la pizarra. **El maestro le mandó escribir en la pizarra.**	*The teacher asked him to write on the board.*

APLICACIÓN

A. *Conteste de dos maneras.*

1. ¿Te deja la policía conducir un auto sin tener licencia?
2. ¿Crees que muchas veces la ira hace que digamos cosas que no sentimos?
3. ¿Debo impedirle a mi gato que salga a la calle?
4. ¿Lo invitan a Ud. frecuentemente sus amigos a ir a su casa?
5. Si el niño tiene las manos sucias, ¿le manda su madre lavárselas?
6. ¿Crees que los padres deben obligar a los niños a acostarse temprano?
7. ¿Piensa Ud. que la ley nos debe permitir llevar armas para defendernos?
8. ¿Les prohíbes a los demás miembros de tu familia que entren en tu cuarto?
9. ¿Se les permite a los transeúntes que pisen la hierba del parque?
10. ¿Lo dejan a Ud. sus padres dormir en casa de sus amigos?

B *¿Indirecto o directo? Complete con el pronombre apropiado.*

1. La niña lloraba porque su padre no ______ dejaba ir al cine.
2. Si viene tu amigo, ______ invitaré a merendar.
3. El hombre quería acercarse a la estrella, pero los guardias ______ impidieron hacerlo.
4. Los amos eran crueles con los esclavos y ______ obligaban a trabajar constantemente.
5. No sé por qué ______ prohibieron al científico que entrara en el laboratorio.
6. El dentista ______ mandó a la paciente abrir la boca.
7. Le dijo a la señora palabras tan duras que ______ hizo llorar.

8. Los cadetes no asistieron a la ceremonia porque no ______ invitaron.
9. En el siglo XVIII no ______ permitían a las mujeres que fueran a la universidad pero sí ______ dejaban aprender música.
10. Si Tomás ensucia el piso con sus botas ______ haré limpiarlo.

WISHES EXPRESSED ELLIPTICALLY

Most verbs in the subjunctive are found in subordinate clauses. Direct commands are an exception. Another exception is the case of wishes expressed elliptically in sentences often beginning with **Que**:

Que tengas feliz viaje.	*Have a happy trip.*
Que Dios te bendiga.	*(May) God bless you.*
Que aproveche.	*Bon appétit! (I hope you enjoy your dinner.)*
¡Mueran los enemigos del pueblo!	*Down with the enemies of the people!*
Que en paz descanse (Q.E.P.D.).	*May he/she rest in peace.*

APLICACIÓN

Situaciones. *Use una expresión que comience con* **que** *para cada circunstancia:*

1. Sus padres van a una fiesta. Ud. desea que se diviertan y les dice:
2. Su compañera va a examinarse hoy. Ud. le desea éxito diciéndole:
3. La abuela de su amigo ha muerto. Cuando él habla de ella usa la expresión:
4. El presidente le habla al pueblo. La multitud lo aplaude y grita:
5. Su madre le manda hacer algo. Ud. quiere que lo haga otro miembro de su familia y le dice a su madre:
6. Ud. entra en un lugar donde hay dos personas que comen y les dice:

WISHES WITH *OJALÁ* (*QUE*) OR *¡QUIÉN...!*

A very common way to express a wish in Spanish is by using **ojalá (que)** + subjunctive.* **Ojalá (que)** + the present subjunctive is used when the speaker wishes for something to happen (or not to happen) in the future. **Ojalá (que)** + the imperfect subjunctive expresses a wish that is impossible or unlikely to happen. **Ojalá (que)** + the present perfect subjunctive expresses a wish about the immediate past. **Ojalá (que)** + the pluperfect subjunctive refers to a wish that was not fulfilled in the past and denotes regret.

Ojalá que Jacinto llame hoy.	*I hope Jacinto calls today.* (A wish that may be fulfilled.)

*In some countries, like Mexico, the form most used is **ojalá y**.

Ojalá que Jacinto llamara hoy.	*I wish Jacinto would call today.* (A wish of difficult realization.)
Ojalá que Jacinto haya llamado.	*I hope Jacinto has called.* (The speaker is not at home or for some reason he/she doesn't know whether Jacinto has called or not.)
Ojalá que Jacinto hubiera llamado ayer.	*I wish (If only) Jacinto had called yesterday.* (The action didn't take place and the speaker regrets it.)

Quién + third-person singular imperfect subjunctive or third-person singular pluperfect subjunctive also refers to a wish of the speaker. Like **ojalá (que)**, **quién** + subjunctive may express either (a) a wish of impossible or unlikely realization or (b) regret, depending on the tense used. **¡Quién...!** is never used with the present subjunctive.

¡Quién pudiera vivir cien años!	*I wish I could live for one hundred years!*
¡Quién hubiera estado allí en ese momento!	*I wish I had been there at that moment!*

APLICACIÓN

A. *Usando* **ojalá** *exprese:*

1. Dos deseos para el futuro.
2. Dos deseos difíciles de realizarse.
3. Dos deseos en el pasado que nunca se realizaron.

B. *Haga dos oraciones con* **¡Quién...!** *para indicar un deseo difícil de realizarse y dos oraciones con* **¡Quién...!** *lamentándose porque algo no sucedió en el pasado.*

EXPRESSIONS OF EMOTION

The subjunctive is required in Spanish in a dependent clause when the verb in the main clause expresses feelings or emotion: regret, fear, pity, hope, surprise, etc.

Esperamos que pueda Ud. quedarse unos días más.	*We hope you can stay a few more days.*
Él siente mucho que ella esté enferma.	*He is very sorry that she is sick.*
Me sorprende que hayas perdido la billetera.	*I am surprised that you have lost your wallet.*

If there is no change of subject the infinitive is used:*

Espero poder quedarme unos días más.	*I hope I can stay a few more days.*
Él siente mucho estar enfermo.	*He is very sorry that he is sick.*
Me sorprende haber perdido la billetera.	*I am surprised that I have lost my wallet.*

COMMON VERBS THAT INDICATE FEELING OR EMOTION

admirar(le) (a uno)**	*to be astonished*	**lamentar**	*to regret*
alegrarse de, alegrar(le) (a uno)**	*to be glad*	**molestar(le) (a uno)****	*to bother*
celebrar	*to be glad*	**sentir**	*to regret*
dar(le) lástima (a uno)**	*to feel sorry*	**sentirse orgulloso (avergonzado) de**	*to feel proud (ashamed)*
esperar	*to hope*	**preocupar(le) (a uno)****	*to worry*
extrañar(le) (a uno)**	*to be surprised*	**sorprenderse de**	*to be surprised*
estar contento de	*to be happy*	**sorprender(le) (a uno)****	*to be surprised*
indignar(le) (a uno)**	*to anger*	**temer, tener miedo de, tenerle miedo a**	*to fear*

Note that these verbs use the **gustar construction treated in chapter 3.

APLICACIÓN

A. En la consulta del siquiatra. *Juan Galindo le explica sus problemas al siquiatra. Complete de manera original las confesiones de Juan.*

1. Doctor, mi verdadero problema es que tengo un doble a quien sólo yo veo y mi familia se siente avergonzada de que yo...
2. A ellos les extraña que yo...

*In the spoken language one occasionally hears the subjunctive even when there is no change of subject.

Yo siento que no haya podido asistir a las conferencias.	*I regret that I haven't been able to attend the lectures.*

3. Tengo miedo de que ellos...
4. Y yo temo que Ud....
5. A mí me preocupa que mi doble...
6. Además, me molesta que...
7. Yo espero que Ud....

B. Expresando emociones. *Complete de manera original para expresar las emociones apropiadas a cada situación.*

1. El padre de su amigo está muy grave. Ud. habla con su amigo en el hospital y le dice:
   a. Siento mucho que...
   b. Me sorprende que...
   c. Espero que...
2. Su amiga Marita ha recibido un premio por su excelencia como estudiante. Ud. la llama y le dice:
   a. Marita, celebro mucho que...
   b. Estoy muy contento/a de que...
   c. Y me siento orgulloso/a de que...
3. Ud. canceló recientemente el seguro contra robos de su coche y acaban de robárselo. Ud. expresa cómo se siente diciendo:
   a. ¡Qué lástima que...
   b. ¡Cómo siento...
   c. Me indigna que...
   d. Tengo confianza en que...
4. Recientemente Ud. ha faltado al trabajo algunas veces, y también ha llegado tarde, porque ha tenido muchos problemas personales. Habla con la señorita Riquelme, su jefa, y le dice:
   a. Srta. Riquelme, estoy muy avergonzado/a de...
   b. Lamento...
   c. Me preocupa que...
   d. Temo que...
   e. Prometo... Y confío en que...

C. *Exprese una reacción original ante los siguientes hechos, usando verbos de emoción o sentimiento.*

Modelo: Juan no ha llamado todavía.
→Temo que le haya pasado algo.

1. Vamos a España este verano.
2. Mañana operan a mi padre.
3. Recibí una «A» en ese curso.
4. Él no conoce la ciudad y se ha perdido.
5. Ese perrito se está quedando ciego.
6. Ella no tiene dinero para pagar la matrícula.
7. Me duele mucho la cabeza.

8. No encuentro mi libro de español.
9. Mi novio tiene un auto nuevo.
10. Tom Cruise quiere salir con Susana.

The following table summarizes the sequence or correspondence of tenses. These principles are applicable not only to noun clauses but also to adjective clauses (chapter 5) and adverbial clauses (chapter 6).

SEQUENCE OF TENSES

1. When the action in the dependent clause is simultaneous with, or subsequent to, the action of the main clause.

MAIN CLAUSE	DEPENDENT CLAUSE
1. Present indicative **Juan les pide** *Juan asks them* **2.** Present perfect **Juan les ha pedido** *Juan has asked them* **3.** Future indicative **Juan les pedirá** *Juan will ask them* **4.** Future perfect indicative **Juan les habrá pedido** *Juan has probably asked them* **5.** Commands **Juan, pídales** *Juan, ask them*	Present subjunctive **que vengan.** *to come.*
6. Imperfect or preterite **Juan les pidió (les pedía)** *Juan asked them* **7.** Pluperfect indicative **Juan les había pedido** *Juan had asked them* **8.** Conditional **Juan les pediría** *Juan would ask them* **9.** Conditional perfect **Juan les habría pedido** *Juan would have asked them*	Imperfect subjunctive **que vinieran (viniesen).** *to come.*

2. When the action in the dependent clause happened before the action of the main clause.

MAIN CLAUSE	DEPENDENT CLAUSE
1. Present indicative **Juan se alegra de** *Juan is happy* 2. Present perfect **Juan se ha alegrado de** *Juan has been happy* 3. Future indicative **Juan se alegrará de** *Juan will be happy* 4. Future perfect indicative **Juan se habrá alegrado de** *Juan must have been happy* 5. Commands **Juan, alégrese de** *Juan, be happy*	Imperfect subjunctive* **que vinieran (viniesen).** *that they came.* Present perfect subjunctive **que hayan venido.** *that they have come.*
6. Imperfect or preterite **Juan se alegraba (se alegró) de** *Juan was happy* 7. Pluperfect indicative **Juan se había alegrado de** *Juan had rejoiced* 8. Conditional **Juan se alegraría de** *Juan would be happy* 9. Conditional perfect **Juan se habría alegrado** *Juan would have been happy*	Pluperfect subjunctive **que hubieran (hubiesen) venido.** *that they had come.*

*Because of the fact that the imperfect subjunctive may correspond to the preterite indicative, imperfect indicative, or conditional tense, many Spanish speakers prefer to use the present perfect subjunctive to emphasize the completion of an action or state. Observe the ambiguity of **No creo que María lo hiciera**, which can mean: (a) *I don't think Mary did it*, (b) *I don't think Mary was doing it*, or (c) *I don't think Mary would do it*.

To express meaning (a) only (i.e., to stress completion), many speakers choose to say **No creo que María lo haya hecho**, which cannot have meanings (b) or (c).

What are the three possible translations of **Es posible que el médico viniera**?

APLICACIÓN

Cambie al pasado.

1. **Un crimen reciente.**

A Jacinto le preocupa que los detectives no hayan encontrado todavía una pista que seguir y se extraña de que el criminal no haya dejado huellas. Piensa que no se trata de un suicidio, sino de un crimen, y se alegra de que la policía esté de acuerdo en esto.

Le da lástima que esa bella joven haya muerto y espera que capturen pronto al culpable. Teme que haya otra víctima si el asesino no es capturado en seguida. Además, le molesta que no se haga justicia.

2. **Una carta.**

Querida Adela: Siento mucho que no asistas a mi graduación. Muchos amigos se sorprenderán de que no estés allí. También mis padres lamentan que no puedas asistir; ellos están orgullosos de que yo me gradúe con tan buenas notas. A todos nos preocupa que no te sientas bien. Debes cuidar más tu salud. Un abrazo, Rosita.

3. **Un compañero (una compañera) difícil.**

Comparto el apartamento con un chico muy mandón (una chica muy mandona). Constantemente me dice que haga tal cosa, que no deje de hacer tal otra, que me acuerde de hacer algo más. Me prohíbe que toque sus discos y no me permite que use su computadora. Me molesta que él/ella se crea superior a mí. ¡A veces hasta interfiere en mi vida sentimental! Me aconseja que no llame a mi novio/a todos los días y me sugiere que lo/la ponga celoso/a y que salga también con otros chicos (otras chicas). Mis amigos conocen la situación y se admiran de que no me haya mudado de apartamento.

EXPRESSIONS OF UNCERTAINTY

The subjunctive is used in Spanish when the verb in the main clause expresses doubt, disbelief, uncertainty, or denial about the reality of the dependent clause.

Dudábamos que la policía pudiera llegar a tiempo.	*We doubted that the police could arrive on time.*
No cree que su enfermedad tenga cura.	*He doesn't believe that his illness has a cure.*
No estoy segura de que Raquel haya cerrado la puerta.	*I am not sure that Raquel has closed the door.*
La madre negaba que su hijo hubiera roto la ventana.	*The mother denied that her son had broken the window.*

When there is no change of subject the infinitive is generally used.*

Dudábamos de poder llegar a tiempo.	*We doubted we could arrive on time.*
No cree poder acompañarme al centro.	*He doesn't believe he can accompany me downtown.*
No estoy segura de haber cerrado la puerta.	*I am not sure of having closed the door.*
La madre negaba haber roto la ventana.	*The mother denied having broken the window.*

The most common verbs of this type are **no creer, dudar, no estar seguro de, negar,** and **resistirse a creer**. However, **no creer** takes the indicative when the speaker is certain about the reality of the dependent verb regardless of someone else's doubt.

Ella no cree que yo me saqué la lotería.	*She doesn't believe that I won a prize in the lottery.* (But I, the speaker, know that I did.)

When verbs of this kind are used in a question, the doubt or assurance on the part of the person who asks the question determines the use of the subjunctive or the indicative.

¿Creen Uds. que ella pueda hacer ese trabajo?	*Do you think that she can do that work?*
¿Creen Uds. que ella puede hacer ese trabajo?	

In the first question the speaker doubts and wants to know if other people share his/her doubts; in the second question the speaker wants to know someone else's opinion and does not give his/her own.

The question **¿No cree Ud...?** *(Don't you think . . .?)* does not imply doubt on the part of the speaker. Thus the indicative is used.

¿No crees que él es muy inteligente?	*Don't you think that he is very intelligent?*

Observe the highly subjective nature of the verbs treated in this section. For instance, when the speaker says **Nadie duda que el crimen es uno de nuestros mayores problemas,** he or she is referring to a generally accepted fact. On the other hand, it is possible to say **No dudo que hayas estudiado, pero debías haber estudiado más**. The use of the subjunctive here indicates some mental reservation on the part of the speaker.

*In the spoken language one occasionally hears the subjunctive even when there is no change of subject: **Dudo que yo pueda ayudarte**.

ACASO, QUIZÁ(S), AND *TAL VEZ*

The subjunctive is used in Spanish after **acaso, quizá(s)**, and **tal vez** (*perhaps*) when the speaker wishes to indicate doubt. If the speaker does not want to express doubt, the indicative is used.

Tal vez sea demasiado tarde.	*Perhaps it may be too late.*
Tal vez es demasiado tarde.	*Perhaps it is too late.* (I think it is.)
Quizás no quieran ayudarnos.	*Perhaps they don't want to help us.* (The speaker is in doubt.)
Quizás no quieren ayudarnos.	*Perhaps they don't want to help us.* (The speaker thinks they don't).

APLICACIÓN

A. *Añada al principio de cada oración las expresiones que se dan, en el orden en que aparecen. Cambie el verbo principal de la oración original al subjuntivo cuando sea necesario.*

1. (a) Nadie en el pueblo duda que... (b) Nadie niega que... (c) Pero, ¿cree Ud. que...? (d) Dudo que... (e) Y no creo que...

   La anciana es una excéntrica. Una de sus mayores excentricidades consiste en hablar sola. Su chifladura es peligrosa. Uno de estos días va a atacar a alguien. Deben enviarla a un asilo.

2. (a) No estoy seguro de que... (b) No creo que... (c) Estoy seguro de que... (d) Dudo que... (e) También dudo que... (f) ¿Cree Ud. que...?

   Se sentaron a la mesa en seguida. Las frituras que sirvió la madre estaban deliciosas. Eran de carne. El padre abrió una botella de vino. Dijo que ése era un día especial. Todos bebieron muy contentos.

3. (a) Estábamos seguros de que... (b) Pero dudábamos que... (c) Nadie creía que... (d) Aunque algunos creían que... (e) También creían que...

   Antes de llegar a nuestro pueblo, el extranjero había pasado varios días perdido en el bosque. El extranjero había venido de muy lejos. En su juventud había sido muy rico. Había nacido en un castillo de Aragón. Sus padres habían sido nobles.

B. *Cambie las oraciones siguientes para expresar duda.*

1. Acaso todos nuestros gobernantes son honrados.
2. Tal vez podrán subir esa montaña.
3. Quizás esta noche podré dormir bien.
4. Acaso Susana querrá casarse con él.
5. Quizá no nos han visto.

6. Tal vez les gusta el pastel de chocolate.
7. Quizás nos estarán esperando en el aeropuerto.
8. Acaso habían secuestrado al Sr. Guzmán.

EL HECHO (DE) QUE

The word *fact* in this expression can be misleading. **El hecho (de) que** and its elliptic forms **el que** and **que** normally require the subjunctive in the clause they introduce when the fact presented is viewed by the speaker with doubt, reservation, or some kind of emotion.

El hecho de que (El que, Que) *gasten* tanto, me hace sospechar.	*The fact that they spend so much makes me suspicious.*
El hecho de que (El que, Que) el chico *pudiera* haber caído en el pozo, preocupaba a quienes lo buscaban.	*The fact that the child might* have fallen into the well worried those looking for him.*
Me ha molestado el hecho de que (el que, que) no me *hayas* llamado antes.**	*The fact that you didn't call me earlier has bothered me.*

APLICACIÓN

Una casa con fantasmas. *Un amigo suyo ha encontrado una casa estupenda y muy barata. Alguien le dice que la razón del precio bajo es que hay fantasmas en la casa. Complete los comentarios que Ud. le hace a su amigo combinando elementos de las dos columnas. Añada* **el hecho (de) que (el que, que)** *en la columna* **A** *y haga los cambios necesarios en los verbos.*

Modelo: El hecho de que la casa se venda tan barata indica que tiene algún problema serio.

A

1. la casa se vende tan barata
2. lleva varios años vacante
3. se oyen ruidos por la noche
4. me pides mi opinión
5. los dueños no te hablaron de los fantasmas
6. yo soy muy supersticioso/a
7. tú no has oído los ruidos
8. tú no crees en fantasmas

B

a. no significa que no haya ruidos
b. me hace dudar de que sean personas honestas
c. significa que no sabes si debes comprarla o no
d. indica que tiene algún problema serio
e. no quiere decir que no existan
f. me da mucho miedo
g. me hace preguntarme por qué
h. me impide aconsejarte objetivamente

*Note that the words *may* and *might* appear sometimes in the English sentence.

**Note that the order of the clauses can be inverted.

IMPERSONAL EXPRESSIONS

Most impersonal expressions fall into one of the categories that call for the subjunctive (wish, doubt, emotion, unreality, etc.) and, therefore, require the subjunctive when there is a change of subject.

Es necesario que vayamos a su casa en seguida.	*It is necessary that we go to his home immediately.*
Era posible que Pedro ganara la competencia.	*It was possible that Pedro would win the competition.*

There is also a less-common alternate construction that combines an indirect object pronoun and an infinitive. This construction is often heard when the speaker wishes to place the emphasis on the person rather than on the action.

Nos es necesario ir a su casa en seguida.	*It is necessary for us to go to his home immediately.*
A Pedro le era posible ganar la competencia.	*It was possible for Pedro to win the competition.*

Avoid translating *for me* (*you*, etc.) as **para mí (ti**, etc.).

If there is no change of subject the infinitive is used.

Es necesario ir a su casa en seguida.	*It is necessary to go to his home immediately.*
Era posible ganar la competencia.	*It was possible to win the competition.*

Impersonal expressions that indicate certainty take the indicative: **ser cierto, ser evidente, ser verdad, ser un hecho, estar claro**, etc.

Es cierto que Carmen hace ejercicio todos los días.	*It is true that Carmen exercises every day.*

When used negatively the above expressions often indicate uncertainty and take the subjunctive: **No es cierto que Carmen haga ejercicio todos los días.**

No + ser + que... sino que... denies the reality of the main verb and it normally requires the subjunctive. Observe the sequence of tenses.

No es que no quiera hacerlo, sino que no puedo.	*It isn't that I don't want to do it but rather that I can't.*
No era que Jenaro no supiera la verdad, sino que no quería aceptarla.	*It wasn't that Jenaro didn't know the truth but rather that he didn't want to accept it.*

COMMON IMPERSONAL EXPRESSIONS

bastar	*to be enough*	**ser importante**	*to be important*
convenir	*to be advisable*	**ser (im)posible**	*to be (im)possible*
parecer mentira	*to seem incredible, impossible*	**ser (im)probable**	*to be (un)likely*
poder ser	*to be possible*	**ser lástima**	*to be a pity*
¡Qué lástima!	*What a pity!*	**ser necesario, ser preciso**	*to be necessary*
ser bueno	*to be a good thing*	**ser preferible**	*to be better*
ser difícil	*to be unlikely*	**ser urgente, urgir**	*to be urgent*
ser dudoso	*to be doubtful*	**valer más**	*to be better*
ser extraño	*to be strange*	**valer la pena**	*to be worthwhile*
ser fácil	*to be likely*		

APLICACIÓN

A. *Combine las expresiones entre paréntesis con las oraciones, cambiando los verbos a los tiempos correctos del subjuntivo si es necesario.*

Modelo: El profesor no ha llegado todavía. (Es extraño)
→**Es extraño que** el profesor **no haya llegado** todavía.

1. Nos vamos sin decir adiós. (Será mejor / Es importante)
2. Le habías hecho un buen regalo a Jacinto. (Bastaba / Parecía mentira)
3. Tuvisteis que sacar todo el dinero del banco. (Sería una pena / Es cierto)
4. Pablo se ha quedado sin empleo. (¡Qué lástima! / Es extraño)
5. No pude llegar a tiempo. (Fue lamentable / Fue bueno)
6. La víctima del accidente había muerto. (Podía ser / Era falso)
7. Consigues buenos asientos para el teatro. (Es fácil / Es imposible)
8. El testigo ha declarado la verdad. (Es evidente / Es dudoso)
9. Virginia no le había contado lo sucedido a su madre. (Valdría más / Era mejor)
10. Nos veremos mañana a las seis. (Será difícil / Va a ser preciso)

B. *A continuación de cada párrafo se dan varias expresiones impersonales. Escoja de cada grupo las dos que le parezcan más apropiadas, y use cada una de ellas en una oración que se relacione con el contenido del párrafo.*

1. a. Panchita se despertó sobresaltada. ¡Se había quedado dormida! La noche anterior, había olvidado sacar el botón del despertador y, como resultado, éste no había sonado.
¡Qué lástima! / Era evidente / Estaba claro / Parecía mentira

b. Eran ya las ocho y media. Se tiró de la cama y entró frenética en el baño. No iba a poder llegar a la clase de las nueve, y ese día había un examen.
Era urgente / Era necesario / Era dudoso / Era difícil

c. Mientras se vestía apresuradamente, Panchita debatía consigo misma si debería ir, aunque llegara tarde. En ese caso, tendría que explicarle a la Dra. Castillo lo sucedido. La otra posibilidad era no aparecerse e inventar una excusa para contarla en la clase del miércoles.
Era preciso / Era posible / Valía más / Era preferible

2. a. Su abogado defensor era uno de los mejores del país. Sin embargo, Vicente Romero sentía en el fondo del alma un marcado escepticismo sobre el futuro. La libertad le parecía un sueño remoto.
Era evidente / Era un hecho / Podía ser / Era posible

b. Era inocente, pero nadie creía sus palabras. Las circunstancias lo incriminaban. Alarcón y él se habían odiado por muchos años y varios testigos lo habían oído amenazarlo.
Era verdad / Era casi imposible / ¡Qué lástima! / Era dudoso

c. Nadie había visto el crimen, pero Vicente no podía probar dónde estaba a esa hora. Esto y sus amenazas eran suficientes para condenarlo.
Era cierto / Era (muy) posible / Era casi seguro

C. *Su amigo Fernando siempre se equivoca en sus opiniones sobre la gente. Corrija cada una de sus afirmaciones usando la construcción* **No + es + que... sino que...**

Modelo: A tu padre no le gusta fumar. (el médico le ha prohibido el cigarro)
→ No es que a mi padre no le guste fumar, sino que el médico le ha prohibido el cigarro.

1. María es muy pobre. (es muy tacaña con su dinero)
2. Jorge se ha olvidado de llamarnos. (su teléfono está roto)
3. A Renato le encanta caminar. (necesita hacer ejercicio)
4. El profesor habla demasiado rápido. (tú no comprendes bien el español)
5. No te interesan los deportes. (no tengo tiempo de practicarlos)
6. Jesús tiene miedo de volar. (no quiere viajar ahora)
7. Herminia no ha estudiado para el examen. (el examen es muy difícil)
8. Elena no sabe bailar. (le duelen los pies)
9. El coche de Luis es nuevo. (lo cuida mucho)
10. No te gusta el dulce. (no quiero engordar)

D. *Cambie al pasado las oraciones que formó en el ejercicio anterior.*

Modelo: No **era** que a mi padre no le **gustara** fumar, sino que el médico le **había prohibido** el cigarro.

Análisis de la lectura

Lea con atención las oraciones siguientes.

1. Es posible que a Ud. no le interese mi historia...
2. ... quiero que quede en el papel.
3. Sepa Ud....
4. ... como si su dueño estuviese dentro de una cueva.
5. ... le pedí que viniera a mi cuarto.
6. Necesitaba que se sentara... y espantara al autor de la risa...
7. ... si no quieres que te haga probar el cinturón.
8. ... temiendo que el que se había reído saltara sobre mí...
9. ... y me decía que hiciera toda clase de maldades.
10. ... el duende insistió en que yo los cogiera.
11. ... ojalá que a ella y al mundo entero los partiera un rayo y que a mí me hubiera partido al nacer.
12. ... para que don Vicente... se cayera al sentarse...
13. ... también me obligó a que soltara en la mesa de la cocina las hormigas...
14. ... y a que derramara grasa...
15. ... para que mi madre resbalara.
16. ... me asombro de que golpes y castigos no hayan acabado conmigo.
17. ... yo tenía miedo de que se enojase...
18. ... me sorprendió que la ventana estuviera abierta.
19. ¡Ojalá no lo hubiera visto!
20. ... me hizo desear que cerrara los ojos y no me mirara más.
21. ... como si quisiera hipnotizarme.
22. Quiero que hagas algo...

Todas las expresiones anteriores usan el subjuntivo. La número 4 y la número 21 comienzan con **Como si** y corresponden a un caso de irrealidad que se estudiará en el capítulo 6. También se estudiará allí el caso de las oraciones 12 y 15, que usan el subjuntivo porque **para que** indica intención o propósito en el sujeto de la cláusula principal.

A. *Las demás oraciones corresponden todas a casos estudiados. Divídalas en tres grupos según indiquen: (1) voluntad, deseo o preferencia, (2) emoción o sentimiento, (3) alguno de los conceptos anteriores expresado de modo impersonal.*

B. *Explique por qué* **¿Duda Ud. que existen los duendes?** *y* **Pues yo estoy seguro de que existen** *usan el modo indicativo.*

C. *En el número 11 se formulan dos deseos, pero hay cierta diferencia entre ellos, como se ve en el uso de dos tiempos distintos. Explique esto.*

D. *Las oraciones:* **Él me hizo esconderlos, Me mandó aflojar los tornillos de la silla** *y* **Necesito hablar contigo** *no están en subjuntivo, aunque las tres tienen verbos que indican la voluntad del sujeto. Explique por qué. Si es posible expresarlas de otra manera, hágalo.*

Sección léxica

REPASO

Dé la palabra que corresponde a cada definición.

1. Posición de una persona que encoge el cuerpo para esconderse.
2. Perder el equilibrio al caminar.
3. Hacer huir.
4. Sinónimo de **casi**.
5. Extender un líquido sobre una superficie.
6. Protestar en voz baja.
7. Lo contrario de **apretar**.
8. Seguir exactamente las instrucciones dadas.
9. Condición de algo que ha perdido el color.
10. Sinónimo de **grieta**.

AMPLIACIÓN

EXPRESIONES CON LA PALABRA *GATO*

Los nombres de animales domésticos son fuente de gran número de expresiones en muchas lenguas. En la lectura aparece la expresión **buscarle cinco pies al gato**. Hay muchos giros y refranes en español relacionados con los gatos. He aquí otros.

Llevarse el gato al agua.	*To pull off something difficult.*
Andar a gatas, gatear.	*To go on all fours, to crawl.*
Tener siete vidas como los gatos.	*To have nine lives like a cat.*
Caer de pie como los gatos.	*To land on one's feet.*
Cuando el gato no está, los ratones bailan.	*When the cat's away, the mice will play.*
Cuatro gatos.	*Hardly anyone, a very small number of persons.*

Dar gato por liebre, dar gatazo.	*To swindle, to sell a pig in a poke.*
Defenderse como gato panza (boca) arriba.	*To defend oneself fiercely (like a demon, tooth and nail).*
Gato escaldado, del agua fría huye.	*Once bitten twice shy.*
Haber gato encerrado.	*To smell a rat, to suspect something.*
Llevarse como perros y gatos (como el perro y el gato).	*To fight like cats and dogs.*
No haber perro ni gato que no lo sepa.	*To be common knowledge.*

Por otra parte, hay expresiones que usan la palabra *cat* en inglés y no tienen equivalente con la palabra **gato** en español, como *to let the cat out of the bag* (**decir un secreto**) y *to rain cats and dogs* (**llover a cántaros**).

APLICACIÓN

A. *Comente las siguientes situaciones empleando una de las expresiones anteriores.*

1. José y su mujer se pelean constantemente.
2. Ángel va a una ceremonia y ve que hay poquísimas personas ahí.
3. Pilar compra un reloj por la calle y después se da cuenta de que no funciona.
4. Los obreros no trabajan durante la ausencia del patrón.
5. El primer amor de Antonio fue un fracaso y él teme volver a enamorarse.
6. Mariana acaba de saber que la capital de Francia es París.
7. Tuvo varios accidentes muy serios, pero sobrevivió en todos ellos.
8. Varias personas querían ese empleo y fue Carmen la que lo consiguió.
9. Pepe ha pasado por muchos apuros pero siempre sale ganando.
10. Miguel siempre tiene mucho dinero, pero no trabaja nunca.
11. Cuando los ladrones intentaron robar a Juan, él peleó con ellos con tal fiereza que consiguió ahuyentarlos.
12. Después del accidente, Manuel está tan herido que no puede levantarse y se arrastra por el suelo apoyándose en pies y manos.

B. *Consulte el diccionario y busque cinco expresiones relacionadas con la palabra* **perro.** *Úselas en oraciones originales.*

C. *Busque cinco expresiones basadas en nombres de otros tantos animales.*

DISTINCIONES LÉXICAS

TO ASK

1. When *to ask* refers to a direct or indirect question its Spanish equivalent is **preguntar**.

La chica le preguntó al pastor: «¿De quién son esas ovejas?»	*The girl asked the shepherd: "Whose sheep are those?"*
Nunca le preguntes a Felipe cuántos años tiene.	*Never ask Felipe how old he is.*

To ask a question is **hacer una pregunta**.

Pueden Uds. hacerme las preguntas que quieran.	*You may ask me any questions you wish.*

To ask in the sense of *to inquire after* and *to try to find out about* is **preguntar por**.

No preguntaste por mí cuando estuve enfermo.	*You didn't ask about me when I was sick.*
Hay un hombre aquí que pregunta por ti.	*There is a man here asking for you.*

2. When *to ask* means *to request* or *to demand*, **pedir** is used.

Teresa me pidió que cantara.	*Teresa asked me to sing.*
Los Otero piden $100,000 por su casa.	*The Oteros are asking $100,000 for their house.*

Pedir prestado/a/os/as is *to borrow, to ask to borrow*.

Su hermano siempre le pide prestado dinero.	*His brother is always borrowing money from him.*
Lucía me pidió prestada la cámara, pero no se la di.	*Lucía asked to borrow my camera, but I didn't give it to her.*

3. When *to ask* conveys an invitation **invitar** is used.

Los invitaron varias veces a la Casa Blanca.	*They were asked several times to the White House.*
Pablo invitó a Susana a salir el domingo.	*Pablo asked Susana out on Sunday.*

APLICACIÓN

A. *Decida entre* **pedir** *y* **preguntar.**

1. Le (pediré / preguntaré) a Guillermo cómo se llama su novia.
2. Cuando vio al bandido gritó (pidiendo / preguntando) auxilio.
3. Debe de ser caro. ¿Quieres que (pidamos / preguntemos) cuánto cuesta?
4. Juanita (me pidió / me preguntó) mi televisor ayer.
5. ¿Cuánto estás (pidiendo / preguntando) por tu coche?
6. (Pídele / Pregúntale) que te ayude a arreglar la plancha.
7. Quiero (pedirle / preguntarle) a Elisa si conoce al Profesor Tirado.
8. La curiosidad de los niños los hace (pedir / preguntar) constantemente.
9. El pueblo (pide / pregunta) que disminuyan los impuestos.
10. Me siento mal. Llamaré al médico para (pedirle / preguntarle) un turno.
11. Si alguien (pide / pregunta) por mí, dígale que regreso a las tres.
12. Se arrepintió de haber dicho eso y (pidió / preguntó) perdón.
13. En algunos países está prohibido (pedir / preguntar) limosna.
14. Vamos a (pedirle / preguntarle) a José si irá a la fiesta.
15. La vio llorar, pero no se atrevió a (pedirle / preguntarle) por qué lloraba.

B. *Traduzca.*

1. You didn't ask him if he had asked his dentist for an appointment.
2. It is a pity you didn't come. Everybody was asking for you.
3. If you ask her out you should ask her where she would like to go.
4. Our company has asked two astronauts to collaborate in the project.
5. "Have you ever been asked to their home?" "Don't ask silly questions."
6. First, the man asked me my name and then he asked me for my autograph.

C. *Complete de manera original.*

1. Quisiéramos pedirle prestados sus...
2. No se debe pedir prestado...
3. No me gusta que me pidan prestada...
4. ¿Pediste prestadas...?
5. Una ocasión en que pedí prestado...

UN DESEO CONCEDIDO.

¿Por qué convirtió el genio a la mujer en un árabe? Si Ud. encontrara un genio en una lata de tomates, ¿qué le pediría?

Para escribir mejor

EL ACENTO DIACRÍTICO

En el capítulo anterior hemos visto las reglas de la acentuación normal. Aquí nos toca examinar ciertos casos especiales.

1. A continuación se enumeran aquellas palabras que utilizan la tilde o acento gráfico para diferenciarlas de otras de igual grafía que tienen distinto significado o función gramatical:

aun	*even*	**aún**	*still, yet*
de	*of*	**dé**	*give* (subjuntivo)
el	*the*	**él**	*he*

mas	*but*	**más**	*more*
mi	*my*	**mí**	*me*
se	*himself/herself*	**sé**	*I know*
si	*if, whether*	**sí**	*yes; himself/herself*
te	*you* (complemento directo)	**té**	*tea*
tu	*your*	**tú**	*you*

2. Los interrogativos y exclamativos (cómo, cuál, cuándo, cuánto, dónde, quién) llevan el acento gráfico para diferenciarlos de los relativos de la misma forma:

¡Cómo extraño el lugar donde nací!	*How I miss the place where I was born!*
Y ¿dónde naciste?	*And where were you born?*

En preguntas indirectas también se usa el acento.

Como ese estudiante es nuevo, voy a preguntarle cómo se llama y dónde vive.	*Since that student is new I am going to ask him what his name is and where he lives.*

3. La conjunción **o** (*or*) se escribe con tilde cuando aparece entre cifras para evitar la posible confusión con el cero.

¿Había 150 ó 200 personas en la reunión?	*Were there 150 or 200 persons at the meeting?*

4. Los demostrativos **este, ese, aquel** —con sus respectivos femeninos y plurales— pueden escribirse con tilde cuando son pronombres, aunque esta acentuación no es obligatoria.

No quiero esta fotografía; prefiero que me dé ésa.	*I don't want this photograph; I prefer that you give me that one.*

5. La palabra **solo** debe llevar tilde únicamente cuando se usa en el sentido de **solamente** y hay posibilidad de ambigüedad. Por ejemplo, en la oración **El abogado está solo en su bufete los viernes, solo** podría significar **sin compañía** o **solamente**. Para evitar la posibilidad del primer sentido, hay que escribir **sólo**.

6. ¿Deben usarse las tildes con las letras mayúsculas? A esta pregunta le contesta la Real Academia Española: «Se recomienda que cuando se utilicen mayúsculas, se mantenga la tilde si la acentuación ortográfica lo exige».

APLICACIÓN

Añada los acentos necesarios.
Hablan Laura, Javier (su marido) y Elena (su amiga).

Javier: ¿Que vas a servirles a las visitas cuando vengan esta noche? Recuerda que Tomas bebe solo te.
Laura: Si, a el le dare te, aunque no se si vendra. Tal vez le de un poco de pena. Aun me acuerdo de lo que paso la ultima vez. ¿Te acuerdas tu?
Javier: Si, por supuesto. Se que no te gusta repetir la historia pero, como Elena no la conoce, se la contare. Esa tarde Laura les habia servido a todos, aun a mi prima, que le cae mal. De pronto, Tomas se levanto para servirse a si mismo diciendo: «Necesito mas te».
Laura: Y yo le dije: «Se paciente, que yo te servire ahora.» Mas el se lanzo a la bandeja donde estaba la tetera. Se cayo la bandeja y se hizo pedazos mi tetera de porcelana.
Elena: ¡Que horror! ¡Tu mejor tetera destrozada!
Laura: Javier me compro esta, pero aquella era insustituible para mi, porque era un recuerdo de familia.

TRADUCCIÓN

When Steve asked me to accompany him on his trip to Santiago I wished he hadn't (done it). It wasn't that I didn't want to go but rather that it was raining cats and dogs that night and it is dangerous to travel when the roads are wet. But, since I didn't want Steve to go alone, I accepted while praying (*no emplee* **rezar**) to God we wouldn't have an accident.

There was hardly anyone (*use* **gatos**) on the highway that night, and because of the rain, it was almost impossible for a driver to see the road.

We didn't have an accident but our windshield wipers stopped working when we were halfway there and this forced us to stop. Lightning flashed in the sky and we made out a large, imposing house at the side of the road. "Let's go there," said Steve, "perhaps they'll let us spend the night. It is likely that the storm will last for several hours." I doubted that Steve's idea was a good one and I would have preferred that we stay in the car, but we were both soaking wet from trying to fix the wipers and Steve insisted so much that we change our clothes that I finally agreed to our going to the house.

There weren't any lights on. Perhaps the owners were sleeping. But . . . it was also very possible that nobody lived there. After we knocked many times without getting any answer, Steve suggested that we enter through a window. So we did.

The lights weren't working. It was lucky that Steve had his flashlight with him. It bothered me that the place was so dirty. We finally managed to find a couple of old blankets and two small sofas to lie down on.

I was trying to fall asleep, thinking it wasn't worth our having broken in, when I felt my sofa shaking. I woke up Steve and begged him for us to leave. But Steve, who is a very skeptical person, refused to believe that my sofa had actually moved and demanded that I calm down.

Then, we heard noises upstairs. Since I am a coward, I ran out of the house as fast as I could. When I reached the car, I was very surprised that Steve was already there!

TEMAS PARA COMPOSICIÓN

1. Dele un final diferente al pasaje traducido, haciendo que los jóvenes se queden en la casa y explicando lo que sucedía allí.
2. Una película de fantasmas que vio una vez. ¿Estaba bien hecha? ¿Le pareció interesante, miedosa, absurda? ¿Por qué razón les gustan a tantas personas las películas de miedo? ¿Le gustan a Ud.?
3. Invente un cuento sobre una casa habitada por duendes. La familia que vivía en esta casa sufría constantes accidentes inexplicables, algunos bastante serios. Cuando supieron que unos hombrecillos malignos preparaban estos accidentes para divertirse, su primera reacción fue de terror. Iban a huir, pero se sobrepusieron a su miedo y decidieron que aquélla era **su** casa y eran los duendes quienes tenían que marcharse. ¿Qué hicieron ellos para librarse de los duendes? ¿Lo consiguieron?

4. Escriba una narración que termine la historia de Roberto y el duende.

5. Haga una composición usando el subjuntivo cuantas veces pueda, sobre el tema: «Las cosas que me gusta o disgusta que hagan otras personas y las cosas que quiero o sugiero que otros hagan».

C · A · P · Í · T · U · L · O 5

Lectura

En este cuento, Amado Nervo (1870–1919), el famoso poeta mexicano de la época modernista, nos presenta la lucha patética de un caballero muy vanidoso contra la vejez. Nervo pasó varios años en Europa, representando a México como diplomático. París, donde conoció a Rubén Darío y también a la mujer que fue el gran amor de su vida, tuvo bastante influencia en su obra. Es frecuente encontrar en los escritos de Nervo referencias a la literatura y cultura de Francia y palabras en francés, como Ud. verá en esta lectura.

Don Diego de Noche°

Una de las luchas más heroicas, más denodadas°, más conmovedoras, es la que sostienen las mujeres contra la vejez. Lucha fatal que no emociona, porque sabemos que en ella han de ser vencidas.

Esta estrategia, esta táctica estéril°, es la que ha inventado los *abat-jours*°, que tanto se usan en las casas chic de Inglaterra y Francia. El *abat-jour* o pantalla de cartón, suavemente colorida, que se pone sobre las luces, no es más que un inocente arbitrio° para que las caras marchitas° de las damas se envaguezcan° en la penumbra misteriosa, en un claroscuro° enigmático, y no se vea de los cuerpos sino el escote, por donde asoma una carne industrialmente fresca°, que enmarcan sedas y encajes salpicados de joyas.

Es mentira que esas señoronas detesten la mucha luz porque es cursi°: la detestan porque es un índice de oro°, brutal, que señala a todo el mundo la ruina de su humanidad°.

Pero si en las mujeres esta lucha es, como digo, conmovedora, en los hombres, por inusitada°, se vuelve formidable.

Pocos hombres luchan contra la vejez apasionadamente. Limítanse a teñir el bigote, que suele ponerse blanco antes que los cabellos y a adaptarse un bisoñé° a la calva°; arbitrios inocentes con los que no engañan ni a un ciego. Hay, sin embargo, caballeros tan quisquillosos°, que no sólo no dicen su edad, sino que se indignan ante la menor alusión indiscreta

planta cuyas flores se abren por la noche
intrépidas, atrevidas
inútil
pantallas de lámpara
truco / lo contrario de frescas
no se vean con claridad
juego de luces y sombras
industrialmente... artificialmente joven
de mal gusto / **índice...** indicador
cuerpo
rara
peluca para hombre / cabeza sin pelo
meticulosos, fastidiosos

En un banco de la plaza, una señora teje mientras su madre se entretiene con el perrito de la familia. Es raro ver ancianas solas en los parques del mundo hispánico, generalmente las acompaña una hija, un hijo o algún nieto. Si la anciana no ha tenido hijos, los sobrinos se encargan de cuidarla.

a ella. Y los hay que no abdican jamás, que no entregan la fortaleza° de su juventud a los asaltos de la vejez sino muertos. — lugar fortificado

De éstos existió uno, fallecido° no ha mucho tiempo en cierta capital andaluza. ¡En cuanto cumplió los cuarenta años, se plantó° en treinta y tres! De allí en adelante fue en vano preguntarle su edad. Se hicieron proverbiales sus treinta y tres años. Era el hombre que tenía la edad de Cristo. — fallecido: muerto; se plantó: se quedó inmóvil

Cuando el bigote empezó a encanecer°, lo tiñó. No hubo tintura° que no ensayara. Hizo repetidos viajes por Europa, buscando tintes. Los peluqueros de París, esos insinuantes y sofísticos peluqueros de cabellera rizada que todos conocemos, lo explotaron a maravilla. En Londres se gastó también un dineral°. — encanecer: ponerse blanco; tintura: color para el pelo; dineral: mucho dinero

Al bigote siguió la rara mies° de los cabellos, sobre los cuales empezó a escarchar enero...° Más tinturas, más viajes... — **rara...** la poca cantidad; que se pusieron blancos

Las cremas de todos los matices, de todas las virtudes y de todos los olores, pretendieron, aliadas° con masajes sabios, llenar o disimular° siquiera los surcos° cada vez más hondos y más numerosos de las arrugas. Triste empeño. El arador° invisible continuaba su tarea. — aliadas: en cooperación; disimular: ocultar / surcos: marcas profundas; arador: persona que remueve la tierra para plantar

Llegó, empero, un momento en que no hubo ya pelo que teñir. El hombre se había quedado calvo. Los peluqueros aconsejaron a la víctima una peluca. Fue cosa de elegir, de pensar, de madurar° muy lentamente. — pensar mucho

Al fin se encontró lo que se buscaba. Pero ¡ay! una irritación de la piel, una eczema que invadió la calva, impidió el uso de postizo° tan esencial. — pelo que no es de la persona

No había misericordia. A cada nuevo recurso de don Diego —que así se llamaba mi hombre— la naturaleza respondía con una nueva crueldad.

La lucha se convirtió en algo romántico, digno de un poema. Don Diego no quería rendirse.

¿Y sabéis lo que hizo? Comprendió que durante el día el enemigo era tremendamente fuerte, que el sol lo odiaba con descaro°, que era imposible luchar con él; que si Jacob había combatido con un ángel°, él no podía combatir con la luz, y resolvió no salir sino de noche. — de manera insolente / si... un episodio bíblico

Jamás se le volvió a ver de día. En verano, don Diego dormía unas siestas eternas..., y en cuanto el sol consentía en ponerse al fin, muy derecho, muy correctamente vestido, muy acicalado°, muy bien pintado°, salía de su casa. — limpio, y bien arreglado / maquillado

A pesar de su reconocida cortesía, no se quitaba nunca el sombrero, pretextando el temor a un enfriamiento. Iba al teatro invariablemente; pero en el palco° del club, desde el cual asistía a la representación, se le había reservado una butaca cuyo respaldo estaba pegado a la pared. — lugar del teatro donde hay balcones

De esta suerte, don Diego jamás enseñaba la nuca° a nadie; por tanto, en circunstancias en que era de toda precisión estar con la cabeza descubierta, no se podía ver su calva. — parte de atrás de la cabeza

Hace poco tiempo que murió don Diego, «Don Diego de Noche», como habían acabado por llamarle todos sus conocidos, y jamás abdicó. Hasta el fin, con un resuelto° heroísmo, tuvo la edad de Cristo. ¡En su testamento ordenó que lo embalsamasen[1], naturalmente! — atrevido, audaz

Su familia, movida por aquella perseverancia, por aquella voluntad de platino y diamante, no quiso desmentirla°, y en lápida° de mármol negro bajo la cual «aguarda la resurrección» aquella carne rebelde al pulverem reverteris[2], puede leerse: «Don Diego de Sandoval. Murió el día... de... a los treinta y tres años de edad. R.I.P.[3].» — contradecirla / losa sepulcral

COMPRENSIÓN

1. Contraste las diferentes actitudes de los hombres y las mujeres hacia la vejez, según el autor.
2. Resuma los párrafos 6, 7, 8 y 9.

[1]Vea nota en la página 151.

[2]Parte de las palabras que se dicen en la ceremonia católica del Miércoles de Ceniza: «[Recuerda que eres polvo y] en polvo te convertirás.»

[3]Las iniciales en español son **Q.E.P.D.** (Que en paz descanse), pero frecuentemente se usa R.I.P, que corresponde a las palabras en latín.

3. Explique las razones que tiene el autor para pensar que la naturaleza era cruel con don Diego.
4. Explique las precauciones que tomaba don Diego para evitar que vieran su calva.
5. Diga en qué se basa el autor para decir que don Diego nunca abdicó.
6. Cuente de qué manera honró la familia de don Diego su perseverancia.

INTERPRETACIÓN

1. ¿Por qué es apropiado el título de este cuento?
2. La luz es un elemento muy importante en este cuento. ¿Cómo subraya esto el autor, aun antes de contar la historia del protagonista?
3. El autor narra su cuento como si fuera una historia verdadera. Dé un ejemplo de cómo logra esta meta.
4. El autor nos dice que don Diego tenía «la edad de Cristo». Según San Agustín, todos vamos a resucitar con esta edad y con ella viviremos eternamente. Considerando que Nervo tenía una formación católica, ¿cree Ud. que el uso de esta expresión es accidental o tiene una intención? Explique.
5. El autor era poeta. ¿Hay elementos poéticos en su estilo? Cite algunos ejemplos.
6. ¿Por qué dice Nervo que la lucha de don Diego era digna de un poema?
7. ¿Por qué dice el autor que don Diego tenía una «voluntad de platino y diamante»?
8. En su opinión, ¿cuál era el verdadero motivo de esta rebelión de don Diego contra la vejez? ¿vanidad? ¿temor a la muerte? ¿otro motivo? Explique en qué se basa para pensar así.

INTERCAMBIO ORAL

A. ¿Es cierto lo que dice el autor de que las mujeres luchan más heroicamente que los hombres contra la vejez? Dense ejemplos para apoyar o combatir esta premisa.

B. ¿Por qué muchas personas no dicen su edad, o dicen tener menos edad de la que tienen? ¿Qué clase de persona se quita la edad? Si Ud. fuera una persona de edad madura, ¿se la quitaría Ud.? Explique.

C. ¿Es lógico poner límites de edad en algunos casos, por ejemplo, una edad mínima para beber, para manejar o para votar? ¿Debe haber una edad fija para la jubilación?

D. La discriminación contra los viejos está prohibida en nuestro país, pero aún existe. ¿De qué maneras se discrimina contra las personas de edad avanzada? ¿Es cierto que nuestra sociedad rinde culto a la juventud? Los estudiantes ilustrarán su opinión con ejemplos. Por otra parte, algunos jóvenes creen que los viejos gozan de demasiados privilegios (por ejemplo, descuentos). Explique por qué piensa que esa creencia es o no es verdad.

El conquistador Juan Ponce de León buscó obsesionado la fuente de la juventud por muchos años. Su búsqueda inútil tuvo, sin embargo, resultados positivos: la exploración de Puerto Rico y el descubrimiento de la Florida. Esta estatua de Ponce de León se encuentra en San Juan, Puerto Rico, isla donde una ciudad lleva su nombre.

La importancia de verse joven es una verdadera obsesión en el mundo de hoy. Lea el siguiente anuncio y después resuma su contenido con sus propias palabras.

E. ¿Es apropiado que un hombre se tiña el pelo? ¿Se haga permanente? ¿Lleve peluca? ¿Maquillaje? ¿Se haga una operación de cirugía estética? Explique.

F. El autor dice que don Diego no se quita nunca el sombrero a pesar de ser un hombre cortés. Parece que hoy día ha cambiado el concepto de la cortesía en relación al uso del sombrero. ¿Cuáles son las costumbres actuales al respecto?

Sección gramatical

THE SUBJUNCTIVE II: THE SUBJUNCTIVE IN RELATIVE CLAUSES

Relative clauses are most commonly introduced by a relative pronoun (e.g., **que**) or a relative adverb (e.g., **como, donde**). They take either the indicative or the subjunctive according to the criteria described below.

1. The subjunctive is used in relative clauses introduced by **que** when the antecedent is hypothetical, nonexistent, or unknown to the speaker.

Quiero comprar un automóvil que consuma poca gasolina.	*I want to buy a car that uses little gas.* (The speaker is not referring to any specific car.)
¿Hay alguien aquí que haya estado en el Perú?	*Is there anyone here who has been to Peru?* (The speaker doesn't know whether there is such a person.)

But:

Tengo un automóvil que consume poca gasolina.	*I have a car that uses little gas.*
Hay aquí tres estudiantes que han estado en el Perú.	*There are three students here who have been to Peru.*

Every time that one lists the characteristics of an unknown person or thing that one is seeking, the subjunctive must be used. This case is very common in everyday usage. If you read the classified ad section in any Spanish newspaper you will realize how frequently the subjunctive is used.

The following ads appeared in *La opinión,* a newspaper from Los Angeles. Note the use of the false cognates **aplicaciones, aplicar**—due to the influence of English—in the ad requesting operators for the car shop. But note especially the use of the subjunctive in all the ads to explain the qualifications desired: **un hombre que *no fume* y que *no sea* gordito; una dama que *sea* bonita y que *guste* del baile y la música; operadores que *hagan* el trabajo con precisión y calidad y que *estén* en buenas condiciones físicas,** etc.

CABALLERO SURAMERICANO

Lleno de vida, busca compañera 30 a 45 años para disfrutar juntos de lo que la vida nos dé.

CAJA #2768

BUSCO SEÑORITA

23-26 años. No importa si eres fea o bonita. Lo que quiero es que seas seria y que no juegues con mis sentimientos. Yo tengo 27 años.

CAJA #2685

SOY SEÑORA DE 52 AÑOS

Mido 5'4, peso 132 lbs. Quisiera conocer una persona más o menos de mi edad. Para amistad, que no fume y que no sea gordito. Soy sola.

Ext. 1397

ALEGRE

Risueña culta, profesional y romántica, busca caballero bilingüe entre 31 y 40 años. Profesional que sea tierno alegre honesto y sincero de sentimientos nobles.

CAJA #1388

DAMITA

Espontánea, divertida, alegre, busca muchacho no mayor de 28 años, con cualidades similares y que sea guapo.

CAJA #2819

MAESTRO SUR-AMERICANO

Culto, cariñoso y romántico. Busca dama profesional, con mismas cualidades, que sea bonita. 32 a 42 años, que guste del baile y la música.

Ext 2763

A.

AUTOMOVILES DE ALTO FUNCIONAMIENTO CORTADORES DE CIGUENALES

(H/M) Sólo se aceptan aplicaciones de personas con experiencia. Operadores que hagan un trabajo con precisión y calidad, y que estén en buenas condiciones físicas, y que además deseen un trabajo permanente. Compañía con excelentes beneficios ofrece salario de acuerdo a la experiencia de la persona. Mandar su información o aplicar en persona en:

COLA PERFORMANCE PRODUCTS
19122 S. Santa Fe Ave.
Rancho Dominguez, CA 90221

B.

APLICACIÓN

A. *Forme oraciones combinando las palabras entre paréntesis con las cláusulas que se dan. Si es necesario, ponga los verbos en el tiempo correcto del subjuntivo.*

Modelo: Un mecánico que es bueno. (Busco)
→Busco un mecánico que **sea** bueno.

1. Una chica que sabía jugar al tenis. (Deseaban contratar)
2. Una casa que tiene diez habitaciones. (Ella es dueña de)
3. Algún estudiante que no había pagado su matrícula. (¿Había allí...?)
4. Una secretaria que habla japonés. (Se solicita)
5. Un colchón que es cómodo. (Necesito)
6. Algún pintor que no cobra mucho. (¿Conoces...?)
7. Asientos que estaban en las primeras filas. (Queríamos)
8. Un restaurante donde se come muy bien. (He encontrado)
9. Plazo que no llega ni deuda que no se paga. (No hay)
10. Un gato que cazaba ratones. (Ella necesitaba)
11. Una mujer que tiene dinero. (Él quiere casarse con)
12. Un periodista que había ido a la guerra. (Necesitaban)
13. Puede estar una semana sin dormir. (No hay nadie que)
14. Alguien que ha podido subir esa montaña (¿Hay...?)
15. Unos zapatos que me quedaban bien. (Buscaba)

B. Un anuncio personal. *¿Qué cualidades son más importantes para Ud. en una persona del sexo opuesto? Escriba un anuncio usando tantos subjuntivos como pueda, explicando los requisitos que debe llenar esta persona.*

C. Una oferta de empleo. *Alguien necesita un empleado (una empleada) que tenga exactamente las cualidades que Ud. tiene. Prepare un anuncio imaginario de periódico, enumerando estas cualidades.*

D. *¿Cómo sería, para Ud., un profesor (una profesora) ideal? Explique, usando el mayor número de verbos en el subjuntivo que pueda, las buenas cualidades que espera encontrar Ud. en un profesor (una profesora).*

2. When the verb in the relative clause expresses an action or state that refers to the future or is not known to the speaker, the subjunctive must be used.

Él hará lo que le digas.	*He will do what you tell him [to do].* (You haven't given him any orders yet.)
Lo haremos como Ud. lo desee.	*We will do it just as you (may) wish.* (We don't know exactly how you may wish it to be done.)

Le pediré dinero al primer amigo que me encuentre. *I will ask for money from the first friend* (whoever he may be) *that I run into.*

Yo estaba dispuesto a pagar lo que Ud. me pidiera. *I was willing to pay whatever price you asked.* (You hadn't told me the price yet.)

Coma todo el pollo que quiera por tres dólares. *Eat all the chicken you want for three dollars.* (The amount of chicken the person may want is unknown to the speaker.)

Nos veremos donde tú quieras. *We'll meet wherever you wish.*

But:

Él hizo lo que le dijiste. *He did what you told him (to do).*

Lo haremos como Ud. lo desea. *We will do it just as you wish.* (We already know how you wish it done.)

Le pedí dinero al primer amigo que me encontré. *I asked for money from the first friend I ran into.*

Siempre estoy dispuesto a pagar lo que Ud. me pide. *I am always willing to pay what you ask.* (The speaker refers to a customary action.)

Comió todo el pollo que quiso por tres dólares. *He ate all the chicken he wanted for three dollars.*

Nos veíamos donde tú querías. *We used to meet wherever you wanted to.*

3. The following indeterminate expressions take the subjunctive when they refer to a hypothesis or possibility; they take the indicative if the user makes a statement of fact or reality: **cualquiera que**, **cualquier** + noun + **que**, **comoquiera que**, **dondequiera que**.

Cualquiera que nos ayude será recompensado.	*Anyone who may help us will be rewarded.*
Él comerá cualquier comida que le sirvan.	*He will eat whatever food they may serve him.*
Dondequiera que Ud. vaya, encontrará pobreza.	*Wherever you may go you will find poverty.*
Comoquiera que lo haga, lo hará bien.	*However he may do it, he will do it well.*

But:

Cualquiera que nos ayudaba era recompensado.	*Anyone who helped us was rewarded.*
Él siempre come cualquier comida que le sirven.	*He always eats whatever food they serve him.*
Dondequiera que fui, encontré pobreza.	*Wherever I went I found poverty.*
Comoquiera que lo hace, lo hace bien.	*However he does it, he does it well.*

4. The following proportionate comparisons use the first verb in the subjunctive when the speaker is referring to what is hypothetical or future; otherwise, the indicative is used.

Mientras* más estudien, más aprenderán.	*The more they study, the more they will learn.*
Mientras menos comas, más adelgazarás.	*The less you eat, the more you will lose.*
Mientras menos se toque Ud. la herida, mejor.	*The less you touch your wound, the better.*
Mientras más cerezas comas, más querrás comer.	*The more cherries you eat, the more you will want to eat.*

But:

Mientras más estudian, más aprenden.	*The more they study, the more they learn.*
Por supuesto, mientras menos comía, más adelgazaba.	*Of course, the less I ate, the more I lost.*

***Mientras** is more frequent in Spanish America. In Spain, the more common usage is either (1) **cuanto**, to modify an adjective or adverb, or (2) **cuanto (a/ os/ as)**, to modify a noun.

Cuanto más estudien, más aprenderán.
Cuantas más cerezas comas, más querrás comer.

El problema de las cerezas es que mientras más comes, más quieres comer. *The problem with cherries is that the more you eat, the more you want to eat.*

APLICACIÓN

A. *Cambie los siguientes pasajes al futuro.*

1. No emplearon a la persona que más lo merecía y fue injusto que no me dieran el empleo a mí. Claro que siempre digo lo que pienso y esto no les gusta a muchos y a veces soy el último que llega al trabajo por la mañana, pero siempre hago lo que me mandan, escucho lo que me aconsejan mis superiores y lo organizo todo como mi jefe quiere.
2. Mi amiga Zoila siempre tuvo las cosas que necesitaba y aun más, porque su padre le daba todo lo que le pedía. Por eso, aunque los amigos la ayudaron cuanto pudieron, debió enfrentarse a la vida y sufrió mucho. Dondequiera que fue, encontró problemas. Esperaba que todos hicieran lo que ella quería, pero no fue así.

B. *Cambie al pasado.*

No soy muy cuidadoso en el vestir. Cualquiera que me conozca lo sabe. Dondequiera que voy, llevo la misma ropa, porque pienso que comoquiera que me vista, me veré igual. Generalmente compro cualquier cosa que me vendan sin pensar en cómo me queda. Cualquier amigo que me critique pierde el tiempo, porque no pienso cambiar.

C. *Complete usando un verbo y según su experiencia personal.*

1. Cualquiera que venga a verme a mi casa...
2. Dondequiera que voy...
3. Cualquier disco que me presten...
4. Cualquier amigo que me necesite...
5. Cualquiera que me vea cuando me levanto por la mañana...
6. A veces compro cualquier...
7. Dondequiera que esté...
8. Cualquiera que llame por teléfono...

D. *Complete de manera original.*

1. ¿Sabe Ud. por qué hablo poco? Porque opino que mientras menos...
2. Los niños norteamericanos ven demasiada televisión. Creo que mientras menos...
3. La vida es injusta y te aseguro que mientras más pienses en esto...
4. El problema de algunas personas es que cuanto más tinte se ponen en el pelo...

5. Tengo muchos amigos, pero quiero conocer a más gente. Pienso que mientras más amigos...
6. Ganamos mucho ahora, pero el problema es que cuanto más gana uno...

E. *Traduzca.*

1. Don't bother. The more you explain it, the less I'll understand.
2. The more I know people, the more I love my dog.
3. The less he talks tomorrow, the fewer mistakes he will make.
4. Sometimes the more you work, the less you earn.
5. The less money I spend during my vacation, the happier my father will be.

IDIOMATIC EXPRESSIONS THAT USE THE SUBJUNCTIVE

1. **Por** + adjective or adverb + **que** (*No matter how* + adjective or adverb) is followed by the subjunctive when the speaker does not accept the thought expressed by the verb as a fact.

Por bonita que ella sea, no la elegirán reina.	*No matter how pretty she may be, they won't select her as the queen.*
Por mucho que te apresures, no terminarás a tiempo.	*No matter how much you may hurry, you will not finish on time.*

But:

Por mucho que te apresuras, nunca terminas a tiempo.	*No matter how much you hurry, you never finish on time.* (This is a fact. The speaker knows that the subject customarily hurries.)

2. **Que yo sepa (que sepamos), que digamos,** and **que diga** are common idiomatic expressions in the subjunctive.

a. **Que yo sepa (que sepamos)** = *As far as I (we) know.*

b. **Que digamos** is used to stress a preceding negative statement and it is difficult to translate since its meaning will vary with the context.

c. **Que diga** = *I mean*, in the sense of *I meant to say* or *that is.*

El Dr. Jordán no ha llegado todavía, que yo sepa.	*Dr. Jordán hasn't arrived yet, as far as I know.*
Que sepamos, no han puesto todavía las notas en la pared.	*As far as we know, they haven't posted the grades on the wall yet.*

No coopera Ud. mucho conmigo que digamos.	*You are not exactly cooperating with me.*
No nos queda mucho dinero que digamos.	*We don't actually have much money left.*
Él salió a las ocho, que diga, a las seis.	*He left at eight, I mean, at six.*

3. The following idiomatic formulas always take the subjunctive:

cueste lo que cueste	*no matter how much it may cost* (only used in third-person singular and plural)
pase lo que pase	*whatever happens* (only used in third-person singular)
puedas o no (puedas)	*whether you can or not* (used in any person)
quieras o no (quieras)	*whether you be willing or not* (used in any person)

These formulas can be used in the past as well: **costara lo que costara, pasara lo que pasara, pudieras o no, quisieras o no**.

Nuestro país ganará la guerra, cueste lo que cueste.	*Our country will win the war, no matter how much it may cost.*
Pase lo que pase, no cederé.	*Whatever happens, I will not give up.*
Pudiéramos o no, nuestro jefe nos hacía trabajar excesivamente.	*Whether we could or not, our boss made us work excessively.*

APLICACIÓN

A. Confesiones de un pesimista. *Complete el siguiente párrafo, usando los verbos:* **acostarse, correr, darse, doler, esforzarse, estudiar, gastar.**

Tengo mala suerte. Por mucho que me _______ , debo confesarlo. No, no trate de consolarme; por más que Ud. _______ , no podrá convencerme de lo contrario. Por ejemplo, soy muy dormilón y sé que por temprano que me _______ , no podré levantarme a tiempo por la mañana. Me levantaré tarde y por mucha prisa que _______ , perderé el autobús. Por supuesto, correré tras él, pero sé que por mucho que _______ , no lo alcanzaré. Bueno, de todos modos, no vale la pena que vaya a clase. Por mucho que mi padre _______ en mi educación y por más que yo _______ , nunca llegaré a graduarme.

B. *Conteste, usando en su respuesta la forma apropiada de uno de los siguientes:* **cueste lo que cueste, pase lo que pase, puedas o no, quieras o no.**

1. Los padres que son estrictos, ¿obligan a sus hijos a ir a la escuela?
2. Si una persona sueña con tener algo y cuenta con el dinero para comprarlo, ¿lo comprará aunque sea caro?
3. Si hay una tormenta mañana, ¿debemos cancelar la clase?
4. ¿Cree Ud. que un estudiante debe hacer siempre su tarea de español?
5. Si hay una guerra y yo tengo edad militar, ¿me obligará la ley a inscribirme en el servicio?
6. Mi jefe es muy exigente. ¿Me obligará a trabajar los sábados?

C. *Conteste, usando* **que yo sepa** *o* **que digamos** *en su respuesta.*

1. ¿Hace frío en Puerto Rico en el invierno?
2. ¿Se va de viaje tu profesor(a) esta semana?
3. ¿Es Ud. muy rico/a?
4. ¿Es ya hora de terminar esta clase?
5. ¿Tendremos el día libre mañana?
6. ¿Está muy barata hoy la vida?
7. ¿Es agradable guiar un coche cuando hay mucha nieve en la carretera?
8. ¿Hubo un accidente de aviación el lunes pasado?

Análisis de la lectura

A. *En la lectura hay seis expresiones que equivalen a* to become. *Encuéntrelas.*

1. ¿Sería posible expresar algunas de ellas de otra manera?
2. ¿De qué otra manera se puede expresar: «Cuando el bigote empezó a encanecer, lo tiñó»?

B. *Explique el uso de* **sino** *en los casos siguientes.*

1. ... que no sólo no dicen su edad, sino que se indignan ante la menor alusión indiscreta a ella.
2. ... que no entregan la fortaleza de su juventud a los asaltos de la vejez sino muertos.
3. ... resolvió no salir sino de noche.

C. *¿Por qué se usa el verbo* **detestar** *en el subjuntivo al comienzo del tercer párrafo?*

D. *Cambie el pasaje que comienza:* **Hay, sin embargo, caballeros tan quisquillosos...** *a la forma interrogativa. ¿Qué cambios deberá hacer en los verbos y por qué?*

E. *Explique el uso del subjuntivo en* **No hubo tintura que no ensayara.**

Sección léxica

REPASO

Cada palabra de la columna izquierda tiene un antónimo en la columna derecha. Encuentre el antónimo en cada caso.

1. acicalado	a. natural
2. aliado	b. timidez
3. calva	c. desarreglado
4. cursi	d. cara
5. descaro	e. fresco
6. estéril	f. enemigo
7. fallecido	g. vivo
8. inusitado	h. cabellera
9. marchito	i. elevación
10. nuca	j. elegante
11. postizo	k. común
12. surco	l. fructuoso

AMPLIACIÓN

VERBOS CON LOS PREFIJOS *en-*, *em-*, *a-*

En la lectura aparecen los verbos **envaguecerse** y **encanecer**. Muchos verbos españoles formados por el prefijo **en-** (**em-** antes de **p** y **b**), tienen un significado similar a *to become* or *to get* en inglés. Observe que en la siguiente lista predominan los verbos reflexivos.

embellecerse	ponerse bello	**enfermar(se)**	ponerse enfermo
empeorar	ponerse peor	**enfurecerse**	ponerse furioso
empequeñecerse	ponerse (hacerse) más pequeño	**engordar**	ponerse gordo
empobrecerse	volverse pobre	**engrandecerse**	ponerse (hacerse) más grande
encanecer	ponerse cano		
enderezarse	ponerse derecho	**enloquecer**	volverse loco
endurecerse	ponerse duro	**enmudecer**	quedarse mudo
ennegrecerse	ponerse negro	**ensordecer**	quedarse sordo
		ensuciarse	ponerse sucio
enriquecerse	hacerse rico	**enternecerse**	ponerse tierno
enrojecer	ponerse rojo	**envejecer**	ponerse viejo
enronquecer	ponerse ronco	**enviudar**	quedarse viudo

Algunos verbos formados con el prefijo **a-** tienen también el significado de *to become* o *to get*.

ablandarse	ponerse blando	**aflojarse**	ponerse flojo
aclararse	ponerse claro	**agriarse**	ponerse agrio
achicarse	hacerse (ponerse) más chico	**alargarse**	hacerse más largo
acortarse	hacerse más corto	**anochecer**	hacerse de noche
adelgazar	ponerse delgado		

APLICACIÓN

A. *Sustituya las palabras en cursiva usando uno de los verbos de las listas anteriores.*

1. Se acercaba la tormenta y el cielo *se puso negro*.
2. Cuando el soldado vio venir al sargento, *se puso derecho*.
3. A medida que se acerca el invierno, las noches *se hacen más largas* y los días *se hacen más cortos*.
4. Cuando *se quedó viudo*, don Tomás se mudó con sus hijos.
5. El bigote suele *ponerse cano* antes que el cabello.
6. Los problemas *se hacen más pequeños* cuando se miran con optimismo.
7. Frecuentemente *nos hacemos más grandes* con el sufrimiento.
8. Al final de la novela todo *se pone claro*.
9. La cera *se pone blanda* con el calor.
10. *Se quedó mudo* de sorpresa al ver lo sucedido.
11. El juez hablaba de manera autoritaria, pero cuando veía llorar a alguien, *se ponía tierno*.
12. Cada vez que *se ponía furiosa se ponía roja*.
13. ¿Cree Ud. que una persona puede *volverse loca* si estudia demasiado?
14. Cuando tomó las pastillas el enfermo *se puso peor*.
15. Cuando llegué a Santa Cruz *se hacía de noche*.

B. *Complete con el verbo más apropiado.*

1. Ella no come dulces porque no quiere...
2. Al llegar a la madurez, muchas personas tienen miedo de...
3. Pérez no tenía dinero, pero hizo varios negocios fabulosos y...
4. Cuando asé el bisté,...
5. Si pongo la mantequilla en el refrigerador...
6. Según los médicos, las personas que oyen constantemente música ruidosa corren el peligro de...

7. Gritamos tanto en el juego de fútbol que...
8. Las mujeres norteamericanas gastan tantos millones en cosméticos porque quieren...
9. Siempre uso un delantal en la cocina para que la ropa no...
10. Si dejas la leche al sol va a...

DISTINCIONES LÉXICAS

DIFFERENT MEANINGS OF *TO BECOME*

1. When someone becomes a member of a profession, trade, or group, **hacerse** is used in combination with a noun: In special cases it may also be combined with adjectives, as in the expressions **hacerse rico** and **hacerse famoso.**

Como su novio quiere hacerse médico ella se ha hecho dentista.	*Since her boyfriend wants to become a doctor she has become a dentist.*
Después de la revolución cubana su primo se hizo comunista.	*After the Cuban revolution his cousin became a communist.*
Espero hacerme famoso con este invento.	*I hope to become famous with this invention.*

The following are common idiomatic expressions with **hacerse**:

hacerse tarde	*to become (get) late*
hacerse de noche	*to become (get) dark*
hacerse necesario	*to become necessary*

Pronto se hará de noche, así que se hace necesario que regresemos a casa.	*It will soon get dark and so it becomes necessary for us to return home.*

2. Ponerse + adjective means *to become, to take on a certain condition or state.* It often refers to an involuntary reaction that is due to psychological reasons.

Al oír la noticia se pusieron muy serios.	*Upon hearing the news they became very serious.*
Cada vez que veía a la niña, Pedrito se ponía colorado.	*Every time he saw the girl, Pedrito blushed (became or turned red).*
Cuando mi perrito me oye llamarlo se pone muy contento.	*When my dog hears me calling him he becomes very happy.*
Mi blusa blanca se puso amarilla cuando la lavé.	*My white blouse became (turned) yellow when I washed it.*

3. *To become* (*to change into, to turn into*) is expressed by **convertirse en** + noun.

Esta polilla se convertirá en mariposa.	*This moth will become a butterfly.*
Él se convertía en hombre-lobo en las noches de luna llena.	*He became a werewolf on nights when there was a full moon.*
En invierno el agua de la fuente se convierte en hielo.	*The water in the fountain turns to ice in winter.*
Ese chico se ha convertido en un problema últimamente.	*That boy has become a problem lately.*

Volverse + noun can also be used as an alternate in the above sentences. **Volverse**, however, is most often heard in set idiomatic expressions like **volverse loco**.

4. *To become* (to get to be at the end of a series of events or after a long time) is expressed by **llegar a ser**. Note that **llegar a ser** can never be used in the case of sudden or rapid changes.

Si practicas el tenis a diario llegarás a ser campeón algún día.	*If you practice tennis daily you will become a champion someday.*
Aunque al principio se odiaban, llegaron a ser grandes amigos.	*Although they hated each other at first, they got to be good friends.*
Nació pobre, pero llegó a ser millonario.	*He was born poor but he became (got to be) a millionaire.*

5. When *to become* is used to inquire what happened to someone or something, either **hacerse de** or **ser de** may be used.

¿Qué fue (Qué se hizo) de aquel amigo tuyo?	*What became of that friend of yours?*
¿Qué será de nosotros?	*What will become of us?*

6. Meterse a + noun is usually derogatory and means *to become a member of a profession or trade that one is not qualified for.*

No he visto a Juan desde que se ha metido a poeta.	*I haven't seen Juan since he became a poet.*
No tenía trabajo y se metió a pintor.	*He didn't have a job and became a painter.*

7. Quedarse + adjective means *to become* in some idiomatic expressions, the most common of which are **quedarse calvo** (*to become bald*), **quedarse ciego** (*to become [go] blind*), **quedarse solo** (*to be left alone*), **quedarse sordo** (*to become deaf*), **quedarse viudo/a** (*to become a widower, widow*). Note that all these idioms convey the idea of loss.

Algunos hombres se quedan calvos antes de los treinta años.	*Some men become bald before they are thirty.*
Si sigues oyendo tanto *rock*, pronto te quedarás sordo.	*If you continue listening to so much rock, you will soon become deaf.*

APLICACIÓN

A. *Complete de manera original, utilizando en cada caso la expresión que se da entre paréntesis.*

Modelo: Si recibo una «F» en este curso, es evidente que no debo meterme a profesor de español.

1. Si recibo una «F»... (meterse a profesor de español)
2. Su amor... (convertirse en odio)
3. Por leer mucho... (quedarse ciego)
4. Algún día... (llegar a ser famoso)
5. Al oír la noticia... (ponerse pálido)
6. Uno de nosotros... (llegar a ser presidente)
7. Cuando un fuego destruyó el almacén... (volverse loco)
8. La mantequilla... (ponerse blando)
9. Mi gato y mi perro... (llegar a ser amigo)
10. Estuvo enfermo... (ponerse delgado)
11. Era republicano... (hacerse demócrata)
12. A veces me pregunto... (ser de)
13. Si Juan no es aceptado... (hacerse bombero)
14. Antes de un examen... (ponerse nervioso)
15. El presidente... (convertirse en un dictador)

B. *Imagine que han pasado unos años y Ud. encuentra a un amigo a quien no ha visto desde su graduación. Él le pregunta qué ha sido de varios de sus compañeros de estudios. Explíquele a su amigo lo que fue de ellos, usando equivalentes de* to become *y basándose en los siguientes datos. Trate de elaborar explicaciones originales.*

1. Andrés Pérez es ahora médico.
2. Andrés y Cuquita Gómez son novios desde el mes de junio.
3. Luis Quirós no tiene pelo.
4. Lolita Ruiz pesa 200 libras.
5. Vicente Guzmán está en un manicomio.
6. Saturnino Rovira es presidente de una compañía.
7. Emilio Arteaga es rico.
8. Marta Salazar es policía.
9. El hermano de Marta está casi sordo.
10. Nicolás Ríos es cantante, pero canta muy mal.

C. *Complete.*

1. Cada día ve peor, el médico dice que ______ ciega.
2. La admiración que sentía por él ______ antipatía.
3. ¿Quieres ______ socio de nuestro club?
4. Mi padre ______ furioso cuando vio la cuenta del teléfono.
5. En el otoño, las hojas ______ primero amarillas y después, de color marrón.
6. Si algún día ______ millonario, espero que te acuerdes de mí.
7. Un refrán dice que el que ______ redentor, termina crucificado.
8. Cuando pregunté qué ______ Paulina, Rodrigo ______ muy nervioso.
9. La tierra ______ lodo cuando llueve mucho.
10. A los dos días de estar en la cárcel, el pelo de Ramiro ______ blanco.

D. *Traduzca.*

Nowadays, learning to work with a computer has become a necessity. Computers have become household objects, like TV sets and radios. Being aware of this, I planned to become a computer programmer. I registered in a basic course but, unfortunately, the more I studied the less I learned. I turned into a bitter person and sometimes I was afraid I would go crazy from trying to memorize that strange vocabulary. Finally, I realized that I would never get to be an expert in that field and decided to become a Spanish major. Here I have found some strange words too. For instance . . . But it is getting late and my food will get cold if I don't eat now, so I'll finish this composition after dinner.

DIFFERENT EQUIVALENTS OF *BUT*

1. When *but* has the meaning of *nevertheless* or *yet,* its Spanish equivalents are **pero** or **mas**. Use of the latter is limited to the written language.

Nevó mucho, pero fuimos de todos modos.	*It snowed a lot, but we went anyway.*
No tenemos dinero, pero somos felices.	*We don't have money but we are happy.*
Estaba aislado en la isla, mas leía todos los días los periódicos.	*He was isolated on the island but he read the papers every day.*

2. After a negative statement when *but* means *but on the contrary* or *but rather,* Spanish uses **sino** or **sino que**. The latter indicates an opposition between two conjugated verbs.

El coche no es mío, sino de mi padre.	*The car is not mine but my father's.*

Raúl no es ingeniero, sino dentista.	*Raúl is not an engineer but a dentist.*
La blusa que compré no es azul, sino gris.	*The blouse I bought is not blue but gray.*
No queremos ir al cine, sino quedarnos aquí conversando.	*We don't want to go to the movies but to stay here talking.*
No creo que lo condenarán, sino que lo absolverán.	*I don't believe they will condemn him but rather that they will absolve him.*
No compraré el libro, sino que lo pediré prestado.	*I will not buy the book but rather I will borrow it.*

All the above sentences can be answers to questions presenting a choice when the two possibilities presented are mutually exclusive:

Is the car yours or your father's?
Is Raúl an engineer or a dentist?
Is the blouse you bought blue or gray?
Do you want to go to the movies or to stay here talking?
Do you believe they will condemn or absolve him?
Will you buy the book or will you borrow it?

If both elements or both situations are not mutually exclusive, **pero** is used, even when the opening statement is negative. **Pero** in this case conveys the meaning of *however*.

No tengo fiebre, pero me duele la garganta.	*I don't have a fever but (however) I do have a sore throat.*

3. No sólo (solamente)... sino (que) (también) (además) means *not only . . . but (also)*

No sólo es bonita sino además simpática.	*She is not only pretty but also nice.*
No solamente nos insultó sino que también nos puso pleito.	*He not only insulted us but he also sued us.*
No sólo le compró flores a su esposa, sino también una sortija.	*He not only bought his wife flowers but a ring as well.*

4. When, after a positive statement, *but* means *except,* its Spanish equivalents are **menos, excepto, salvo**. (Listed here in approximate order of frequency.)

Todos estaban allí menos Ud.	*They were all there but you.*
Todo está bien salvo una cosa.	*Everything is right but one thing.*
Trabajo todos los días menos el domingo.	*I work every day but Sunday.*

Todo se ha perdido menos el honor.	*All is lost but honor.*
Lo intentamos todo, excepto darle dinero.	*We tried everything but giving him money.*

5. When *but* has the meaning of *only* or *merely,* Spanish uses **no** + verb + **más que...** or **no** + verb + **sino...**

No tenemos más que tres dólares.	*We have only (but) three dollars.*
El médico no le dio sino un mes de vida.	*The doctor gave him but a month to live.*
No había nada allí, más que hambre y desolación.	*There was nothing there but hunger and desolation.*

APLICACIÓN

A. *Complete, usando un equivalente de* but.

1. No hace _______ un año que murió Pedro Salgado. Salgado no fue solamente un buen padre, _______ un ciudadano ejemplar. No fue un héroe, _______ hizo algunas cosas heroicas. Su biografía no sólo se publicó en un libro, _______ también va a ser llevada al cine. Yo leí todo el libro, _______ el último capítulo.
2. Mi tía está peleada con mi madre, _______ vino ayer a mi casa. No vino a hacer una visita, _______ a traernos un recado urgente. Cuando le abrí la puerta, no quiso entrar en la casa, _______ insistió en que nos quedáramos en el jardín. La entrevista fue desagradable, porque yo tenía frío. No estamos todavía en invierno, _______ ya hacía frío en el jardín.
3. No fuimos al restaurante La Carreta, _______ a los Molinos. Mi novia pidió una paella, _______ como a mí no me gustan los mariscos, no pedí pescado _______ carne. Todos los platos que me sirvieron eran deliciosos, _______ uno. Mi novia no quería que pidiéramos dulce, _______ comiéramos frutas de postre. Su intención no era contradecirme, _______ recordarme que estoy muy gordo. «No es necesario _______ un poco de voluntad para conservar la línea», me dijo.

B. *Complete de manera original, usando un equivalente de* but.

1. Hacer eso no sólo es inmoral...
2. No tenemos bastante dinero para un taxi...
3. No quiso desayunar con nosotros...
4. Lucía no tiene veinte años...
5. El alcalde no mandó un representante al desfile...
6. Toda mi casa está limpia...
7. A mi tía no le gustan los macarrones...
8. Leí su carta tres veces...

9. No solamente no ganó dinero...
10. Luisa no estaba en la fiesta...
11. Nunca bebo jugo de uva...
12. Mi casa no es muy grande...
13. Todos votaron por ese candidato...
14. Él no es el bandido que busca la policía...

Para escribir mejor

USOS DE LA COMA

Las comas de un escrito indican pausas al hablar. El uso de la coma tiene mucho de rasgo estilístico personal, pero hay reglas generales que deben seguirse. Debe usarse la coma:

1. Para separar palabras o frases que forman una serie o conjunto.

La casa era vieja, oscura, deprimente.	*The house was old, dark, depressing.*
Inés pasó todo el día en su habitación, poniendo en orden sus papeles, escribiendo a máquina, leyendo su correspondencia.	*Inés spent the whole day in her room putting her papers in order, typing, reading her mail.*

La coma se omite antes del último elemento si éste va precedido por **y** (**e**), **o** (**u**), **ni**.*

¿Compraré una mesa cuadrada, redonda u ovalada?	*Should I buy a square, round, or oval table?*
José apagó el despertador, apartó las mantas y saltó de la cama.	*José turned off the alarm clock, pushed aside the blankets, and jumped out of bed.*

Si la conjunción está repetida, sí se usa la coma.

No tengo ni dinero, ni amigos, ni empleo.	*I don't have money, friends, or a job.*

*Sin embargo, se permite usar coma en este caso para evitar ambigüedad. En la oración **Fernando irá con Agustín y Jacinto, mi primo, con José**, puede pensarse que Fernando irá con Agustín y con Jacinto, y que una persona diferente, el primo de la persona que hable, irá con José. Una coma después de Agustín aclararía que Jacinto es el primo y que él y José forman la segunda pareja.

2. Cuando se omite un verbo por ser igual al de la oración anterior.

Los demás estudiantes compraron libros; Elsa, no (no los compró).	*The other students bought books; Elsa didn't.*
Todos salieron con paquetes; ella, (salió) con las manos vacías.	*They all left with packages; she left empty-handed.*

3. Para separar expresiones como **efectivamente** (*precisely, in fact*), **esto es** (*that is to say*), **en realidad** (*actually*), **no obstante** (*nevertheless*), **por consiguiente** (*therefore*), **por ejemplo** (*for example*), **por supuesto** (*of course*), **por último** (*finally*), **sin embargo** (*however*), etc.

En realidad, es fácil aprender a usar la coma correctamente.	*Actually, it's very easy to learn to use the comma correctly.*
Creo, sin embargo, que tú debes practicar más.	*I think, however, that you should practice more.*

4. Antes de las conjunciones que se llaman adversativas: **aunque, excepto, menos, pero, sino.**

Ella estudió bastante, pero no pudo aprobar el curso.	*She studied a lot but she couldn't pass the course.*
No eligieron tesorera del club a Juana, sino a su hermana Chana.	*They didn't elect Juana as treasurer of the club, but rather her sister Chana.*
Comeré algo, aunque no tengo hambre.	*I'll eat something although I am not hungry.*

5. Para marcar un inciso o aclaración dentro de la oración.

Don Agustín, que era muy rico, viajaba constantemente.	*Don Agustín, who was very rich, traveled all the time.*
Guadalajara, la capital de Jalisco, es la cuna de los mariachis.	*Guadalajara, Jalisco's capital, is the cradle of mariachis.*

6. Para indicar un vocativo en cualquier posición.

Eso es, amigos, lo que voy a explicarles.	*That, my friends, is what I am going to explain to you.*
¡Pepín, ven acá ahora mismo!	*Pepín, come here right now!*

7. Después de una expresión larga de circunstancia que antecede al sujeto de la oración.

Cuando Joaquina se cayó de la silla, Roberto estaba en su cuarto.	*When Joaquina fell from her chair, Roberto was in his room.*
Agobiado por las pesadas alforjas, el caballo avanzaba despacio.	*Weighed down by the heavy saddlebags, the horse was advancing slowly.*

8. Para separar un sujeto muy largo del resto de la oración, evitando así confusiones. (Un sujeto corto nunca se debe separar de su predicado).

El que hayas estado tan cerca de mi casa y no me hayas llamado para que nos encontráramos, es inexcusable.	*The fact that you have been so close to my home and you didn't call me so that we could meet is inexcusable.*

APLICACIÓN

A. *Añada comas donde sea necesario.*

1. Señorita dijo el jefe no estoy para nadie que llame excepto en caso de emergencia.
2. Cuando entró en la sala avanzó hacia el armario sacó una botella y una copa y se sirvió un trago.
3. Lleno de un miedo irracional Roberto no se atrevió a desobedecer al duende que lo miraba de modo amenazante.
4. Pablo Jacinto e Isabel son primos míos; Teresa no.
5. Las angustias que sufrió en aquella difícil época de su vida y los problemas económicos que tuvo que superar fortalecieron su carácter.
6. Voy a firmar esa carta por supuesto aun cuando el hacerlo me perjudique.
7. María después que termine de limpiar la alfombra haga el favor de sacudir los muebles lavar los platos y barrer la cocina.
8. Mi novio no es ni guapo ni rico ni aristocrático pero yo lo quiero como si lo fuera.
9. Todos rieron del chiste de Elena; yo en cambio me quedé serio.
10. Hijo mío muchos van a fallarte en la vida; tu madre nunca.
11. En la finca de mi tía había caballos ovejas cabras y vacas.
12. El extranjero que no sabía mucho español nos hizo repetir varias veces la explicación hasta que por fin la comprendió.
13. Nunca he visto una persona tan llena de vida tan alegre tan optimista como tu hermana Rosario.
14. Cuando despertó a la mañana siguiente no recordaba nada de lo que había pasado.

B. *En los siguientes pasajes literarios se han suprimido las comas. Póngalas.*

1. Cuentan que un viajero llegó un día a Caracas al anochecer y sin sacudirse el polvo del camino no preguntó dónde se comía ni se dormía

sino cómo se iba a donde estaba la estatua de Bolívar. Y cuentan que el viajero solo con los árboles altos y olorosos de la plaza lloraba frente a la estatua que parecía que se movía como un padre cuando se le acerca un hijo. El viajero hizo bien porque todos los americanos deben querer a Bolívar como a un padre. Bolívar no defendió con tanto fuego el derecho de los hombres a gobernarse a sí mismos como el derecho de América a ser libre. Los envidiosos exageraron sus defectos. Bolívar murió de pesar del corazón más que de mal del cuerpo en la casa de un español en Santa Marta. Murió pobre y dejó una familia de pueblos.
José Martí, *Tres héroes*

2. Un adivino a quien nadie conocía penetró al palacio por el pórtico que daba a la Plaza de la Alegría lanzando voces desgarradoras. Con el cabello largo y desgreñado las facciones descompuestas por el terror envuelto en un rebozo de púrpura en jirones corriendo y saltando cual si pisase en millares de clavos candentes buscaba con ojos desorbitados no se sabe qué cosas tremendas e inauditas en los muros en los monolitos cubiertos de oro en las soleras de los techos en las estatuas y pilastras en el aire mismo.
César Vallejo, *Hacia el reino de los sciris*
3. En aquella ciudad tropical modesto emporio al que llegaban ocasionales compradores enviados por compañías tabacaleras la vida se deslizaba monótonamente. Cuando algún barco fondeaba en el puerto nuestro cónsul festejaba el acontecimiento con un banquete en el salón morisco del hotel Palmas. El invitado de honor era siempre el capitán a quien el negrito del consulado llevaba la invitación a bordo con el ruego que la extendiera a un grupo elegido por él de oficiales y pasajeros. Aunque la

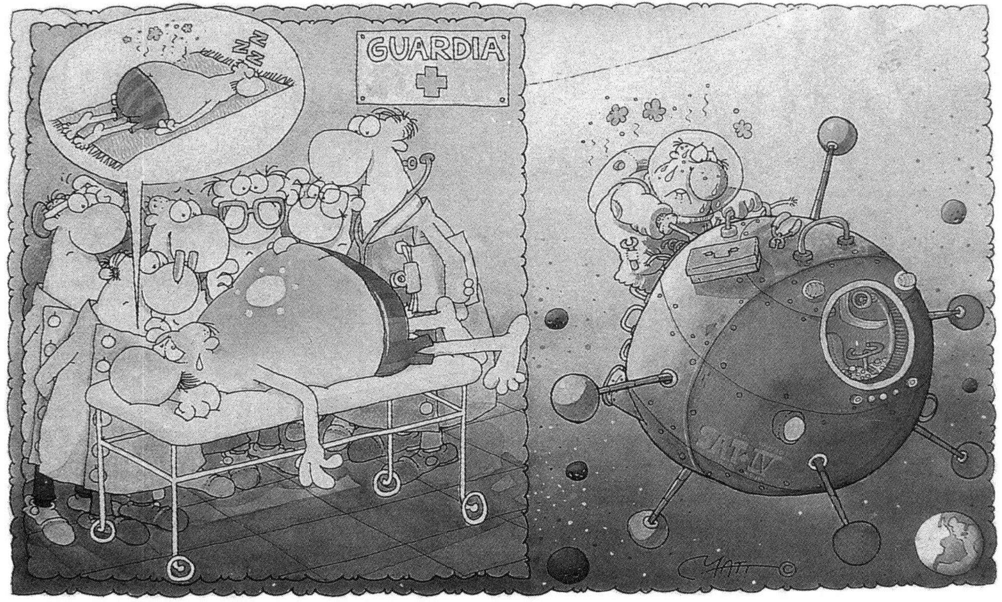

Tomar demasiado sol puede causar otros problemas además de arrugas. Explique lo que le pasó a este señor en la playa.

mesa descollaba por lo magnífica el calor húmedo volvía desabridos y hasta sospechosos los más complicados productos del arte culinario de modo que únicamente mantenía allí su atractivo la fruta; mejor dicho la fruta y el alcohol.

Adolfo Bioy Casares, *La pasajera de primera clase*

TRADUCCIÓN

THE SUN WORSHIPPER

Not long ago I met a woman who was as obsessed with sunlight as was Amado Nervo's Don Diego de Noche, except that she loved it.

Doña Sol, the lady's name, and her husband Pepe Pérez were living in a dark and old apartment that was already too small for them when their twins were born. Their situation got even worse when Mrs. Perez's mother-in-law became a widow and moved in with them. But luckily at the same time Mr. Pérez found a new job that paid very well. So they decided that they had to look for a house that had at least four bedrooms, a lot of windows, several skylights, and a swimming pool. Doña Sol said it was necessary that the family have such a house, no matter what it cost. "I'm going crazy in the darkness!" she said. "What will become of me if I can't sunbathe and swim? The more I think about this, the sadder I become."

Mr. Pérez asked a real estate agent to help them find a house that fulfilled their requirements. "As far as I know," said the broker, "there are no houses around here that have all the things you desire. However, I know of one that has some of the requirements. But whatever happens, you shouldn't be discouraged but rather have confidence in me."

Everybody was becoming very upset when the luck of the family suddenly changed again. The house they found not only had many windows, but it also had a sun deck and it was near an excellent beach. Immediately their sadness turned to joy. For Doña Sol, the sun had reappeared after the darkness.

TEMAS PARA COMPOSICIÓN

1. Don Diego de Noche. ¿Qué clase de persona es? Su actitud ante los años, ¿es cómica, patética, o ambas cosas? ¿Ha conocido Ud. personas así?
2. En *Don Diego de Noche* Nervo no hace ningún intento por analizar los pensamientos del protagonista, sólo describe sus actos, y con éstos basta para que comprendamos cómo piensa y siente. Imite esta técnica y describa, a través de sus actos, el proceso mental de una persona que se niega a aceptar algo inevitable: la vejez, una enfermedad grave, un fracaso en los estudios, la falta de amor en el novio o novia, etc.
3. Cuente las experiencias de una pareja joven que busca apartamento.

Acapulco, Cancún, Viña del Mar, Punta del Este, Varadero... son playas de países hispánicos famosas en todo el mundo. En cualquiera de ellas encontraremos una muchedumbre de bañistas adoradores del sol como los que se ven en esta foto.

Quieren que el apartamento reúna ciertas condiciones, pero no tienen mucho dinero para la renta. ¿Cuántas veces puede Ud. usar el subjuntivo en su narración?

4. Describa detalladamente cómo sería su casa ideal. ¿Estaría en plena ciudad, en las afueras, en la playa? ¿De qué estilo sería? ¿Qué comodidades tendría?
5. El sol y sus adoradores. ¿Es Ud. uno de ellos? Los atractivos que encuentran muchas personas en las playas y las piscinas. Efectos positivos y negativos del sol para la salud.

C · A · P · Í · T · U · L · O 6

Lectura

El siguiente artículo, de Segundo Peña, se publicó en la revista colombiana Cromos. *En él se nos habla de Eva Perón, una mujer polémica, adorada por muchos, detestada también por muchos, pero ante quien pocas personas permanecieron indiferentes.*

Santa Eva de las Américas

A los cuatro minutos de su muerte, José Espejo, el antiguo portero del edificio y en ese momento secretario de la Confederación General de Trabajadores, habló por radio para solicitar que fuera proclamada «Santa Eva de las Américas». Su cuerpo, que el médico catalán Pedro Ara Sarria había embalsamado° temporalmente, fue visto en su ataúd° con tapa de cristal por no menos de 3,000,000 de personas.

Vea Nota 1. / caja para un muerto

Su autobiografía se convirtió después de su muerte en lectura obligatoria en los colegios, y miles de hospitales, montañas, ríos, pueblos y hasta un asteroide, fueron bautizados en su nombre. Pero un sindicato° superó a todo el mundo: le envió al Papa un telegrama, firmado por sus 160,000 miembros, a fin de que la canonizaran. El Vaticano respondió que tenía noticias de sus virtudes cívicas, pero que nada sabía sobre sus prácticas religiosas o sobre el heroísmo que se requieren para ser santo.

asociación de trabajadores

Esto no impidió que Eva ascendiera a una especie de santidad laica°, de la que se aprovechó Perón° en los tres años que sostuvo el poder sin su presencia viva. Su fama de santidad creció durante el exilio de diecisiete años de Perón. Luego, al regresar él con el cadáver, lo usó como una especie de talismán para recuperar el poder y hacer de Isabelita° una segunda Eva. No lo logró, porque aunque las dos mujeres tuvieron una vida casi igual antes de que conocieran a Perón, la segunda simplemente no dio la talla°.

no religiosa / Vea Nota 2.

Vea Nota 2.

no... fracasó porque no tenía las cualidades necesarias

«Nada en mi destino es extraordinario», dijo Evita una vez, y negó que le debiera nada a la suerte. Nació en Los Toldos, un pueblito a 280 kilómetros de Buenos Aires, el 7 de mayo de

Eva y Perón recorren las calles en automóvil, en medio de gran pompa militar. Eva ya estaba muy delgada en esta época y mostraba en la cara el estado avanzado de su enfermedad.

1919. Su padre vivía en Junín, una ciudad cercana, y mantenía en Los Toldos a Juana Ibarguren, la madre de Eva, con quien tuvo cinco hijos.

Fue una muchacha pálida, solitaria y soñadora, que apodaban «la flaca» y que iba al cine todas las semanas cuando se fueron a vivir a Junín. (Su padre había quedado viudo y había llevado a su prole° ilegítima a la ciudad.) «La flaca» devoraba las revistas que narraban las historias de jóvenes que se habían vuelto famosos o describían la deslumbrante° vida de los ricos y las estrellas. Pero a sus sueños egoístas, la niña unió una sensibilidad° nacida de la penuria° que luego la convertiría en apóstol de la justicia social. «Hasta los once años» —confesó — «creía que había pobres como había hierba y ricos como había árboles. Un día aprendí, por boca de un trabajador, que había pobres porque los ricos eran demasiado ricos».

prole: sus hijos
deslumbrante: muy brillante
sensibilidad: *sensitivity* / penuria: pobreza extrema

A los catorce años la sedujo un cantante de tangos y se marchó con ella a Buenos Aires. Eva trabajó en un cabaret, en una estación de radio y en una empresa de publicidad, al mismo tiempo que tenía fugaces° romances que sirvieron para que hiciera carrera. Era ambiciosa y el cine se convirtió en su meta°. Pero, aparte de que nunca llegó a ser una buena actriz, todo cambió cuando conoció al coronel Juan Domingo Perón, entonces Ministro de Trabajo, un atlético militar pro-fascista

fugaces: de corta duración
meta: objetivo

de 50 años, que practicaba la equitación°, la esgrima° y el boxeo, y que había nacido 24 años antes que ella.

Ya en el poder, con sus frases y acciones a favor de «mis descamisados°», Eva se convirtió en la mujer más célebre de América.

Dos años después, en el 47, pensó hacer con el mundo lo que había hecho en su país. Su viaje a Europa fue un gran triunfo, pero no desprovisto° de sinsabores°. Franco y Salazar° la recibieron con gran pompa, pero el Papa Pío XII no la condecoró° como deseaba. Cuando estaba a punto de viajar a Inglaterra, el rey Jorge VI anunció que no estaría en Londres para recibirla. Del Papa no pudo vengarse, pero hizo que subieran el precio del trigo y la carne, los productos que habían enriquecido a la Argentina durante la guerra y que aún necesitaban los ingleses y los otros desvastados países europeos.

Había viajado en dos aviones, con una comitiva de cien personas y ciento treinta maletas. Llevó ochenta trajes, sesenta pares de zapatos, cincuenta sombreros, docenas de pieles y unos 20,000,000 de dólares en joyas, la gran debilidad de Evita.

Después que murió a los 33 años de un terrible cáncer, el país, comandado por el doctor Ara, se entregó a una orgía necrofílica sin paralelo en el siglo. Ara perfeccionó su obra de embalsamamiento y tuvo que convivir con el cadáver, que terminó por tutear°, en el edificio de la Confederación de Trabajadores, donde debía esperar a que se construyera una grandiosa tumba. Pero no habría de ser así. Ni siquiera fue terminada la estatua, que iba a ser dos veces más alta que la de

arte de montar a caballo / *fencing*

personas sin camisa, frase inventada en época de Perón para referirse a los pobres

carente / momentos desagradables / **Franco**... dictadores de España y Portugal respectivamente

honró con una medalla

hablarle usando **tú**

Los admiradores de Eva lloran su muerte y rinden homenaje a su recuerdo, en una manifestación en la que llevan antorchas encendidas.

la Libertad. Perón no visitó sino una vez el laboratorio de Ara. El líder estaba demasidao ocupado seduciendo colegialas°.

jovencitas de edad escolar

En 1976, los montoneros°, que invocaban su nombre, —«Si Eva viviera sería montonera», solían decir— ofrecieron cambiar el cadáver de un general que habían matado cuatro años antes por el de Eva, pero nadie les prestó atención. La obra maestra de Ara terminó por ser enterrada en el mausoleo de los Duarte°, donde centenares de argentinos siguen rindiéndole homenaje póstumo. Los mitos no mueren fácilmente.

grupo revolucionario argentino

La familia de Eva. Duarte era el apellido de su padre.

Nota 1: Las costumbres funerarias de los países hispánicos difieren de las de los Estados Unidos, donde los cadáveres son embalsamados. En los países hispánicos las personas se entierran tal como mueren, y esto hace que deban ser enterradas a las pocas horas de su muerte. Evita fue una excepción; Perón la hizo embalsamar temporalmente para que el pueblo pudiera rendirle homenaje durante varios días. El Dr. Ara sometió después el cuerpo a otro proceso más complicado, a fin de conservarlo indefinidamente, convirtiéndolo en una especie de reliquia.

Nota 2: Perón asumió la presidencia de la Argentina en 1946 pero fue, más que presidente, un dictador de derechas. Entre otras irregularidades, hizo modificar la constitución del país para poder prolongar su estancia en el gobierno cuando expiró el término legal. Destituido en 1955, tres años después de la muerte de Eva, se refugió en

Buenos Aires es una ciudad hermosa y cosmopolita. Ésta es una vista nocturna de la avenida 9 de Julio, que está considerada como la calle más ancha del mundo.

España. A su regreso del exilio en 1972, Perón volvió a gobernar en la Argentina, esta vez brevemente. Isabel, su segunda esposa, fue elegida presidenta a su muerte, pero resultó un fracaso como figura política y fue sustituida en 1976 por una junta militar.

COMPRENSIÓN

Explique con sus palabras, basándose en la información contenida en el artículo.

1. Las pruebas que tenemos de la inmensa popularidad de Evita.
2. La reacción del Vaticano ante la petición de que la canonizaran.
3. Quién era la familia de Eva y qué vida llevó ella antes de conocer a Perón.
4. La influencia de Eva en la vida del dictador argentino.
5. La diferencia entre las dos esposas de Perón.
6. El viaje de Eva a Europa.
7. La vida de Perón después de la muerte de su primera esposa.
8. Lo que pasó al final con el cadáver.

INTERPRETACIÓN

1. El título de un artículo suele ser significativo. ¿Qué impresión causa «Santa Eva de las Américas» en el lector? ¿Cree Ud. que el autor usa este título con sarcasmo o por otro motivo?
2. La lectura comienza comentando la reacción de la gente ante la muerte de Evita y después nos habla de su nacimiento, niñez y juventud. ¿Qué efecto tiene esta presentación no cronológica en el lector? ¿Qué relación hay entre el principio y el fin del artículo?
3. En Europa, Eva se pone en contacto con Franco, Salazar, el Papa y Jorge VI. Estos líderes reaccionan de manera diferente. ¿Qué relación hay entre las reacciones y el credo político de las personas? ¿Qué indica esto sobre las tendencias políticas de Eva?
4. ¿Qué clase de persona era Evita? ¿Cree Ud. que era una ambiciosa sin escrúpulos, una hábil política o una persona con deseos sinceros de ayudar al pueblo? ¿Cómo se explica la adoración que sentían por esta mujer llena de joyas los descamisados carentes de todo?
5. ¿Qué opina Ud. del comportamiento de Perón, tal como se presenta en el artículo? ¿Qué clase de persona era él, en su opinión? ¿Amaba él a Evita?
6. El autor nos dice que «el país se entregó a una orgía necrofílica». ¿Qué significa esto? ¿Cree Ud. que la expresión es adecuada, o le parece un poco exagerada? ¿Por qué?
7. ¿Es humorístico el uso del verbo **tutear** en conexión con Ara y el cadáver de Eva? ¿Por qué? ¿Qué quiere decir el autor en este pasaje?

INTERCAMBIO ORAL

A. ¿Es cierto lo que dijo Evita: «Hay pobres porque los ricos son demasiado ricos»? ¿Tiene otros motivos la pobreza? ¿Qué puede hacerse para aliviarla?

B. Hace años, la comedia musical *Evita* fue un gran éxito en los Estados Unidos aunque, en general, el público norteamericano no sabe mucho sobre los Perón, ni siquiera sobre la Argentina. La clase comentará las posibles razones de este éxito, comparando *Evita* con otras obras musicales de tema hispánico, como *Zoot Suit* y *Man of La Mancha*.

C. En muchos países tradicionales, las mujeres ocupan desde hace bastantes años importantes posiciones públicas, pero éste no es el caso en los Estados Unidos. ¿Cómo se explica esto? La derrota de la primera candidata a la vicepresidencia hace años, ¿estuvo relacionada con su condición femenina? ¿Cuándo estará listo nuestro país para aceptar una mujer presidenta?

D. El poder detrás del trono. Se dice que detrás de cada hombre que ha triunfado, siempre hay una mujer que lo ayudó. ¿Es esto verdad? El papel de la primera dama es muy importante en los Estados Unidos. ¿Qué primeras damas han sido más admirables? ¿Cuáles no han sido populares? ¿Cómo ayudaron/perjudicaron algunas primeras damas al presidente?

Sección gramatical

THE SUBJUNCTIVE III: THE SUBJUNCTIVE IN ADVERBIAL CLAUSES

THE SUBJUNCTIVE AFTER CERTAIN CONJUNCTIVE PHRASES

A. The following conjunctive phrases denote proviso, supposition, purpose, etc., and are always followed by the subjunctive.

a fin de que	*in order that, so that*	**en caso (de) que**	*in case (that)*
a menos que	*unless*	**no sea (fuera) que**	*lest (so that . . . not), in case that*
a no ser que	*unless*	**para que**	*in order that, so that*
con tal (de) que	*provided (that)*	**sin que**	*without*

No iré a la ópera a menos que (a no ser que) me prestes tus anteojos.	*I will not go to the opera unless you lend me your binoculars.*
Te compraré lo que quieras con tal que me des el dinero.	*I will buy you whatever you want provided that you give me the money.*
En caso de que me necesite Ud., estaré en mi cuarto.	*In case you need me I will be in my room.*
Apuntó la fecha no fuera que se le olvidara.	*He wrote the date down lest he (so he wouldn't) forget it.*
Le escribiríamos para que (a fin de que*) nos remitiera el cheque.	*We would write him in order that (so that) he would send us the check.*
Siempre entra sin que yo lo vea.	*He always enters without my seeing** him.*

Para que and **sin que** are formed by combining **que** with the prepositions **para** and **sin** respectively. When there is no change of subject **para** and **sin** are not followed by **que** and the infinitive is used.

Le escribiríamos para remitirle el cheque.	*We would write him in order to send him the check.*
Siempre entra sin verme.	*He always enters without seeing me.*

B. The conjunctions **de modo que, de manera que** (*so that*) take the subjunctive when they express purpose; when they express result they take the indicative.

Colgamos el cuadro de modo que (de manera que) todo el mundo lo viera.	*We hung the picture so that (in such a way that) everybody would see it.*
Colgamos el cuadro de modo que (de manera que) todo el mundo lo vio.	*We hung the picture so that (in such a way that) everybody saw it.*

The most common conjunction of concession is **aunque**. **Aunque** takes the subjunctive when it refers to an unaccomplished act or hypothesis, or when it indicates that the speaker does not believe the statement to be a fact. Otherwise, the indicative is used.

Aunque me lo jures no lo creeré.	*Even if you swear it to me I will not believe it.*
Aunque haya hecho algo malo, yo la perdonaré.	*Even if she has done something wrong I will forgive her.*

***Para que** is far more common in the spoken language than **a fin de que**.

**English uses a possessive here plus the *-ing* form while Spanish uses a subject pronoun plus the subjunctive.

Aunque me lo juraras no lo creería.	*Even if you swore it to me I wouldn't believe it.*
Aunque hubiese hecho algo malo, yo la perdonaría.	*Even if she had done something wrong I would forgive her.*

But:

Aunque me lo juraste no lo creí.	*Although you swore it to me I didn't believe it.* (It is a fact that you swore it.)
Aunque hizo algo malo la perdoné.	*Although she did something wrong I forgave her.* (It is a fact that she did something wrong.)

APLICACIÓN

A. Obstáculos. *A veces Ud. tiene el propósito de hacer algo, pero algún obstáculo se lo impide. Explique las circunstancias que pueden impedir cada acción, formando frases con las claves que se dan. Añada algo original.*

1. Mañana asistiré a clase a menos que...
   a. mi coche / romperse
   b. (yo) / estar enfermo
   c. nevar mucho
   d. la clase / cancelarse
2. Todas las noches preparo mi lección de español a no ser que...
   a. mis amigos / invitarme
   b. haber / programas muy buenos en la televisión
   c. dolerme / la cabeza
   d. tener que estudiar otra asignatura
3. Generalmente ahorro $50 a la semana, a menos que...
   a. (yo) / haber tenido gastos extraordinarios
   b. ser / el cumpleaños de algún amigo
   c. (yo) / tener que pagar alguna deuda
   d. alguien / pedirme dinero prestado

B. La billetera perdida. *Complete esta narración con verbos que tengan sentido.*

He perdido mi billetera. Creo que la dejé sobre mi cama. De manera que... apenas termine esta clase. Espero encontrarla en mi cuarto pero, en caso de que no... la buscaré por toda la casa. En caso de que no... en la casa, iré mañana a la oficina de objetos perdidos de mi escuela. Y en caso de que ellos no..., pondré avisos en las paredes, a fin de que... ¿Y en caso de que nadie...? Pues no podré ir al cine en un mes.

C. Las condiciones de Luis. *Complete de manera original las condiciones que Luis le pone a su amigo Germán.*

1. Germán, te prestaré estos casetes con tal que...
2. Saldré contigo el sábado con tal que...
3. Iré de compras contigo con tal que...
4. Te llevaré a tu casa en mi carro con tal que...

D. Cosas que pasaron y cosas que no pasaron ayer. *Complete las oraciones, para expresar las cosas que no pasaron ayer, con la conjunción* **sin que** *y la forma apropiada del verbo.*

Modelo: Dos estudiantes se pegaron en la clase / el profesor no pudo impedirlo
→ Dos estudiantes se pegaron en la clase sin que el profesor pudiera impedirlo.

1. Josefina me contó su problema / yo no se lo pedí
2. Raquel escribió una composición excelente / Emilio no la ayudó
3. Limpié mi cuarto / nadie me lo sugirió
4. Juan Felipe salió de la casa / nosotros no lo vimos
5. Mi amiga tomó prestada mi casetera / yo no lo supe
6. Alguien te robó el reloj / tú no te diste cuenta
7. Corté la hierba de mis vecinos / ellos no me pagaron
8. Di un paseo en la bicicleta de Arturo / él no me autorizó

E. Dar para recibir. *Complete cada frase, usando* **para que** *o* **a fin de que** *y el subjuntivo del mismo verbo, como se hace en el modelo.*

Modelo: Debemos **demostrar** afecto a nuestros amigos... para que (a fin de que) ellos nos **demuestren** afecto a nosotros.

1. Es necesario ayudar a los demás...
2. Tienes que perdonar a tus enemigos...
3. Debes sonreírle a la gente...
4. Debemos respetar a todo el mundo...
5. Tenemos que hacerles favores a los compañeros...
6. Debes amar a Dios...

F. Mi tía la precavida. *Mi tía Amparo siempre piensa en lo que puede pasar. Complete de manera lógica lo que ella me diría.*

1. Sobrina, lleva paraguas cuando salgas, no sea que...
2. Ten siempre a mano un duplicado de tu llave, no sea que...
3. Lleva un recipiente con agua en el baúl del coche, no sea que...
4. Lleva unos dólares escondidos en un zapato, no sea que...
5. Pon un extinguidor de incendios en la cocina, no sea que...
6. Guarda siempre una linterna en la mesa de noche, no sea que...

G. *Cambie los infinitivos entre paréntesis, fijándose en el sentido de los pasajes.*

1. **Mi accidente.**

Aunque (llover y hacer frío) anoche, salí en mi coche. Aunque (manejar) con cuidado, el pavimento estaba mojado y no pude evitar que el auto resbalara. El chofer del auto contra el cual choqué, se puso furioso, aunque el choque (no haber sido) serio y aunque yo (explicarle) que no había sido culpa mía. ¿Qué dirá mi madre esta tarde cuando lo sepa? Aunque (comprender) que yo no tuve la culpa del accidente, se disgustará mucho. En cuanto al chofer, me pondrá pleito, aunque la compañía de seguros (pagarle) el arreglo de su auto. Es de esas personas que insisten en usar las vías legales aunque (no ser) necesario.

2. **Un juego de baloncesto.**

El sábado juega mi equipo de baloncesto. Las entradas son caras pero, aunque (costar) todavía más, pagaría el precio con gusto. Es difícil que alguien me critique por esto pero, aunque (criticarme), iría a ese juego. ¡Va a ser emocionante! El equipo contrario es muy bueno y quizás no ganemos. Pero, aunque (perder), valdría la pena haber ido.

THE SUBJUNCTIVE AFTER CONJUNCTIONS OF TIME

The verb of a dependent clause introduced by a conjunction of time will be in the subjunctive if the action of the verb has not taken place at the time spoken of. The dependent verb will be in the indicative if it refers to: (a) an action that has already taken place, or (b) a customary action.

The most common conjunctions of time are:

antes (de) que	*before*	**hasta que***	*until*
cuando	*when*	**mientras (que)**	*while, as long as*
en cuanto	*as soon as*	**tan pronto como**	*as soon as*
después (de) que	*after*		

*With the verb **esperar**, **a que** is also used.

Ella saldrá a la puerta cuando oiga el claxon del coche.	*She will go to the door when she hears the horn of the car.*
Ponme un telegrama en cuanto llegues a Madrid.	*Send me a telegram as soon as you get to Madrid.*
Le darán una propina después que termine el trabajo.	*They will give him a tip after he finishes his work.*
Tengo que seguir revolviendo hasta que el líquido hierva.	*I have to go on stirring until the liquid boils.*

Ella no lo perdonará mientras él no cambie su manera de ser. *She will not forgive him as long as he does not change his ways.*

But:

Ella salió a la puerta cuando oyó el claxon del coche. *She went to the door when she heard the horn of the car.*

Me pusiste un telegrama en cuanto llegaste a Madrid. *You sent me a telegram as soon as you got to Madrid.*

Le dieron una propina después que terminó el trabajo. *They gave him a tip after he finished his work.*

Siempre sigo revolviendo hasta que el líquido hierve. *I always go on stirring until the liquid boils.*

Ella no lo perdonó hasta que él no cambió su manera de ser. *She didn't forgive him until he changed his ways.*

Antes (de) que is a special case. It is always followed by the subjunctive, since it introduces a verb whose outcome is, was, or will be unknown at the time spoken of.

Hace frío; cerraré la ventana antes que pesquemos un resfriado. *It is chilly; I will close the window before we catch a cold.*

¿Recuerdas? Te regalé esta tostadora antes de que te casaras. *Do you remember? I gave you this toaster before you got married.*

Todos los días me despierto antes de que suene el despertador. *I wake up every day before the alarm clock goes off.*

APLICACIÓN

A. *Escoja la forma verbal correcta para cada oración.*

1. Después que (hayas escrito / escribiste) la carta, ponla en el sobre.
2. Estoy dispuesta a hacer el trabajo mientras me (pagaron / paguen) bien.
3. Ud. deberá esperar hasta que (llegue / llega) su turno.
4. Dijo que cuando (dieran / dieron) las doce comeríamos.
5. Sé que esperasteis hasta que vuestro consejero (estuvo / estaría) desocupado.
6. Luisa se arrepintió después que se lo (dijera / dijo) a su novio.
7. Saldré para la estación tan pronto como me (vista / visto).
8. Después que (pintaremos / pintemos) las paredes, el cuarto se verá mejor.
9. Cuando (termine / termina) el verano compraremos alfombras nuevas.
10. El jurado no dará su veredicto mientras que no (hay / haya) un voto unánime.

11. No me gusta salir a la calle cuando (llueve / llueva).
12. En cuanto (haya lavado / lavó) la ropa, debe Ud. plancharla.

B. *Complete de manera original.*

1. Su esposo la comprenderá mejor cuando...
2. Mi amiga se quitó el vestido en cuanto...
3. No conseguirán Uds. convencerme mientras...
4. Simón quiere contarnos lo ocurrido antes de que...
5. El gobierno enviará auxilios a los damnificados mientras...
6. Vas a ser muy feliz cuando...
7. Deben Uds. seguir intentándolo hasta que...
8. Ellos se pusieron a bailar tan pronto como...

C. *Cambie al pasado los siguientes pasajes.*

1. **El perro policía.**

Mientras espero para que revisen mi equipaje en el aeropuerto internacional, observo a una señora muy distinguida, que llega a la fila antes que yo llegue y que lleva un maletín y varias bolsas. Antes de que le toque el turno de acercarse al mostrador, pasan dos funcionarios de aduana con un perro. El perro corre hacia la señora y, antes de que los hombres puedan impedirlo, salta sobre ella ladrando nerviosamente. La señora trata de librarse del animal, pero es inútil. «Un perro entrenado para oler drogas», comentan los otros viajeros. Los de la aduana le piden a la mujer que abra el maletín. Pero antes que ella lo haga, todos sabemos que el policía canino no busca drogas esta vez. El perro saca una larga hilera de chorizos de una de las bolsas y los engulle antes que consigan sujetarlo.

2. **Los incendios.**

Muchas veces un fuego alcanza grandes proporciones antes de que las víctimas se den cuenta y un edificio queda destruido antes de que lleguen los bomberos. Las personas atrapadas tratan de ponerse a salvo antes de que el humo las asfixie, y muchos se tiran por las ventanas antes que los rescaten.

3. **En un restaurante.**

El hombre parece tener mucha hambre y devora el pan de la cesta antes que le sirvan la comida. Cuando le sirven, come tan rápido, que termina el postre antes de que otros clientes que llegaron al mismo tiempo hayan terminado el plato principal. Y, apenas ha comido el postre, escapa corriendo del restaurante antes que el camarero le traiga la cuenta.

CONDITIONAL CLAUSES WITH *IF*

Spanish conditional clauses with **si** (*if*) take the indicative or the subjunctive depending on the type of condition they refer to.

1. When a **si** clause introduces (a) a contrary-to-fact verb or (b) a condition that is unlikely to take place, the imperfect subjunctive is used in Spanish for present or future time and the pluperfect subjunctive is used for past time*. Spanish, like English, uses the conditional or conditional perfect for the conclusion.

Si estudiaras, sacarías buenas notas.	*If you studied, you would get good grades.* (You don't study.)
Si tuviesen un mapa, encontrarían el camino.	*If they had a map, they would find the road.* (They don't have a map.)
Si nos hubiese dado su dirección la habríamos visitado.	*If she had given us her address we would have visited her.* (She did not give us her address.)
Si Ud. hubiera ido conmigo se habría divertido muchísimo.	*If you had gone with me you would have enjoyed yourself very much.* (You did not go with me.)
Si recibiera carta de él mañana, me pondría contento.	*If I received (were to receive) a letter from him tomorrow, I would be happy.* (It is unlikely that I will receive a letter tomorrow.)

Se ha dicho que la muerte es casi una obsesión en la cultura hispánica, por eso la «orgía necrofílica» por la muerte de Eva Perón que se describe en la lectura no es nada sorprendente. Tampoco es sorprendente la abundancia de chistes sobre muertos que existe en todos los países. Este chiste es un buen ejemplo.

*Do not use a present subjunctive in Spanish when **si** means *if*. In everyday usage one hears: **No sé si vaya o no**, but in this case **si** actually means *whether: I don't know if (whether) I should go or not*.

2. *If* clauses that introduce a verb that is neither contrary to fact nor unlikely to take place use the indicative.

Si se llega temprano al cine se consigue un buen asiento.	*If one gets to the movies early one gets a good seat.*
Si no trabajábamos no nos pagaban.	*If we didn't work we didn't get paid.*
Si me prestas tu bicicleta te la devuelvo mañana.	*If you lend me your bicycle I'll return it to you tomorrow.*

THE ALTERNATE FORM: *DE* + INFINITIVE

De + simple infinitive or **de** + compound infinitive is sometimes used instead of a **si** clause, especially in the case of contrary-to-fact conditions.

De tener Emilio suficiente pintura (Si Emilio tuviera suficiente pintura) pintaría toda la casa.	*If Emilio had enough paint he would paint the whole house.*
De haberlo sabido ellos antes (Si ellos lo hubieran sabido antes) habrían felicitado al ganador.	*If they had known before they would have congratulated the winner.*

Note that the subject generally follows the verb in this construction.

COMO SI + SUBJUNCTIVE

Como si (*as if*) always presents a contrary-to-fact or hypothetical situation and it takes either the imperfect or the pluperfect subjunctive. The imperfect refers to an action or state that is coincident in time with the main verb; the pluperfect indicates an action or state prior to the main verb.

Gasta dinero como si fuera rico.	*He spends money as if he were rich.*
Ella cuenta lo que pasó como si hubiese estado allí.	*She tells what happened as if she had been there.*

NI QUE + IMPERFECT OR PLUPERFECT SUBJUNCTIVE

Ni que is generally used in elliptical exclamatory clauses and always precedes an imperfect subjunctive or pluperfect subjunctive verb. Its translation into English varies according to the circumstances.

¿Vas a salir en medio de esta tormenta? ¡Ni que estuvieras loca!	*Are you going out in the middle of this storm? Anybody would think that you are crazy!*

Carmen pensaba que creeríamos su historia. ¡Ni que fuésemos tontos! — *Carmen thought we would believe her story. As if we were fools!*

Federico estaba enterado de todo. ¡Ni que hubiese oído lo que dijimos! — *Federico knew about everything. It's as if he had heard what we said!*

THE EXPRESSION *POR SI (ACASO)*

Por si (acaso) (*just in case*) is followed by either the present indicative or the imperfect subjunctive, the latter indicating a more unlikely situation.

Te dejaré la llave por si llegas (llegaras) a casa antes que yo. — *I'll leave you the key in case you arrive (in case you should arrive) home before I do.*

Marita tiene a mano una novela por si acaso el programa de televisión es (fuera) aburrido. — *Marita has a novel handy in case the TV program is (should be) boring.*

APLICACIÓN

A. *Explique con oraciones completas lo que haría o habría hecho en las siguientes circunstancias.*

1. Si fuera presidente de los Estados Unidos.
2. Si se hubiera sacado la lotería en el último sorteo.
3. Si fuese el profesor de esta clase.
4. Si hubiera nacido hace cien años.
5. Si supiera que le quedaba sólo un año de vida.
6. Si se encontrara en la calle una billetera con $1,000 dólares.
7. Si alguien le hubiera regalado un coche deportivo del último modelo.
8. Si le ofrecieran un contrato para actuar en el cine.
9. Si su perro (o gato) se hubiese perdido.
10. Si descubriera que hay petróleo en el patio de su casa.

B. Situaciones. *Use la expresión* **de + infinitivo** *en los siguientes pasajes como sustituto de las cláusulas que comienzan con* **si.**

1. Si yo consiguiera un buen trabajo, pasaría unas Navidades alegres, porque tendría bastante dinero, y si tuviera bastante dinero, compraría regalos para todos mis amigos.
2. Si yo cocinara bien, invitaría a mis amigos a comer a menudo. Y si aprendiera a preparar platos mexicanos, convidaría a los Gómez, que son mis vecinos.
3. Alberto nos dijo que si se hubiera enterado de que veníamos, nos habría conseguido un lugar donde parar, y que si lo hubiéramos llamado

cuando llegamos, nos habría ido a buscar al aeropuerto. ¡Qué lástima! Si hubiésemos sabido que Alberto era tan amable, le habríamos escrito antes de nuestro viaje.

4. Si el estante no se hubiese caído, yo tendría ahora un lugar para poner mis libros. Es culpa tuya, porque el estante no se habría caído si tú hubieses usado suficientes tornillos cuando lo armaste.

C. *Traduzca.*

1. He treats his friends as if they were enemies.
2. You speak as if you knew everything.
3. She buys clothes as if her father were a millionaire.
4. You behave as if the others didn't exist.
5. I don't understand. It is as if the teacher hadn't explained this.
6. Lucho reacted as if I hadn't warned him.
7. It is midnight and they are making noise as if it were noon.
8. She goes on living as if her husband hadn't died.
9. You play your record player as if you were deaf.
10. He smells as if he hadn't taken a bath.

D. *Haga expresiones con* **ni que** *basándose en los siguientes datos.*

Modelo: Herminia se expresa como si lo supiera todo.
→¡**Ni que** lo supiera todo!

1. Ellos gastan tanto dinero como si fueran ricos.
2. Ud. lo cuenta como si hubiera estado presente.
3. Me miró como si me pudiese leer el pensamiento.
4. Nuestro jefe nos exige como si nos pagara un sueldo fabuloso.
5. Aurelio contestó como si lo hubieras ofendido.
6. Se sirvió la comida como si estuviera sola en la mesa.
7. Me reclamas como si yo tuviera la culpa de tu problema.
8. Don Miguel nos habla como si él fuera una persona muy importante.
9. Quiere que lo lleve a todas partes como si fuese su chofer.
10. Andas tan despacio como si te dolieran los pies.

E. *Complete de manera original, usando* **por si (acaso)**. *Use* **por si (acaso)** + *presente de indicativo en las cuatro primeras oraciones, y* **por si (acaso)** + *imperfecto de subjuntivo en las cuatro últimas.*

1. Mi madre tendrá lista la comida a las seis...
2. Nos quedaremos en casa esta tarde...
3. Voy a planchar mi vestido nuevo...
4. Pon suficiente gasolina en tu auto...
5. Debes llevar paraguas...

6. Siempre tengo aspirinas en el botiquín...
7. Le daré a Ud. mi dirección...
8. Es bueno tener en el bolsillo la libreta de cheques...

LA PRODIGA

Univisión presenta, por primera vez en los Estados Unidos, "La Pródiga". Vea a Eva Duarte en la cúspide de su carrera como actriz, antes de llegar a ser Evita Perón, primera dama de Argentina y una de las mujeres más admiradas del mundo. Producida en 1945, todas las copias de "La Pródiga" se creían destruídas. Cuarenta años más tarde, una copia fué descubierta en la bóveda de un banco en Argentina. La película capta el ambiente de la época y nos muestra a Eva Duarte en su primer rol protagónico, junto al actor Argentino Juan José Miguez. Vea "La Pródiga", exclusivamente por Univisión, lo nuestro.

UNIVISION DOMINGO 22 DE JULIO 9 PM ESTE

Cuando Eva se convirtió en primera dama de la Argentina, Perón hizo destruir las copias de sus películas pero, como se lee en el anuncio, una copia de La Pródiga *se encontró en años recientes. Los hispanohablantes de los Estados Unidos tuvieron la oportunidad de ver la actuación (no muy buena) de Evita a través de una de las grandes cadenas que transmiten en español.*

Análisis de la lectura

A. *Lea con cuidado las siguientes expresiones que usan el subjuntivo.*

1. ... para solicitar que fuera proclamada...
2. ... le envió al Papa un telegrama... a fin de que la canonizaran.
3. Esto no impidió que Eva ascendiera a una especie de santidad laica.
4. ... aunque las dos mujeres tuvieron una vida casi igual antes de que conocieran a Perón,...
5. ... donde debía esperar a que se construyera una grandiosa tumba.
6. ... y negó que le debiera nada a la suerte.
7. ... hizo que subieran el precio del trigo y la carne...
8. ... que le sirvieron para que hiciera carrera.
9. Si Eva viviera, sería montonera.

B. *Conteste las siguientes preguntas.*

1. ¿Qué expresiones usan el subjuntivo porque existe una intención o voluntad en el sujeto?

2. ¿Por qué se usa el subjuntivo en los números 3 y 6?
3. ¿Cambiaría el verbo principal si en el número 4 sustituyéramos **después de que** por **antes de que**?
4. ¿Qué otra conjunción se puede usar en el número 5 en vez de **a que**?
5. ¿De qué otra manera podría expresarse la oración número 9?

Sección léxica

REPASO

Reemplace las palabras en cursiva por sus sinónimos que se encuentran en la lectura.

1. Un padre bueno es responsable de *sus hijos*.
2. *La asociación* de trabajadores lucha por los derechos de los obreros.
3. *Las cajas de muerto* más elegantes tienen forro de seda.
4. Ud. debe ser respetuoso y no *llamar de tú* a las personas que no conoce bien.
5. Perón practicaba *la lucha con espada* y *el montar a caballo*.
6. El viaje de Eva fue bueno, pero tuvo algunos *incidentes desagradables*.
7. El Papa no *le dio una medalla* a Eva como ella esperaba.
8. Sus padres no eran ricos; al contrario, vivían en gran *pobreza*.
9. Prefiero tener un solo amor verdadero, que tener varios romances *de corta duración*.
10. A Perón le gustaban *las jovencitas de edad escolar*.
11. Muchos programas de televisión muestran la *esplendorosa* vida de los ricos.
12. Su *objetivo* era llegar a ser una estrella de cine famosa.

AMPLIACIÓN

EXPRESIONES CON LA PALABRA *SANTO*

Muchas expresiones comunes reflejan la influencia que ha ejercido la iglesia católica en la cultura hispánica. Un buen ejemplo, es el uso frecuente de la palabra **santo/a**.

1. Santo/a se combina con algunos sustantivos para poner énfasis en su significado.

Ella hace siempre su santa voluntad.	*She always does exactly as she pleases.*
Estuve esperándote todo el santo día (toda la santa tarde).	*I was waiting for you the whole blessed day (afternoon).*

Esa santa calma (cachaza) con que lo hace todo, me desespera. *That complete calmness with which he does everything drives me crazy.*

2. El (día del) santo es la fecha dedicada en el calendario católico para honrar el santo cuyo nombre lleva una persona*. El santo se llama también **onomástico** en Hispanoamérica y **onomástica** en España.

El 19 de marzo es el santo de mi hermana Josefa, y el 24 de junio, el santo de mi hermano Juan. *The 19th of March is my sister Josefa's saint's day (name day) and the 24th of June, my brother John's.*

3. La expresión **santo remedio** se usa para referirse a una solución excelente para un problema.

Dejé una luz encendida en el cuarto del niño y ¡santo remedio! no lloró más. *I left the light on in the child's room and, like magic!, he didn't cry any more.*

4. Santo y bueno es una expresión de aprobación.

Mientras me devuelvas el coche antes de las siete, santo y bueno, puedes llevártelo. *As long as you return my car before 7 o'clock, well and good (OK), you can take it.*

5. Decir el milagro, pero no el santo se usa cuando se cuenta algo que sucedió, pero no se quiere decir el nombre de la persona envuelta en el incidente.

—¿Quién hizo eso? —Yo digo el milagro, pero no el santo. *"Who did that?" "I tell what happened but not the person involved."*

6. ¡Santo Dios! y **¡Dios Santo!** son exclamaciones equivalentes a **¡Dios mío!***

¡Santo Dios! ¡Qué desastre! Se rompieron todos los platos. *Good Heavens! What a disaster! All the dishes got broken.*

7. Desnudar (Desvestir) un santo para vestir otro es el equivalente de la expresión en inglés *to rob Peter to pay Paul.*

No puedo quitarle la casetera a Susana para dártela a ti; sería desvestir un santo para vestir otro. *I can't take the cassette player away from Susana to give it to you; it would be like robbing Peter to pay Paul.*

*En Hispanoamérica es común que la persona lleve el nombre del santo en cuyo día nació. En este caso, la persona celebra su santo y su cumpleaños el mismo día.

*Recuerde que, a diferencia de lo que sucede en ciertas culturas, no es irrespetuoso usar este tipo de expresión en español.

8. No es santo de mi devoción se usa para referirse a una persona que a uno no le gusta.

No quiero ir con Adela. Ella no es santo de mi devoción. *I don't want to go with Adela. She is not my cup of tea (not exactly my favorite person.)*

9. ¿A santo de qué? indica que algo es inoportuno o inconveniente. Indica también la desaprobación de quien habla sobre algo que hizo otra persona.

Me pregunto a santo de qué cambiaron la hora de esa clase. *I am wondering why on earth they changed the hour of that class.*

¿A santo de qué me pide que lo ayude? Él no ha sido nunca un buen amigo. *By what right is he asking me to help him? He has never been a good friend.*

10. Írsele a uno el santo al cielo se utiliza cuando la persona que está hablando olvida lo que iba a decir. Su equivalente en inglés es *to lose one's train of thought*.

Yo se lo iba a contar a Juana, pero se me fue el santo al cielo. *I was going to tell Juana about it but I forgot what I was going to say.*

11. En un santiamén es un adverbio sinónimo de **muy rápidamente**.

Sé que Uds. tienen prisa, pero no se preocupen, me vestiré en un santiamén. *I know that you are in a hurry, but don't worry, I'll get dressed in a jiffy.*

12. Quedarse para vestir santos se usa sólo en el caso de mujeres y es sinónimo de **quedarse soltera***.

Ana es muy tímida y creo que se quedará para vestir santos. *Ana is very shy and I think she will remain single.*

APLICACIÓN

A. Situaciones entre amigos. *Exprese su reacción ante cada situación usando una de las expresiones con* **santo** *de la lista anterior.*

1. Una de sus amigas es una persona muy pasiva y flemática. Todo lo hace muy despacio y nada parece preocuparle. Ud. hace un comentario sobre el carácter de su amiga...

*El origen de esta expresión está en que, en el pasado, las mujeres solteras, por tener más tiempo libre, hacían trabajo voluntario en la iglesia, y entre sus tareas más importantes estaba el arreglar los altares y los vestidos de las estatuas que había en ellos. Hoy, una gran parte de las mujeres solteras tienen un oficio o carrera y ya no tienen tiempo «para vestir santos». Además, la idea del matrimonio como único objetivo de la mujer va desapareciendo en los países hispánicos, igual que en los EE.UU. Sin embargo, esta expresión todavía se usa, sobre todo en tono de broma.

2. El 29 de junio es el día de San Pedro y San Pablo, el 12 de septiembre se conmemora el nombre de María y el 12 de diciembre es el día de la Virgen de Guadalupe. Ud. tiene amigos que se llaman María, Lupita, Pedro y Pablo. Marca en su calendario estas fechas y dice...
3. Cuando Ud. llega al estacionamiento, encuentra que un vándalo ha destruido su coche. Ud. exclama con desesperación...
4. Ud. tenía el problema de que nunca encontraba sus papeles importantes. Compró un archivo y ahora los clasifica y los guarda allí. La idea dio excelentes resultados. Ud. se lo cuenta a un compañero...
5. Uno de sus amigos es muy informal. Promete hacer una cosa y no la hace. Ayer, por ejemplo, dijo que lo llamaría por la tarde y Ud. esperó en casa su llamada, pero él no llamó. Cuando Ud. lo ve, le dice...
6. Ud. conoce a un joven muy caprichoso y dominante, que siempre hace lo que quiere sin contar con nadie. Ud. dice que a este amigo siempre le gusta hacer...
7. Su prima Lolita busca el hombre perfecto y no acepta a ninguno de sus enamorados. A todos les encuentra defectos. Ud. piensa que, con esa actitud, Lolita no va a casarse nunca y le dice...
8. Sus invitados tienen mucha hambre y Ud. les asegura que la comida estará lista muy pronto, diciéndoles...
9. Su hermana tiene un novio que a Ud. le cae muy antipático. Ud. evita hablar con este chico y le explica a una amiga el porqué...
10. Rosario nunca le ha hecho un favor y Ud. no cree que es una verdadera amiga. Ahora, Rosario le pide dinero prestado. Ud. comenta...
11. Su tío Lorenzo es muy distraído. Frecuentemente, en medio de una conversación, olvida lo que iba a decir. Ud. explica este problema de su tío...
12. Ud. sabe que un estudiante de la clase fue a ver al decano para quejarse del profesor. Cuando se lo cuenta a varios compañeros y ellos le preguntan quién fue el estudiante, Ud. contesta...
13. Su compañero de apartamento necesita arreglar su auto y va a usar el dinero de la renta para esto. Ud. le aconseja que no lo haga, diciéndole...
14. A Ud. no le importa prestar sus libros, a condición de que se los cuiden y se los devuelvan pronto. Dígale a un amigo que, con tal de que cumpla estas condiciones, tiene su consentimiento para llevarse sus libros...

B. *Use cinco de las expresiones anteriores en oraciones originales.*

C. *¿Cuántas expresiones con la palabra* **Dios** *se le ocurren? Consulte un diccionario y haga cinco oraciones originales, empleando giros con esta palabra.*

DISTINCIONES LÉXICAS

EQUIVALENTES EN ESPAÑOL DE *BACK*

1. contener	*to hold back (restrain)*
2. de espaldas	*on one's back; with one's back turned toward the other person*
3. el dorso	*back of a hand or document*
4. el fondo	*back of a room; background of a picture*
5. el lomo	*back of an animal; spine of a book*
6. el respaldo	*back of a chair or sofa*
7. el reverso	*back of a coin or medal*
8. la parte de atrás	*back of a book or house*
9. la(s) espalda(s)	*back of a person*
10. por detrás	*from (on) the back*
11. regresar, volver	*to go back to a place*
12. respaldar	*to back, support*
13. retroceder	*to back away, move backwards*
14. volverse atrás	*to go back on an agreement or on one's word*

Los policías trataron de contener a la muchedumbre.	*The policemen tried to hold back the crowd.*
Juan estaba de espaldas a la puerta y no me vio entrar.	*Juan had his back toward the door and he didn't see me enter.*
Firme al dorso del cheque, por favor.	*Sign on the back of the check, please.*
Me gustan las fotos que tienen árboles en el fondo.	*I like photos that have trees in the background.*
El caballo tiene el lomo lastimado.	*The horse's back is hurt.*
Compré unas sillas con respaldo de rejilla.	*I bought some chairs with cane backs.*
Esta medalla tiene mi nombre grabado en el reverso.	*This medal has my name engraved on the back.*
Los libros españoles generalmente tienen el índice en la parte de atrás.	*Spanish books generally have the table of contents at the back.*
Me duele la espalda.	*My back hurts.*
El bandido lo atacó por detrás.	*The bandit attacked him from the back.*
Olvidé mis llaves y tengo que regresar a buscarlas.	*I forgot my keys and have to go back to get them.*
Es bueno saber que nuestros amigos nos respaldan.	*It is good to know that our friends are backing us.*

El fuego hizo retroceder a los soldados.	*The fire made the soldiers back away.*
Te prometí ayudarte y no me volveré atrás.	*I promised to help you and I won't go back on my promise.*

APLICACIÓN

Conteste las siguientes preguntas usando los modismos anteriores.

1. ¿Cómo sabes el nombre de los libros que están en el estante?
2. ¿Se sienta tu amigo en las primeras filas de la clase?
3. ¿Te quemaste la palma de la mano?
4. ¿Prefieres las sillas de respaldo alto, o las de respaldo bajo?
5. ¿Crees que siempre debemos cumplir todo lo que prometemos?
6. Cuando cobras un cheque en el banco, ¿dónde lo firmas?
7. ¿Crees que es saludable el contener siempre las emociones?
8. ¿Tiene tu casa sólo una puerta en el frente?
9. Sé que te vas. ¿Te volveremos a ver pronto?
10. ¿Crees que solamente los cobardes retroceden ante el peligro?
11. Para montar a caballo, ¿dónde se pone la montura?
12. ¿Le da a aquella casa el sol de la mañana por delante?
13. Diga qué figura tienen las monedas de veinticinco centavos en la cara y en el reverso.
14. ¿Dónde están las listas de vocabulario en los libros de español?
15. ¿Cómo transportan a sus bebés las madres indias?

Para escribir mejor

EL PUNTO Y COMA

1. El punto y coma indica una pausa más larga que la indicada por la coma. Por eso muchas veces sustituye a ésta antes de las expresiones que unen dos cláusulas, cuando el hablante haría una pausa marcada.

No tengo nada que decirle; por lo tanto, no lo llamaré.	*I don't have anything to tell him; therefore, I won't call him.*
No quiero hacer negocios con ese señor; sin embargo, escucharé su proposición.	*I don't want to do business with that gentleman; however, I'll listen to his proposition.*

2. El punto y coma separa frases largas dentro de un párrafo. Estas frases tienen generalmente comas separando sus elementos internos.

La casa de la finca, con su techo de tejas y sus paredes de madera despintadas, se alzaba frente al camino; a un costado de la casa, había un bosquecillo.

The farmhouse, with its tile roof and its weathered wooden walls, stood facing the road; on one side of the house there was a small forest.

3. El punto y coma separa los elementos de una enumeración cuando son largos y pudiera haber confusión si se usaran comas.

El primer hombre que llegó a la reunión era de edad madura, un poco calvo; el segundo, era un viejo alto y delgado; el tercero, un caballero elegante, que llevaba un bastón de puño dorado.

The first man who arrived at the meeting was middle-aged, balding; the second one, was a tall and thin old man; the third one, an elegant gentleman who was carrying a cane with a golden handle.

APLICACIÓN

A. *En los siguientes pasajes de* **Miau** *de Pérez Galdós se han suprimido las comas y los puntos y comas. Póngalos.*

1. —Me he quedado helado —dijo don Ramón Villaamil esposo de doña Pura el cual era un hombre alto y seco los ojos grandes y terroríficos la piel amarilla toda ella surcada por pliegues enormes en los cuales las rayas de sombra parecían manchas las orejas transparentes largas y pegadas al cráneo la barba corta larga y cerdosa con las canas distribuidas caprichosamente formando ráfagas blancas entre lo negro el cráneo liso y de color de hueso desenterrado como si acabara de recogerlo de un osario para taparse con él los sesos.
2. Aquí mucho gas allí tinieblas acá mucha gente después soledad figuras errantes. Pasaron por calles en que la gente presurosa apenas cabía por otras en que vieron más mujeres que luces por otras en que había más perros que personas.
3. Milagros era la que guisaba solía madrugar más que las otras dos pero la noche anterior se había acostado muy tarde y cuando Villaamil salió de su habitación dirigiéndose a la cocina la cocinera no estaba aún allí.
4. Con otro que no fuera Ponce ya se libraría Cadalso de emplear lenguaje tan impertinente pero ya sabía él con quién trataba. El novio estaba amoscadillo y Abelarda no sabía qué pensar. Para burla le parecía demasiado cruel para verdad harto expresiva.
5. Adiós niño salado diviértete todo lo que puedas no vayas a la oficina más que a cobrar haz muchas conquistas pica siempre muy alto arrímate a las buenas mozas y cuando te lleven a informar un expediente pon la barbaridad más gorda que se te ocurra.

TRADUCCIÓN

Lucy was in the back of the room, sitting in a high-backed chair, with her back to the door. Her husband, Armando, would take the six o'clock flight that afternoon; unless, of course, he changed his mind, which was unlikely. She would have preferred for them to discuss things before he left but Armando had refused. He would go without her having explained her feelings to him and he would close the door without looking back. She had decided that she would sit (*use* **estar** + participio pasivo) there until he was no longer in the house, even if this meant not moving all day long (*use* **santo**). It was as if something were dying inside her but it was too late to back out. Armando wouldn't come back to their home after he returned from his business trip. She had lately said and done some horrible things. It wasn't that she hated him but rather than she was so very jealous.

Lucy heard Armando slam the back door and she held back the tears. The cat rubbed his back against her legs, but the woman didn't pay attention to him. She put the back of her hand on her forehead. "I have a fever and my back aches," she thought, "but I must be strong although it may not be easy." She stood up. There was an envelope on the coffee table. It had been there all the time without her having noticed. It read: "For Lucy. Open only after I leave."

TEMAS PARA COMPOSICIÓN

Use en su composición tantos casos del subjuntivo como sea posible.

1. La carta que Armando le escribió a Lucy. Basándose en los datos que se dan en el pasaje traducido, imagine la situación, personalidad y sentimientos de Armando, y escriba una carta como la que él hubiese podido escribir.
2. Cuente una historia de amor (personal, ajena o imaginaria). ¿Cómo comenzó todo? Describa a los amantes. Hable de sus sentimientos. ¿Hubo obstáculos en sus relaciones? ¿Cuál es el final de la historia?
3. El momento de romper un matrimonio es muy penoso, pero es a veces inevitable. ¿Cree Ud. en el divorcio como solución? ¿Qué problemas resuelve el divorcio? ¿Qué problemas crea? ¿A qué se debe el gran número de divorcios que hay hoy en día en los Estados Unidos? ¿Qué puede hacerse para disminuir el número de divorcios?
4. Eva Perón. Escriba una breve biografía. Puede buscar información o simplemente basarse en los datos que se dan en la lectura.

C · A · P · Í · T · U · L · O 7

Lectura

La mayor parte de las películas que se ven en los países hispánicos son norteamericanas. Muchas tienen subtítulos en español, pero en otras las voces han sido dobladas. El doblaje de películas extranjeras al español es hoy una industria importantísima en varios países, porque la enorme popularidad de los vídeo-clubs ha multiplicado la demanda de películas. En este artículo de Juan Ramón Vidal, publicado en la revista española Muy Interesante, *se explican el mecanismo del doblaje y los problemas que deben resolver actores y técnicos.*

Voces en la sombra

En torno° a la tenue° luz de un atril° se monta el aquelarre°. Los «vampiros» (nombre que se da a los actores de doblaje°), fijos los ojos en la pantalla que tienen enfrente, se disponen a extraer el jugo fonético° de los «muñecos» (actores de la versión original) y sustituirlo por el suyo propio.

En... alrededor de / poco intensa / *lectern* / reunión de brujas / *dubbing*
jugo... palabras

Se hace el más absoluto de los silencios. El galán fílmico° comienza a mover los labios, pero de su boca no surge sonido alguno. Con precisión milimétrica, el vampiro va depositando sus propias frases, llenando sílaba a sílaba la boca del muñeco. La pantalla vuelve a ofrecer la misma escena. La voz del galán nos es ahora familiar y se dirige a nosotros con palabras que todos entendemos.

galán... el protagonista de la película

«Desde el punto de vista de la métrica°, algunos idiomas —como, por ejemplo, el caso del castellano respecto al inglés — son muy diferentes», explica Manuel Bailina. «Las pausas no coinciden al hablar, por lo que hay que disfrazar° las frases de manera que esto pase desapercibido°. El uso del genitivo° sajón obliga incluso, en ocasiones, a dar la vuelta a toda la frase. Pero quizá lo que más problemas plantea° es el ajuste de las labiales. Cuando el actor pronuncia una *b,* una *m* o una *p,* cierra los labios, lo que resulta claramente visible en la pantalla. Si no se quiere que el personaje «cante»°, hay que situar la labial en el mismo sitio, cosa que a veces no es nada fácil».

length of breath groups, meter
cambiar
pase... no se note / el uso de (’s) para indicar posesión / presenta
resalte de manera desagradable

«Los papeles° más difíciles suelen ser los de señores mayores, alcohólicos, drogadictos y, en general, de la gente

roles

que no reacciona de una manera normal», asegura el presidente de la Asociación Profesional de Actores del Doblaje de Madrid. «Cuando el personaje está borracho o, de alguna manera, tocado°, suele hablar muy bajito en el rodaje°, sin apenas despegar los labios. Al dejar la escena sin sonido para doblarla ya no se sabe cuándo empieza ni cuándo termina de hablar».

high (slang) / filmación de la película

El enemigo actual° del doblaje no es otro que la prisa. La avalancha de vídeos domésticos provocó una creciente demanda de películas, con lo que las compañías productoras inundaron los vídeo-clubs con telefilmes norteamericanos que tenían que ser doblados. La velocidad a la que hubo que realizar el trabajo ocasionó que muchos quedaran mal hechos.

hoy día

En los años cincuenta, una película de dos horas se doblaba en cinco o seis jornadas°. Hoy se hace en dos. No se asimilan° bien los textos. Muchas veces se descuida la interpretación°. Esto, como otras artes, requiere inspiración. Es como si a Picasso se le hubiera exigido que pintara un cuadro en diez minutos.

días de trabajo / comprenden / actuación

También se van perdiendo otros hábitos, antes firmemente respetados, como el hecho de que fuera siempre el mismo actor quien doblase a una estrella durante años. Rafael Luis Calvo —ya fallecido— era el actor que doblaba a Clark Gable. Un día entró en un bar, se dirigió al camarero y le pidió una cerveza... «Tiene usted la misma voz que Clark Gable», comentó al pronto el empleado. «No señor —atajó Luis Calvo—, es Clark Gable el que tiene la misma voz que yo».

Pero los actores extranjeros hablan ahora con distinta voz en cada película. En el ciclo dedicado por TVE° a Humphrey Bogart hace unos años, cada semana Bogart hablaba con una voz diferente. En total fueron cuatro o cinco actores los que le prestaron su voz en el ciclo. Cuando se emitió por primera vez *Casablanca* en TVE, contó con un excelente doblaje, en el que la voz de Bogart estuvo a cargo de José Guardiola. Pero cuando, un tiempo después, la película apareció en los vídeo-clubs, el doblaje era el realizado durante el franquismo°, en el cual se censuraron todas las alusiones al pasado del protagonista, Rick Blaine, luchando con el bando de los republicanos en la Guerra Civil española.

Televisión Española, nombre de un canal

época del gobierno de Franco

El buen sonido final se consigue en la mesa de mezclas°. Después del último «take», el material doblado se ensambla nuevamente y, junto a la banda internacional de sonido°, pasa al montaje definitivo. Se incorporan ahora algunos efectos, como ecos, resonancias°, sonido telefónico o de radiotransmisión, en la frases que lo requieran. Todo esto se va mezclando sincrónicamente en el llamado rollo de mezclas°. Es una operación delicada, llena de matices°.

mixing desk

banda... *sound track*

reverbs

rollo... *master tape*

variaciones sutiles

Quizás sea en este aspecto de las mezclas en el que más ha evolucionado el doblaje en los últimos tiempos. La incorpora-

La mayor parte de las películas que se ven en los países hispánicos son producidas en Hollywood. En España se doblan al español, pero en Hispanoamérica generalmente tienen subtítulos. A veces el nombre de la película se traduce con exactitud; otras veces, como en el caso de Reto a la gloria, *el título es muy diferente en los dos idiomas. ¿Cuál es el nombre en inglés de* Te amaré en silencio *y* En busca del niño dorado?

ción a la industria cinematográfica de nuevos sistemas como el ya popular Dolby, ha hecho que cada vez se preste más atención al «sound-track», a la ambientación sonora° de la película. Lo que se pretende° es que las voces se integren, siendo lo más fieles posible a la banda original.

Estas tendencias no han sentado muy bien° a los actores veteranos. «A los técnicos les gusta mucho el «sound-track», los ruidos y efectos, los violines, los cañones... », comenta Roberto Cuenca. «Pero la película no es el ruido de la batalla, sino fundamentalmente la interpretación de los actores».

ambientación... efectos de sonido / **se...** se quiere conseguir

no... no les han gustado

COMPRENSIÓN

Explique, basándose en el artículo.

1. Quiénes son los vampiros.
2. Quiénes son los muñecos.
3. Por qué el señor Calvo decía que Clark Gable tenía la misma voz que él.
4. Los problemas fonéticos y sintácticos que hay cuando se dobla del inglés al español.
5. Los papeles más difíciles de doblar.
6. Las causas y los resultados de la prisa al doblar.

7. Lo que sucedió con la serie de Bogart en TVE.
8. Los sonidos y efectos que se añaden al final.
9. Los cambios que ha habido en los últimos tiempos en la mezcla de sonidos.
10. La reacción de algunos actores veteranos a los efectos de sonido modernos.

INTERPRETACIÓN

1. ¿Cree Ud. que el título es adecuado? ¿Por qué (no)? Si no lo cree, sugiera otro título.
2. ¿Qué impresión causa en el lector el primer párrafo? ¿Cree Ud. que comenzar el artículo así es un acierto o un error? ¿Por qué?
3. En su opinión, ¿es mejor ver una película extranjera con subtítulos o doblada? ¿Qué ventajas y desventajas hay en ambos casos?
4. ¿Qué motivos tuvo el gobierno de Franco para censurar las alusiones a la Guerra Civil en *Casablanca*? ¿Qué piensa Ud. de este tipo de censura?
5. ¿Qué películas dobladas ha visto? ¿Le molestaría ver a un mismo actor o a una misma actriz hablar con voces diferentes según la película? ¿Por qué (no)?
6. ¿Son importantes para Ud. los efectos especiales de sonido? ¿Por qué (no)? ¿Es verdad que la interpretación de los actores es más importante que los efectos? ¿Y que el argumento? Explique su opinión.

INTERCAMBIO ORAL

A. Las razones por las cuales no hay muchas películas dobladas al inglés. ¿Qué clase de películas se doblan con más frecuencia? ¿Deberían doblarse más?

B. A causa del gran número de hispanos que viven en los Estados Unidos y no hablan bien el inglés, algunas compañías de televisión, como HBO, transmiten películas dobladas al español. Muchos piensan que esto no es bueno porque el inglés se va haciendo así menos necesario para estas personas y por eso no lo aprenden. ¿Es esto cierto? ¿Debe haber más programas en español o menos?

C. La censura en el cine. En los Estados Unidos no hay censura de tipo político, pero sí la hay en lo moral mediante las clasificaciones PG, R y X. ¿Tiene el cine hoy, en general, escenas de sexo demasiado explícitas y que son innecesarias? ¿Qué daño causa esto en niños y adolescentes? En cuanto a la violencia, ¿debe censurarse? ¿Hace daño esto a los chicos muy jóvenes?

D. Una actividad divertida. Los estudiantes se dividirán en grupos pequeños, y cada grupo escogerá una escena de una película norteamericana y traducirá el diálogo al español. Se asignarán los papeles de los distintos actores y actrices, se proyectará el vídeo en clase quitándole la voz, y los estudiantes harán el «doblaje».

E. Se ha dicho que los gestos presentan en las películas dobladas un problema aun más serio que el movimiento de los labios. Cada cultura tiene sus gestos característicos. Las viejas películas de Godzila, por ejemplo, parecen ridículas en inglés por las expresiones exageradas de los actores japoneses. ¿Cómo difieren los gestos y movimientos del hispanohablante y del angloparlante? Los estudiantes buscarán información sobre este tema para comentar en clase.

Como puede verse en este anuncio, también hay video-clubs con películas en español en Phoenix, Arizona. ¿Cuántos hay en el lugar donde Ud. vive? ¿Ha visitado alguno?*

*La palabra vídeo tiene acento en España, pero se escribe sin acento en Hispanoamérica.

Sección gramatical

USES OF THE DEFINITE ARTICLE

The definite article is found in both Spanish and English with nouns that are definite or known to the speaker.

Siéntate en la silla que está junto a la ventana.	*Sit on the chair that is next to the window.*

In Spanish, however, the definite article is necessary in many cases when no article is required in English. The rules concerning the definite article in Spanish have many exceptions, and therefore careful observation is recommended. However, the following general guidelines can be helpful.

1. The definite article is needed before nouns referring to concepts and abstract things, as well as with nouns that refer to a group or class in general.

La gente suele pensar que el dinero es muy importante en la vida.	*People usually think that money is very important in life.*
En el mercado abundaban los claveles, pero escaseaban las rosas.	*At the market carnations were plentiful but roses were scarce.*

When there is an idea of amount (if the words *some* or *any* can be inserted in English), the article is omitted in Spanish.

Conozco gente sin dinero que es feliz.	*I know (some) people without (any) money who are happy.*
Hay niños que siempre comen hortalizas.	*There are (some) children who always eat (a certain amount of) vegetables.*

Note that the verb **haber** always conveys an idea of quantity or amount; therefore, it is not followed by the definite article except in rare regional usage.

2. The definite article is generally used with dates, seasons, meals, centuries, and hours.

En el verano el desayuno se sirve a las ocho, en el invierno a las ocho y media.	*In summer breakfast is served at eight, in winter it is served at eight-thirty.*

This rule, however, is not always followed. In the case of the seasons, the article is optional after **de** and **en**; in the case of hours, it is often omitted in the expression **de** + hour + **a** + hour.

Tanto en invierno como en verano tenemos el mismo horario: de siete a ocho, desayuno; de una a dos, almuerzo; de siete a nueve, cena.	*In winter as well as in summer we have the same schedule: from seven to eight, breakfast; from one to two, lunch; from seven to nine, dinner.*

With the days of the week, the article is omitted after **ser**: **Hoy es jueves.*** With the year, it is generally omitted, except in the case of abbreviations.

Eso sucedió en 1955.	*That happened in 1955.*

But:

Eso sucedió allá por el 55.	*That happened around '55.*

3. The definite article precedes most titles, except when speaking directly to the person. Exceptions to this rule are the following titles: **don, doña, san(to), santa, fray, sor.**

El rey Juan Carlos I es el sucesor del general Francisco Franco.	King Juan Carlos I is the successor of General Francisco Franco.

But:

Fray Gabriel Téllez fue el creador de Don Juan Tenorio.	*Fray Gabriel Téllez was the creator of Don Juan Tenorio.*

4. The well-known rule about the definite article preceding parts of the body and garments extends also to some physical and psychological acts and reactions.**

Al oírte no pude contener la risa.	*When I heard you I couldn't hold back my laughter.*
Déjame recobrar el aliento; estoy extenuada.	*Let me catch my breath; I'm exhausted.*

5. The construction **tener** + definite article + part of the body or garment + adjective is the Spanish equivalent of the English possessive + part of the body or garment + to be + adjective.

*Note that this rule applies only when you are telling what day of the week it is (was, will be, etc.) When **ser** means *to take place* the article is used.
La reunión es el jueves. *The meeting will be on Thursday.*

A reminder: Usually, as the following patterns show, no possessive adjective is needed to identify the possessor. **El alumno levantó *la* mano para contestar; Alberto se quitó *el* sombrero; Cuando la hijita de Pedro comenzó a llorar, él le cambió *el* pañal. Sometimes, however, the possessive adjective is necessary for clarity or to avoid ambiguity: ***Mi* pelo brilla más que *el tuyo*; Ponte *tu* camisa, no *la mía*.**

El niño tenía la carita triste.	*The boy's little face was sad.*
La víctima tenía los ojos cerrados y la cara hinchada.	*The victim's eyes were closed and his face was swollen.*
Tienes los pantalones manchados.	*Your pants are stained.*

6. The definite article is used with the words **cama**, **cárcel**, **colegio**, **escuela**, **guerra**, **iglesia**, and **trabajo** when they are preceded by prepositions.

Si Ud. no va a la guerra cuando lo llamen, lo enviarán a la cárcel.	*If you don't go to war when they call you, they'll send you to jail.*
Conocí a Jaime en la iglesia, no en la escuela.	*I met Jaime in church, not at school.*

Observe that these words may also fall under rule 1. In this case, they take the article even if they are not preceded by prepositions.

El trabajo y la escuela son las claves del progreso.	*Work and school are the keys to progress.*

7. The definite article has customarily been used with certain geographical names. The most common are: **la Argentina**, **el Brasil**, **el Canadá**, **los Estados Unidos**, **la Florida**, **la Habana**, **el Japón**, **el Paraguay**, **el Perú**, **la República Dominicana**, **El Salvador**, and **el Uruguay**.

Today, however, the article is often omitted with these names, especially in the press. The only two countries that have consistently kept the article are **El Salvador** and **la República Dominicana**.

Names of places that are modified by an adjective take the definite article: **la España meridional**, **el Perú colonial**.

8. Names of sciences, skills, school subjects, and languages require the definite article when they are used as subjects of a sentence or as objects of a preposition other than **de** or **en**.

La física es una asignatura interesante, pero prefiero estudiar biología.	*Physics is an interesting subject, but I prefer to study biology.*
El español no es difícil, pero tengo problemas con el alemán.	*Spanish is not difficult, but I have problems with German.*
¿Has visto algún libro de español escrito en alemán?	*Have you seen any Spanish book written in German?*

Exception: the article is used after the preposition in the case of **interesarse en**.

Mi médico ha estado interesado en la medicina desde niño. *My doctor has been interested in medicine since his childhood.*

9. The definite article is omitted before the numerals in the names of kings, popes, and other rulers: **Carlos Quinto** *Charles the Fifth,* **Isabel Segunda** *Elizabeth the Second.*

APLICACIÓN

¿Con o sin artículo definido? Complete, haciendo contracciones si es necesario.

1. Cuando _______ Presidente Kennedy fue asesinado en _______ 1963, yo vivía en _______ Florida. Ya entonces había allí _______ cubanos, porque _______ cubanos comenzaron a llegar a _______ Estados Unidos en _______ 59. Cuando Fidel Castro se inclinó hacia _______ comunismo, _______ cubanos de _______ clases media y alta salieron del país. Ellos tenían _______ fe en que Kennedy ayudaría a restaurar _______ democracia en Cuba, pero después de los hechos de _______ Bahía de Cochinos, _______ desencanto se apoderó de todos.
2. Aunque _______ mujeres han sido muy discriminadas en todos _______ siglos, _______ historia presenta muchos casos de _______ mujeres que se han destacado. Muchas de estas mujeres se han dedicado a _______ vida religiosa. Por ejemplo, _______ Santa Teresa de Jesús, en _______ Siglo de Oro, _______ Sor Juana Inés de la Cruz, en _______ México colonial y, actualmente, _______ Madre Teresa de Calcuta.
3. Aunque eran sólo _______ nueve y era _______ viernes, ya había _______ niños en _______ parque, porque era _______ verano y _______ niños tenían _______ vacaciones. Una niñita, sobre todo, me llamó _______ atención. Era delgadita y tenía _______ pelo negro recogido en dos trenzas. Aunque llevaba _______ ropa de buena calidad y parecía rica, me dio lástima. _______ mirada de sus ojos era triste. Me di cuenta de que no tenía _______ amigos.
4. _______ doctor Carlos Gutiérrez, _______ famoso sicólogo, dio una conferencia titulada: «¿Qué es _______ felicidad?» Según _______ don Carlos, _______ felicidad no es una cosa concreta, y alcanzarla no debe ser _______ meta en _______ vida. Todos tenemos _______ momentos felices y _______ suma de estos momentos es lo que nos hace dichosos. _______ profesor Alberto Catá, que además de ser sicólogo, es muy aficionado a _______ filosofías orientales, le hizo _______ preguntas durante _______ debate que siguió. Al acto asistieron _______ estudiantes y _______ profesores.
5. En 1939 volvió a reinar _______ paz en España y _______ Generalísimo Francisco Franco tomó _______ poder. Cuando Franco murió, se coronó rey a Juan Carlos _______ Primero. Hoy día hay _______ democracia en España, aunque _______ país sigue siendo una monarquía.

USES OF THE INDEFINITE ARTICLE

The indefinite article (**un, una, unos, unas**)* is used in Spanish much less than its counterpart in English, so most rules about its use really deal with cases in which the indefinite article is omitted in Spanish while it is used in English.

1. The indefinite article is omitted in Spanish in the following cases:

a. After the verb *to be* when referring to professions, trades, nationalities, ranks, and affiliations.

Su madre soñaba con que él fuese médico, pero él quería ser basurero.	*His mother dreamt of his being a doctor but he wanted to be a garbage collector.*
No sabía que la novia de Blas era argentina.	*I didn't know Blas's girlfriend was an Argentinian.*
La madre de Purita es católica, pero ella es budista.	*Purita's mother is a Catholic but she is a Buddhist.*

Note that in this type of classification the word following **ser** really functions as an adjective in Spanish. When this word is modified the classification becomes individualized and the indefinite article is used to nominalize it. **Ser médico**, **ser argentina**, and **ser católica** are general classifications; however, **ser un médico famoso**, **ser una argentina muy simpática**, and **ser una católica muy devota** refer to personal characteristics of the individual that make him or her stand out from the rest of the group.

The indefinite article can also be added for emphasis even when the noun is not modified. This happens mostly in exclamations.

¡Es un varón!	*It's a boy!*
¡Juanita es una actriz!	*Juanita is (quite) an actress!*

But:

No sé si el bebé es varón o hembra.	*I don't know whether the baby is a boy or a girl.*
Juanita es actriz.	*Juanita is an actress.*

b. Before **otro/a** (*another*), **cien**, **ciento** (*a hundred*), **mil** (*a thousand*) **cierto/a** (*a certain*); and after **medio/a** (*half a*) and **tal** (*such a*). The indefinite article is also omitted in the expression: **¡Qué** + noun + **tan (más)** + adjective! (*What a* + adjective + noun!).

*The definite article **la** becomes **el** before feminine nouns beginning with stressed **a** or **ha**. Popular usage has extended this rule to the indefinite article: **un asa**, **un hacha**, but **una habitación**.

¡Tenía tal apetito! Se comió media libra de pan y más de cien cerezas. *He had such an appetite! He ate half a pound of bread and more than a hundred cherries.*

Cierta persona me dijo que Ramírez tuvo otro ataque recientemente. *A certain person told me that Ramírez had another attack recently.*

Te he explicado esto mil veces y no quiero explicarlo otra vez. *I have explained this to you a thousand times and I don't want to explain it again (another time).*

¡Qué día tan (más) hermoso! *What a beautiful day!*

¡Qué situación tan (más) embarazosa! *What an embarrassing situation!*

Exception: **Un(a) tal**, before a proper name, means *one, a certain, a person by the name of.* **Un(a) cierto/a** can also be used with a similar meaning, but it is less common.

Una tal Dolores Cisneros reclamó la herencia. *Some woman by the name of Dolores Cisneros claimed the inheritance.*

c. With unmodified nouns preceded by the verbs **tener**, **poseer**, **llevar**, and **usar**. Also, with unmodified nouns preceded by the prepositions **con** and **sin**.

El hombre llegó al hotel sin reservación. Tenía fiebre y también tenía dolor de estómago. Aunque era invierno, no llevaba abrigo. Había venido a pie, porque no había conseguido taxi. *The man arrived at the hotel without a reservation. He had a fever and he also had a stomachache. Although it was winter, he was not wearing a coat. He had come on foot because he hadn't been able to get a taxi.*

Pocas personas usan dedal cuando cosen. *Few people use a thimble when they sew.*

Nadie me espera en casa; no tengo familia ni tampoco tengo perro. *Nobody is waiting for me at home; I don't have a family and I don't have a dog either.*

Note that these nouns refer to things of which the subject would normally have (wear, use) only one at a time. Since **un**, **una** also have a numerical meaning (*one*), using **un, una** would be redundant. However, if the concept of number is emphasized, the article is retained.

¡Tantas cuentas que pagar, y yo sin un centavo! *So many bills to pay and I don't have a (single) cent!*

Cuando tengo mucho frío no llevo un suéter, sino dos. *When I am very cold I don't wear one sweater but two.*

The indefinite article is also retained when the noun is modified since in that case the emphasis is on the individuality of the noun, which is distinguished by the adjective from others of its kind.

El hombre tenía una fiebre muy alta y un dolor de estómago terrible.	*The man had a very high fever and a terrible stomachache.*
Mi madre siempre usa un dedal de plata.	*My mother always uses a silver thimble.*
La actriz, que llevaba un abrigo de visón, hablaba con un acento muy desagradable.	*The actress, who was wearing a mink coat, spoke with a very unpleasant accent.*

d. In many proverbs and adages.

A caballo regalado no se le mira el colmillo.	*Never look a gift horse in the mouth.*
Ojos que no ven, corazón que no siente.	*Out of sight, out of mind.*
Casa que se blanquea, inquilinos quiere.	*A house that gets whitewashed wants tenants.*

2. Special meanings of **unos, unas**.

The plural forms **unos, unas** are equivalents of *some* when *some* expresses quantity or degree, or when it means *a number of, a few,* or *about*.

Vivimos unos años en aquel edificio.	*We lived in that building for some (a number of) years.*
Tengo unos pesos que puedo prestarte.	*I have some (a few) dollars that I can lend you.*
Unos diez estudiantes presenciaron el accidente.	*Some (About) ten students witnessed the accident.*

Unos, unas often equals *a pair*.

unas piernas perfectas	*a perfect pair of legs*
unos brazos fuertes	*a strong pair of arms*
unos ojos preciosos	*a beautiful pair of eyes*
unas manos hábiles	*a pair of capable hands*
unas tijeras	*a pair of scissors*
unos alicates	*a pair of pliers*
unas tenazas	*a pair of tongs*

APLICACIÓN

Complete las siguientes narraciones con el artículo indefinido cuando sea necesario.

1. ¡Qué ______ suerte! Pablito encontró en la acera ______ billete de ______ cien dólares y, exactamente ______ media cuadra más allá, ______ otro billete, esta vez de cinco. Y eso, a pesar de que era ______ poco miope y andaba sin ______ lentes.
   Pablito era ______ verdadero pícaro. No tenía ______ trabajo y se pasaba el día en la calle. Gracias a ______ manos hábiles, ganaba a veces ______ dólares jugando a las cartas. Tenía ______ barba y ______ bigote y, en invierno y en verano llevaba ______ chaqueta vieja de cuero. Pocas personas sabían que Pablito tenía ______ familia y que era ______ familia de prestigio. Su padre era ______ catedrático y su madre ______ pianista famosa. Pero el pobre Pablito era ______ alcohólico y este vicio había arruinado su vida.
   En la calle Independencia, Pablito se encontró con su mejor amigo, ______ tal Rata, y le contó su hallazgo. Rata era ______ mecánico, pero tampoco trabajaba. Felicitó a Pablito y los dos se fueron, abrazados, a celebrar lo sucedido con ______ tragos en ______ taberna.

2. El novio de Violeta es ______ soldado y siempre lleva ______ uniforme cuando sale con ella. Ayer estaba lloviendo y vino sin ______ paraguas. ¡Qué ______ tonto! Se le mojó el uniforme. Violeta es ______ prima mía; por eso le presté a su novio ______ pantalones. También le presté ______ paraguas para el regreso a su casa, porque seguía lloviendo y yo no tengo ______ carro. Además, le aconsejé que la próxima vez averiguara si iba a llover. «______ hombre precavido vale por dos», dice el refrán.

3. ¡Qué ______ día tuve ayer! Cuando intenté abrir la puerta del dormitorio, descubrí que no tenía ______ llave. Tampoco llevaba ______ identificación. Llamé a ______ policía, pero él no creyó que yo era ______ estudiante, aunque soy ______ conocido líder estudiantil. ¡Jamás me había pasado tal ______ cosa! Finalmente, resolví el problema cuando ______ otro estudiante que es mi amigo me identificó.

4. ¿Te acuerdas de Rosa, aquella vecina nuestra que tenía ______ piernas preciosas y ______ ojos muy expresivos? Me dijeron que está comprometida con ______ tal Jesús, que es ______ venezolano. Yo no sabía que Rosa tenía ______ novio, porque no lleva ______ anillo. Pero parece que aunque Jesús es ______ buen joyero, no ha podido conseguir trabajo y no tiene ______ peso. Por eso no ha podido darle ______ anillo a Rosa.

PREPOSITIONS I

Simple Prepositions in Spanish

a	*to, at, in, for, upon, by*	**hacia**	*toward*
ante	*before*	**hasta**	*until, as far as, up to*
bajo	*under*	**para**	*for, to, on, by*
con	*with*	**por**	*for, by, in, through because of, around, along*
contra	*against*	**según**	*according to*
de	*of, from, to, about*	**sin**	*without*
desde	*since, from*	**sobre**	*on, about, over*
en	*in, into, at, on*	**tras**	*after*
entre	*between, among*		

Se presentaron ante el juez para protestar contra nosotros. *They went before the judge to protest against us.*

Elena se inscribió bajo un nombre supuesto. *Elena registered under a fictitious name.*

Él llegó hasta la esquina y se escondió tras un árbol. *He went as far as the corner and hid behind a tree.*

Caminaron hacia la calle que está entre el parque y la iglesia. *They walked toward the street that is between the park and the church.*

Según Conchita, hablaron mucho sobre el asunto sin tomar ninguna decisión. *According to Conchita, they talked a lot about the matter without making any decision.*

APLICACIÓN

¿Culpable o inocente? *Complete la siguiente narración, usando las preposiciones españolas equivalentes a las preposiciones que se dan en inglés.*

La versión (*of*) el policía (*about*) el incidente fue que el auto estaba estacionado (*in*) la avenida Malpaso (*between*) las calles Fresno y Asunción, (*at*) las 10 (*in*) la mañana. El auto estaba justamente (*under*) un letrero que prohibía estacionarse (*in*) la mañana (*from*) las 8 (*to*) las 12. Así lo declaró el policía (*before*) el juez. (*According to*) el automovilista, sin embargo, él estaba (*in*) el coche cuando vio que el policía caminaba (*toward*) allí y, (*without*) decir una palabra, ponía un papel (*on*) su parabrisas. El chofer explicó que había dado vueltas (*around*) las calles (*in*) ese barrio (*for*) una hora (*without*) poder encontrar estacionamiento. Había ido (*as far as*) el parque, pero inútilmente. Entonces había decidido detenerse (*in order to*) esperar (*until*) que se fuera otro coche. Estaba allí, (*according to*) él, (*since*) las nueve y media. Añadió que, cuando vio que el policía le ponía una multa, salió (*of*) el coche y fue (*after*) él, tratando de explicarle que no había hecho nada (*against*) la ley, porque un auto (*with*) el chofer dentro no se considera estacionado. ¿Está Ud. (*with*) el chofer o (*against*) él? ¿Qué decidiría (*in*) este caso si fuera el juez?

USES OF *A*

1. A before the direct object.

a. The preposition **a** precedes the direct object when the latter is a *definite* person or personified thing. Pronouns like **alguien**, **nadie**, and **quien**, which refer to people, are usually preceded by **a**.

La mujer acusó a su marido de haberle pegado.	*The woman accused her husband of having hit her.*
El niño besó a su madre y abrazó a su tía.	*The little boy kissed his mother and hugged his aunt.*
—¿A quién viste? —No vi a nadie.	*"Whom did you see?" "I saw no one."*
Todos debemos defender a nuestra patria.	*We all should defend our homeland.*
Brasil (El equipo de Brasil) venció a México (al equipo de México) en el campeonato de fútbol.	*Brazil (Brazil's team) defeated Mexico (Mexico's team) in the soccer championship.*

A is not used with an inanimate, non-personified object, nor when the noun object refers to an indefinite person or to a group of people in which individuals are de-emphasized.

El nuevo propietario arregló el techo de la casa, levantó las cercas y plantó flores.	*The new owner repaired the roof of the house, put up the fences, and planted flowers.*
Diógenes quería encontrar un hombre honrado.	*Diogenes wanted to find an honest man.* (Any man, not a specific one).
La compañía importó obreros extranjeros para construir el puente.	*The company imported foreign workers to build the bridge.* (Individuals are de-emphasized; they imported workers as they would import machinery.)

b. **A** is omitted after the verb **tener** when it means *to possess*: **Tengo dos hermanos (un novio muy guapo, varios profesores excelentes)**.

However, when **tener** means *to hold* or *to be*, **a** is used before definite animate direct objects.

La madre tenía a su bebé en los brazos.	*The mother was holding her baby in her arms.*
Tenemos a nuestro padre en el hospital.	*Our father is in the hospital.*

c. If the subject of the sentence is nonhuman and the direct object is a definite animal, rules given in (a) and (b) for persons apply and **a** generally precedes the direct object, even in the case of lower species like insects.

La vaca lamía a su ternerito.	*The cow was licking her calf.*
Las ratas transportan a sus crías con la boca.	*Rats transport their offspring with their mouths.*
Cientos de hormigas atacaron al pobre gusano.	*Hundreds of ants attacked the poor caterpillar.*
La araña atrapó a la mosca en su tela.	*The spider trapped the fly in its web.*

But:

Las serpientes comen ratones.	*Snakes eat mice.* (Individuals are de-emphasized; mice are only food here.)

Use of **a** with animal direct objects when the subject is human is very subjective. Most people would use it with pets and animals of the higher species. (This is especially true in the case of animal lovers.) In general, if the speaker attaches importance to the animal, **a** is used; on the other hand, if the animal is treated like a *thing,* the **a** is omitted.*

El chico salvó a la abeja de morir ahogada.	*The boy saved the bee from drowning.*
Carlos ensartó a la pobre mariposa con un alfiler grande.**	*Carlos skewered the poor butterfly with a large pin.*

But:

La cocinera espantó las moscas que volaban sobre el pastel.	*The cook shooed away the flies that were flying over the pie.*

*Some examples of use of **a** with animals: García Márquez, in *El amor en los tiempos del cólera*: «... tratando de asustar **al** loro... cuando se dieron cuenta de que no alcanzarían **al** loro... extendió la mano para atrapar **al** loro...» Carpentier in *Los pasos perdidos*: «El graznido de un pájaro despierta **a** las chicharras del techo... un cargo de perrero para que arrojara **a** los perros del templo...» Gregorio López Fuentes in *El indio*: «El triunfo soliviantó más **a** la manada (de jabalíes)... era que uno de los perros había levantado **al** ciervo... (el cazador) no podía abandonar **a** sus cachorros.»

**Note that although Carlos treats the butterfly like a thing, the speaker doesn't, as shown by the use of *poor*.

2. A precedes the indirect object.

A mi tío Pascual le encantaban las películas de ciencia-ficción, y cuando murió, le dejó su dinero a una compañía de películas en vez de dejármelo a mí.	*My uncle Pascual loved science-fiction movies and when he died, he left his money to a movie company instead of leaving it to me.*

Some verbs like *to buy, to borrow, to rob (steal),* and *to take away* are followed by the preposition *from* in English. In Spanish the person or entity from whom the subject borrows, buys, etc., is the indirect object and **a** is used.*

El joven le pidió prestados unos pesos a su amigo para comprarle flores a la viejecita.	*The young man borrowed a few pesos from his friend to buy flowers from the old lady.*
Si le quitas 15 a 50 te quedan 35.	*If you take 15 away from 50 you have 35 left.*
En vez le pedirle prestado el dinero al banco, Daniel se lo robó a su padre.	*Instead of borrowing the money from the bank, Daniel stole it from his father.*

3. A follows verbs that express motion, whether this motion is physical or figurative. It is also used after verbs of beginning. In these categories are: **acercarse a, arrojarse (lanzarse) a, bajar a, caer a, comenzar (empezar) a, echarse a, ir(se) a, llegar a, ponerse a, salir a, subir(se) a, tirar a, venir a, volver a.**

El suicida se arrojó (se lanzó) al abismo.	*The suicidal man threw himself into the abyss.*
Aunque estaba en la calle, el joven se sentía tan alegre que comenzó (empezó) (se puso) a cantar.	*Although he was in the street, the young man felt so happy that he began to sing.*
Cuando Margarita oyó que la llamaban, bajó al primer piso.	*When Margarita heard them calling her she went down to the first floor.*
—¡Vete a la cama, Pablito!— gritó la madre.	*"Go to bed, Pablito!" yelled the mother.*
El criminal siempre vuelve a la escena del crimen.	*The criminal always returns to the scene of the crime.*

Note that some of these verbs do not require a preposition in English.

El forastero se acercó a la casona desierta.	*The stranger approached the imposing, deserted house.*

*This special use of the indirect object was presented in chapter 3.

Después de nadar mucho rato, el náufrago llegó a la orilla.	*After swimming for a quite a while the shipwrecked man reached the shore.*

4. A follows verbs that refer to a teaching-learning process. It is also used after verbs that express the subject's intention to engage in some activity or to have someone else do so. In these categories are: **aprender a, convidar (invitar) a, consagrarse (dedicarse) a, enseñar a, forzar (obligar) a, impulsar a, incitar a.**

—¡Quíen lo enseñó a manejar? Maneja Ud. bastante mal.	*Who taught you how to drive? You drive rather badly.*
Mi madre siempre me obligaba a comer hortalizas.	*My mother always forced me to eat vegetables.*
Después que murió su esposa, Tomás se dedicó a cocinar.	*After his wife died Tomás devoted himself to cooking.*
Os invitaremos a cenar con nosotros.	*We will invite you to have dinner with us.*

5. A expresses the manner in which an action is performed.

«Irse a la francesca» significa en español irse sin despedirse.	*"To leave French-style" (To take French leave) means in Spanish to leave without saying good-bye.*
«A mi manera» es una canción que me gusta mucho.	*"My Way" is a song I like very much.*
Irma siempre escribe sus cartas a mano, porque no sabe escribir a máquina.	*Irma always writes her letters by hand because she can't type.*
Sirvieron en la cena bisté a la parrilla y manzanas al horno.	*At dinner they served grilled steak and baked apples.*
¿Hiciste el viaje a caballo o a pie?	*Did you make the trip on horseback or on foot?*

Many adverbial expressions of manner take the preposition **a**.

a ciegas	*blindly*	**a tontas y a locas**	*without thinking*
a escondidas	*behind someone's back, secretly*		
a la fuerza	*against one's will, by force*	**gota a gota**	*drop by drop*
a lo loco	*in a crazy way*	**paso a paso**	*step by step*
a oscuras	*in the dark*	**poco a poco**	*little by little*
a propósito	*on purpose*	**uno a uno, uno por uno**	*one by one*
a sabiendas	*knowingly*		

Sus padres se oponían a sus relaciones y ellos se veían a escondidas.	*Their parents were opposed to their relationship and they met secretly.*
Él no obró a ciegas, actuó a sabiendas.	*He didn't act blindly, he acted knowingly.*
No me gusta hacer las cosas ni a lo loco ni a la fuerza.	*I don't like to do things in a crazy way or by force.*
«Paso a paso se va lejos» y «Gota a gota se llena la copa» dicen dos refranes.	*"Little by little one goes far" and "Drop by drop the glass gets filled" say two proverbs.*
Fueron saliendo uno a uno, y poco a poco se vació la sala.	*They left one by one and the room emptied little by little.*
La Sra. Guillén nos dejó a oscuras sobre ese asunto a propósito.	*Mrs. Guillén left us in the dark about that matter on purpose.*

6. A expresses a point in time.

Pasan mi telenovela favorita a las nueve.	*They show my favorite soap opera at nine.*
Al salir de la casa vi al cartero.	*Upon leaving the house I saw the mailman.*
A principios (fines) de mes te enviaré el cheque.	*At the beginning (the end) of the month I will send you the check.*

A + definite article + period of time = period of time + *later.*

Al poco tiempo (a los pocos días, a la semana, al mes, al año, a los cinco minutos) eran grandes amigos.	*A little while (a few days, a week, a month, a year, five minutes) later they were great friends.*

7. A often precedes measurements and prices.

Dicen que la temperatura estará mañana a 40° centígrados.	*They say the temperature will be 40° centigrade tomorrow.*
Es ilegal correr a cien kilómetros por hora en este pueblo.	*It is illegal to go one hundred kilometers per hour in this town.*
¿A cómo compraste las toronjas? Están a tres por un dólar en la esquina.	*How much did you pay for the grapefruits? They are three for a dollar at the corner.*

COMBINATIONS OF SPANISH VERB + *a* + INFINITIVE

acostumbrar a	*to be accustomed to*	**decidirse a**	*to decide to*
animarse a	*to make up one's mind to*	**desafiar a**	*to challenge to*
arriesgarse a	*to risk + -ing*	**esperar a**	*to wait to*
aspirar a	*to aspire to*	**limitarse a**	*to limit oneself to*
atreverse a	*to dare to*	**meterse a**	*to undertake to*
aventurarse a	*to venture to*	**oponerse a**	*to be opposed to*
ayudar a	*to help to*	**prepararse a**	*to prepare oneself to*
comprometerse a	*to commit oneself to*	**prestarse a**	*to lend oneself (itself) to*
condenar a	*to condemn to*	**renunciar a**	*to give up*
contribuir a	*to contribute to*	**resignarse a**	*to resign oneself to*

COMBINATIONS OF SPANISH VERB + *a* + OBJECT

asistir a	*to attend*	**renunciar a**	*to give up*
dar a	*to face (toward), look out on*	**responder a**	*to answer, respond to*
jugar a (las cartas, etc.)	*to play (cards, etc.)*	**saber a**	*to taste like, taste of*
oler a	*to smell of, like*	**salir a**	*to take after*
parecerse a	*to resemble*	**traducir a**	*to translate into*

APLICACIÓN

A. *Decida si debe ponerse* **a** *o no en cada caso. Haga contracciones con el artículo cuando sea necesario.*

1. **Noche de insomnio.**

Tengo ______ tantos vecinos desconsiderados, que no puedo dormir. Anoche, por ejemplo, ya tarde, oía ______ el loro de los Mendoza, que gritaba pidiendo ______ galletas. Los Mendoza tienen ______ su loro en una jaula, pero no cubren ______ la jaula por la noche y el animal piensa que es de día. En el jardín, un gato llamaba ______ su novia. Me enloquecía la guitarra de Víctor, el chico del tercer piso, que tocaba

_______ rock. La música despertó _______ mi perro y le inspiró _______ una serie de aullidos haciéndole coro. Sobre mi cabeza, sentía _______ los pasos enérgicos de la señora Vidal, que esperaba _______ su esposo. Él llegó por fin, y por un gran rato los oí _______ los dos discutir a gritos. Me parecía ver _______ Juana Vidal, que agarraba _______ la escoba y atacaba _______ su marido. ¡No soporto _______ esa pareja! Pensé en llamar _______ la policía, pero me contuve y traté de concentrarme en la lectura de un libro. Entonces, vi _______ una cucaracha en un rincón del cuarto y me levanté a buscar _______ el insecticida. ¡Detesto _______ las cucarachas! Después que eliminé _______ la cucaracha, me fui a la ventana y contemplé _______ la calle. Veía _______ los coches y oía _______ su estruendo, aun con el cristal cerrado. Desesperada, decidí que si no podía hacer desaparecer _______ mis vecinos ni dejar de escuchar _______ sus ruidos, sí podía crear _______ mis propios ruidos. Busqué _______ un casete de un compositor _______ quien admiro mucho, Wagner, y puse _______ el casete en mi casetera con el volumen máximo.

2. **La finca de mis tíos.**

Cuando era niña, siempre pasaba las vacaciones con mis tíos en su finca. Mis tíos tenían _____ tres hijas y yo quería mucho _____ la menor, que era de mi edad. Mi tío tenía _____ mucho ganado en sus potreros. Me encantaba observar _____ los peones cuando, por las tardes, metían en el corral _____ las vacas que ordeñarían por la madrugada. Hacían esto todos los días porque en los climas tropicales no tienen _____ el ganado permanentemente en un establo como sucede en invierno en los países fríos.

Las reses no son animales estúpidos como cree la gente. Yo he visto _____ las vacas cuidar con mucho amor _____ los terneritos y reconocer _____ las personas que las han tratado bien.

Mi tíos no compraban _____ carne para comer; comían _____ animales de la finca. Cada quince días, los peones mataban _____ una vaca o _____ un ternero. Esto me impresionaba mucho, porque los otros animales olían _____ la sangre y mugían en el potrero. Eran mugidos muy tristes, como si las reses supieran que habían perdido _____ uno de los suyos.

B. Una película muy movida. *Complete la siguiente narración de manera original.*

Creo que las películas de violencia no son buenas, porque enseñan a los niños a... e incitan a los jóvenes imaginativos a... Pero mi amiga Paulita acostumbra a... y cuando me invitó anoche a... no pude negarme. En estas películas, es obligatoria una escena de persecución, casi siempre al final. Pero en la que vi anoche, la escena estaba al...

El bandido estaba dentro de un edificio; salió a... , se acercó a... y lo golpeó en la cabeza; le quitó a... las llaves de su coche y arrancó en él. Iba muy rápido, probablemente a... Los policías lo vieron y empezaron a... en su coche patrullero. Hacía frío, la temperatura debía de estar a... y el pavimento estaba resbaladizo. Al llegar a... el bandido intentó doblar a...,

Un video-club en un centro comercial de Santiago de Chile. La fiebre de los videos ha invadido desde hace tiempo el mundo hispánico.

las ruedas chirriaron y el coche se subió a..., chocando contra un poste. El bandido volvió a... El coche patrullero se acercaba a... cada vez más. Los perseguidores querían bloquear al otro coche para forzarlo a... De repente, el fugitivo detuvo su carro, salió de él y echó a... Los policías también dejaron su auto y lo perseguían a... A las pocas cuadras, el hombre cayó a... , pero se levantó al... Al final, llegó a... sobre un río, que tenía paredes de concreto a los lados. El hombre se subió a... y comenzó a... insultando a los policías. Éstos empezaron a... y una de las balas hirió al... en un hombro. Los policías volvieron a... , pero estas balas no dieron en el blanco. El hombre trató de bajar a... poco a... , por uno de los pilares del puente, pero no pudo y, desesperado, se arrojó a...

C. *Haga comentarios basándose en los siguientes datos y usando expresiones adverbiales con la preposición* a.

Modelo: Rosa tiene que escribir una carta y su máquina de escribir está rota. → Va a tener que escribir la carta a mano.

1. Era una noche sin luna y teníamos que avanzar muy despacio.
2. No debes hablar sin saber lo que dices.
3. No fue un accidente. Lo hizo intencionalmente.
4. El niño cogió el pedazo de pastel sin que nadie lo viera.
5. No te obligaré a hacer nada contra tu voluntad.
6. No sabía lo que hacía. La ira le impedía ver la verdad.
7. Cada vez que salía un soldado enemigo, nuestras tropas lo mataban.
8. Todo lo haces sin organización ni plan previo.

9. Recibí contestación a mi carta tres días después de escribirla.
10. Invirtió su dinero en aquella compañía y un año más tarde tenía el doble.

D. *Traduzca.*

1. Although Luis aspires to be a politician like his mother, I think he takes after his father and will be a concert pianist.
2. When we approached the house we saw that it faced a beautiful lake that looked like Lake Tahoe.
3. I'm not opposed to helping Inés translate that poem into Spanish, but I'll limit myself to helping her only at the end of the week.
4. Two friends of mine challenged me to learn to fly an airplane but so far I haven't made up my mind to do it.
5. This tropical fruit looks like an apple and smells like garlic, but it tastes like ambrosia.
6. I've decided to give up this job and borrow some money from my father in order to devote myself to learning to type.
7. Before responding to Carlos's questions, Laura waited to hear that he was committing himself to do things her way and to not do anything without thinking. (*No emplee* **pensar**).
8. I was in the habit of playing tennis every Saturday, but now that my leg is broken I have resigned myself to playing cards.
9. The judge condemned the drunken motorist to spend two months in jail.
10. We wanted to make the trip on horseback but someone stole the saddles from the farmer and we had to go on foot.

Análisis de la lectura

A. *Traduzca las siguientes expresiones y explique el uso del artículo definido.*

1. ... fijos los ojos en la pantalla que tienen enfrente...
2. Se hace el más absoluto de los silencios.
3. ... el caso del castellano respecto al inglés...
4. Cuando el actor pronuncia una *b*... , cierra los labios...
5. ... sin apenas despegar los labios...
6. El enemigo actual del doblaje no es otro que la prisa.

B. *¿Por qué se usa el subjuntivo en las siguientes expresiones?*

1. ... de manera que esto pase desapercibido.
2. Si no se quiere que el personaje «cante»...

3. La velocidad... ocasionó que muchos quedaran mal hechos.
4. Es como si a Picasso se le hubiera exigido que pintara un cuadro en diez minutos.
5. ... como el hecho de que fuera siempre el mismo actor quien doblase a una estrella durante años.
6. ... en las frases que lo requieran.
7. Quizás sea en este aspecto...
8. ... ha hecho que cada vez se preste más atención...
9. Lo que se pretende es que las voces se integren...

C. *¿Por qué se usa la preposición* **a** *en* B4 *y* 5?

D. *¿Cómo se explica la omisión del artículo definido en la siguiente frase?* Esto, como otras artes, requiere inspiración.

E. *El uso del artículo indefinido difiere en las dos frases que siguen. ¿Por qué?*

1. Pero los actores extranjeros hablan ahora con distinta voz en cada película.
2. ... cada semana Bogart hablaba con una voz diferente.

Este anuncio de equipos eléctricos de Venezuela tiene muchos ejemplos de vocabulario moderno.

Seccion léxica

REPASO

Sustituya las palabras en cursiva por expresiones sinónimas.

1. En la reunión *se presentó* el problema y se explicó lo que *se quería conseguir*.
2. El cuarto estaba iluminado por una luz *muy débil*.
3. Los actores se reunieron *alrededor de* una mesa larga.

La palabra closet *es la preferida en la mayoría de los países. Estos dos anuncios son de Venezuela y de México.*

4. Durante *la filmación* de la escena hubo que *cambiar* el texto.
5. *La actuación* del *protagonista* fue brillante.
6. Esa actriz tiene una voz profunda, muy rica en *pequeñas variaciones.*
7. *El posesivo* español se expresa con «de» y no con apóstrofo.
8. Una película se dobla hoy en dos *días de trabajo*.
9. La industria cinematográfica es muy importante en el momento *presente*.
10. Durante *la época de Franco,* al gobierno *no le gustaban* las alusiones a la Guerra Civil.

AMPLIACIÓN

VARIACIONES REGIONALES

En la lectura aparecen palabras como **take** y **dolby** tomadas sin alteración del inglés, y también palabras españolas adaptadas a la técnología moderna, como **mesa de mezclas** y **banda sonora**.

A continuación, se da una lista de algunas palabras comunes en la vida moderna que tienen diferentes nombres según el país*. El primer nombre que se da en cada caso es el que preferimos, porque se usa en el mayor número de países.

answering machine	contestador automático, contestador de llamados
appliances	electrodomésticos, blancos, enseres
automatic teller	cajero automático, electrocajero
ballpoint pen	bolígrafo, pluma, lápiz de pasta, lapicero, birome (f.)
beeper	buscapersonas, el busca, radiolocalizador, rastreador de personas
cassette player	casetera, tocacintas
closet	closet, ropero, armario empotrado, placard (m.)
computer	computadora, computador, ordenador
cordless phone	teléfono inalámbrico, teléfono sin hilos
dishwasher	lavaplatos, lavavajillas
down payment	entrada, enganche, depósito, pago inicial, pronto, señal, seña
food processor	procesador de alimentos, robot
hot plate	calientaplatos, comal, plancha
jeans	vaqueros, mahones, bluyins, blue jeans, pantalones de mezclilla
lunch box	lonchera, fiambrera
magic marker	marcador, plumón, rotulador, fibra, mechón
mop	trapeador, trapera, fregona, mapo, mopa, aljofifa, trapo y palo
paper clip	clip (pl. clips), presilla, ganchito
push-button phone	teléfono de teclas, teléfono de botones

*No se trata de que el estudiante aprenda todas estas palabras, sino de que se dé cuenta de la gran variedad en este tipo de vocabulario.

radio/tape recorder	radiograbadora, radiograbador, grabador, radiocaset
refrigerator	refrigerador, refrigeradora, nevera, heladera
stapler	engra(m)padora, presilladora, abrochadora, grapadora, clipiadora
VCR	vídeo, videocasetera, videograbadora
walkman	walkman, loro

APLICACIÓN

Sustituya cada nombre en cursiva por el nombre que se usa en el mayor número de países.

1. Acabo de comprar un teléfono *sin hilos* y *de botones* que tiene también *contestador de llamados* en la misma unidad.
2. *El robot*, *el lavavajillas*, *el comal* y *la heladera*, se clasifican como *blancos*.
3. Cuando comenzaron las clases en septiembre compré *plumas*, *plumones*, *presillas* y *una abrochadora*.
4. Guarda *el mapo* en *el armario empotrado* de la cocina, por favor.
5. Siempre deposito mi dinero en *el electrocajero*.
6. *Un radiolocalizador* no es lo mismo que *un loro*.
7. En mi habitación tengo *una videocasetera*, *un radiocaset* y *un tocacintas*.
8. Puse una cantidad como *enganche* y voy a pagar mi *ordenador* a plazos.
9. La joven tenía puestos unos *bluyins* muy estrechos y llevaba *una fiambrera* en la mano.

DISTINCIONES LÉXICAS

PARECER AND *PARECERSE A*

Both **parecer** and **parecerse a** are equivalents of *to resemble* but they are not interchangeable. **Parecer** expresses the likeness of the subject to a concept or an indefinite person, animal, or thing. **Parecerse a** expresses the likeness of the subject to a definite person, animal, or thing.

The following formulas can be useful in most cases: **parecer** + noun with no article or noun preceded by indefinite article; **parecerse a** + name, pronoun, or noun preceded by a definite article, a demonstrative, or a possessive.

Roberto parece un boxeador.	*Roberto resembles a boxer.* (Any boxer, indefinite person.)
Roberto se parece a ese boxeador.	*Roberto resembles that boxer.* (Definite person.)
Esa mujer parece un loro.	*That woman resembles a parrot.* (Any parrot, because she talks incessantly like a parrot.)

Con ese peinado esa mujer se parece a mi loro. — *With that hairdo that woman resembles my parrot.* (Definite animal.)

Tu vestido parece un traje de baño. — *Your dress resembles a bathing suit.* (Any bathing suit, indefinite thing.)

Tu vestido se parece al traje de baño de Lola. — *You dress resembles Lola's bathing suit.* (Definite thing.)

APLICACIÓN

A. *Haga un comentario basado en cada situación, usando* **parecer** *o* **parecerse a**.

1. Al mirar los árboles en la oscuridad, creí que eran figuras humanas.
2. La Mezquita de Córdoba, con sus cientos de columnas, trae a la memoria un extenso bosque.
3. Sarita y Miriam son hermanas, pero físicamente no tienen rasgos comunes.
4. Sarita es como una muñeca, rubia y frágil.
5. La madre de Sarita es también rubia y frágil como ella.
6. Pero Miriam salió a su padre.
7. Miriam es grande y fuerte como un roble.
8. Arévalo Martínez escribió un cuento sobre un hombre que tenía características de caballo.
9. La letra de Ud. es similar a la de Valentín.
10. Creo que a veces existen semejanzas físicas entre los perros y sus amos.

Para escribir mejor

OTROS SIGNOS DE PUNTUACIÓN

En capítulos anteriores se ha estudiado el uso de la coma y el punto y coma. A continuación se dan los casos más importantes en el uso de otros signos de puntuación.

1. Se usan los dos puntos:

a. Para indicar que sigue una enumeración de lo contenido en la frase precedente.

José tenía dos grandes defectos: era perezoso y mentía constantemente. — *José had two serious defects: He was lazy and he lied constantly.*

b. Cuando se va a citar lo dicho por otra persona.

Cuando los policías lo detuvieron dijo: «Soy culpable».	*When the police arrested him he said, "I'm guilty."*

c. En los saludos de las cartas, aun en las cartas familiares.

Querido Ernesto:	*Dear Ernesto,*

2. Se usan los puntos suspensivos:

a. En una cita, para indicar que se ha omitido parte de la frase original.

...y acercó a la niña su pecho, en un abrazo apretado...	*. . . and she held the child to her breast in a tight embrace . . .*

b. Para indicar una pausa de tipo emocional.

Pues, yo no sé... creo que no le diría nada... o tal vez sí...	*Well, I don't know . . . I think I wouldn't tell him anything . . . or perhaps I would . . .*

c. En frases incompletas. También en enumeraciones incompletas, como equivalente de **etcétera**.

Ella tiene las mejores intenciones, pero...	*She has the best intentions, but . . .*
Mis modelos han sido los novelistas realistas: Pereda, Valera, Pérez Galdós...	*My models have been the realistic novel writers: Pereda, Valera, Pérez Galdós . . .*

3. El guión menor (*hyphen*) divide una palabra al final de una línea. También indica palabras compuestas como **socio-económico** e **histórico-político**. El guión se usa en español mucho menos que en inglés.

4. El guión mayor, o raya, se usa, lo mismo que el paréntesis, para separar elementos incidentales en la frase, pero el paréntesis hace una separación más marcada.

El hombre de la cámara —un turista seguramente— se detuvo frente a la iglesia.	*The man with the camera—a tourist for sure—stopped in front of the church.*

La raya sirve también para indicar que alguien habla en un diálogo*.

*A veces también se usan comillas (" " , « »), pero la raya es el signo más común para el diálogo en español.

—Y usted, ¿ha viajado mucho?	*"And you, have you traveled a lot?"*
—No, señor, sólo he hecho unos cuantos viajes locales.	*"No, sir, I have taken only a few local trips."*

5. Las comillas se utilizan:

a. Para indicar una cita textual.

Martí dijo: «Nuestro vino es agrio, pero es nuestro vino».	*Martí said, "Our wine is acidic but it is our wine."*

b. Para dar énfasis a una palabra o frase o indicar ironía.

Entonces «mi amigo» invitó a mi novia a salir con él.	*Then "my friend" invited my sweetheart to go out with him.*

c. Con palabras extranjeras, técnicas o muy familiares.

Después del último «take» se presta atención al «sound track».	*After the last take, attention is given to the sound track.*

APLICACIÓN

Pónganse los signos de puntuación que faltan en las siguientes oraciones.

1. El refrán dice Perro que ladra no muerde.
2. La razón de mi negativa es muy simple no quiero colaborar con hipócritas.
3. Pero ¿te vas? Eso no sé me confunde un poco
4. Y usted, ¿no trabaja? No, yo vivo de mis rentas.
5. Ramón Gómez de la Serna que debe su fama a su humor ingenioso dijo El tornillo es un clavo peinado con la raya al medio.
6. Pusimos las manzanas que recogimos cuatro o cinco docenas en el maletero del carro.
7. ¿Dónde dejaste a los escuincles? dijo el hombre.
8. La guerra entre España y los Estados Unidos se llamó hispano americana.
9. Espera, Gustavo, no te vayas Quiero que sepas
10. Mi primo trabaja como stunt man en el cine.
11. Dio un concierto de violín maravilloso. Tocó piezas de Chopin, Beethoven, Bach
12. y salió sin decir una palabra.
13. Juan y Santiago el mismo Santiago de quien te hablé resolvieron el problema.
14. No soy ambicioso. Sólo le pido a Dios dos cosas salud y paz.
15. Sí, él me ayudó pero a gastar mi dinero. Con ayudas de esa clase terminaré en la miseria.

En la cultura hispánica, lo mismo que en la norteamericana, abundan los chistes sobre vampiros. Aquí hay tres de ellos. Explíquelos oralmente o por escrito.

TRADUCCIÓN

On Sundays, after going to church, I'm in the habit of having lunch in a restaurant with my girlfriends, but yesterday I went to lunch alone because my friends were out of town. After being there a few minutes, I began to get bored; it's no fun to eat without having someone to talk with. As there were some movie theaters nearby, I made up my mind to go into one of them.

They were showing a Dracula film dubbed in Spanish. In the billboard photo, Dracula looked like Bela Lugosi, but of course it wasn't he. Although at times I rent horror films to watch them with friends, bravery is not one of my virtues and, in order to watch a film of this kind without any company and in the darkness of a movie theater, one needs bravery. In any case, I dared to enter.

I groped my way until I found a seat. When I got used to the darkness I saw that the auditorium was almost empty. "It's natural," I said to myself, "it's three in the afternoon and people prefer to be outside when the weather is good."

La capa es una prenda antigua que se usa todavía en algunos trajes típicos. Estos estudiantes españoles pertenecen a una **tuna**, *grupo musical originado en el siglo XVII. Los tunos adornan sus capas con insignias y prendedores, muchos de ellos recuerdos de sus admiradoras. En México existen grupos parecidos, pero en este país reciben el nombre de* **estudiantinas.**

How strange! In spite of being a little afraid, I fell asleep in the middle of the picture. I think I slept a half hour. When I woke up startled, I saw a young man seated on my left. He had arrived while I was sleeping. This bothered me. "It's not that he couldn't have found a seat in another row," I thought, "because today there are about a thousand empty ones." The man was tall and thin and wore a black cape over his shoulders. "He looks Transylvanian," I thought, amused. "He must have borrowed the cape from Dracula, because no young man uses a cape nowadays."

On the screen, Dracula was sinking his fangs into the neck of a young woman who was sleeping, and delightedly he was drinking her blood drop by drop. In the next scene, Dracula was again a vampire and was taking flight through the open window. The young woman, now awake, watched the vampire fly away. Terrified, she was calling to her sister and when she opened her mouth, one could see her long, sharp fangs.

The words "The End" appeared and I heard a low, sinister laugh. It was the man in the cape. What a guy! I was sure that he had laughed on purpose in order to frighten me. I was short of breath but, of course, it wasn't for fear of that crazy man. Suddenly I understood why I had fallen asleep before: I was sick—the flu or some virus; I had a sore throat and probably a fever. I would get to bed as soon as I got home.

I went out to the lobby. There were people waiting for us to leave in order to go in to the next show. I felt something warm and wet on my neck. I touched myself and to my surprise I saw that my fingers were red. Almost at the same time, a child approached me and shouted, "Mom, look at that woman's fangs." I ran frantically to the mirror that was next to the door. The mirror reflected the lobby and the people but not my image.

TEMAS PARA COMPOSICIÓN

1. Escriba la continuación de la historia que acaba de traducir, suponiendo que la narradora es ahora una mujer vampiro.
2. Esta narración también puede interpretarse considerando que la narradora tenía gripe o un virus como pensó y que la fiebre, combinada con el horror de la película, la hizo imaginar todo esto. Escriba una continuación lógica que excluya el aspecto sobrenatural.
3. Una vez en un cine. Todos tenemos alguna anécdota relacionada con un cine. Hay allí discusiones por los asientos, alguno se molesta porque el que está delante no lo deja ver o porque dos personas comentan la película en voz alta, etc. Escriba un episodio, real o imaginario, sucedido en un cine.
4. Los vampiros: realidad y ficción. Hable sobre estos animalitos en la vida real y sobre las leyendas tejidas en torno a ellos.
5. La capa es una prenda de vestir muy interesante; muchos personajes la llevan: Don Juan, el demonio y todos los superhéroes y los malvados de los comics. ¿Es esto casualidad? ¿Qué efecto tiene en Ud. un personaje con capa? ¿Qué le sugiere? Haga un censo de los personajes de ficción y su vestimenta especial, y dé una interpretación personal del significado de cada traje.

C · A · P · Í · T · U · L · O 8

Lectura

Lidia Falcón, la fundadora del Partido Feminista Español, es además una escritora interesante. La mayor parte de su obra tiene un mensaje social, y éste es el caso de la obra de teatro cuya primera escena reproducimos aquí. La situación extremada que nos presenta, con un inspector de policía más interesado en un partido de fútbol que en una pobre mujer golpeada, es un recurso que utiliza la autora para llamar la atención de la opinión pública hacia la causa femenina.

NO MOLESTE, CALLE Y PAGUE, SEÑORA
ESCENA I

Comisaría° de policía. Se levanta el telón° y el inspector está sentado en el estrado°. Una radio de transistores que tiene encima de la mesa retransmite° un partido de fútbol°. Fuma un puro° y se limpia las uñas con un palillo.

estación / cortina de un teatro / plataforma
broadcasts / soccer
tabaco, cigarro (*cigar*)

Magda entra en la habitación. Es una mujer de mediana edad; vestida con un traje feo y anticuado, zapatos bajos, peinado de peluquería barata; manos de fregar; lleva un ojo morado, arañazos en la cara y un brazo en cabestrillo°; se expresa mal y siempre está a punto de llorar. Se acerca a trompicones° hasta el estrado. Éste, con la mesa, le queda casi a la altura de la cara.

en... *in a sling*
a... poco a poco, con dificultad

MAGDA — (*Muy asustada*) Buenos días...

El inspector no la oye. Se retransmite en ese momento un gol; el inspector ríe y se frota las manos; aplaude entusiasmado. Después, sigue limpiándose las uñas con satisfacción.

MAGDA — (*Un poco más alto*) Buenos... buenos días...

El inspector levanta la vista, y mira con sorpresa y desconfianza a la mujer.

INSPECTOR — ¿Qué hace usted aquí?

MAGDA — El... el policía de la puerta me dijo que pasara...

INSPECTOR — (*Cada vez más irritado*) ¿Para qué?

MAGDA — Para presentar una denuncia°...

acusación

INSPECTOR — (*Entre sorprendido y colérico°*) ¿Una denuncia? ¿Aquí? ¿Hoy?

muy enojado

MAGDA—(*Asiente con la cabeza cada vez más insegura*) Sí...
INSPECTOR—(*Ahora realmente sorprendido*) Pero, ¿por qué?
MAGDA—(*Balbuceando*)° Usted... ¿usted es policía? *Stammering*
INSPECTOR—¡Naturalmente! ¿Qué cree que hago aquí si no?

El inspector vuelve a olvidar a Magda. Se limpia las uñas satisfecho, prestando toda su atención al programa de radio.

MAGDA—(*Da un paso hacia la mesa, mira hacia arriba para llamar la atención del policía. No sabe qué hacer. Por fin, como el inspector no se da por aludido°, insiste.*) Mi marido me ha pegado... **no...** finge no oír

El inspector la mira con asombro. Deja el palillo y se inclina sobre la mesa para mirarla mejor.

INSPECTOR—Y a mí, ¿qué?° **Y...** *What's that to me?*
MAGDA—Quería presentar una denuncia...
INSPECTOR—(*Colérico*) ¡Denuncia! ¿Será posible? ¿No tiene usted nada mejor que hacer que venir aquí a presentar denuncia porque su marido la ha pegado un domingo por la tarde, mientras retransmiten el partido de fútbol?
MAGDA—(*Está muy desconcertada e insegura, pero saca valor e insiste*) Me ha hecho mucho daño... Me ha roto el brazo... y me ha echado de casa. Dice que no me volverá a dejar entrar. Dice que va a meter a los niños en un asilo° para que no le molesten más... orfanato

El inspector la mira ahora con sorpresa y distracción, como si escuchara un cuento. Hasta parece interesado por el relato°. Baja un momento el tono de la radio. narración

INSPECTOR—¿Por qué?
MAGDA—(*Más valiente al ver el interés del policía*) Dice que ya no me quiere, que no le gusto. Dice que los niños y yo le molestamos, que hacemos mucho ruido y que no le dejamos oír el partido...

El inspector da un respingo° al oír esto y pone una expresión feroz. **da...** hace un movimiento brusco

INSPECTOR—(*Enfadado*) ¿Y eso es verdad?

Magda lo mira asustada nuevamente, y sin comprender responde...

MAGDA—Bue... bueno, a veces sí, claro... Los niños son pequeños... Juegan y chillan y yo no puedo...

El resto de la frase se pierde. Magda sigue hablando sin que se la oiga. La radio está más fuerte, se oyen los gritos del campo de fútbol.

INSPECTOR—(*A gritos y muy enfadado*) ¡Y todavía querrá denunciarlo! ¡Un pobre hombre, cansado de trabajar, que regresa a su casa para disfrutar con el inocente recreo de escuchar un partido de fútbol, y final de la Copa, además, y competición contra el Real Madrid° en su propio campo! ¡Y se encuentra con una mujer llorona y unos niños gritones que no le dejan oír con tranquilidad!... ¡Pero si es para matarlos a todos! ¡Poco le ha hecho! equipo de fútbol

En la cultura hispánica, la mujer se ha encargado tradicionalmente de los trabajos de la casa. Todavía es así en la mayoría de las familias, pero la situación está cambiando. Ahora no es raro ver que los hombres cocinan o ayudan en la cocina.

Magda se echa a llorar bajito. Entra el subinspector alterado°.

SUBINSPECTOR—¡Inspector! ¡Han atracado° el Banco Requejo! ¡Aquí mismo! ¡Los atracadores están dentro! ¡Han herido al cajero y tienen veinte rehenes°...

El inspector baja nuevamente el tono de la radio, mientras bufa°, se retuerce en el asiento y se mesa° los cabellos.

INSPECTOR—¡Maldita sea°! ¡Malditos sean todos los terroristas, masones, mafiosos, comunistas, etarras[1], macarras°, maricones°, chorizos°!

La radio grita en ese momento otro gol. El inspector está rojo de ira°. Grita inarticuladamente sin pronunciar palabras. Magda llora. El subinspector asiente con la cabeza, comprensivo de la actitud de su superior.

INSPECTOR—(*Indignado*) ¡Vaya por Dios!° ¿Todavía sigue usted aquí? ¿No se ha dado cuenta de los graves problemas que tenemos? ¡La seguridad de la patria está en peligro y usted llorando por un bofetón más o menos! Nosotros arriesgándonos la vida por usted, y otros como usted, para defenderlos de criminales, terroristas, chorizos, maricas, y demás ralea°! ¡Y su pobre marido, reventado de trabajar°, sin poder disfrutar del partido!... (*Hace un ademán° con la mano de perdón y olvido,*

agitado

asaltado

hostages

gruñe / se... se tira de

Damn it!

pimps

homosexuales / ladronzuelos

furia

Vaya... *Well, for God's sake*

demás... otra gente de esa clase/ **reventado...** matándose de tanto trabajar/gesto

[1]Los etarras son miembros de la ETA, acrónimo de Euskadi Ta Askatasuna (Patria Vasca y Libertad), un grupo terrorista que lucha por la independencia del País Vasco.

mientras le señala la puerta.). ¡Ande, váyase! ¡Váyase de una vez, y por ésta se lo perdono...! ¡Pero que no se repita!

Magda sale llorando, apretándose el brazo, por el lateral izquierdo°, por donde ha entrado y salido el subinspector.

el... el lado izquierdo del escenario

El inspector sube el tono de la radio. Enciende otro puro y vuelve a limpiarse las uñas con sonrisa de satisfacción. Se oyen los gritos en el campo al marcar otro gol.

COMPRENSIÓN

1. ¿Qué está haciendo el inspector cuando se levanta el telón?
2. ¿Cómo es Magda? ¿Cuál es su estado físico?
3. ¿Para qué se ha presentado Magda en la comisaría de policía?
4. ¿Qué ha hecho su marido, según Magda?
5. ¿Por qué el inspector no quiere prestarle atención a Magda?
6. ¿Cuál es la amenaza del marido respecto a los hijos?
7. ¿Por qué se ha molestado tanto el marido en esta ocasión?
8. ¿Con qué argumentos defiende el inspector la conducta del marido?
9. ¿Qué noticia trae el subinspector?
10. ¿Qué organizaciones maldice el inspector?
11. ¿Con qué pretexto despide el inspector a Magda?
12. ¿A condición de qué «perdona» el inspector a Magda?

INTERPRETACIÓN

1. ¿Qué imagen quiere darnos la autora cuando nos dice que el traje de Magda es feo y anticuado y que tiene zapatos bajos, peinado de peluquería barata y manos de fregar?
2. ¿Cómo sabemos que espiritualmente Magda es insegura y tímida?
3. ¿Siente Ud. compasión por Magda? ¿Cómo logra la autora esta reacción?
4. ¿Qué función tiene el estrado en la narración? ¿Tiene algún efecto en la imagen que se presenta de Magda?
5. ¿Qué piensa Ud. del inspector? ¿Con qué detalles logra la autora esta reacción en el lector?
6. ¿Le parece a Ud. exagerada la conducta del inspector? ¿Por qué (no)?
7. ¿Qué clase de persona (de marido, de padre) es el marido de Magda? Explique en qué basa su opinión.
8. El teatro del absurdo deforma la realidad para transmitir su mensaje. ¿Clasificaría Ud. esta escena como teatro del absurdo? ¿Por qué (no)?
9. La autora ha hablado de los mensajes de su obra literaria. ¿Cuál es el mensaje de esta selección?
10. ¿Es universal o local el tema de esta obra? Explique.

INTERCAMBIO ORAL

A. La presente situación social de la mujer en los Estados Unidos. ¿En qué difiere de la de hace cien años? ¿En qué sentido es diferente el tratamiento que da nuestra sociedad a hombres y mujeres?

B. Los movimientos feminista y masculinista. ¿En qué consisten? ¿Cuál está más justificado? ¿Por qué?

C. La violencia doméstica. ¿Cómo puede evitarse? Además de la violencia del hombre contra la esposa, ¿qué otros casos de violencia hay? ¿Qué sucesos reales relacionados con este problema se han publicado en los periódicos recientemente?

D. ¿Debe la policía intervenir en los casos de violencia doméstica? ¿Hasta qué punto? ¿Qué debe hacerse en tales situaciones?

E. La obra nos presenta a un policía pasivo para cumplir con su deber porque le importa más oír el juego de fútbol por radio. Nuestros policías parecen tener el problema opuesto a esta pasividad: se les ha acusado frecuentemente de reacciones excesivas y muy violentas. ¿Está justificada esta conducta de la policía? ¿Cuál es la causa? ¿Cuál la solución?

F. El fanatismo por los deportes puede convertirse en un problema. En los Estados Unidos se habla de «las viudas del fútbol». ¿Por qué algunas personas tienen tal obsesión por los deportes? ¿Cúal es la razón de que el fútbol (*soccer*) tenga tantos fanáticos en todo el mundo y tan pocos en los Estados Unidos?

Esta señora mexicana prepara algo en la cocina ayudada por su sirvienta. En los países hispánicos ya no es tan común como en el pasado que las familias de clase media tengan una o más sirvientas. En algunos países se contratan ahora asistentas por horas uno o dos días a la semana.

Punto de vista. Explique este chiste —oralmente o por escrito.

Sección gramatical

PREPOSITIONS II

USES OF *DE*

1. **De** expresses origin, separation, or departure. Some common verbs of this type are **abstenerse de, alejarse de, deshacerse de, divorciarse de, huir de, partir de, prescindir de, salir de, separarse de, ser de, surgir de, venir de.**

Mi profesora de alemán es de la Argentina.	*My German professor is from Argentina.*
Sin decir palabra, ella se separó de nosotros y salió del cuarto.	*Without saying a word she walked away from us and left the room.*
El médico me dijo que prescindiera del tabaco y me abstuviera de beber.	*The doctor told me to do without tobacco and to abstain from drinking.*
Mi amiga se divorció del mismo hombre dos veces.	*My friend divorced the same man twice.*
No sé de dónde surgió el problema, pero nos va a ser difícil deshacernos de él.	*I don't know where that problem came from, but it is going to be difficult for us to get rid of it.*

Es mejor huir de la tentación que arrepentirse de haber caído en ella.	*It is better to flee from temptation than to repent for having fallen into it.*

2. **De** expresses possession or indicates where someone or something belongs.

El mantel es de mi madre, las servilletas son de Susana y los cubiertos son de mi abuela.	*The tablecloth is my mother's, the napkins are Susana's, and the silverware is my grandmother's.*
Un hombre de mundo y una muchacha de campo no hacen una buena pareja.	*A man of the world and a country girl don't make a good couple.*
Me interesan mucho los problemas de actualidad.	*I am very interested in present-day problems.*
Brasil es el país más grande de la América del Sur.	*Brazil is the biggest country in South America.*

3. **De** is used to form adjectival phrases, many of which are equivalent to a two-noun combination in English. Spanish noun + **de** + noun = English noun + noun.

bebedor de café	*coffee drinker*	**reloj de oro**	*gold watch*
casa de campo	*country house*	**techo de tejas**	*tile roof*
cuentos de hadas	*fairy tales*	**vestido de seda**	*silk dress*
mesa de cristal	*glass table*	**vida de ciudad**	*city life*

4. **De** is equivalent to *with* and *in* when describing or identifying someone or something. When the identification is based on the location, **de** is equivalent to *in, on,* or *at.*

El hombre de la barba roja y la mujer del parche en el ojo parecen piratas.	*The man with the red beard and the woman with the patch over her eye look like pirates.*
¿Quién es el joven del uniforme blanco?	*Who is the young man in the white uniform?*
El hombre de la tienda me dijo que él no vivía en el edificio de la esquina, sino en la casa de al lado.	*The man at the store told me that he didn't live in the building on the corner but in the house next door.*

5. **De** expresses manner. Some common expressions with **de** are **de balde (de gratis),** *for free*; **de buena (mala) gana,** *(un)willingly*; **de buena (mala) fe,** *in good (bad) faith*; **de memoria,** *by heart*; **de pie,** *standing*; **de puntillas,**

on tiptoe; **de reojo**, *out of the corner of one's eye*; **de repente**, *suddenly*; **de rodillas**, *on one's knees*.

La vi de casualidad cuando tuve que salir de repente.	*I saw her by chance when I had to go out suddenly.*
Yo era tan pequeñito entonces, que sólo de puntillas alcanzaba a la mesa.	*I was so small then that only on tiptoe did I manage to reach the table.*
En el pasado, los alumnos que no sabían la lección de memoria, debían permanecer de pie o de rodillas en un rincón.	*In the past, pupils who didn't know the lesson by heart had to remain standing or kneeling in a corner.*
Durán actuó de mala fe en ese negocio.	*Durán acted in bad faith in that deal.*
De buena gana le hubiera hablado, pero me limité a mirarla de reojo.	*I would have spoken to her willingly but I limited myself to looking at her out of the corner of my eye.*

6. De expresses cause and, therefore, it follows the verbs **culpar**, *to blame for*; **morir(se)**, *to die of*; **ofenderse**, *to be offended at*; **padecer**, **sufrir**, *to suffer from*; **quejarse**, *to complain about*; and **reírse**, *to laugh at*.

El enfermo se quejaba de dolores de cabeza y padecía de alergia.	*The patient was complaining of headaches and suffered from an allergy.*
Lorenzo se ofendió de que lo culpasen del accidente.	*Lorenzo was offended at their blaming him for the accident.*
No es educado reírse de la gente.	*It is not polite to laugh at people.*

Morirse de as well as **muerto/a de** are very often used in a figurative manner: **morirse/estar muerto/a de (aburrimiento, cansancio, calor, dolor, hambre, frío, miedo)** *to be (dying of boredom, dead tired, extremely hot, in great pain, starving, freezing, half-dead with fright)*; **morirse/estar muerto/a de risa** *to die (to crack up) laughing*; **morirse/estar muerto/a de (sed, sueño, tristeza)** *to be extremely (thirsty, sleepy, sad)*; **morirse/estar muerto/a de vergüenza** *to die of embarrassment (shame)*.

Enciende el aire acondicionado, por favor, me muero de calor.	*Turn the air-conditioning on, please, I am dying of the heat.*
Cada vez que el niño decía una palabrota, su padre se moría de risa, pero yo me moría de vergüenza.	*Every time the child said a dirty word, his father died laughing, but I died of embarrassment.*

Some common expressions that combine past participles and adjectives with **de** to indicate cause are **estar aburrido/cansado de esperar** *to be bored* *from/tired of waiting*; **estar (amarillo de envidia, morado de frío, pálido de miedo, rojo de ira)** *to be (green with envy, blue with the cold, pale with fear, red with anger)*.

Pálidos de miedo, los niños veían a su padre, que estaba rojo de ira, pegarle a su madre.	*Pale with fear, the children watched their father, who was red with anger, hit their mother.*
Hace mucho frío en esta esquina. Estoy morada de frío y cansada de esperar el autobús; llamaré un taxi.	*It is very cold at this corner. I am blue with the cold and tired of waiting for the bus; I'll call a taxi.*

7. Since **de** expresses cause, it is often combined with verbs that express emotion or describe mental states and attitudes. Some verbs of this type are: **alegrarse de, arrepentirse de, asombrarse de, asustarse de, avergonzarse de, cansarse de, compadecerse de, desconfiar de, dudar de, enamorarse de, extrañarse de, sorprenderse de**.

Se arrepentirá Ud. de haberle dado el empleo a Armando.	*You will be sorry you gave Armando the job.*
Debes avergonzarte de haber desconfiado de mí.	*You ought to be ashamed of having mistrusted me.*
La abuela se asombraba de las nuevas modas.	*The grandmother was astonished at the new fashions.*
Don Paco se ha enamorado de Madrid y no se cansa de pasear por sus calles.	*Don Paco has fallen in love with Madrid and he doesn't tire of strolling along its streets.*
Debemos compadecernos de los habitantes del Tercer Mundo.	*We should feel pity for the inhabitants of the Third World.*

COMMON VERBS FOLLOWED BY *DE*

abusar de	*to abuse, misuse; to impose on*	**disfrutar de**	*to enjoy*
acordarse de**	*to remember*	**encargarse de****	*to take charge (care) of*
agarrarse de (a)	*to seize, clutch*	**enterarse de**	*to hear, find out (about)*
burlarse de	*to make fun of*	**jactarse de****	*to boast about*
cambiar de	*to change*	**llenar de**	*to fill with*
carecer de	*to lack*	**no dejar de***	*not to fail to*
cesar de*	*to cease to*	**olvidarse de****	*to forget*
constar de, componerse de	*to consist of*	**protestar de**	*to protest, complain about*

darse cuenta de	*to realize*	**servir de**	*to serve as*
dejar de*	*to cease to, stop*	**sospechar de**	*to suspect*
depender de	*to depend on*	**vestirse de**	*to be (get) dressed as, dressed in*
despedirse de	*to say good-bye to*		

*These verbs are usually combined with an infinitive.
**These verbs may be combined with an infinitive or with a noun.

Te jactas de tener buena memoria, pero dijiste que te encargarías de apagar las luces y te olvidaste de hacerlo.	*You boast of having a good memory but you said that you would take care of turning off the lights and you forgot to do it.*
Al fin se dio Ud. cuenta de que no puede depender de Octavio. Él abusa de sus amigos, se burla de todo y sólo quiere disfrutar de la vida.	*Finally you realized that you can't depend on Octavio. He imposes on his friends, makes fun of everything, and only wants to enjoy life.*
Cuando el ladrón se enteró de que la policía sospechaba de él, se cambió de ropa y se deshizo del revólver.	*When the thief heard that the police suspected him, he changed clothes and got rid of his revolver.*
Mi apartamento se compone de una sola habitación que sirve de sala y dormitorio.	*My apartment consists of only one room, which serves as living room and bedroom.*
Los jóvenes se vistieron de negro para protestar de la dictadura.	*Young men and women dressed in black to protest the dictatorship.*

APLICACIÓN

A. *Complete de manera original.*

1. Si Ud. tiene el colesterol alto, debe cambiar de... y abstenerse de...
2. La mayor parte de los hispanos de California vienen de..., pero otros son de...
3. Esta jarra está vacía; por favor, llénala de...
4. Es difícil deshacerse de...
5. Una persona muy rica que de repente pierde todo su dinero, debe prescindir de...
6. Nuestro avión partirá de...
7. Hijo mío, huye de... y aléjate también de...
8. En los Estados Unidos, la incompatibilidad es la razón más común para divorciarse de...
9. En las cuevas, el guía nos aconsejó que no nos separáramos de...

10. El examen final de esta asignatura consta de... y mi nota en el curso depende de...

B. *Complete usando una expresión adverbial con* **de**.

1. El hombre llegó muy tarde a su casa. Para no despertar a su mujer, se quitó los zapatos y caminó...
2. Mi televisor no funciona y no tengo dinero, pero por suerte, mi amigo es técnico en televisores y lo arreglará...
3. Si estoy en un restaurante con un amigo y él me dice que hay un hombre en la otra mesa que parece loco, yo, como soy discreto, no miro de frente, sino...
4. Hacía sol, era una bonita tarde de primavera. Pero el cielo se cubrió de nubes y comenzó a llover...
5. En algunas religiones, la gente reza en la iglesia...; en otras, se reza...
6. Paquita no tiene los teléfonos de sus amigos en su libreta de direcciones porque se los sabe todos...
7. A mi novio no le gusta ir de tiendas; a veces me acompaña, pero sé que va...
8. Perdóname, José. Sé que te hice daño, pero no lo hice a propósito; actué...

C. Aplicación interactiva. *Un(a) estudiante completará la frase adjetival con un sustantivo y escogerá a un compañero (una compañera). Su compañero/a hará una oración con la frase adjetival.*

1. piso de...
2. tribunal de...
3. vestido de...
4. cartas de...
5. copas de...
6. profesor de...
7. juego de...
8. clases de...
9. tarima de...
10. pasajes de ...
11. viaje de...
12. contrato de...

D. *Complete de manera original, usando el verbo que se indica en cada caso.*

1. Ella es muy caritativa. Siempre ayuda a los pobres. (compadecerse de)
2. El estudiante nuevo no quiso ir a la recepción. (avergonzarse de)
3. El hombre atropelló a un chico con su coche ayer. (culpar de)
4. Los inquilinos del edificio están furiosos y se niegan a pagar la renta. (quejarse de)
5. Me sorprendió la muerte del esposo de María. ¡Parecía tan fuerte y saludable! (padecer de)
6. La señora Perales no quiso darle la llave de su casa a la mujer que va a limpiar los sábados. (desconfiar de)
7. La hermana de Raimundo ha estado varias veces en el hospital recientemente, ¿no? (sufrir de)
8. No sé por qué lo dije. Mis palabras le causaron una mala impresión al profesor. (arrepentirse de)
9. Mi coche está roto, pero mi padre lo va a arreglar. (entender de)

10. Leí en el periódico que una mujer le dio veneno a su marido porque él le pegaba frecuentemente. (vengarse de)

E. Reacciones personales. *Colóquese imaginariamente en cada una de las siguientes circunstancias y explique cómo se siente, usando* **estar muerto/a de** *o* **morirse de.**

1. En su casa hay fantasmas.
2. Ud. no ha comido nada en todo el día.
3. En un banquete, Ud. accidentalmente salpica de salsa el vestido de dos señoras muy elegantes.
4. Trabajó doce horas consecutivas hoy.
5. Va caminando por el desierto. (*Dé dos reacciones.*)
6. Ud. está viendo por televisión una comedia de su actor cómico favorito.
7. Hoy se levantó a las seis y ya son las doce de la noche.
8. Ha salido a la calle con ropa ligera y comienza a nevar.
9. El dentista le está arreglando una muela sin anestesia.
10. Acaba de romper con su novio/a.

F. *Traduzca.*

1. "Cristina's brother is the boy with the guitar." "Which one, the one in the green coat?" "No, the young man in black."
2. When the man with the enormous mustache saw that the two boys were laughing at him he turned red with anger.
3. Of all the paintings in the museum, the one Celia liked best was *The Boy in Blue*. Would you take care of buying a good copy for her? Please, do not fail to do it.
4. The police suspect a man with black hair dressed as a sailor. They know that the victim said good-bye to him before leaving town.
5. You shouldn't make fun of people who fall in love with movie stars; on the contrary, you should realize that platonic love often serves as an outlet to forget personal frustrations.
6. "These lottery tickets are from Don Pascual's store." "Is that the store next door?" "No, it's the store at the corner."

USES OF *CON*

1. Con expresses accompaniment, both physical and figurative, as *with* does in English.

El sábado pasado fui con Josefina a un baile.	*Last Saturday I went with Josefina to a dance.*
Debes definirte: o estás conmigo o estás contra mí.	*You should define your position: either you are with me or against me.*

2. **Con** expresses instrumentality: **con las manos**, *with one's hands*; **con pluma**, *with a pen*; **con una herramienta especial**, *with a special tool.*

3. **Con** is combined with a noun to form adverbial expressions of manner.

No puedo trabajar con cuidado y con prisa al mismo tiempo.	*I can't work carefully and in a hurry at the same time.*
La enfermera hablaba con vacilación y con acento extranjero.	*The nurse spoke hesitantly and with a foreign accent.*

4. The following table includes common verbs that are used with **con**.

SPANISH VERB + *CON* + INFINITIVE OR NOUN OR PRONOUN

acabar con	*to put an end to, finish off*	**contribuir con (dinero, etc.)**	*to contribute (money, etc.)*
casarse con	*to marry*	**encariñarse con**	*to get attached to*
comparar(se) con	*to compare (oneself) to*	**enojarse con (+ person)**	*to get angry at*
comprometerse con	*to get engaged to*	**soñar con**	*to dream of*
contar con	*to rely on, count on*	**tropezar con**	*to stumble over, run across*

Contamos con Ud. para que acabe con nuestros problemas.	*We count on you to put an end to our problems.*
Lucía se comprometió con Antonio y se casará con él en febrero.	*Lucía got engaged to Antonio and she will marry him in February.*
Mi padre tropezó con los patines y se enojó mucho con mi hermanito.	*My father stumbled over the roller skates and was very angry at my little brother.*
Cuando quise deshacerme del gato ya era tarde; me había encariñado con él.	*When I tried to get rid of the cat it was too late; I had gotten attached to him.*
Bernardo contribuyó con mil dólares a ese programa.	*Bernardo contributed one thousand dollars to that program.*

APLICACIÓN

Complete de manera original.

1. Soy sentimental y me encariño mucho con...
2. A veces me enojo con...

3. Aunque el hombre iba alumbrando el camino con..., la noche era muy oscura y tropezó con...
4. En abril, Yolanda se comprometió con... y ese mismo mes, su hermana se casó con...
5. Nuestro ejército acabó con...
6. Por favor, no me compares con...
7. ¿Podemos contar con... para esta buena obra?
8. Si me saco la lotería, contribuiré con... para obras de caridad.
9. Soy muy optimista, siempre sueño con...
10. En el fútbol se le da a la pelota con...

USES OF *EN*

1. **En** indicates location in time or space, whether it is physical or figurative.

En julio nos quedaremos en un hotel en la playa.	*In July we will stay at a hotel on the beach.*
Liliana dejó la copa en la mesa de centro y se sentó en el sofá.	*Liliana left the glass on the coffee table and sat on the sofa.*
Mi amigo, que en paz descanse, murió en la miseria.	*My friend, may he rest in peace, died in dire poverty.*
Está metido en el tráfico de drogas y terminará en la cárcel.	*He is involved in drug dealing and will end up in jail.*

2. **En** refers to a specialty, expertise, or degree.

Mi tío es doctor en medicina, especialista en enfermedades de la piel y experto en cáncer de la piel.	*My uncle is a doctor of medicine, a specialist in skin diseases, and an expert in cancer of the skin.*
Celestina era muy sabia en asuntos de amor.	*Celestina was very wise in matters of love.*

3. **En** expresses manner or means.

Julia tiene miedo de viajar en avión, prefiere ir en barco.	*Julia is afraid of traveling by plane, she prefers to go by boat.*
A muchos les gustan los libros de español escritos en inglés.	*Many people like Spanish books written in English.*
Entraron en silencio en la funeraria.	*They entered the funeral parlor silently.*
Muchos dicen en broma lo que no se atreven a decir en serio.	*Many people say in jest what they don't dare to say seriously.*

SOME COMMON VERBS FOLLOWED BY THE PREPOSITION *EN*

apoyarse en	*to lean on, upon*	**ingresar en (una sociedad etc.)**	*to join (an association, etc.)*
confiar de	*to trust, confide in*	**molestarse en**	*to take the trouble to*
convertirse en	*to turn into*	**pensar en**	*to think of***
empeñarse en, insistir en	*to insist on*	**quedar en**	*to agree to, decide on*
entrar en*	*to enter*	**tardar (+ period of time) en**	*to take (person or vehicle + period of time) to*
fijarse en	*to notice*	**vacilar en**	*to hesitate to*
influir en	*to influence*		

*In most Spanish American countries one hears **entrar a** rather than **entrar en**.

****Pensar de** expresses *to have an opinion about.*
¿Qué piensas de Madonna? *What do you think about Madonna?*

Como yo vacilé en acompañarlo, Fernando insistió en entrar solo en el cuarto.	*As I hesitated to accompany him, Fernando insisted on entering the room alone.*
Confío en que esto no se convierta en un problema.	*I trust this won't turn into a problem.*
Tardé más de cinco minutos en pensar en una respuesta apropiada.	*It took me (I took) over five minutes to think of a suitable answer.*
No voy a molestarme en pedirle que ingrese en nuestra asociación.	*I won't bother asking him to join our association.*

APLICACIÓN

Complete de manera original.

1. ¿Te fijaste en...?
2. Después de mucha discusión, quedamos en... y confío en...
3. Aunque Josefina tenía una pierna lastimada, se empeñó... y entró en... caminando con dificultad, apoyada en...
4. Me pasé el día pensando en...
5. Elvis Presley influyó mucho en... y en unos años se convirtió en...
6. Probablemente, tardaré... en..., así que no te molestes en...
7. Me gustaría ingresar en...
8. Por favor, si puedo ayudarlo, no vacile en...

SPANISH VERBS THAT DO NOT REQUIRE A PREPOSITION*

Some Spanish verbs do not require a preposition but their English equivalents do require one. The table contains the most common ones.

acusar	*to tell on*	**impedir**	*to prevent from*
aprobar	*to approve of*	**lograr**	*to succeed in*
buscar	*to look for*	**pagar**	*to pay for*
conseguir	*to succeed in*	**presidir**	*to preside over*
esperar	*to wait for*	**querer**	*to care for, feel affection for*

APLICACIÓN

A. *Traduzca.*

1. He prevented her from going because he cares for her.
2. Dr. Torres presided over the meeting.
3. The boys succeeded in taking the record player without paying for it.
4. When I was waiting for the bus I saw a little girl looking for her mother.
5. I don't approve of what you did but I won't tell on you.

B. El asalto al tren. *Complete con la preposición correcta si se necesita una preposición. Haga contracciones con el artículo cuando sea necesario.*

El tren partió _______ Aguasclaras a las tres _______ la tarde y, apenas se había alejado unos metros _______ la estación, cuando los bandidos entraron _______ nuestro vagón como surgidos _______ la nada. _______ realidad, habían bajado _______ el techo. El conductor no se dio cuenta _______ que había problemas _______ nuestro vagón. Este asalto puede compararse _______ los que se ven en las películas _______ el oeste, porque los asaltantes estaban vestidos _______ vaqueros.

El pasajero _______ el primer asiento, que era un policía jubilado, se puso _______ pie para tratar _______ tirar _______ el cordón de alarma, pero uno de los bandidos, que tenía una escopeta, lo vio _______ reojo y le pegó _______ la culata _______ el arma. El hombre _______ la escopeta, que parecía ser el jefe, dijo que nuestras vidas dependían _______ nosotros mismos, porque no vacilaría _______ matar a quienes tratasen _______ impedirle _______ realizar el asalto. Nos pidió que nos abstuviésemos _______ gritar y añadió que confiaba _______ nuestro sentido común. Todos estábamos pálidos _______ miedo.

El asaltante, que no cesaba _______ hablar, dijo que todos teníamos que contribuir _______ nuestro dinero a la revolución y que los ciudadanos debían cumplir _______ su deber y acabar _______ los enemigos

*Unless, of course, one uses a before the direct object, as explained in chapter 7.

del pueblo. Insistió ______ que muchos no aprobaban ______ los medios que ellos utilizaban, pero que la violencia era la única manera ______ influir ______ la opinión pública y conseguir ______ ayudar a los pobres.

Cuando estábamos cerca ______ la próxima estación, los asaltantes se despidieron ______ nosotros y nos dijeron que, ______ nuestra contribución, habíamos ingresado ______ el movimiento revolucionario.

¡LA EMPRESA FEMENINA DE MAYOR CRECIMIENTO EN EL PAIS!

INVITA A MUJERES QUE DESEEN OBTENER:

Altos ingresos
Desarrollo profesional
Autofinanciamiento
Premios e incentivos
Viajes y ¡mucho más!

No se requiere experiencia previa, solamente deseos de superarse y mucho entusiasmo.

¡LLAMENOS!

La presencia de las mujeres en el sector laboral es importante en todos los países hispánicos. Es frecuente ver en revistas y periódicos anuncios de trabajo como éste, de México, dirigidos a las mujeres.

Análisis de la lectura

A. *Lea con cuidado las siguientes expresiones que aparecen en la lectura. Después conteste las preguntas de la parte* **B**.

1. Una radio de transistores...
2. ... encima de la mesa...
3. Magda entra en la habitación.
4. ... vestida con un traje feo y anticuado...
5. ... siempre está a punto de llorar.
6. ... a trompicones...
7. Entre sorprendido y colérico.
8. ... porque su marido la ha pegado...

9. ... al ver el interés del policía.
10. ... sin que se la oiga.
11. A gritos...
12. ¡Y se encuentra con una mujer llorona...
13. ... unos niños gritones...
14. ¡Pero si es para matarlos a todos!
15. El inspector está rojo de ira.
16. ... y por ésta se lo perdono...!
17. ¡Pero que no se repita!

B. *Conteste.*

1. A muchos hispanoparlantes les llamarán la atención los números 1, 3 y 8. ¿Por qué?
2. ¿Qué otras preposiciones se podrían usar también en los números 2, 5 y 12?
3. ¿Qué concepto expresa la preposición **a** en los números 6 y 11, y la preposición **de** en 15?
4. ¿Cómo se expresa el número 7 en inglés? Dé otro ejemplo de este uso de **entre** en una oración completa.
5. ¿De qué otra forma se podría expresar **al ver** en el número 9?
6. ¿Por qué se usa el subjuntivo en 10 y 17?
7. ¿Cuál es la función de **unos** en 13 y de **si** en 14?
8. ¿De qué frase es abreviatura **por ésta** en el número 16?

Sección léxica

REPASO

Exprese de otra manera las palabras en cursiva.

1. Cuando Magda llega a *la estación* de policía para presentar su *acusación,* el inspector está fumando *un tabaco.*
2. Magda hace *la narración* de su tragedia familiar: su esposo le ha roto un brazo y quiere enviar a sus hijos a *un orfanato.*
3. El inspector, que está sentado en *una plataforma, finge no oír.*
4. El esposo, *muy cansado de tanto trabajar*, estaba *agitado* y había *furia* en su voz.
5. El inspector va a exterminar a los terroristas y *otra gente de esa clase.*
6. El inspector está *muy enojado, gruñe* y *se tira de los cabellos,* porque le dicen que *han asaltado* un banco y que los bandidos tienen veinte *prisioneros.*
7. Magda sale por *el lado izquierdo del escenario* y el inspector hace *un gesto* de perdón mientras cae *la cortina.*

AMPLIACIÓN

FORMACIÓN DE SUSTANTIVOS ABSTRACTOS

En la lectura aparecen varios sustantivos abstractos, la mayoría de ellos combinados con la preposición **con** para describir emociones: **con satisfacción, con sorpresa, con desconfianza, con distracción, con tranquilidad.** Paralelo al *-tion* del inglés, **-ción** es uno de los sufijos más usados en español para formar sustantivos abstractos. Otros sufijos comunes para formar palabras de este tipo (que son todas femeninas) son:

-ancia: abundancia, arrogancia, distancia, importancia, intolerancia, vagancia
-dad: bondad, entidad, humildad, infinidad, intensidad, seriedad
-encia: ausencia, decadencia, decencia, excelencia, paciencia, prudencia
-ez: altivez, delgadez, estupidez, niñez, pesadez, rapidez.
-eza: belleza, dureza, extrañeza, firmeza, ligereza, naturaleza, nobleza, pereza, pureza, tristeza
-tud: altitud, inquietud, juventud, lentitud, plenitud, virtud
-ura: blandura, cordura, frescura, gordura, hermosura, holgura, negrura, ternura

APLICACIÓN

A. *Diga qué significan en inglés las siguientes palabras.*

1. blancura
2. sensatez
3. fragancia
4. solvencia
5. grandeza
6. presteza
7. soledad
8. destreza
9. finura
10. rudeza
11. simpleza
12. altura

B. *Explique en español las características que se asocian con las siguientes palabras.*

1. madurez
2. entereza
3. elegancia
4. credulidad
5. rudeza
6. indigencia
7. rectitud
8. locura
9. insolencia
10. senectud
11. honradez
12. dulzura

DISTINCIONES LÉXICAS

MODISMOS CON LA PALABRA *ATENCIÓN*

¡Atención!	*Careful! Look out!*
¡Atención! Obras en la carretera.	*Careful! Road repairs.*
Atención a la ortografía.	*Watch your spelling.*
¡(Su) atención, por favor!	*(May I have) your attention, please!*

llamar la atención	*to attract attention, to catch the eye*
Éste fue el modelo que llamó más la atención en la exhibición de autos.	*This was the model that attracted the most attention at the auto show.*
Me llama la atención.	*It surprises me.*
A todos nos llamó la atención que el profesor no estuviera en la fiesta.	*We were all surprised that the professor was not at the party.*
llamarle la atención (a uno por algo)	*to reprimand, to find fault with somebody over something*
La jefa le llamó la atención a su secretaria por su falta de puntualidad.	*The boss reprimanded her secretary for her lack of punctuality.*
prestar atención	*to pay attention, to listen to*
Magda hablaba, pero el policía no le prestaba atención.	*Magda was talking, but the policeman wasn't listening to her.*
en atención a esto	*in view of this*
Soy un cliente muy antiguo y, en atención a esto, espero que hagan una excepción en mi caso.	*I am a very old customer and, in view of this, I hope you make an exception in my case.*
atención	*kindness*
Muy agradecido por su atención, quedo de Ud. atentamente,	*Thanking you for your kindness, I remain, sincerely,*
atenciones	*courtesies*
Nos colmaron de atenciones cuando estuvimos en su casa.	*They went out of their way for us when we were at their home.*

APLICACIÓN

Para cada situación de la columna **A**, *escoja la expresión correspondiente de la columna* **B**.

A

1. Probablemente no hablaba bien el inglés, porque no abrió la boca en toda la noche.
2. A ella le gusta mucho destacarse y siempre va a las fiestas vestida de rojo.
3. David se pasa la clase hablando con la chica de al lado y no me deja concentrarme.

B

a. Mándala a la atención del director del programa.
b. Por eso no me llamó la atención lo que dijo de ti.
c. Nos llamó la atención su silencio.
d. Muy agradecido por su atención.
e. ¡Atención a las carteras!
f. Es un color que llama la atención.

4. Las instrucciones para el manejo de esta máquina son muy importantes, y un descuido puede causar serios accidentes.
5. Aunque era culpable, el chico era menor de edad y no tenía antecedentes penales.
6. Voy a escribir una carta pidiendo informes sobre esas excursiones.
7. Los esposos Cortés son muy amables.
8. Voy a anunciar los días y las horas de nuestras próximas reuniones.
9. Lo conozco muy bien. Envidia a los que triunfan y habla mal de ellos.
10. Cuando hay mucha gente en las tiendas en Navidad, se multiplica el número de robos.
11. Mi vecino siempre deja su auto en mi espacio en el estacionamiento de mi edificio.
12. Tengo que escribir una carta en español. ¿Qué pongo al final?

g. Señoras y señores, su atención, por favor.
h. Le pediré al administrador del edificio que le llame la atención.
i. Sí, tuvieron muchas atenciones conmigo.
j. Sí, la profesora Robles le llamó la atención ayer.
k. En atención a esto, le suspendieron la sentencia.
l. Deben Uds. prestar mucha atención a la explicación del técnico.

Para escribir mejor

EL DIÁLOGO

En un diálogo, la persona que escribe desaparece para que hablen los personajes que ha creado. A veces, un autor expresa sus ideas a través de las palabras de un personaje, pero otras veces, como en el caso de la lectura de este capítulo, los personajes hablan según su carácter, que es muy diferente del carácter de la persona que escribe.

En realidad, el secreto de un buen diálogo es la naturalidad y su correspondencia con los personajes que en él participan. En la lectura, Magda, un ama de casa no muy instruida, tímida, con poca estima de sí misma, muestra todo esto a través de sus palabras balbuceantes y sumisas. El inspector habla como hombre duro, acostumbrado a imponer su autoridad. Su rudeza se refleja en su vocabulario grosero. En la escena hay pasajes narrativos, pero fíjese que en ellos la narradora no hace comentarios de tipo subjetivo, sino que da detalles que contribuyen al trazado de sus personajes. La descripción del inspector, obsesionado con el fútbol que se transmite por radio mientras fuma un gran puro y se limpia las uñas con un palillo, completa la imagen del personaje que sus palabras van a darnos.

Un buen diálogo no debe contener detalles superfluos; tampoco largos parlamentos que parezcan discursos. Un intercambio de frases cortas y preguntas y respuestas produce una conversación viva e interesante.

1. El diálogo en el teatro.

En la escena de la lectura, la señora Falcón utiliza mucha descripción. Esto es característico del «teatro para ser leído», muy común hoy. En el teatro tradicional, sin embargo, el dramaturgo escribe principalmente para representar ante un público y añade las descripciones como una manera de ayudar a los que pondrán la obra en escena, diciéndoles cómo debe ser el decorado, qué gestos deben hacer los personajes, etc. Estas sugerencias del dramaturgo se llaman **acotaciones**. Algunos dramaturgos ponen muchas acotaciones en sus piezas; otros, como Benavente y Unamuno, muy pocas.

2. El diálogo en cuentos, novelas y relatos.

El diálogo intercalado dentro de una narración le da vida a ésta. Fíjese cómo el escritor uruguayo Enrique Amorim utiliza el diálogo en este fragmento de su cuento «Miss Violeta March»:

—¡Qué horror! —exclamó mi pequeña prima, sacudiéndose el brazo—. ¡Cómo ganar este tiempo perdido!... —sonrió con malicia—. O perder este maravilloso tiempo ganado contigo...
—¿Estás contenta, primita?
—¡Ay, mucho, mucho! ¡Tanto como quisiera haber nacido en estos campos!

Y corrimos por los senderos dando saltos, contentos de haber nacido en cualquier lado.
—Oye—la detuve—. A ti qué te gusta más, ¿París o Nueva York?
—A mí: ¡París! ¡París! —respondióme llena de gozo.
—Pues escucha. Yo defenderé a la ciudad americana contra tus ataques de entusiasta parisina. Y explicaremos que esta ardua discusión nos ha tomado el tiempo.
—Eso es, eso es lo más atinado —gritó Mila inocentemente—. ¡Qué buena excusa la que se te acaba de ocurrir!...

Esta vez en fila, en la terraza, nos estaban esperando Victoria, la madre y miss March. No se habían sentado aún a la mesa. Mi tía dijo sentenciosa:
—Siempre el mismo tú. Discutiendo tonterías y el padre, malhumorado en la mesa.

Observe que los buenos escritores no usan constantemente **dijo** para indicar que un personaje ha hablado, sino que utilizan otros verbos que frecuentemente indican el estado anímico del personaje. En este fragmento vemos: **exclamó, sonrió con malicia, la detuve, respondióme llena de gozo, gritó Mila inocentemente, dijo sentenciosa**. Algunos otros verbos que pueden usarse son: **contestar, preguntar, murmurar, replicar, gritar, protestar, insistir, anunciar, quejarse, observar, exclamar, repetir**.

APLICACIÓN

A. *Escriba una escena breve con un diálogo de tipo teatral.*

B. *Escriba un pasaje narrativo corto, intercalando en él un diálogo. Trate de usar otros verbos en vez de* **decir**.

TRADUCCIÓN

Conflicting Opinions

Mónica and Teresa are roommates who never cease to argue because the first is an ardent feminist whereas the second is not. Mónica has just finished reading the morning paper when Teresa enters the room.

MÓNICA: I'm furious. In an article, a psychotherapist states that we can't put an end to domestic violence because we can't rely on the truthfulness of women's accusations.

TERESA: I don't doubt the sincerity of your reaction, Moni, but sometimes wives exaggerate. You can't blame only the man for what happens at home.

MÓNICA: Are you now going to defend that Australian we read about yesterday? He got angry at his wife and stabbed her because she refused to change the television channel so that he could watch a soccer game. The poor woman died from the stab wounds.

TERESA: (*Looking at Mónica out of the corner of her eye.*) Remember that they were both drunk, according to the paper.

MÓNICA: So what? I am surprised at your stubbornness. Perhaps when you marry Luis he'll abuse you and you'll stop trusting men and will regret (*no emplee* **sentirás**) having fallen in love with him. If that is the case, I hope you'll have the courage to divorce Luis.

TERESA: You have to be kidding me. You can't compare Luis to those brutal men. You should be ashamed of yourself for thinking of such a possibility.

MÓNICA: I realize that he doesn't show any symptoms now, but who knows, sometimes people change suddenly.

TERESA: (*Irritated*) Let's change the subject. I don't like your talking about Luis this way just because you suspect all men.

MÓNICA: OK. Have you heard that a woman killed her husband because he abused her constantly? She had complained about his abuses to the police several times but they had not paid attention to her. The swine finally paid for what he did.

TERESA: (*Filling her cup with coffee again.*) Frankly, I don't approve of her conduct and I'm surprised at the insensitivity of your last remark. But I won't take the trouble to show you that your opinion lacks good sense.

MÓNICA: (*Sarcastically*) Thanks. I can always count on you to say something nice. Notice that I have refrained from insulting you.

Estos jóvenes mexicano-americanos celebran su boda en California. La armonía y el amor reinan en este día. Muchas novias, sin embargo, no imaginan al casarse que pueden ser víctimas de la violencia y los abusos de su esposo.

TERESA: Well, I didn't like what you said about Luis. Let's try to be more courteous.
MÓNICA: Good idea. But don't fail to think about what I've said concerning men. And don't forget that I've warned you.
Mónica goes off to her psychology class, leaving Teresa half-angry and half-amused.

TEMAS PARA COMPOSICIÓN

1. Opiniones encontradas. ¿Está Ud. de acuerdo con Mónica o con Teresa? Comente las opiniones de estas chicas y, basándose en lo que dicen, describa la personalidad de cada una.
2. Compañeros/as de habitación. ¿Qué costumbres y defectos de la otra persona hacen difícil la convivencia? ¿Qué hábitos y características personales debe tener un compañero (una compañera) de cuarto ideal?

¿Qué experiencias personales de convivencia con otra persona tiene Ud.?

3. Los nuevos oficios y profesiones de la mujer. El movimiento feminista ha impulsado a la mujer a entrar en profesiones y oficios que antes eran casi exclusivamente para los hombres. Dé su punto de vista sobre esto.
4. Los matrimonios mal llevados. ¿Es posible salvar un matrimonio cuando ha habido entre los esposos insultos y hasta golpes por largo tiempo? ¿Es el divorcio una solución? ¿Deben permanecer unidos los esposos por el bien de los hijos? ¿Hasta qué punto afecta a los hijos el fracaso matrimonial de los padres?

C · A · P · Í · T · U · L · O 9

Lectura

Este cuento es de Ricardo Güiraldes, un famoso novelista argentino del género gauchesco, autor de la novela Don Segundo Sombra. *Güiraldes idealizó la figura del gaucho argentino y en su obra presenta temas regionales y ambientes rurales en una prosa poética y estilizada. En «La deuda mutua» dos hombres luchan por una mujer y uno mata al otro. La tragedia se ahonda porque el muerto es el hijo adoptivo del matador.*

La deuda mutua

Don Regino Palacios y su mujer habían adoptado a los dos muchachos como cumpliendo una obligación impuesta por el destino. Al fin y al cabo no tenían hijos y podrían criar esa yunta de cachorros°, pues abundaba carne y hubiesen considerado un crimen abandonarlos en manos de aquel padre borracho y pendenciero°.

«Déjelos, no más, y Dios lo ayude», contestaron simplemente.

Sobre la vida tranquila del rancho pasaron los años. Los muchachos crecieron, y don Regino quedó viudo sin acostumbrarse a la soledad.

Los cuartos estaban más arreglados que nunca; el dinero sobraba casi para la manutención°, y sólo faltaba una presencia femenina entre los tres hombres.

El viejo volvió a casarse. En la intimidad estrecha de aquella vida pronto se normalizó la primera extrañeza° de un recomienzo de cosas, y la presente reemplazó a la muerta con miras° e ideas símiles.

Juan, el mayor, era un hombre de carácter decidido, aunque callado en las conversaciones fogoneras°. Marcos, más bullanguero° y alegre, cariñoso con sus bienhechores°.

Y un día fue el asombro de una tragedia repentina. Juan se había ido con la mujer del viejo.

Don Regino tembló de ira ante la baja traición y pronunció palabras duras delante del hermano que, vergonzoso, trataba de amenguarla° con pruebas° de cariño y gratitud.

Entonces comenzó el extraño vínculo° que había de unir a los dos hombres en común desgracia. No se separaban para ningún quehacer°; principalmente cuando se trataba de arre-

yunta... *pair of cubs*

a quien le gustaba pelear

comida

falta de costumbre

propósitos

junto al fuego

divertido / benefactores

hacerla parecer más pequeña / *a show of* / *bond*

labor

Estos hombres arrean ganado en el campo con la ayuda de sus perros. El campo argentino está poco poblado y tiene grandes extensiones de terreno dedicadas a la ganadería.

os° a los corrales, andanzas penosas° para el viejo. Marcos siempre hallaba modo de acompañarle, aunque no le hubiesen tratado° para el viaje.

Juan hizo vida vagabunda y se conchabó° por temporadas donde quisieran tomarlo, mientras la mujer se encanallaba° en el pueblo.

Fatalmente, se encontraron en los corrales. El prurito° de no retroceder ante el momento decisivo los llevó al desenlace° sangriento.

El viejo había dicho: «No he de buscarlo, pero que no se me atraviese en el camino°». Juan conocía el dicho, y no quiso eludir el cumplimiento de la amenaza.

Las dagas chispearon odio en encuentros furtivos°, buscando el claro para hendir° la carne, los ponchos estopaban° los golpes y ambos paisanos reían la risa de la muerte.

Juan quedó tendido°. El viejo no trató de escapar a la justicia, y Marcos juró sobre el cadáver la venganza.

Seis años de presidio. Seis años de tristeza sorbida° día a día, como un mate° de dolor.

Marcos se hizo sombrío, y cuanto más se acortaba el plazo, menos pensaba en la venganza jurada sobre el muerto. «Pobre viejo, arrinconado° por la desgracia».

Don Regino cumplió la condena. Recordaba el juramento de Marcos.

Volvió a sus pagos°, encontró quehacer, y los domingos,

transporte de animales / **andanzas**... actividades difíciles
contratado
se empleó
se degradaba
impulso
final
se... se cruce en mi camino
chispearon... *threw off sparks of hatred in sly maneuvers*
cortar/ protegían de
en el suelo (muerto)
tragada
Vea Nota 1.
cornered
su tierra

cuando todos reían, contrajo la costumbre de aturdirse con bebidas.

En la pulpería° fue donde vio a Marcos y esperó el ataque, dispuesto a simular defensa hasta caer apuñalado°.

El muchacho estaba flaco; con la misma sonrisa infantil que el viejo había querido. Se aproximó, quitándose el chambergo° respetuosamente: «¿Cómo le va, don Regino?» «¿Cómo te va, Marcos?» Y ambos quedaron con las manos apretadas°, la cabeza floja°, dejando en torno a° sus rostros llorar la melena°. Lo único que podía llorar en ellos.

Yo he conocido a esa pareja unida por el engaño y la sangre, más unida que dos enamorados fieles.

Y los domingos, cuando la semana ríe, vuelven al atardecer°, ebrio el viejo, esclavo el muchacho de aquel dolor incurable, bajas las frentes, como si fueran buscando en las huellas del camino, la traición y la muerte que los acallara° para siempre.

Vea Nota 2.
muerto por un cuchillo
sombrero gaucho (de Schomberg)
quedaron... se dieron la mano por largo rato / hacia abajo / **en**... alrededor / **llorar**... colgar como si llorara el pelo
al... casi de noche
silenció

Nota 1: La palabra **mate** viene del quechua y se refiere a un té que se prepara con hierba del Paraguay. Para hacer la infusión, se pone la hierba en un recipiente llamado también **mate** y se le echa agua caliente y azúcar. El mate se chupa con **la bombilla**, tubo delgado generalmente de plata. El mate es la bebida más popular en la Argentina, el Uruguay y el Paraguay.

Nota 2: Las **pulperías** son las tiendas rurales de la América del Sur. En las pulperías se venden comida y mercancías diversas, pero también licores, y por eso sirven muchas veces de cantinas.

COMPRENSIÓN

1. ¿Por qué adoptaron don Regino y su esposa a los dos chicos?
2. ¿Cómo era el carácter de los hermanos?
3. ¿Qué suceso ocasionó la tragedia?
4. ¿Cómo reaccionaron Regino y Marcos al quedarse solos?
5. ¿Cómo fue el encuentro de Juan y su padre adoptivo?
6. ¿Cuál fue la primera reacción de Marcos ante la muerte de su hermano?
7. Con el tiempo, ¿cómo fue cambiando la actitud de Marcos hacia lo sucedido?
8. ¿Qué vida llevaba el viejo después que salió de la cárcel?
9. ¿Qué hicieron don Regino y Marcos al encontrarse?
10. ¿Qué vida llevan don Regino y Marcos al final del cuento?

INTERPRETACIÓN

1. ¿Cuál es la deuda mutua a la que se refiere el título? ¿Le parece o no a Ud. apropiado éste? ¿Qué otro título podría tener el cuento?

2. La vida rural hace que frecuentemente la gente sea muy primitiva en sus sentimientos. ¿De qué manera nos hace ver el autor en el primer párrafo la ruda disposición de esta gente?
3. ¿Qué clase de persona es Marcos? ¿En qué basa Ud. su opinión?
4. Sabemos poco de Juan y la frase «no quiso eludir el cumplimiento de la amenaza» origina una serie de preguntas sobre el porqué. ¿Era valiente? ¿Sentía remordimientos y quería ser castigado? ¿Qué piensa Ud.?
5. La pelea entre los hombres se describe en tres líneas. ¿Es esto suficiente? ¿Por qué (no)? ¿Ganaría o perdería calidad el cuento si tuviera una descripción detallada de la pelea?
6. La mujer que ocasionó la tragedia sólo aparece mencionada en la historia. ¿Es esto un acierto o un error? ¿Por qué?
7. Cuando el viejo sale de la cárcel y se encuentra con Marcos, decide dejarse matar por él. ¿Le parece a Ud. lógica esta actitud del personaje? ¿Por qué (no)?
8. ¿Por qué cambia de opinión Marcos y no se venga del viejo? ¿Qué sentimientos hay probablemente en el alma de Marcos?
9. ¿Por qué dice Güiraldes que la semana ríe los domingos? Considerando que el domingo es el primer día de la semana en los calendarios norteamericanos y el último en los calendarios hispánicos, ¿tendría el mismo significado esta imagen traducida al inglés? ¿Por qué (no)? ¿Qué propósito tiene el autor para incluir esta imagen en el último párrafo del cuento?

INTERCAMBIO ORAL

A. Los triángulos amorosos son siempre tristes, pero lo son más cuando suceden entre personas de la familia. ¿Cambiarían o no las circunstancias si don Regino fuera el padre verdadero de Juan y no sólo su padre adoptivo? ¿Por qué (no)?

B. Este caso podría pasar en otro país y otra época, por ejemplo, en los Estados Unidos en los últimos años del siglo XX, pero seguramente algunas circunstancias serían diferentes. ¿Cómo cambiaría la historia en este caso?

C. Defiéndanse o atáquense las siguientes premisas:

1. En el caso de un triángulo amoroso en el que los individuos son familia o son muy buenos amigos, los amantes deben renunciar el uno al otro, porque nunca podrán ser felices si causan la infelicidad de una persona querida.
2. Lo mejor es que la persona que es centro del triángulo renuncie a las otras dos y se aleje de ambas para evitar una tragedia.
3. Los amantes tienen derecho a su felicidad. Si siguen juntos, habrán hecho infeliz a una persona, pero si se separan, las personas infelices serán tres.

D. Los hijos de don Regino no eran probablemente muy pequeños cuando fueron adoptados, y saben que son hijos adoptivos. Pero muchos niños lo son sin saberlo. ¿Debe decírsele a un niño que es adoptado? ¿A qué edad y de qué manera? ¿Por qué (no)?

E. Últimamente se discute mucho el problema de la confidencialidad de las adopciones. ¿Tiene derecho una persona a saber el nombre de sus padres naturales? ¿Debe una persona buscar a sus padres naturales? ¿Cómo perjudicaría el sistema de adopciones la pérdida de la confidencialidad?

Sección gramatical

USES OF *PARA*

The general concept behind **para** is aim, goal, destination, either real or figurative.

Para is used to express

1. Purpose, aim, *in order to*.

Mi hermano estudia para ingeniero.	*My brother is studying to be an engineer.*
Mi abuelo compró una bandera para colgarla del balcón.	*My grandfather bought a flag to hang it from the balcony.*
Para ir a Washington tienes que pasar por Filadelfia.	*(In order) To go to Washington you have to pass through Philadelphia.*
Se arrojó al agua para salvar al niño.	*He threw himself into the water to save the boy.*
No hay que ser rico para ser feliz.	*It is not necessary to be rich in order to be happy. (You don't have to be rich . . .)*

2. Motion toward a specific destination.

Parto para el Brasil esta tarde.	*I am departing for Brazil this afternoon.*
La ambulancia acababa de salir para la escena del accidente.	*The ambulance had just left for the scene of the accident.*
Las mujeres iban para el mercado con grandes cestas.	*The women were on their way to the market with large baskets.*

3. Use or suitability. Also for whom or for what something is meant.

Te olvidaste de poner en la mesa copas para vino.	*You forgot to put wineglasses on the table.*
Éste es el mejor remedio para el dolor de cabeza.	*This is the best remedy for headaches.*
Hay una venta especial de llantas para nieve.	*There is a special sale of snow tires.*
Llevaban velas para el santo patrón del pueblo.	*They were carrying candles for the patron saint of the village.*
Este pastel lo hice para Susana. Hoy es su cumpleaños.	*I baked this cake for Susana. Today is her birthday.*

4. Deadlines or a definite point in time.

El carpintero tendrá la mesa lista para la semana que viene.	*The carpenter will have the table ready by next week.*
Para el año 2,000 todos tendremos aviones en vez de coches.	*By the year 2,000 we'll all have planes instead of cars.*
Este reporte es para el primero de diciembre.	*This paper is due on December the first.*
¿Qué hora es? Faltan diez minutos para las tres.	*What time is it? It is ten minutes to three.*

5. *Compared with, considering (that).*

Esta casa es demasiado grande para una familia tan pequeña.	*This house is too large for such a small family. (Considering that the family is so small.)*
Hoy hace mucho calor para noviembre.	*Today it is very warm for November.*
Este examen es fácil para el profesor, pero es muy difícil para los estudiantes.	*This exam is easy for the teacher but it is very difficult for the students.* (The difficulty of the exam depends on who is taking it.)
Ella tiene ya sesenta años pero se ve joven para su edad.	*She is already sixty but she looks young for her age. (Considering her age.)*

6. *To be about to, to be on the verge of.** **Listo para** means *ready to.*

Estaba muy nerviosa y le faltaba poco para echarse a llorar.	*She was very nervous and she was about to start crying.*
Hay muchas nubes negras en el cielo. Está para llover.	*There are many black clouds in the sky. It is about to rain.*
Los plátanos vienen congelados y listos para freír.	*The plantains come frozen and ready to be fried.*

*In many Spanish American countries, and especially in Mexico, **estar por** is used instead of **estar para** to express *to be about to, to be on the verge of.*

Llevaré paraguas porque está por llover.	*I'll carry an umbrella because it is about to rain.*
Espera a Juan, está por llegar.	*Wait for Juan, he'll be arriving at any minute. (He is about to arrive.)*

In some countries, especially in the Caribbean, **estar al** is the expression commonly used in this case:

Llevaré paraguas porque está al llover.

Espera a Juan, está al llegar.

Estábamos listos para salir cuando oímos la explosión. — *We were ready to go out when we heard the explosion.*

APLICACIÓN

A. *Explique el uso de los siguientes objetos usando la preposición* **para** *en su respuesta.*

¿Para qué se usa(n)...?

1. el líquido corrector
2. unos anteojos oscuros
3. la guía de teléfonos
4. las toallas de papel
5. un monedero
6. el jabón

B. *Dé una fecha futura —exacta o probable— para cada pregunta.*

¿Para cuándo...?

1. terminará este curso
2. te graduarás de la universidad
3. piensas casarte
4. cambiarás el coche que tienes por uno nuevo

C. *Identifique al destinatario de cada acción usando* **para**.

¿Para quién(es)...?

1. explica el profesor la lección
2. compras tú flores a veces
3. son la mayoría de las cartas que llegan a tu casa
4. compras regalos de Navidad

D. *Conteste las preguntas explicando el propósito de las acciones.*

¿Para qué...?

1. lavas tu ropa
2. cierras a veces las cortinas
3. estudias
4. ahorras dinero
5. vas al cine
6. llamas por teléfono a tus amigos

E. *Establezca comparaciones usando* **para** *y basándose en la información que se da en cada caso.*

Modelo: Esta casa tiene cinco dormitorios. En mi familia hay sólo tres personas.
→Esta casa es demasiado grande para mi familia.

1. El coche costaba $5000. Yo sólo había ahorrado $3000.
2. La temperatura del horno es de 450°. El pastel hay que hornearlo a 350°.
3. Nenita sabe resolver ecuaciones de álgebra. Nenita tiene sólo diez años.

4. Peso ciento veinte libras. Mido seis pies de estatura.
5. Hoy la temperatura es de 50°. Estamos en el mes de junio.

F. *Complete de manera lógica, según las circunstancias que se explican.*

1. Me gusta mucho el beisbol y siempre estoy listo/a para...
2. Cuando anunciaron que podía haber una bomba en el edificio, cogí velozmente mis cosas y corrí a la salida. Estaba listo/a para...
3. El vecino del piso de arriba pasó toda la noche bailando sobre mi cabeza. A las cuatro de la mañana, yo estaba listo/a para...
4. Mis parientes pasaron el fin de semana en mi casa y no abrí un libro. El lunes no estaba listo/a para...
5. Mi amiga tiene la mala costumbre de llamar por teléfono muy tarde. Cuando llamó anoche a las once, yo estaba listo/a para...
6. Varias personas presentaron problemas polémicos en la reunión, pero yo no abrí la boca. No estaba listo/a para...

USES OF *POR*

There are two basic concepts behind **por**. One involves the subject's feelings and explains the motivation or reasons for an action; the other deals with the physical aspects of an action and introduces details such as approximate time, approximate location, as well as means or manner of performing the action, agent of an action, etc.

Por is used to express

1. Motivation, reasons, compulsion (*because of, out of, for, on behalf of, on account of*).

No pudimos ir por el mal tiempo.	*We couldn't go because of the bad weather.*
¡Por Dios! Ella hizo eso por celos.	*For heaven's sake! She did that out of jealousy.*
Gonzalo hace muchos sacrificios por sus hijos.	*Gonzalo makes many sacrifices for his children. (For their sake.)*
El abogado rogó al juez por su cliente.	*The lawyer pleaded with the judge on behalf of his client.*
El Papa recibió el Premio Nobel por su labor por la paz.	*The Pope received the Nobel Prize on account of his work for peace.*

2. Feelings or attitudes of the subject toward a person or thing. Also *to be for, to be in favor of.*

Siento gran admiración por ese autor.	*I feel great admiration for that author.*

Su odio por aquel hombre no podía describirse con palabras.	*His hatred for that man could not be described with words.*
María siempre vota por los candidatos republicanos.	*María always votes for the Republican candidates.*
Estoy cien por ciento por esa ley.	*I am one hundred percent for that law.*

3. The object of an errand, usually with verbs like **ir**, **venir**, **mandar**, **enviar**.

Vine por el libro que dejé aquí ayer.	*I came for the book that I left here yesterday.*
Como no quería cocinar envió al chico por comida al restaurante.	*As she didn't want to cook, she sent the boy to the restaurant for food.*
Mi esposa se siente muy mal. Voy por el médico.	*My wife feels very sick. I am going for the doctor. (I'm going to get the doctor.)*

4. Approximate location or time; place of transit (*around, in, by, through, throughout, along*).

¿Dónde estarán las tijeras? Deben de estar por aquí.	*I wonder where the scissors are. They must be around here.*
Ella nació por los años de la depresión.	*She was born around the depression years.*
Nos gustaría viajar por España.	*We would like to travel around Spain.*
La Alhambra se comunica con el Generalife por un túnel.	*The Alhambra is connected with the Generalife through a tunnel.*
—¿Por dónde se sale de este edificio? —Por aquí.	*"How does one get out of this building?" "This way."*
Pasó por mi lado sin verme.	*He passed by my side without seeing me.*
El día está precioso. Demos un paseo por la avenida.	*The day is very beautiful. Let's stroll along the avenue.*

5. Duration of an action. **Por** is frequently omitted in this case.

Nos quedaremos en la ciudad (por) una semana.	*We will stay in the city (for) a week.*
Estuvo discutiendo con el vendedor (por) dos horas.	*He was arguing with the salesman for two hours.*
Estuvimos sin vernos (por) un mes.	*We didn't see each other in a month.*

6. Substitution, exchange, price.

No creo lo que dices. ¿Me tomas por tonta?	*I don't believe what you are saying. Do you take me for a fool?*
Mi amigo está enfermo, ¿puedo examinarme por él?	*My friend is sick, may I take the exam for him? (In his place.)*
Como el novio vive en Europa, se casarán por poder.	*Since the bridegroom lives in Europe, they will be married by proxy.*
Carlitos cambió su trompo por la pelota del vecino.	*Carlitos traded his top for the neighbor's ball.*
Pagaron $90,000 por la casa.	*They paid $90,000 for the house.*

Sustituir por does not mean *to put (be) in the place of* but *to replace with*. Note that the elements involved are inverted in the Spanish sentence.

Sustituya los nombres por pronombres.	*Substitute pronouns for the nouns. (Replace the nouns with pronouns.)*
Sustituiré el azúcar por sacarina.	*I will substitute saccharin for sugar. (I will replace sugar with saccharin.)*

To substitute for in the sense of one person taking the place of another, is **sustituir a**.

Ayer el profesor Padilla sustituyó a nuestro profesor, que estaba enfermo.	*Yesterday Professor Padilla substituted for our professor, who was sick.*

7. Correspondence and rate. English often uses *per* here.

Mi secretaria toma taquigrafía a diez palabras por minuto.	*My secretary takes shorthand at ten words per minute.*
Tres por cuatro son doce.	*Three times four is twelve. ($3 \times 4 = 12$)*
¿Trabajas por hora o trabajas a destajo?	*Do you work by the hour or do you work on a piecework basis?*
El cuarenta por ciento de los habitantes del país son analfabetos.	*Forty percent of the inhabitants of the country are illiterate.*

8. Means, manner, instrument, agent.

Echaron a los huelguistas por la fuerza.	*They threw the strikers out by force.*

Usando mi calculadora resolví la ecuación como por arte de magia.	*Using my calculator I solved the equation as if by magic.*
Me dieron todas las instrucciones por teléfono.	*They gave me all the instructions by telephone.*
Lo vi todo por el ojo de la cerradura.	*I saw it all through the keyhole.*
El pueblo entero fue destruido por el huracán.	*The whole town was destroyed by the hurricane.*

9. Incompleteness (*yet to be done, yet to be finished.*).

El puente está por terminar.	*The bridge is yet to be finished.*
Hay todavía mucho trabajo por hacer.	*There still is a lot of work to be done.*

APLICACIÓN

A. *Complete de manera original.*

1. Siento gran simpatía por...
2. En las próximas elecciones votaré por...
3. Siempre hago lo que puedo por...
4. Pagué... por...
5. Treinta y seis es el resultado de multiplicar...
6. Me gusta mucho pasear por...
7. Camino de mi casa, paso por...
8. Siento amor por...
9. Entré en esta habitación por...
10. El salario mínimo en nuestro país es... por...

B. *Conteste, fijándose en el uso de* **por**.

1. ¿Has dicho a veces cosas desagradables por celos? ¿Por otra razón? ¿Cuál?
2. ¿Te han tomado alguna vez por otra persona? ¿Por quién?
3. ¿Vives por aquí o vives lejos de aquí?
4. ¿Nacieron todos Uds. por la misma época?
5. ¿Tienes algún trabajo por hacer? ¿Cuál?
6. ¿Te gustaría que otra persona pudiese tomar tus exámenes por ti? ¿Quién?
7. ¿Conoces a alguien que se haya casado por poder?
8. ¿Te han enviado alguna vez un mensaje por telegrama?
9. Más o menos, ¿qué por ciento de hispanos hay en esta región?
10. ¿Sientes mucha admiración por tu profesor(a) de español?

11. Si no puedes devolver un libro de la biblioteca personalmente, ¿por quién lo envías?
12. ¿Cuánto hay que pagar generalmente por una entrada para un concierto?

C. *Exprese las siguientes oraciones de manera diferente, usando* **sustituir**.

Modelo: No usaré más mi automóvil. Usaré en cambio una bicicleta.
→**Sustituiré** mi automóvil **por** una bicicleta.

1. A nuestra juventud no le gusta la seda. Todos prefieren el algodón.
2. No quiero este café. Prefiero que me traiga un té.
3. Mi gato Quiqui se murió. Ahora tengo otro gato llamado Pomponio.
4. Echaron a la Srta. Robles de su empleo y contrataron al Sr. Martín.
5. Antes comía mantequilla, pero el médico me ordenó que comiera margarina.
6. El ladrón se llevó las monedas de oro. Dejó en su lugar dinero falso.
7. Por favor, tráigame maíz en vez de berenjena.
8. Íbamos a leer *Doña Perfecta* en ese curso, pero el profesor prefirió que leyéramos *Misericordia*.
9. El sofá de la sala era muy viejo y mis padres compraron un sofá nuevo.
10. Antes usaba un reloj despertador para despertarme, pero ahora uso un radio reloj.

IDIOMATIC PHRASES WITH *POR*

al por mayor	*wholesale*	**por eso**	*for that reason*
al por menor	*retail*	**por gusto**	*unnecessarily, for the fun of it*
por adelantado	*in advance*	**por las nubes**	*sky-high (price or praise)*
por ahora	*for the time being*	**por lo general**	*as a general rule*
por casualidad	*by accident*	**por lo menos**	*at least*
por completo	*completely*	**por lo tanto**	*consequently, therefore*
por consiguiente	*therefore*	**por lo visto**	*apparently*
por decirlo así	*so to speak*	**por ningún motivo**	*under no circumstances*
por desgracia	*unfortunately*	**por otra parte**	*on the other hand*
por Dios	*for heaven's sake*	**por regla general**	*as a (general) rule*
por encima	*hastily, cursorily*	**por suerte**	*luckily*
por entero	*entirely*	**por supuesto**	*of course*
por escrito	*in writing*	**por... vez**	*for the... time*

Examples:

Por casualidad vi el anuncio de ese apartamento en el periódico. **Por regla general**, no leo los periódicos, pero ayer lo leí **por encima**. **Por lo visto** era mi día de suerte. **Por lo tanto**, decidí ir inmediatamente a ver el lugar. Visitaba ese barrio **por primera vez**. La casera puso el apartamento **por las nubes** y dijo que acababan de pintarlo **por completo**. También dijo que esperaba que yo no la hubiese molestado **por gusto**, y que tenía que pagar dos meses **por adelantado** para que me dieran un contrato **por escrito**. ¡**Por Dios!** Yo gano muy poco. **Por consiguiente**, he decidido que no puedo alquilar ningún apartamento **por ahora**. **Por lo menos**, puedo vivir en casa de mis padres, y ellos no me echarán a la calle **por ningún motivo**. ¡Soy un tipo que nació de pie, **por decirlo así**!

COMMON VERBS FOLLOWED BY *POR*

acabar por	*to end up by*	**morirse por**	*to be dying to*
brindar por	*to drink to*	**optar por**	*to choose to*
esforzarse por	*to strive to, for*	**preguntar por**	*to inquire about, to ask for*
interesarse por	*to be interested in; to inquire about*	**preocuparse por**	*to worry about*
luchar por	*to struggle to, for*	**trepar por**	*to climb up*
		votar por	*to vote for*

Aunque Peralta se afanó mucho por vender su invento al principio, acabó por abandonar el proyecto. *Although Peralta strived a lot to sell his invention at the beginning, he ended up by abandoning the project.*

Brindemos por los que luchan por la libertad. *Let's drink a toast to those who struggle for freedom.*

Me moría por conocer al nuevo huésped, pero opté por ser discreta. *I was dying to meet the new guest but I chose to be discreet.*

Si deseas causar una buena impresión, debes preguntar por la salud de su madre. *If you wish to make a good impression, you should inquire about his mother's health.*

Las ratas treparon por la soga para subir al barco. *The rats climbed up the rope to get on the ship.*

APLICACIÓN

A. *Traduzca al inglés el párrafo que aparece como ejemplo en la página 244.*

B. *Haga un comentario original en cada caso, usando la expresión que se da entre paréntesis.*

1. La semana pasada robaron tres coches de los estacionamientos de la universidad. (por eso)
2. Quisiera un empleo mejor que el que tengo, pero es difícil encontrar un buen trabajo en estos tiempos. (por ahora)
3. Mi amiga tiene sesenta gatos y quince perros. ¡Gasta una fortuna en comida de animales!. (al por menor/al por mayor)
4. La vocación de Alberto por la música es increíble. (por entero)
5. No sé el significado del verbo «conchabarse». ¿Lo sabes tú? (por primera vez)
6. Si va Ud. de noche por una calle oscura y ve que atacan a alguien, ¿huye del lugar o acude a ayudar a la víctima? (por supuesto)
7. Muchos piensan que los hijos adoptivos tienen derecho a saber quiénes son sus padres naturales. (por otra parte)
8. Tengo que escribir un informe para mi clase del Siglo de Oro, pero el profesor no dijo si debe ser extenso o puede ser corto. (por lo menos)
9. Cuando el carpintero comenzó a hacerme el armario en julio, le pagué el costo total, y tardó tres meses en terminar el trabajo. (por adelantado)
10. He buscado la llave de mi casa por todas partes, pero no la encuentro. (por suerte)
11. Mi compañero de apartamento es muy desordenado, no lava los platos que usa, ni siquiera hace su cama. (por consiguiente)
12. Muchas personas aprovechan la mañana del domingo para dormir, otras hacen ejercicio, otras van a la iglesia. ¿Qué haces tú? (por lo general)

C. *Escoja la expresión de la lista que completa correctamente cada espacio en blanco.*

por casualidad, por decirlo así, por desgracia, por encima, por escrito, por gusto, por las nubes, por lo tanto, por lo visto, por ningún motivo

1. Fernando y yo no nos veíamos mucho, pero fuimos al mismo colegio de niños y éramos amigos, ______. ______, me alegré cuando lo vi parado en la esquina. Hacía mal tiempo; era uno de esos días en que uno no sale ______ sino por obligación. Comenzó a llover. Casi nunca llevo el paraguas cuando salgo, pero esta vez lo traía ______, y ofrecí compartirlo con Fernando. —No compartas tu paraguas con otra persona ______, —me dijo—trae mala suerte. ______, Fernando es muy supersticioso.
2. Los precios de los mecánicos están ______. Mi mecánico me dio un presupuesto ______ para reparar mi auto; lo miré ______ y me pareció razonable. Pero ahora he leído la letra pequeña y, ______, el arreglo va a costarme un dineral.

D. *Complete de manera original.*

1. El ladrón entró en el banco trepando por...
2. Si me quieres como dices, debes interesarte más por...

3. Todos discutían. Juanito y Rosa querían ir a bailar, Pablo y Lucía insistían en ir al cine, y Humberto y Marta preferían ir al bingo. Yo opté por...
4. Si una persona inventa una mentira y la repite un número infinito de veces, acaba por...
5. Durante la recepción, todos levantaron las copas y brindaron por...
6. Hace un calor horrible. Me muero por...
7. Cuando te dije que debías trabajar más y dormir menos, no fue por interferir en tu vida, sino porque me preocupo por...
8. Él se llama Federico, pero todos lo conocen por Freddy. Cuando llegues a la residencia estudiantil, pregunta por... y no por...
9. Las notas son muy importantes en el expediente de un estudiante, debes esforzarte por...
10. El insecto había caído en un vaso de agua y luchaba por...

SPECIAL USES OF *PARA* AND *POR*

Sometimes the difference between **para** and **por** is quite subtle and either one may be used depending on whether the speaker wishes to stress (a) the purpose or goal of an action, or (b) its motivation. Such is the case in the following sentences.

Ernesto se casó con la viuda para apoderarse de su dinero.	*Ernesto married the widow to get her money.*
Ernesto se casaría con la viuda por apoderarse de su dinero.	*Ernesto would marry the widow because he wants to get her money.*

Also compare the following:

1. Trabajar para (*to be employed by*) and **trabajar por** (*to work on behalf of*).

El tío de Elena trabaja para la Compañía de Electricidad.	*Elena's uncle works for the Electric Company.*
El tío de Elena ha trabajado mucho por los pobres.	*Elena's uncle has worked a lot for the poor. (On their behalf.)*

2. Hacer... para (*to make . . . for*) and **hacer... por** (*to do . . . for*).

Hice esto para ti.	*I made this for you.* (A material object to give to you.)
Hice esto por ti.	*I did this for you.* (For your sake, on your behalf.)

3. Luchar para and **luchar por** both mean *to struggle to*. The use of **para** emphasizes the goal and implies that the subject not only struggled to achieve something, but succeeded in achieving it. **Por**, on the other hand, focuses on the struggle and is not concerned with the results.

Luché mucho para abrirme paso.	*I struggled a lot to get ahead.* (And I succeeded.)
Luché mucho por abrirme paso, pero fracasé.	*I struggled a lot to get ahead but I failed.*

4. Para + personal pronoun or noun expresses an opinion.

Para mí, (que) el asesino fue el camarero.	*In my opinion, the murderer was the waiter.*

Por + personal pronoun is used to indicate a person's indifference toward something.

Por mí, puedes hacer lo que te parezca.	*For all I care (as far as I am concerned) you may do whatever you please.*

APLICACIÓN

A. *Complete los espacios en blanco, decidiendo entre* **para** *y* **por.**

1. **Mi examen médico.**

Todos debemos hacernos un examen médico _______ año, pero yo había aplazado el mío _______ mucho tiempo _______ indolencia. _______ fin, el sábado le pedí un turno _______ teléfono al doctor Bisturí _______ hacerme un examen, y ayer fui a su consulta. Bisturí me hizo pasar _______ un túnel extraño mientras él, en la habitación contigua, me veía _______ televisión. También me sacó sangre _______ enviarla al laboratorio. Me dijo que yo estaba en condiciones físicas bastante malas _______ mi edad. (Tengo sólo veinticinco años.) Al final no me recetó nada, sólo me aconsejó que dejara de fumar. —Es muy malo _______ la salud —añadió. Sus pulmones están afectados _______ el cigarro. Estoy seguro de que Ud. tiene cierta dificultad _______ respirar. Pagué cien dólares _______ este consejo tan original, y prometí que haría lo posible _______ seguirlo.

2. **Viaje a Iquitos.**

Salimos _______ Iquitos al amanecer. La navegación _______ el río iba a durar _______ varias horas y llevábamos refrescos y provisiones _______ comer durante el recorrido. Mi esposo hacía este viaje _______ placer, porque siempre le ha fascinado la selva; yo iba _______ acompañarlo y no quedarme sola en casa. _______ mí era el primer viaje a esa región; mi esposo había estado allí antes, porque trabaja _______ una compañía exportadora y va al Perú frecuentemente _______ asuntos de negocios.

Pronto fuimos atacados _______ millares de mosquitos, que volaban

______ todas partes y esperaban a que estuviésemos descuidados ______ acribillarnos con sus picadas. Los indígenas nos dieron ramas ______ espantarlos. ______ la prisa al salir, habíamos olvidado en el hotel el repelente ______ mosquitos. Otro problema era que a veces teníamos que utilizar la mímica ______ comunicarnos con los indígenas, porque no nos entendían bien.

La selva es impresionante. ______ un pintor de paisajes debe ser el paraíso. Daría cualquier cosa ______ saber pintar ______ copiar la luz que se filtra ______ los árboles de hojas gigantescas.

3. **Un turista y un guía.**

El turista caminaba ______ una calle del puerto, asediado ______ los vendedores de «souvenirs», mientras se esforzaba ______ descifrar un mapa que llevaba en la mano. Cuando me vio, se me acercó ______ preguntarme ______ una dirección que llevaba apuntada en un papel. ______ ser extranjero, hablaba bastante bien el español. Me dijo que tenía que estar de regreso en el puerto ______ las cuatro, porque su barco zarpaba esa tarde ______ la Florida, y me preguntó si dos horas eran suficiente tiempo ______ hacer un recorrido breve ______ la ciudad. Añadió que tenía mucho interés ______ conocerla. La dirección que él buscaba queda ______ la parte sur, lejos de los muelles. ______ llegar a ese sitio había que tomar un taxi. Como soy muy servicial, me ofrecí ______ acompañarlo. Siento gran cariño ______ mi ciudad y me gusta mostrarla y hablar de ella. Tomamos un taxi y ______ el camino le fui explicando lo que sabía sobre los lugares ______ los que pasábamos. Cuando llegamos a la dirección que él buscaba, me dio las gracias ______ todo y quiso compensarme ______ mi servicio. ______ supuesto, rehusé enérgicamente el dinero que me daba, diciéndole que yo no hacía estas cosas ______ dinero y que ______ mí era un placer ayudar a un visitante. Me pidió perdón ______ su falta de tacto y me explicó que, ______ saber yo tanto de la historia de mi país, me había tomado ______ un guía profesional. Me dio su dirección ______ escrito y me prometió hacer ______ mí lo mismo que yo había hecho ______ él si algún día visitaba la Florida.

B. *Haga un comentario original basado en cada una de las siguientes situaciones y usando las expresiones explicadas en* Special Uses of *Para* and *Por* (*páginas 246–47*).

1. Ud. planea un viaje con dos amigos. Cada uno de ellos tiene un hotel favorito y quiere hacer reservaciones en él, pero Ud. no tiene preferencia por ningún hotel en especial y les dice a sus amigos:...
2. Era muy difícil entrar en el estadio el sábado por la noche, porque iba a cantar Julio Iglesias y había cientos de personas tratando de entrar al mismo tiempo.
   - **a.** Ud. se cansó de los empujones y el tumulto y decidió irse a su casa en vez de seguir tratando de entrar. Al llegar a su casa, le explicó a su madre:...
   - **b.** Ud. persistió y, por fin, consiguió entrar. Una vez dentro del estadio, encontró a un amigo y le explicó que no había sido fácil la entrada diciéndole:...

3. Tomás Minaya tiene un empleo como inspector en el gobierno municipal. Hablando de Minaya y su empleo, Ud. dice:...
4. Su madre es una mujer maravillosa. El Día de las Madres Ud. le envía una tarjeta agradeciéndole todos sus sacrificios. Ud. escribe:...
5. Lisa ha faltado mucho a sus clases este semestre y está estudiando muy poco. Ud. expresa una opinión pesimista sobre las notas que recibirá Lisa:...
6. Es el cumpleaños de su novio/a y Ud. ha hecho un pastel en su honor. Ud. le entrega una caja con el pastel dentro y le explica su contenido, diciéndole:...
7. Ud. admira mucho la labor de la Madre Teresa y explica el motivo de su admiración diciendo:...

COMPOUND PREPOSITIONS

In Spanish two or more words are often combined to form compound prepositions. Sometimes one or more of the components of a compound preposition serves no other purpose than to intensify the meaning of the verb that accompanies it. The sentence **¡Qué mal educado! Pasó por delante de nosotros sin saludar.** (*What an impolite man! He passed in front of us without saying hello.*) could be also expressed without **por**, but using **por** stresses the idea of movement in the verb **pasó**.

Many compound prepositions establish spatial relationships and can be grouped in pairs of opposite meaning.

al lado de, junto a	*by, next to*	**separado/a de**	*separated from*
alrededor de	*around*	**a través de**	*through*
arriba de, encima de	*on, over, on top of*	**debajo de**	*under, beneath*
cerca de	*near*	**lejos de**	*far from*
delante de*	*before, in front of*	**detrás de**	*behind*
frente a, enfrente de*	*facing, in front of*	**de espaldas a**	*with one's back toward*
fuera de	*outside (of)*	**dentro de**	*inside (of)*

*__Frente a, enfrente de,__ and **delante de** are often interchangeable, but you cannot use the first two unless the person or thing that is in front of you is facing you.

En esta aula, el profesor está frente a (delante de) los estudiantes, y los estudiantes que están sentados en la primera fila están delante de los que están sentados en la segunda.

In this classroom the professor is in front of the students and the students who are seated in the first row are in front of those who are seated in the second row.

La cola frente al (delante del, enfrente del) teatro era larga; había más de veinte personas delante de mí.	*The line in front of the theater was long; there were more than twenty people in front of me.*

Other common compound prepositions include

a causa de	*on account of, because of*	**a pesar de**	*in spite of*
acerca de	*about, concerning*	**con respecto a**	*in regard to, with respect to*
además de	*besides*	**después de**	*after*
a excepción de	*with the exception of*	**en contra de**	*against*
a fuerza de	*by dint of*	**en cuanto a**	*as for*
antes de	*before* (time or order)	**en lugar de, en vez de**	*instead of*

Examples:

En cuanto al viejo, que andaba con dificultad **a causa de** su artritis, era malicioso **además de** avaro. **A pesar de** haber nacido muy pobre, había conseguido amasar una fortuna **a fuerza de** ser ahorrativo. Vivía en una choza **junto al** río **en vez de** vivir en el pueblo, **cerca de** sus hijos. Nadie lo visitaba, **a excepción de** su nieto.	*As for the old man, who walked with difficulty because of his arthritis, he was cunning besides being a miser. Despite having been born very poor, he had succeeded in amassing a fortune by dint of being thrifty. He lived in a hut by the river instead of living in town, near his children. Nobody visited him with the exception of his grandson.*

Note that often one of the components of a compound preposition is an adverb that can be used alone.

Trajeron antes los bocaditos; el champán lo sirvieron después.	*They brought the appetizers first; the champagne was served later.*
Si dejas tu bicicleta fuera, se oxidará.	*If you leave your bicycle outside, it will get rusty.*

APLICACIÓN

Dé el equivalente en español de las palabras entre paréntesis.

1. **La reunión del lunes.**

Nos reunimos el lunes (*before*) la clase para hablar (*with respect to*) la nueva cafetería y también (*about*) los problemas de estacionamiento. Sólo (*by dint of*) paciencia o de mucha suerte consigue uno estacionarse aquí. (*In spite of*) la fuerte lluvia, todos estábamos en la reunión, (*with the exception of*) Alejandro y Eduardo. Alejandro avisó que no asistiría (*on account of*) el mal tiempo; (*as for*) Eduardo, (*instead of*) llamar, envió una nota, que llegó dos días (*after*) la reunión. Siempre está (*against*) todo, pero no coopera con nadie.

2. **Mi cuarto.**

No tengo baño (*inside*) mi cuarto; en mi apartamento hay un solo baño, que está (*near*) la cocina, (*next to*) la habitación de mi compañero. Mi cuarto no es muy grande, y parece más pequeño porque las cosas están frecuentemente (*outside*) el ropero: hay zapatos (*under*) la cama, ropa (*on top of*) las sillas, libros (*behind*) la puerta. A veces, cuando me paro (*in front of*) el espejo, no puedo verme porque tengo montones de discos (*on top of*) la cómoda (*in front of*) mí. Pero, (*in spite of*) tanto desorden, me siento bien en mi cuarto. Miro (*through*) la ventana y veo los arbustos que hay (*around*) el edificio. También veo a varios niños que juegan (*far from*) la calle, en un patio.

QUESOS ARGENTINOS
La abundancia de ganado de la Argentina se refleja en numerosos subproductos de calidad, como artículos de cuero y alimentos lácteos. Fíjese que en este anuncio de quesos argentinos se usa la palabra **rico** *en su doble acepción de* **adinerado** *y* **sabroso**.

Análisis de la lectura

A. *Lea con atención las expresiones que usan* **para**, *y después conteste las preguntas que siguen.*

1. ... el dinero sobraba casi para la manutención...
2. ... y no se separaban para ningún quehacer...

3. ... andanzas penosas para el viejo.
4. ... aunque no le hubiesen tratado para el viaje.
5. ... buscando el claro para hendir la carne...
6. ... la traición y la muerte que los acallara para siempre.

B. *Conteste.*

1. ¿En cuáles de estas expresiones **para** indica propósito o intención?
2. ¿En cuál hay un caso de **para** en una comparación?
3. ¿Por qué se usa **para** en el número 6?

C. *Lea con atención las expresiones que usan* **por**, *y después conteste las preguntas que siguen.*

1. ... una obligación impuesta por el destino.
2. ... se conchabó por temporadas donde quisieran tomarlo...
3. ... arrinconado por la desgracia.
4. ... esa pareja unida por el engaño y la sangre...

D. *Conteste.*

1. ¿En qué ocasiones indica **por** causa, motivo o razón?
2. ¿En qué casos precede al agente de una acción?
3. ¿Qué preposición se podría usar en el número C2 en lugar de **por**?
4. ¿Por qué se usa el subjuntivo en el número C2?

E. *En la última oración del cuento se usa el subjuntivo dos veces. Explique el porqué de cada caso.*

Sección léxica

REPASO

Identifique cada palabra con su definición o sinónimo.

1. acallar	a. persona a quien le gusta pelear
2. amenguar	b. propósitos o intenciones
3. atardecer	c. tarea o labor
4. arreo	d. silenciar
5. bullanguero/a	e. unión, lazo
6. chambergo	f. hora en que se pone el sol
7. hendir	g. tirado/a en el suelo
8. miras	h. acción de tragar un líquido

9. pendenciero/a	i. disminuir, hacer más pequeño
10. penoso/a	j. transporte de ganado
11. quehacer	k. difícil, doloroso/a
12. sorber	l. sombrero que usan los gauchos
13. tendido/a	m. hacer un corte
14. vínculo	n. persona divertida y amiga de fiestas

AMPLIACIÓN

SUSTANTIVOS FORMADOS CON EL PARTICIPIO PASIVO

Tanto en inglés como en español, muchos participios pasivos se usan como adjetivos, pero en español, además, los participios, igual que los adjetivos en general, hacen muchas veces el oficio de nombres sustantivos*.

Participios como adjetivos:

Don Regino quería a sus hijos *adoptados* como si fuesen propios.	*Don Regino loved his adopted children as if they were his own.*
Juan era un hombre *callado*.	*Juan was a quiet man.*

Participios como nombres sustantivos:

La nueva mujer de don Regino reemplazó a la *muerta*.	*Don Regino's new wife replaced the dead one.*
Los dos hombres estaban tan unidos como dos *enamorados* fieles.	*The two men were as close as two faithful lovers.*

La siguiente lista contiene algunos participios comunes y sus significados adjetivales y nominales.

	COMO ADJETIVO	COMO NOMBRE SUSTANTIVO
acusado/a	*accused*	*defendant*
alumbrado/a	*lit*	*lighting, illumination* (m.)
arrepentido/a	*repentant, regretful*	*repentant person*
atrevido/a	*daring*	*insolent person*

*En el habla popular de algunos países y especialmente de México, algunos participios pasivos adquieren significados interesantes al sustantivarse.

Es un **mantenido**. (Un hombre que no trabaja y vive de su mujer.)

Esa chica es una **igualada**. (Es poco respetuosa y se comporta como si fuera igual a sus superiores.)

Aquella mujer era la **entretenida** del general. (Era su amante.)

Sabes que eres mi **consentido**. (Eres mi favorito.)

No soy una **ofrecida**. (Una mujer «fácil».)

bordado/a	*embroidered*	*embroidery, needlework* (m.)
caído/a	*fallen*	*fallen person, fall* (f.)
casado/a	*married*	*married person*
condenado/a	*condemned, convicted*	*convict*
desconocido/a	*unknown*	*stranger*
detenido/a	*detained; under arrest*	*detainee*
dicho/a	*said*	*saying* (m.)
divorciado/a	*divorced*	*divorced person; divorcée*
empleado/a	*employed*	*employee*
enamorado/a	*in love*	*lover, suitor*
escrito/a	*written*	*writing, text* (m.)
fracasado/a	*failed*	*failure, person who fails*
graduado/a	*graduated*	*graduate*
hecho/a	*made; done*	*fact; happening* (m.)
herido/a	*wounded*	*wounded person; wound* (f.)
impreso/a	*printed*	*printed matter* (m.)
impuesto/a	*imposed*	*tax* (m.)
invitado/a	*invited*	*guest*
lavado/a	*washed*	*washing* (m.)
parecido/a	*similar*	*likeness, similarity* (m.)
pedido/a	*requested, ordered*	*request, order* (m.)
presumido/a	*vain, conceited*	*conceited person*
prometido/a	*promised; engaged*	*fiancé; fiancée*
querido/a	*dear, beloved*	*lover, mistress*
reservado/a	*reserved*	*private room or compartment* (m.)
tejido/a	*woven, knitted*	*weave; knit; tissue (anat.)* (m.)
vencido/a	*beaten, defeated; expired* (medicine, permit, etc.)	*defeated one, loser*
zurcido/a	*darned, mended*	*mend, darn, patch* (m.)

APLICACIÓN

A. *Diga qué nombre se le da a la persona o personas que...*

1. recibió una sentencia de cárcel
2. detuvo la policía
3. tiene esposo/a
4. ha dicho cosas ofensivas
5. acusan de un crimen
6. tiene una idea exagerada de su valer
7. no ha triunfado en la vida
8. ha venido a la fiesta que Ud. da
9. ama a otra
10. trabaja en una compañía
11. rompió legalmente su matrimonio
12. no se conoce
13. ha recibido heridas
14. tienen relaciones extramatrimoniales
15. acaba de terminar sus estudios

B. *Diga qué nombre se le da a...*

1. la mercancía que pedí porque la quiero comprar
2. el sistema de luces de la ciudad
3. lo que alguien escribió
4. la labor que estoy bordando
5. los papeles que se imprimieron
6. el trabajo de lavar la ropa
7. el por ciento del sueldo que se le da al gobierno
8. la similaridad entre dos cosas
9. un remiendo que puse en unos pantalones rotos
10. una sección privada en un restaurante
11. una tela que alguien tejió
12. el acto de caer
13. un proverbio o expresión de uso popular
14. algo que ha sucedido

C. *Exprese en español.*

1. an embroidered blouse
2. my beloved relatives
3. an expired license
4. her dead children
5. a knitted cap
6. my divorced friend
7. the beaten team
8. the merchandise requested
9. the fallen trees
10. an unknown fact
11. a daring act
12. the badly lit streets
13. similar problems
14. repentant sinners
15. reserved seats
16. married people

DISTINCIONES LÉXICAS

TO GROW Y *TO RAISE*

A. TO GROW

1. *To grow*, **crecer**, es un verbo intransitivo en español y significa **hacerse más grande**. Puede usarse para personas, animales o cosas.

Juan y Marcos crecieron en el rancho de don Regino. *Juan and Marcos grew up on Don Regino's ranch.*

Lo malo de los gatitos es que crecen y se convierten en gatos. *The bad thing about kittens is that they grow and become cats.*

2. *To grow plants* equivale a **cultivar**.

En la Argentina se cultiva mucho trigo. *In Argentina they grow a lot of wheat.*

3. *To grow a beard, a mustache* es **dejarse crecer la barba (el bigote)**. Esta expresión se usa también para el pelo y las uñas.

El actor se dejó crecer el bigote y la barba para hacer el papel de pirata. *The actor grew a mustache and a beard to play the role of a pirate.*

B. TO RAISE

1. Cuando *to raise* es sinónimo de *to grow vegetables,* su equivalente en español es **cultivar**; cuando es sinónimo de *to bring up* (tratándose de personas o animales), su equivalente es **criar**.

El granjero cultiva maíz y cría cerdos. *The farmer raises corn and pigs.*

2. *To raise* como sinónimo de *to lift up* es **levantar**. **Levantar** se usa también en expresiones como **levantar la voz** y **levantar una estatua (un edificio, una pared**, etc.).

El albañil levantó el brazo para indicar hasta qué altura pensaba levantar el muro. *The mason raised his arm to indicate up to what height he was planning to raise the wall.*

3. *To raise* como sinónimo de *to increase in price* es **subir**. *To raise one's salary* es **subir(le)/aumentar(le) (a uno) el sueldo**. *To raise (to collect) money* es **recoger (recaudar) dinero**.

Cuando el casero supo que me habían aumentado el sueldo, me subió el alquiler. *When the landlord learned that they had raised my salary, he raised my rent.*

APLICACIÓN

Complete con la palabra apropiada.

1. Me gusta mucho el campo porque (*I grew up*) ______ en el rancho de mis abuelos. Mis dos hermanos y yo quedamos huérfanos de pequeños y

mis abuelos nos (*brought up*) ______. El abuelo (*had raised*) ______ con sus propias manos la casa donde (*I grew up*) ______.

Mi abuelo (*raised*) ______ vacas y caballos en la finca. También (*raised*) ______ algunas legumbres, pero en pequeña escala, porque necesitaba el terreno para pasto del ganado.

Cuando mi abuela murió, el abuelo se encerró en su habitación. No hablaba con nadie y (*he grew*) ______ la barba. Estuvo muy triste por varios meses.

2. Los obreros que están (*raising*) ______ el edificio junto a mi casa utilizan un ascensor especial para (*raise*) ______ los materiales. Mi barrio (*is growing*) ______ de manera asombrosa: además de este edificio, se están construyendo muchos otros. Esto va a (*raise*) ______ el valor de la propiedad, pero también va a (*raise*) ______ los alquileres en esta zona.
3. Niño, voy a enseñarte a respetarme y a no (*raise*) ______ la voz cuando te regaño; quiero que cuando (*you grow up*) ______ todos digan que (*I brought you up*) ______ bien.
4. Si podemos (*raise*) ______ suficiente dinero, le organizaremos un gran homenaje a nuestro profesor y le (*will raise*) ______ una estatua en el recinto universitario.
5. (*They have raised*) ______ tanto el precio de las verduras en los últimos tiempos, que he decidido (*to grow*) ______ mis propias verduras en el patio de mi casa.

Para escribir mejor

Es difícil enseñar a narrar por tratarse de un arte muy personal, pero hay pautas generales que ayudarán al estudiante a mejorar su técnica narrativa.

A. Recomendaciones generales.

Narrar es, básicamente, contar acciones y hechos ocurridos. La narración necesita movimiento, porque los sucesos y hechos forman parte de una progresión que va hacia un desenlace. El relato no tiene que ser cronológico, puede comenzar en el momento presente e ir hacia atrás, lo cual probablemente aumentará el interés del lector. Pero, cronológica o no, la narración debe ser ordenada.

Es importante comenzar bien. Abra con un párrafo sencillo, que presente datos o personajes importantes para la historia que va a contarse. Lea otra vez el primer párrafo de «La deuda mutua», y verá cuánta información nos da Güiraldes, en unas pocas líneas, sobre don Regino y su mujer y la adopción de los dos chicos.

Es necesario estar familiarizado con el ambiente en que se desenvuelve la acción. Si Ud. inventa un lugar imaginario, básese al hacerlo en un lugar que conozca bien, o combine elementos de varios lugares que conozca. Si va a narrar sobre una época pasada, busque información sobre las costumbres y la vida de la época. Los personajes deben encajar en el ambiente por su personalidad y comportamiento. Recuerde la coordinación que hay en la lectura entre el ambiente rudo y un poco primitivo en que se mueven estos hombres y su manera de actuar y reaccionar.

Evite lo absurdo. Su narración, aunque sea ficticia, debe ser siempre verosímil, es decir, creíble.

B. Maneras de animar el relato.

Su narración será más interesante si Ud. describe el ambiente y los personajes además de enumerar los sucesos. Pero evite el detallismo excesivo. Un narrador que da demasiados detalles es aburrido, tanto si está narrando oralmente para sus amigos en la vida real, como si está escribiendo.

No olvide lo que dijimos en el capítulo 8 al referirnos al diálogo: un diálogo breve intercalado en la narración le da vida a ésta.

El elemento humano es importante. Aunque los sucesos que se cuentan sean comunes o triviales, resultarán interesantes si hay en ellos interés humano. Fíjese en la sencillez del cuento de Güiraldes: un triángulo amoroso en el que el marido ofendido mata al ofensor, y un hermano del muerto que al final perdona al asesino. Son hechos comunes que se leen frecuentemente en las noticias de los periódicos. El interés humano radica aquí en los lazos sentimentales que unen a los personajes.

Una buena manera de animar el relato es «dramatizándolo», es decir, separándolo mentalmente en secciones que formen episodios o pequeños actos.

También se anima creando cierto suspenso y evitando que el lector pueda adivinar el desenlace antes del final.

Los personajes son muy importantes en la animación del relato. Preséntelos como seres vivos, con características físicas y espirituales parecidas a las de personas que Ud. ha encontrado en la vida real. Ser buen observador ayuda mucho en esto. Identifíquese con sus criaturas y trate de pensar como ellas pensarían.

No sea prolijo al informar al lector sobre el carácter de los personajes. Es mejor que ellos mismos se vayan revelando, a medida que avanza la narración, a través de sus palabras, sus actos y sus reacciones. Observe que la información directa de Güiraldes sobre Marcos se limita a tres adjetivos: bullanguero, alegre y cariñoso. Sin embargo, llegamos a conocer bien a Marcos por las pruebas de cariño que da a don Regino para compensarlo por la traición del hermano, su compasión por el viejo encarcelado y su unión con don Regino al final.

C. Planos narrativos.

Puede narrarse en primera o en tercera persona. En el caso de esta última, hay varios sub-planos, los más importantes de los cuales son el de autor omnisciente y el de autor-testigo presencial.

El autor omnisciente sabe todo lo que pasó y puede hasta entrar en la conciencia de los personajes y saber cómo se sienten.

El autor-testigo presencial cuenta en tercera persona, pero a veces se mete en la narración. Al final de «La deuda mutua», Güiraldes nos dice: «Yo he conocido a esa pareja...» Esta intervención del autor, como si hubiera estado allí, da fuerza y realismo a los hechos que cuenta.

APLICACIÓN

A. *Divida el cuento «La deuda mutua» en episodios o actos breves e invente un título apropiado para cada uno.*

B. *Escoja el tema 4 que se sugiere al final del capítulo y escriba una narración siguiendo las recomendaciones que se han dado.*

TRADUCCIÓN

On Gauchos and Horses

Buenos Aires is a very cosmopolitan city and to walk through its streets, both by day and by night, is a fascinating experience, but for me the most interesting aspect of Argentina is the countryside. I don't like to remain in the capital; I prefer to travel throughout the interior of the country. I feel admiration for the gauchos and I enjoy going to a ranch to see them demonstrate their expertise with horses. A skill that delights me consists in galloping by a post and, without stopping, inserting a stick through a ring that is attached to the post. Great coordination is required to do this. For dinner it is very pleasant to eat a steak, prepared by hands [that are] expert at

Gaucho de Tierra del Fuego con el traje típico. Sombrero de ala ancha llamado **chambergo**, *poncho, cinturón con adornos de plata y pantalones anchos con la parte delantera de cuero. Observe el bonito adorno de plata en la frente del caballo.*

barbecuing, along with vegetables raised on the ranch. Meat is good as well as cheap in Argentina because of the abundance of cattle, and one pays very few *australes* for a good steak. Generally, the meal is made more pleasant (*use* **amenizar**) by a musician who plays the *bandoneón,* a large accordion that is essential for the tango.

The ranch of the Falabella family is a special one. You reach it from Buenos Aires by the highway that goes to Mar del Plata. At 80 kilometers per hour, it is a trip of less than about 40 minutes. On this ranch they raise dwarf horses, only 28 inches in height, that are famous throughout the world. They were created, so to speak, by Don Julio César Falabella, now deceased. The method of this rancher to cause the horses not to grow is a secret, but it is believed that he accomplished it by means of feeding and controlled cross-breeding through several generations. The personnel of the farm is completely devoted to the care of these dwarf horses.

Very important persons have passed through the ranch to buy one of these animals and have paid several thousands of dollars for their specimen.

The ranch is not open to the public. For me it was easy to visit it because I was recommended by a friend of the family. In order to go, you must make an appointment by phone, but they will only give you an appointment to see the animals if you are going to buy one. A warning: don't buy a small horse with the hope that it will have offspring in the future. In order to avoid competition in the business, the animals are sterilized before the buyer takes them away.

TEMAS PARA COMPOSICIÓN

1. A la persona que escribió el ejercicio de traducción que precede no le gusta mucho la ciudad; prefiere el campo. ¿Cuál prefiere Ud.? Explique los atractivos y desventajas de ambos lugares y las razones de su preferencia.
2. La carne es el alimento que más se come en la Argentina, a causa de la abundancia de ganado. ¿Come Ud. mucha carne o es vegetariano/a? Muchas personas amantes de los animales rehúsan comer carne, porque piensan que es cruel matar a tantos animales cuando hay muchas otras cosas que podemos comer. ¿Cuál es su posición personal en esta polémica?
3. Otra cuestión también polémica es la de la experimentación con animales. ¿Está bien, en su opinión, que la familia Falabella haya creado estos caballitos como curiosidad, alterando así las leyes biológicas? Se hacen también experimentos parecidos con perros. ¿Qué opina Ud. en ambos casos? ¿Está justificado en algunas circunstancias el experimentar con animales aunque esto les produzca sufrimiento? ¿Deben hacerse pruebas con ellos en los laboratorios?
4. Escriba una narración en tercera persona sobre sucesos —reales o imaginarios— ocurridos durante unas vacaciones en el campo o en la ciudad. Busque para su relato un título que cautive el interés del lector. Al redactar, siga las recomendaciones que se dan en la sección **Para escribir mejor**.

C · A · P · Í · T · U · L · O 10

Lectura

Este artículo de Jorge Ianizewski, aparecido en la revista Geomundo, *nos habla del Chaco, una región olvidada del Paraguay, y de la labor colonizadora que por muchos años viene realizando allí un grupo de inmigrantes.*

Los colonos menonitas° del Chaco paraguayo

Vea Nota 1.

El Chaco es para los paraguayos una preocupación nacionalista. En sus vastos y duros territorios se enfrentaron Paraguay y Bolivia en una de las guerras más tristes de la historia americana (1932–35)°.

Vea Nota 2.

El panorama es allí extraño y temible: arbustos espinosos°, palmeras y árboles únicos se entrelazan° en una selva reseca e impenetrable, de tierras bajas y arenosas, donde el agua, que cae a montones° durante el verano, se evapora rápidamente con el sol abrasador° que sigue después de las tormentas. En el invierno, que es allí la estación seca, no se encuentra una gota de agua en todo el territorio.

con espinas
se... *intertwine*
a... en abundancia
muy caliente

Setenta años atrás, sólo las patrullas° bien armadas se atrevían a desafiar a los indómitos° indígenas chaqueños y a las fieras°, y hubo algunas patrullas que desaparecieron sin dejar rastro° entre esa alta maraña° vegetal que parece repetirse hasta el infinito, quizás muriendo de sed o a manos de los nativos o devorados por los jaguares.

grupos de soldados
que no se pueden dominar / animales salvajes
huella / selva

Los verdaderos colonizadores del Chaco paraguayo han sido los menonitas, es decir, los rubios descendientes de alemanes que, por negarse a tomar las armas contra cualquier ser humano —ya que interpretan literalmente los preceptos «Amarás a tu prójimo» y «No matarás»—, han sido expulsados de muchos países donde han querido establecerse.

Los orígenes de este grupo religioso se remontan° al año 1527, cuando los miembros de un núcleo° de humanistas suizos se reunieron y comenzaron a predicar° el acercamiento a la Biblia, rechazando toda forma de violencia. De Suiza fueron expulsados por herejes, dando comienzo a un largo peregrinar° que todavía hoy no ha llegado a su fin. Su primer

se... van hacia atrás
grupo
preach
ir de un lugar a otro

lugar de exilio fue Alemania, donde hicieron muchos adeptos° entre los sectores más humildes del pueblo, y de ahí adoptaron el idioma que aún hoy conservan: el *plattdeutsch*.

seguidores

Paraguay, urgentemente necesitado de colonos para poblar y desarrollar el disputado Chaco, les ofreció un territorio donde podrían establecerse y practicar su fe y sus costumbres libremente. Nadie les advirtió, sin embargo, qué clase de territorio era. Y tampoco se les dijo que el Chaco estaba habitado por indígenas hostiles ni que estaba disputado por Bolivia.

Los primeros menonitas llegaron a Paraguay desde Canadá en 1926. Cuando vieron el Chaco, muchos se decepcionaron y algunos hasta retornaron al Canadá. Sin embargo, en 1930 ya había 1,437 menonitas asentados° en la áspera región.

que vivían

Para hablar con los menonitas puede usarse el alemán o el inglés. Pocos han aprendido el guaraní°, y antes casi no aprendían el español, pero ya esto ha cambiado en los últimos años. Los indígenas, en cambio, sí han sido bastante receptivos al castellano, pero aun así, casi todos prefieren, después de sus dialectos nativos, hablar el *plattdeutsch* que han aprendido de los menonitas.

Vea Nota 3.

En cuanto a la prédica religiosa, los nativos no han seguido mucho el culto de los menonitas, prefiriendo la religión católica, quizás por sus ceremonias y rituales más llamativos° y por ser una fe más tolerante, menos rígida, que la de los colonos chaqueños. Éstos, por ejemplo, no permiten el baile y condenan las relaciones amorosas prematrimoniales, siendo ambas cosas irrenunciables para los indígenas, acostumbrados a una completa libertad sexual.

showy

El progreso que hoy se ve en los territorios de las colonias menonitas es el resultado del trabajo racional comunitario, donde la colaboración entre los miembros del grupo es fundamental. Estos hombres han logrado, entre otras realizaciones°, despejar° grandes extensiones de bosques para levantar empalizadas° y criar ganado. En una sola de las colonias, ya hay más de cincuenta mil cabezas de ganado vacuno°.

accomplishments / cortar árboles / cercas rústicas

de vacas y toros

En Asunción, la capital paraguaya, se habla del Chaco como de algo muy lejano, aunque en realidad basta cruzar el puente sobre el río Paraguay para pisar sus tierras. A los pobladores de las colonias se les considera misteriosos. Se ha hablado de que entre ellos se escondían criminales de guerra nazis de la Segunda Guerra Mundial, y las leyendas suman y siguen°. Quizás a ello contribuya la misma actitud de los menonitas, a quienes no parece interesarles mucho integrarse a la vida del resto del país, prefiriendo vivir en su aislada independencia.

suman... *are still going on*

Fuera de las relaciones laborales, está prohibido el contacto entre los menonitas y los indígenas. Las fronteras entre sus respectivas comunidades se cierran una vez que ha terminado la jornada° de trabajo. Con estas estrictas medidas, los menonitas han evitado la posibilidad del mestizaje°, manteniendo hermética su sociedad.

trabajo diario

mezcla de razas

Un colono menonita del Chaco. Los menonitas muestran preferencia por los sistemas antiguos de transporte.

De los dieciocho mil menonitas que actualmente viven en Paraguay, diez mil residen en las colonias del Chaco. Y, aunque ya dijimos que han conservado una sociedad hermética, muchos de sus dirigentes se están preocupando de proyectarse al exterior, tratando de romper los mitos que se han edificado en torno a ellos. Varias empresas humanitarias son administradas por los menonitas o reciben de ellos apoyo moral o económico. Mantienen, además, un colegio en Asunción y están colaborando activamente en la gigantesca y ambiciosa tarea que representa la carretera Trans-Chaco, una verdadera necesidad para la economía paraguaya. Esta vía, cuando esté terminada del todo°, eliminará muchas de las barreras que todavía separan el Chaco del resto de Paraguay, y posiblemente acerque más a los menonitas al país donde se han asentado.

del... totalmente

Nota 1: Los menonitas son un grupo protestante originado en Suiza, que se adhiere en la vida diaria a las costumbres de sus antepasados y sigue la religión de manera muy estricta, imitando la sencillez de ritos y la devoción de los cristianos de los siglos pasados. Los menonitas son parte del grupo llamado *Pennsylvania Dutch* en los Estados Unidos.

Nota 2: En 1932, el descubrimiento de petróleo en el Chaco originó una guerra entre el Paraguay y Bolivia por la posesión de la región. La situación hostil tardó tres años en resolverse, y el Paraguay pudo al final conservar el Chaco.

Nota 3: El guaraní es la lengua original de los indios paraguayos. El Paraguay es un país completamente bilingüe, con dos lenguas oficiales, y en sus escuelas se enseñan hoy día el español y el guaraní.

COMPRENSIÓN

Basándose en la información contenida en el artículo, explique con sus propias palabras los siguientes puntos.

1. La naturaleza del Chaco en verano y en invierno.
2. Los peligros que amenazaban en el pasado a los que iban a esta región.
3. El origen de los menonitas.
4. La inmigración de los menonitas al Paraguay.
5. La situación actual en el Chaco en cuanto a: (a) los idiomas, (b) la religión y (c) las relaciones entre los indígenas y los menonitas.
6. La ayuda que han dado los menonitas al Paraguay, aparte de su labor colonizadora.

INTERPRETACIÓN

1. ¿De qué adjetivos y expresiones se vale el autor para presentar al Chaco como territorio hostil?
2. ¿Qué imagen recibe el lector de los menonitas con la presentación que aquí se hace de ellos?
3. ¿Cómo es la imagen de los indígenas que nos da la lectura?
4. ¿Es crítica o neutral la actitud del autor ante las prohibiciones de contacto entre nativos y colonos? ¿Por qué (no) pueden justificarse estas prohibiciones?
5. ¿Hicieron mal las autoridades del Paraguay al no advertir a los nuevos colonos sobre los aspectos negativos de la región? ¿Hubieran ido ellos de todas maneras si hubiesen conocido estos aspectos negativos? Explique en qué basa su opinión.
6. ¿Cuál es, en su opinión, el motivo de que los menonitas no hablen o hablen muy poco español?
7. Considerando la historia y costumbres de los menonitas, ¿hay bases para pensar que entre ellos pudieran esconderse criminales de guerra nazis? ¿Por qué (no)?

INTERCAMBIO ORAL

A. Los menonitas han tenido problemas por su filosofía pacifista. ¿Tienen ellos razón? ¿Tiene un individuo derecho a resistirse a defender a su patria con las armas? ¿Qué tratamiento debe dar un país a los que se resistan a ir a la guerra?

B. Hay varios grupos de personas que viven aislados en los Estados Unidos por motivos étnicos o religiosos. Los estudiantes intercambiarán información y opiniones sobre ellos.

Vista de la ciudad de Asunción, capital del Paraguay. Al fondo se ve el río Paraguay, cuyas aguas cruzan también El Chaco.

C. Los menonitas consideran que el baile es pecaminoso. ¿Es exagerada esta posición estricta? Los estudiantes discutirán su actitud personal hacia el baile y hacia las prohibiciones que aceptarían o rechazarían en una religión.

D. Otra prohibición que se menciona en la lectura es la de las relaciones amorosas prematrimoniales. ¿Qué ventajas y qué desventajas tiene el vivir en una sociedad donde hay mucha libertad sexual? ¿Y en una sociedad que tenga reglas sexuales muy estrictas?

E. El autor cita, entre las realizaciones de los colonos, el cortar grandes áreas de bosques para criar ganado. Dadas nuestras preocupaciones ecológicas, ¿podemos hoy considerar esto como una realización? ¿Qué posición deben tomar los gobiernos en casos similares?

EPISODIO EN UN PAÍS BILINGÜE
Explique qué ha pasado y adivine qué le dice en guaraní la chica a su mamá. (La traducción está en la nota al pie de la página.)

No te enojes.

Una gran parte de la riqueza de Hispanoamérica está en la agricultura, y algunos gobiernos han comenzado a reconocerlo dando ayuda técnica a los campesinos, como se ve en este anuncio de la lotería de México.

Sección gramatical

PLACEMENT OF DESCRIPTIVE ADJECTIVES

Limiting adjectives (those indicating number or quantity) are placed in Spanish before the noun. So are demonstratives, indefinites, and possessives in their unstressed form. The problem of placement concerns only descriptive adjectives since they can either precede or follow the noun.

The rules concerning the position of descriptive adjectives are very flexible. Good writers use adjective position to attain certain effects, taking into consideration such elements as rhythm and sound. There are, however, some general guidelines that can help inexperienced writers to place adjectives correctly.

1. Descriptive adjectives follow the noun when they are differentiating, that is, when they distinguish between one noun and others of its kind. Adjectives that refer to color, size, shape, condition, nationality, group, or any type of classification are differentiating adjectives. (In English, since all adjectives precede the noun, differentiating adjectives are distinguished by vocal stress: The *blond* child was the one who said that.)

En mi sala tengo una mesa redonda, un sofá azul y una alfombra china.	*In my living room I have a round table, a blue sofa, and a Chinese rug.*

Cambié el curso de química orgánica por uno de sicología aplicada. *I changed the course on organic chemistry for one on applied psychology.*

The adjectives **buen(o)** and **mal(o)** may precede or follow the noun.

Un mecánico debe tener herramientas buenas (buenas herramientas). *A mechanic should have good tools.*

2. Since past participles used as adjectives normally express a condition, they have a differentiating function and follow the noun in most cases.

En el nido caído había un pajarito con un ala rota y un pajarito muerto. *In the fallen nest there was a bird with a broken wing and a dead bird.*

3. Adjectival phrases (those formed with **de** + noun) always follow the noun. So do descriptive adjectives when modified by an adverb.

Jacinto hablaba con una chica bastante bonita, que llevaba un traje de noche. *Jacinto was talking to a rather pretty girl who was wearing an evening gown.*

4. A descriptive adjective following a noun is as important as the noun. When the descriptive adjective precedes the noun, it becomes nondifferentiating; in other words, its importance is minimized and it functions as an ornament or to add color.

An easy way to decide whether or not an adjective is nondifferentiating is to try to eliminate it. If the adjective can be omitted without a loss in meaning, it is probably nondifferentiating and should be placed before the noun. In the sentence *His father gave him a beautiful clock for his birthday,* the word *beautiful* can be omitted without great loss in meaning. In the sentence *His father gave him an alarm clock for his birthday,* omitting *alarm* would leave the meaning incomplete. So we say **un hermoso reloj** and **un reloj despertador**.

5. There are three main types of nondifferentiating descriptive adjectives.

a. Adjectives that express qualities inherent in the noun and, therefore, form a concept with it. One says **La fría nieve cubría el campo, Un violento huracán destruyó la cosecha**, and **El ágil atleta saltó los obstáculos**. These are expected adjectives. One expects snow to be cold, a hurricane to be violent, and an athlete to be agile. Note that all these purely ornamental adjectives could be omitted without loss of meaning in the sentences. However, if one says **No me gusta la sopa fría, Juan es un hombre violento**, and **Necesitan una chica ágil**, it is evident that **fría**, **violento**, and **ágil** cannot be eliminated. **No me gusta la sopa** would have a different meaning while **Juan es un hombre** and **Necesitan una chica** would have little meaning or no meaning at all.

Study the following quotations from a description of the town of Málaga by Rubén Darío.

«Los hombres pasan con sus trajes *nuevos*, los sombreros *grises cordobeses*, los zapatos *de charol...* ».

Note that all the adjectives here follow the noun because they have a differentiating function: they are describing what kind of suits, hats, and shoes those men are wearing.

«Sol *andaluz*, que vieron los *primitivos* celtas, que sedujo a los *antiguos* cartagineses, que deslumbró a los navegantes *fenicios*, que atrajo a los *brumosos* vándalos, que admiró a los romanos... ».

The adjectives **andaluz** and **fenicios** geographically distinguish the sun and the navigators respectively and, therefore, they follow the noun. **Primitivos**, **antiguos**, and **brumosos** are used to refer to three of the ancient peoples that colonized the Iberian Peninsula. Anybody who knows the history of Spain would expect these adjectives to be used with reference to these peoples. Furthermore, they could be omitted without the meaning of the sentence being affected.

«Junto a las *doradas* naranjas *dulcísimas*, se ve la *americana* chirimoya».

Doradas precedes **naranjas** because it is an adjective one expects to be applied to oranges. **Dulcísimas** follows because it has a differentiating quality; it is telling us what kind of oranges these are. The position of **americana** preceding **chirimoya** is an interesting case, since adjectives of nationality rarely precede the noun. But the **chirimoya** (a tropical fruit unknown in the United States) is not a Spanish fruit. **Americana** (here meaning *from the New World*) is "expected" and nondifferentiating in this case since there are no **chirimoyas** except the ones from America.

b. Subjective adjectives are also nondifferentiating. Complimentary statements, like those found in the social pages of the newspapers, belong in this category.

La *linda* señorita Marieta Camejo, hija de la *elegante* dama Lucía Cortés viuda de Camejo, se casará el sábado próximo con el *distinguido* abogado Pablo Enrique Castillo Vergara.	*Pretty Miss Marieta Camejo, daughter of the elegant lady Lucía Cortés widow of Camejo, will marry the distinguished lawyer Pedro Enrique Castillo Vergara next Saturday.*

c. Adjectives that normally would be differentiating are often placed before the noun in poems or in written descriptions that have a poetic tone.*

*In Spanish, an adjective placed before the noun has a more elegant tone than one that follows.

A la *solitaria* mansión de *esbeltas* y *elegantes* columnas, se llegaba por un *retorcido* sendero.	*One reached the lonely mansion with its slim and elegant columns by a winding path.*

6. Other cases of a descriptive adjective preceding the noun.

a. In some set phrases.

a corto (largo) plazo	*short (long) term*
Bellas Artes	*Fine Arts*
La Divina Comedia	The Divine Comedy
libre pensador (librepensador)	*freethinker*
mala hierba**	*weed*
mala suerte	*bad luck*
(la) pura verdad	*(the) real truth*
el Santo Padre	*the Holy Father*
(hacer) su santa voluntad	*(to do) as one pleases*
una solemne tontería	*a very foolish thing*

b. In exclamations.

¡Qué hermoso día!	*What a beautiful day!*
¡Increíble suceso!	*An unbelievable incident!*

APLICACIÓN

A. *¿Antes o después? Coloque los adjetivos en el lugar apropiado.*

1. **Bailes mexicanos.**
   El Palacio de (Bellas) _______ Artes _______ de la (hermosa) _______ ciudad _______ de México es un (suntuoso) _______ edificio _______ de (blanco) _______ mármol _______ , situado en una (céntrica) _______ sección _______ de la (populosa) _______ capital _______ . Allí suele presentarse el (folklórico) _______ ballet _______ , un (maravilloso) _______ espectáculo _______ de (regionales) _______ trajes _______ y (típicos) _______ bailes _______ .
2. **La niña vuelve a casa.**
   Aquel era en verdad un (miserable) _______ barrio _______. Los (decadentes) _______ edificios _______ se agrupaban como buscando (recíproco) _______ apoyo _______ . Un (flaco) _______ gato _______ hurgaba en los (atestados) _______ cubos de basura _______ . Media docena de (semidesnudos) _______ chiquillos _______ saltaban rientes frente a una (abierta) _______ toma de agua _______ para refrescarse con el (fresco) _______ chorro _______ . El agua corría veloz hacia la alcanta-

****Mala hierba** is used also in a figurative sense to refer to people:

Esa chica es mala hierba, no quiero que mi hija ande con ella.	*That girl is a bad influence; I don't want my daughter to go around with her.*

rilla, dejando a su paso (pequeños) ______ charcos ______ en el (irregular) ______ pavimento ______ . Dos (raquíticas) ______ palomas ______ hundían con ansia el pico en uno de los charcos.

—Aquí es —dijo la niña desde el (mullido) ______ asiento ______ del (elegante) ______ coche ______ con una (tímida) ______ vocecita ______ . El señor que conducía y su esposa intercambiaron (compasivas) ______ miradas ______ . Una (gorda) ______ mujer ______ de (canoso) ______ pelo ______ estaba sentada a la puerta del (ruinoso) ______ edificio ______ . Llevaba un (desteñido) ______ vestido ______ . La mujer dirigió al coche una (curiosa) ______ mirada ______ . La (trasera) ______ puerta ______ se abrió y la (frágil) ______ chiquilla ______ saltó a la acera y corrió hacia la (sorprendida) ______ mujer ______ .

3. **El gesto de Matilde.**
   La madre de Matilde es una (muy católica) ______ mujer ______ , hace (cotidianas) ______ visitas ______ a la iglesia y tiene una foto del (Santo) ______ Padre ______ en su habitación. A Matilde, en cambio, todo esto le parece una (solemne) ______ tontería ______ . Ella es (libre) ______ pensadora ______ y la (pura) ______ verdad ______ es que en (raras) ______ ocasiones ______ pone el pie en una iglesia. Sin embargo, cuando oyó que el Padre Julián estaba enfermo, le ofreció gratis sus (profesionales) ______ servicios ______ de enfermera. ¡Qué (hermoso) ______ gesto ______ !

B. La inauguración del Parque de la Constitución. *Imagine que Ud. es un(a) cronista social, describiendo un acto para el periódico, y añada adjetivos originales al siguiente pasaje. Use el mayor número de adjetivos posible.*

La ceremonia de inauguración del Parque de la Constitución contó con la asistencia de funcionarios de la ciudad. El señor alcalde asistió, acompañado de su esposa e hija. También vimos allí, en un palco reservado a las autoridades, al jefe de la policía y a tres de nuestros concejales. La música estuvo a cargo de la banda municipal, que tocó muchas marchas y canciones. Poco antes de que comenzaran los discursos, la esposa del alcalde cortó la cinta que sujetaba más de cien globos. Fue un espectáculo verlos cubrir el cielo de esta tarde de agosto.

C. *Añada adjetivos originales a las siguientes descripciones, tratando de usar un tono poético. Puede cambiar un poco las oraciones si así lo desea.*

1. Las nubes avanzaban acumulándose hasta formar una especie de maraña. Eran grises, casi negras. Se veía que se acercaba un chubasco. De pronto, se oyó un trueno a lo lejos. Hilos de agua comenzaron a caer oblicuamente, empapando la hierba y los matorrales. La luz de los relámpagos atravesaba el cielo. Todo duró menos de media hora. El sol salió cuando menos se esperaba. El campo olía a limpio, y los pajaritos, saliendo de Dios sabe dónde, cantaban en las ramas de los árboles.
2. Cuando salimos al campo empezaba a amanecer. Todos dormían todavía. La tranquilidad del paisaje invitaba a la meditación. Vi en lontananza

unas lomas, casi cubiertas por la niebla. Parecían gigantes. Después fuimos viendo señales de vida. Por un puente pasaba una recua de mulas. Rebaños de ovejas subían por la falda de una loma, y en el prado, un grupo de palomas volaba sobre el techo de un caserón. Yo iba en un caballo y los demás en mulas. Cuando pasábamos cerca de alguna casa, los perros nos perseguían ladrando.

DIFFERENCES IN THE MEANING OF ADJECTIVES ACCORDING TO POSITION*

	BEFORE THE NOUN	AFTER THE NOUN
antiguo	*former, of long standing, ex-*	*very old, ancient*
cierto	*certain*	*sure, definite*
diferente	*various*	*different*
medio	*half*	*average*
mismo	*same, very*	*-self*
nuevo	*another*	*brand-new*
pobre	*poor (unfortunate, pitiful)*	*penniless, needy*
propio	*own* (used as an intensifier)	*own* (of one's ownership)
puro	*sheer*	*pure*
raro	*rare (few)*	*strange, odd, uncommon*
simple	*just, mere*	*simple-minded*
único	*only, single*	*unique*
viejo	*old* (of long standing)	*old* (in years)

*This list is based on general usage. However, the use of position to express differences in meaning is not a practice followed rigidly by native speakers; sometimes context and not position determines the meaning.

Examples:

La pobre Ana Montejo era una persona *rara*. A la muerte de sus padres, se había mudado a un edificio *viejo*, no lejos de su *antigua* casa. Salía en *raras* ocasiones y había acumulado, en el *único* dormitorio de su departamento, un montón de cachivaches *antiguos* que le daban a la habitación un aspecto *único*.

*Poor Ana Montejo was an **odd** person. On her parents' death, she moved into an **old** building, not far from her **former** house. She went out on **rare** occasions and she had accumulated, in the **only** bedroom of her apartment, a lot of very **old** stuff which gave the room a **unique** look.*

Lo vi todo con mis *propios* ojos.

*I saw everything with my **very own** eyes.*

No vivo con mis padres sino en mi *propio* apartamento, pero algún día quiero tener casa *propia*.

*I don't live with my parents but rather in my **own** apartment but I want to own a house **of my own** some day.*

APLICACIÓN

Coloque los adjetivos en el lugar apropiado.

1. La (única) ______ medicina ______ que le recetó el médico fue que respirara (puro) ______ aire ______ .
2. En mi (antiguo) ______ barrio ______ la mayoría de las familias eran de (media) ______ clase ______ .
3. (Cierta) ______ señorita ______ Pardo llamó para interesarse por el (antiguo) ______ espejo ______ que quieres vender. Le expliqué que tenía un (raro) ______ marco ______ y que era una (vieja) ______ pieza ______ .
4. Ésta no es la (misma) ______ foto ______ de la actriz, sino una (diferente) ______ foto ______ . La (misma) ______ actriz ______ me la envió firmada por su (propia) ______ mano ______ .
5. Don Jorge era un (simple) ______ hombre ______ y (raras) ______ veces ______ comprendía mis razonamientos.
6. Por (pura) ______ suerte ______ conseguí localizar a Ernesto y fui con él a ver al (pobre) ______ Rodrigo ______ , que estaba muy enfermo. Rodrigo se emocionó al ver a sus (viejos) ______ compañeros ______ .
7. Sirvieron (diferentes) ______ frutas ______ , pero yo sólo comí (media) ______ naranja ______ .
8. Debes hacer ese negocio, es un (cierto) ______ éxito ______ y una (única) ______ oportunidad ______ .
9. Mi amigo Juan no tiene un (nuevo) ______ un coche ______ , éste es el (mismo) ______ coche ______ que tenía, pero (mismo) ______ Juan ______ lo pulió y está muy brillante.
10. Era un (pobre) ______ joven ______ y comenzó siendo un (simple) ______ empleado ______ , pero ahora tiene (propio) ______ negocio ______ y es rico.

POSITIONING TWO OR MORE DESCRIPTIVE ADJECTIVES

1. Very often a noun is modified by two or more descriptive adjectives. The first thing to do in this case is to decide whether all these adjectives are of the same type. There are three possible combinations.

a. Nondifferentiating adjective + noun + differentiating adjective.

Su madre siempre nos preparaba deliciosos postres cubanos.	*Her mother always prepared delicious Cuban desserts for us.*

Deliciosos is far more subjective than **cubanos**. Of the two adjectives, **deliciosos** is the one that could be omitted without a loss in meaning.

When one of the adjectives is an adjectival phrase, the other adjective, whether nondifferentiating or not, is often placed before the noun to provide some kind of stylistic balance for the adjectival phrase. This is true especially if the adjective is somewhat subjective. In the following examples, **costoso** and **lejano** may be relative terms depending on who is saying them.

Marta llevaba un costoso traje de noche.	*Marta was wearing an expensive evening gown.*
Siempre pasan las vacaciones en un lejano pueblo de pescadores.	*They always spend their vacation in a distant fishing town.*

But:

Aurelio compró un traje de lana gris.	*Aurelio bought a gray wool suit.* (**Gris**, being an objective, differentiating adjective here, cannot precede **traje**.)

b. Noun + differentiating adjectives.

Una mujer flaca, desdentada y sucia se acercó a nosotros.	*A thin, toothless, and dirty woman approached us.*

Flaca, **desdentada**, and **sucia** are adjectives of the same kind; all are part of the woman's description. Note that in Spanish the first two adjectives are separated by a comma and the second and third by a conjunction.

c. Nondifferentiating adjectives + noun.

Acabo de leer *Lo que el viento se llevó*, una larga e interesante novela sobre la Guerra Civil.	*I have just read* Gone with the Wind, *a long and interesting novel about the Civil War.*

Larga and **interesante** are two adjectives one expects to be applied to *Gone with the Wind*. They are nondifferentiating. Note also that these adjectives could be omitted.

2. There is a preference in the order of two or more differentiating descriptive adjectives: the adjective considered most important is placed closest to the noun.

Mi prima se especializa en literatura española medieval.	*My cousin specializes in medieval Spanish literature.*

The speaker considers **española** to be the more important word of the classification and **medieval** to be a subdivision. But it is also possible to say

Mi prima se especializa en literatura medieval española.

In this case, the speaker's cousin specializes in medieval literature, and within this specialization, **española** is considered a subdivision.

APLICACIÓN

Coloque cada par de adjetivos junto al nombre en cursiva, en la posición más apropiada. Los adjetivos se dan en orden alfabético, es posible que sea necesario invertir el orden y también usar y *en algunos casos.*

1. (azul / tibia) Todo sucedió en una *mañana* del mes de abril.
2. (vasta / verde) Los caballos galopaban por la *llanura*.
3. (tropical / violenta) Una *tormenta* destruyó la cosecha.
4. (enormes / puntiagudos) Cuando el cazador vio los *colmillos* del jabalí, tuvo tanto miedo que no pudo disparar.
5. (aterciopelados / fragantes) Deshojó uno por uno los *pétalos* de la rosa.
6. (blanco / inalámbrico) Le regalé a mi madre un *teléfono*.
7. (desierto / oscuro) Era una noche sin luna, y nadie los vio escaparse por el *camino*.
8. (de noche /pequeño) La chica llevaba un *bolso* en la mano.
9. (modernos / pedagógicos) Mi profesor es un admirador de los *sistemas*.
10. (blancos / escasos) El viejo se peinaba los *cabellos*.
11. (fiel / viejo) Gracias a la amistad de mi *amigo* Miguel, resolví el problema.
12. (huérfana / pobre) Anita me da lástima porque es una *niña*.
13. (inmenso / familiar) El caballero vivía solo en el *caserón*.
14. (cálidas / transparentes) Me encantan las *aguas* de las playas del Caribe.
15. (complicados / matemáticos) ¡Es un genio! Resolvió esos *problemas* en un minuto.

SPECIAL FORMS OF THE ABSOLUTE SUPERLATIVE

An absolute superlative is an intensifier that expresses a very high degree of a quality without establishing a comparison. The most common ways to form an absolute superlative are (a) by using **muy** and (b) by dropping the last vowel of the adjective—if there is one—and adding **-ísimo**, **-ísima**, **-ísimos**, **-ísimas**.*

However, **muy** is not the only adverb that intensifies the adjective. Possible substitutes include **absurdamente, astronómicamente, atrozmente, bien, harto, especialmente, excepcionalmente, extraordinariamente, extremadamente (en extremo), enormemente, excesivamente, incalculablemente, increíblemente, terriblemente, sumamente.**

Soy *bien* tímido y me pongo *sumamente* nervioso cuando	*I am very shy and I become extremely nervous when I am talking*

*Remember that **-z** changes to **-c**: **feliz** > **felicísimo**; **-c** to **-qu**: **blanco** > **blanquísimo**; **-g** to **-gu**: **largo** > **larguísimo**; and **-ble** to **-bil**: **notable** > **notabilísimo**.

hablo con una persona a quien considero *excepcionalmente* inteligente.

*to a person whom I consider to be **exceptionally** intelligent.*

It is also possible to use the prefixes **extra-** and **super-**.

Esa máquina es *superrápida*, pero Ud. debe ser *extracuidadoso* al usarla.

*That machine is **extremely fast**, but you should be **extra careful** when you use it.*

In the case of the **-ísimo** adjectives, especially in the written language, there are (a) some alternate forms and (b) some special words. Important examples:

a. ALTERNATE FORMS

buenísimo	= **bonísimo, óptimo**
fuertísimo	= **fortísimo**
grandísimo	= **máximo**
malísimo	= **pésimo**
pequeñísimo	= **mínimo**
pobrísimo	= **paupérrimo**

b. SPECIAL WORDS

célebre	> **celebérrimo**
libre	> **libérrimo**
mísero	> **misérrimo**
sabio	> **sapientísimo**

APLICACIÓN

Reemplace **muy** *y los adjetivos terminados en* **-ísimo/a/os/as** *y sus variantes con adverbios, prefijos o palabras de la lista anterior. No repita las formas.*

1. Cuando oí las palabras muy alentadoras del señor Cruz, me sentí felicísimo. No solamente me ofrecía un puesto muy importante en una compañía conocidísima, sino además un sueldo muy alto. A mí, que me crié en una familia pobrísima, este éxito me producía un orgullo grandísimo y una satisfacción muy especial.
2. Fue un partido emocionantísimo. Nuestro equipo es muy célebre, pero el equipo rival era muy agresivo y por un tiempo larguísimo pareció que los nuestros sufrirían una derrota humillantísima. Pero nuestro entrenador es muy sabio y usó estrategias habilísimas. Al final, nuestros buenísimos jugadores quedaron a la altura de su merecidísima reputación.
3. El cuarto que nos destinaron en el hotel era malísimo, muy oscuro y de dimensiones pequeñísimas. La cama era muy incómoda y estaba habitada por unas chinches ferocísimas que daban unas picadas muy dolorosas. Por supuesto, nuestra estadía en aquel hotel fue brevísima: a la mañana siguiente, furiosísimos, nos marchamos.

Análisis de la lectura

A. *Lea los siguientes casos de adjetivos que diferencian, y observe que en todos ellos el adjetivo completa el significado del nombre.*

1. preocupación nacionalista
2. arbustos espinosos
3. palmeras y árboles únicos
4. una selva reseca e impenetrable
5. tierras bajas y arenosas
6. sol abrasador
7. estación seca
8. patrullas muy bien armadas
9. grupo religioso
10. humanistas suizos
11. los sectores más humildes del pueblo
12. dialectos nativos
13. la prédica religiosa
14. la religión católica
15. las relaciones amorosas prematrimoniales
16. las colonias menonitas
17. el trabajo racional comunitario
18. ganado vacuno
19. la capital paraguaya
20. criminales de guerra nazis
21. las relaciones laborales
22. la jornada de trabajo
23. una sociedad hermética
24. varias empresas humanitarias
25. apoyo moral o económico
26. la economía paraguaya

B. *¿Qué frases adjetivales se encuentran en la lista anterior?*

C. *¿Cuáles de estos adjetivos están modificados por un adverbio de cantidad?*

D. *Explique los siguientes casos de adjetivos que preceden al nombre. Vaya a la lectura y busque los ejemplos allí, si es que necesita ver los adjetivos dentro de un contexto más amplio.*

1. vastos y duros territorios
2. los rubios descendientes de alemanes
3. el disputado Chaco
4. la áspera región
5. su aislada independencia
6. estrictas medidas
7. la gigantesca y ambiciosa tarea

E. *En el tercer párrafo de la lectura se lee* **indómitos indígenas chaqueños** *y en el párrafo 6 aparece la expresión* **indígenas hostiles.** *Explique la diferencia en la posición de los adjetivos en ambos casos.*

F. *Observe que en el segundo párrafo de la lectura, en* **arbustos espinosos, palmeras y árboles únicos** *no se usan artículos. ¿Puede Ud. explicar por qué?*

G. *En la lectura, ¿se usa el artículo definido antes de los nombres de países? ¿antes de los nombres de idiomas? ¿delante de los nombres de grupos étnicos?*

H. *¿Por qué no se usa el artículo definido en* **... urgentemente necesitado de colonos...** *y...* **estaba habitado por indígenas hostiles...** *?*

Sección léxica

REPASO

Encuentre las palabras de la lectura que están relacionadas con las siguientes y explique esa relación. Haga después una oración con cada una de las palabras que encontró.

1. vaca
2. palo
3. mestizo
4. jornal
5. llamar
6. sentarse
7. domar
8. lazo
9. espina
10. brasa

AMPLIACIÓN

FORMACIÓN DE ADJETIVOS

En la lectura aparecen los adjetivos derivados **espinoso** y **abrasador**. Como éstos, muchos adjetivos se forman por derivación, al añadir uno o más sufijos a un sustantivo. Algunos de estos sufijos son

1. -ado

colcha	**acolchado**	óvalo	**ovalado**
corazón	**acorazonado**	perla	**perlado**
cuadro	**cuadrado**	rosa	**rosado**
naranja	**anaranjado**	sal	**salado**

2. -(i)ento

amarillo	**amarillento**	grasa	**grasiento**
avaro	**avariento**	hambre	**hambriento**

calentura	**calenturiento**	polvo	**polvoriento**
ceniza	**ceniciento**	sed	**sediento**

3. -ino

alabastro	**alabastrino**	muerte	**mortecino**
cristal	**cristalino**	púrpura	**purpurino**
daño	**dañino**		

Este sufijo se combina frecuentemente con nombres geográficos e históricos.

los Andes	**andino**	el rey Alfonso	**alfonsino**
capital	**capitalino**	la reina Isabel	**isabelino**

4. -izo

cobre	**cobrizo**	paja	**pajizo**
enfermo	**enfermizo**	plomo	**plomizo**
huida	**huidizo**	rojo	**rojizo**
olvido	**olvidadizo**		

5. -oso

cariño	**cariñoso**	lluvia	**lluvioso**
chiste	**chistoso**	engaño	**engañoso**
orgullo	**orgulloso**	fango	**fangoso**
pasta	**pastoso**	fatiga	**fatigoso**
tierra	**terroso**	lujo	**lujoso**
trampa	**tramposo**		

6. También se forman adjetivos combinando sufijos con otras partes de la oración. Por ejemplo, **-ón** forma adjetivos de mucho uso en la lengua oral, pero se combina con verbos, no con sustantivos. Algunos de los adjetivos formados con **-ón** son despectivos.

adular	**adulón**	jugar	**juguetón**
burlar	**burlón**	llorar	**llorón**
criticar	**criticón**	mandar	**mandón**
comer	**comilón**	preguntar	**preguntón**
dormir	**dormilón**	responder	**respondón**

APLICACIÓN

A. *Busque el significado de los adjetivos de las listas anteriores que no conozca. Después use los más apropiados para reemplazar partes de las siguientes oraciones.*

1. Yo tenía mucha sed y ese arroyo que parecía un cristal invitaba a beber.
2. A mi perro le gusta mucho dormir, pero también le gusta mucho jugar y comer.
3. Hay caras en forma de corazón y caras semejantes a un cuadro, pero ségun los estetas, la cara ideal debe tener forma de óvalo.
4. Era un tipo muy repulsivo. Tenía los dientes casi amarillos y el pelo con mucha grasa.
5. Como eran de la capital, no podían adaptarse a la vida de los Andes.
6. El camino antes tenía mucho polvo, pero después de la lluvia se puso peor, porque se llenó de fango.
7. Hay engaño en ese negocio porque a Jiménez le gusta mucho hacer trampa.
8. La lámpara tenía mucho moho y había perdido su hermoso brillo de cobre.
9. Ella se pintó las uñas con un esmalte con tonos de perla muy bonito, pero el contraste entre el color púrpura de sus labios y su tez como el alabastro, le daba aspecto de enferma.
10. Me gustan las personas que dicen chistes y también las que me demuestran cariño. Detesto a las que me adulan y también a las que son avaras.
11. ¡Qué matrimonio! La mujer es la que manda y el marido critica siempre a todo el mundo.
12. Las frutas verdes me hacen daño, no las comeré aunque tenga mucha hambre.

B. *¿Cómo calificaría Ud. a una persona que... ?*

1. lo olvida todo
2. tiene calenturas
3. tiene mucho orgullo
4. nunca se queda callada cuando alguien dice algo
5. disfruta burlándose de todo
6. pregunta demasiado

C. *¿Qué adjetivo aplicaría Ud. a algo (o a alguien) que... ?*

1. es de lujo
2. parece una pasta
3. se parece a la tierra
4. causa fatiga
5. pertenece a la época de la reina Isabel
6. tiene el color de la ceniza
7. parece estarse muriendo

Tractores Agrícolas y Motores Diesel Reconstruidos en el Japón

Se solicitan distribuidores A & S, Inc., Miami, Fla. 305-557-5782. Fax: 305-558-6021.

De la mundialmente reconocida marca PIONEER, tenemos para la venta inmediata, SEMILLA CERTIFICADA DE ALFALFA TROPICAL, de las variedades Pioneer 5929 y Florida 77.

Las variedades tropicales tienen crecimiento continuo por no mostrar latencia invernal. La semilla viene en sacos de 25 Kg y está tratada con el fungicida Apron a base de Metalaxil.

Favor dirigirse a HIBRIVEN, C.A., calle Paramaconi c/c Tamanaco, Nº 241-1, sector La Pica, Palo Negro.
Teléfono: (043) 67.51.09

Casa del Agricultor

Oferta en todo tipo de máquinas para el pequeño mediano y gran agricultor. Todo para su finca, hato y jardín, Farmacia Veterinaria. Calle Las Flores Sabana Grande. Teléfono 71.54.59 y 71.35.97.

Contestadora telefónica las 24 horas

VENDO FINCA

2.188 Hectáreas en el Estado Cojedes, con casas, corrales e instalaciones. Terrenos Planos con pastos artificiales, Vía de acceso asfaltada.

Informan (041) 575977 y 579840

Semillas de Frijol

Hacienda Las Flores, vende semillas certificadas de frijol, Variedad Tuy - San Felipe, Yaracuy. Telfs. (054) 42.194, oficina; (054) 31.38.82, noche.

En los países hispánicos, es común que los periódicos tengan una sección completa dedicada a cuestiones de agricultura. Estos anuncios son de la sección agrícola de El Universal *de Caracas.*

DISTINCIONES LÉXICAS

PALABRAS ESPAÑOLAS QUE EQUIVALEN A *TO TAKE*

1. tomar = *to take (in one's hand; to take notes, a medicine; to drink a beverage)*

Toma el dinero que te debo.	*Take the money I owe you.* (Generally said while handing the money to the person.)
El doctor me dijo que tomase las pastillas tres veces al día.	*The doctor told me to take the pills three times a day.*

2. **coger*** = *to take or grab an object; to take a vehicle*

Si cogemos el tren de las cuatro llegaremos a tiempo.	*If we take the four o'clock train we will get there on time.*
El policía logró coger a la suicida por los cabellos.	*The policeman succeeded in grabbing the suicidal woman by the hair.*

3. **llevar** = *to take* (*to carry, transport, accompany someone or something; to lead* [said of a road])

Yo llevaba varios libros pesados, pero por suerte él me llevó a casa en su coche.	*I was carrying several heavy books but luckily he took me home in his car.*
El niño no va nunca solo a la escuela; su madre lo lleva.	*The boy never goes to school alone; his mother takes him.*
¿Adónde me lleva este camino?	*Where will this road take me?*

4. **llevarse** = *to take (to steal)*

—¡Nos han robado! —¿Qué se llevaron?	*"We've been robbed!" "What did they take?"*

OTROS EQUIVALENTES DE *TO TAKE*

1. **quitar** = *to take* (*to remove from*); *to take away*

Quita esa caja de la cama; está sucia.	*Take that box off the bed; it's dirty.*
Si quitas tres dólares, nos quedan siete.	*If you take away three dollars we will have seven left.*

2. **quitarse** = *to take off* (clothing)

Él entró en el agua sin quitarse los zapatos.	*He went into the water without removing his shoes.*

3. **despegar** = *to take off* (said of a plane)

El avión despegará en unos minutos.	*The plane will take off in a few minutes.*

*En la Argentina, el Uruguay y el Paraguay, **coger** tiene un sentido obsceno y ha sido sustituido por **agarrar** y **tomar**. En México, por el mismo motivo, se prefiere el verbo **tomar**, aunque **coger** se oye a veces.

4. sacar (tomar) una fotografía = *to take a picture*

En el zoológico sacaremos fotos de los monos. *At the zoo we will take pictures of the monkeys.*

5. hacer un viaje = *to take a trip*

¿Te gustaría hacer un viaje a Italia el próximo verano? *Would you like to take a trip to Italy next summer?*

6. dar un paseo, una vuelta = *to take a walk, a stroll; to go for a ride*

Es muy agradable dar un paseo al atardecer. *It is very pleasant to take a walk at dusk.*

7. sacar = *to take out*

Abrió el armario y sacó dos copas y una botella. *He opened the cabinet and took out two wineglasses and a bottle.*

8. dormir (echar) una siesta = *to take a nap*

En el verano me gusta echar una siesta bajo los árboles. *In the summertime I like to take a nap under the trees.*

9. tomarse (cogerse) unas vacaciones = *to take a vacation*
tomarse (cogerse) un descanso = *to take time off*

Ud. se ve cansado. Debe tomarse un descanso (unas vacaciones). *You look tired. You ought to take some time off (a vacation).*

APLICACIÓN

A. *Haga un comentario original para cada una de las siguientes circunstancias, usando un equivalente de* to take.

Modelo: Sé que tu primo Alfonso hizo este viaje contigo, pero no lo veo en las fotos.
→Es que a Alfonso no le gusta que le saquen fotografías.

1. Hace mucho calor en este cuarto y tengo puesto un abrigo.
2. Quiero salir, pero mi coche está roto.
3. Estamos perdidos y no conocemos el camino.
4. ¿Qué instrucciones te dio el doctor sobre la medicina que te recetó?
5. Hay un montón de libros sobre la mesa y no tengo espacio para escribir.
6. Trabajo demasiado. Necesito descansar unos días.
7. El avión todavía estaba en la pista porque había una tormenta de nieve.
8. Ella se queja de que su marido siempre sale solo.

9. Un ladrón entró en nuestra casa y nos robó muchas cosas.
10. Es bueno caminar después de comer. ¿Lo hacen Uds.?
11. ¿Duerme Ud. a veces por la tarde?
12. Olvidé mi libro. ¿Puedes prestarme el tuyo?

B. *Traduzca.*

1. You must take out a license to get married.
2. The rocket will take off at dawn.
3. They took away the prisoner's shoes.
4. The little girl took me by the hand.
5. Bernardo always takes coffee with his dinner.
6. It is necessary to take notes in this class.
7. I would like to take a trip to Europe now.
8. He took me for a ride in his blue Mercedes.
9. The doctor told me to always carry the pills in my pocket and to take two before taking the train.
10. The armchair was so comfortable that she took a nap.
11. She took money out of her purse and told me, "Take this."
12. When you take out the dog, don't forget to take your key.

SEÑALES DE TRÁFICO

Explique, oralmente o por escrito, por qué le parece (o no le parece) cómico este chiste.

Para escribir mejor

LA DESCRIPCIÓN I

Una descripción es la representación de una escena, persona, animal o cosa por medio de palabras. A veces el escritor es como una cámara fotográfica y trasmite al lector una imagen objetiva de la realidad; otras veces, es más como un pintor y da al lector la imagen de la realidad tal como él la ve.

En una descripción objetiva, es decir, de cámara fotográfica, no suele haber toques personales ni metáforas, sólo los adjetivos necesarios para que el lector pueda «ver» los objetos. Esta clase de descripción se encuentra, principalmente, en escritos de carácter técnico o científico.

En una descripción subjetiva, por el contrario, hay generalmente comparaciones, metáforas y abundancia de adjetivos puramente decorativos, porque el escritor no quiere simplemente que «veamos» los objetos, sino además compartir con nosotros sus sentimientos o reacciones hacia ellos. La mayor parte de las descripciones que encontramos en obras literarias son subjetivas, aunque algunas lo son mucho más que otras.

Descripciones de lugares.

El siguiente ejemplo está tomado de la novela *Aura*, del escritor mexicano Carlos Fuentes. El protagonista-narrador se habla a sí mismo en esta obra. Él acaba de llegar a la casa de una anciana muy extraña, que lo ha contratado para que edite las memorias de su difunto esposo, y describe la habitación que le han asignado:

a. *Pruebas, con alegría, la blandura del colchón en la cama de metal dorado y recorres con la mirada el cuarto: el tapete de lana roja, los muros empapelados, oro y oliva, el sillón de terciopelo rojo, la vieja mesa de trabajo, nogal y cuero verde, la lámpara antigua, de quinqué, luz opaca de tus noches de investigación, el estante clavado encima de la mesa, al alcance de tu mano, con los tomos encuadernados. Caminas hacia la otra puerta y al empujarla descubres un baño pasado de moda: tina de cuatro patas, con florecillas pintadas sobre la porcelana, un aguamanil azul, un retrete incómodo.*

El escritor usa una técnica de suspensión en esta novela y el protagonista recibe las impresiones negativas poco a poco; por eso, al inspeccionar su habitación, reacciona de manera neutral y simplemente ve allí una habitación llena de objetos antiguos que en otro tiempo fueron lujosos. Observe, sin embargo, que la descripción es muy personal, pues cuando el narrador describe un objeto, usa frases o adjetivos que lo relacionan con el uso que él va a darle: la blandura del colchón le da alegría porque dormirá en él; la lámpara de quinqué es «luz opaca para tus noches de investigación»; el estante está «al alcance de tu mano»; el retrete es incómodo.

El segundo ejemplo es de *Camino de perfección*, del español Pío Baroja, y se distingue del pasaje de *Aura* por su subjetivismo extremo.

b. *Aquel anochecer lleno de vaho, de polvo, de gritos, de mal olor; con el cielo bajo, pesado, asfixiante, vagamente rojizo; aquella atmósfera, que se mascaba al respirar; aquella gente endomingada, que subía en grupos hacia el pueblo, daba una sensación abrumadora, aplastante, de molestia desesperada, de malestar, de verdadera repulsión.*

Aquí el novelista al describir se concentra en las sensaciones que la escena despierta en el protagonista y no en la escena en sí. Observe el uso de adjetivos como **asfixiante**, **abrumadora**, **aplastante**, que dan idea de la opresión que siente el personaje.

La descripción (a) nos presenta una escena inmóvil en la que el personaje se mueve lentamente; la (b), una escena que se mueve ante un personaje inmóvil. En el próximo ejemplo, también de *Camino de perfección*, tanto el personaje como la escena se mueven, y tenemos la impresión de estar viendo una película.

c. *Volvíamos andando por la Castellana hacia Madrid. El centro del paseo estaba repleto de coches; los veíamos cruzar por entre los troncos negros de los árboles; era una procesión interminable de caballos blancos, negros, rojizos, que piafaban impacientes; de coches charolados con ruedas rojas y amarillas, apretados en cuatro o cinco hileras, que no se interrumpían; los lacayos sentados en los pescantes con una tiesura de muñecos de madera.*

La sensación de movimiento se obtiene aquí por medio de la enumeración rápida de los carruajes.

Recomendaciones generales.

El primer paso para una buena descripción es la observación de un sujeto (ya sea real o ya sea creado en la mente del escritor, combinando elementos reales). Esta observación no tiene que ser sólo visual, puede contener elementos apreciados con los otros sentidos. Baroja, por ejemplo, en su primera descripción, menciona gritos y mal olor.

El segundo paso es sumamente importante, consiste en ordenar y seleccionar los detalles que van a escribirse. Como se aconsejó en el caso de la narración, debe evitarse el detallismo excesivo, pues una enumeración demasiado completa o minuciosa resulta aburrida.

Al llegar al tercer paso, que es el acto de escribir, deben escogerse con cuidado los adjetivos para que produzcan en el lector el efecto que se desea. Deben también evitarse las palabras demasiado comunes y los verbos de significado general o vago como ser, haber, hacer y tener.

APLICACIÓN

Escoja una de las descripciones que se dan como modelo e imítela. Explique las impresiones que Ud. trata de dar al lector.

TRADUCCIÓN

Legends are beautiful. All countries have legends and Paraguay is no exception. One of the most interesting legends that Paraguayans have explains the origin of **ñandutí**, the artistic native weaving that looks like fine lace and is their most famous handicraft.

A good and hard-working young man was in love with the only daughter of a powerful chief, a beautiful girl with shiny, almond-shaped eyes. The chief had proclaimed that he would give his daughter's hand to the suitor who would bring her the best gift. Since the young man was very poor, he felt disheartened when he learned about this greedy request. But love does

Mujer paraguaya confeccionando el famoso encaje ñandutí. *Este nombre significa en guaraní tela de araña.*

not give up easily and the man went to his grandmother seeking her wise advice.

While walking in the dense and green tropical forest near her humble straw hut, the grandmother had frequently seen diligent spiders weaving their thin webs on the top of the tall trees. When she learned of her favorite grandson's predicament, the loving and generous old woman had a brilliant idea. She began to weave, imitating the delicate texture of the spiderwebs. It was an exhausting task, but kind grandmothers are often untiring and, after several days, she finally gave her grandson an exquisite weaving that resembled a spiderweb. This was the first piece of **ñandutí** lace.

The young man took this unique present to his beloved. The demanding father-in-law decided that this was the most valuable and beautiful gift his daughter had received and agreed to the marriage. The handsome lovers lived a long and happy life together, and delicate **ñandutí** weaving became a Paraguayan handicraft.

The next time you take a vacation, take a trip to Paraguay and you will see these extraordinarily beautiful works of art. Take your best friend with you so that you both can share this extremely worthwhile experience. And don't forget to take many photos from the moment the plane takes off to the moment of your return landing.

TEMAS PARA COMPOSICIÓN

Use todos los adjetivos descriptivos que pueda en su composición.

1. Si conoce alguna leyenda de los indios norteamericanos, cuéntela. Si no, narre una leyenda interesante que conozca.

2. Las costumbres del pasado relacionadas con el matrimonio, en contraste con las de hoy día. ¿Cree Ud. que la mayor libertad de los jóvenes de hoy en su vida social ayuda o perjudica la felicidad en el matrimonio?

3. ¿Existen circunstancias en las que los padres pueden y deben intervenir en las relaciones amorosas de sus hijos? ¿Qué debe hacer un joven (una joven) ante la oposición paterna? Según su experiencia, en la mayoría de los casos, ¿les da el tiempo la razón a los padres que se oponen a las relaciones de sus hijos?

4. ¿Por qué cree (o no cree) que es importante que su futuro esposo o esposa tenga una buena situación económica? Otras cualidades que considera importantes en su futuro cónyuge. Coloque en orden de importancia las siguientes cualidades: belleza, bondad, sentido del humor, inteligencia, y explique por qué.

5. Las inmigraciones. La inmigración de los menonitas ha sido beneficiosa para el Paraguay. ¿Son beneficiosas todas las inmigraciones? ¿Qué problemas tienen los inmigrantes en su nuevo país? ¿En qué sentido son estos problemas mayores si el inmigrante no habla la lengua del país? ¿Qué ventajas tiene la inmigración para el inmigrante?

C · A · P · Í · T · U · L · O 11

Lectura

Este artículo de la revista ecuatoriana Vistazo, *narra la historia de un hombre a quien el alcohol convirtió en un guiñapo, pero que consiguió vencerse a sí mismo y a su enfermedad.*

guiñapo = persona sin voluntad

Yo fui alcohólico

A los siete años fue cuando empezó todo. Esa noche celebraban una fiesta en la casa y quise ser una persona mayor. Como había visto hacer a mi familia, me dediqué a beber de una botella de champán que previamente había sacado de la cocina. En realidad, llegué a la tercera copa cuando sentí que el piso era arena movediza° pero que, al mismo tiempo, mi cuerpo no se hundía en él, sino que, como un globo de colores, se elevaba en el aire. La lámpara de la sala comenzó a girar velozmente hasta que lo único que pude reconocer fue mi cama y mi cuarto y un terrible dolor de cabeza, que me atravesaba desde la coronilla° a la frente. De ahí en adelante quedó establecida la regla de la casa: nadie podía beber hasta cumplir la mayoría de edad.

quicksand

parte de arriba de la cabeza

Fueron once años de sobriedad. Cuando cumplí los dieciocho años, decidí celebrarlo destapando el corcho. Con un grupo de compañeros nos metimos en uno de los cabarets de la zona roja° de la ciudad. Aún estaba muy lejos de tocar fondo°, pero ahora me doy cuenta de que ya había iniciado el descenso. El regreso fue la primera de las múltiples noches de vuelta a casa en las que llegaba completamente borracho, armando escándalo°, gritándole a mi madre y desafiando a mi padre, el cual, en más de una ocasión, descargó° terribles bofetadas° sobre mí.

zona... barrio de prostitutas / **tocar**... llegar a la máxima degradación

armando... haciendo ruido y creando problemas / lanzó / golpes en la cara

Cuando la situación se volvió insostenible en casa de mis padres, decidí casarme. Hasta ese momento no es que yo bebiera todos los días, sino que cuando lo hacía volcaba las cervezas de la botella a mi boca con un extraño desenfreno°. En el trabajo me convertí en un gran tipo. Todos los fines de

frenesí

No es necesario beber, y mucho menos emborracharse, para pasar un buen rato. Estos estudiantes de la Universidad de Puerto Rico se divierten mucho bailando.

semana invitaba a algunos compañeros a beber, quienes, a mi parecer°, siempre se retiraban demasiado pronto. Yo creía entonces que no eran dignos de ser considerados mis amigos. Desesperado, decidí beber solo.

Las cosas con mi mujer no podían ir bien. Ella se quejaba de un prematuro abandono, de su juventud sola por las noches, cuando yo prefería el trago. Me había transformado en dos hombres. Uno, que intentaba cumplir con su trabajo, aunque de mal genio° y resentido contra los jefes, a quienes acusaba de incomprensión; el otro, que mezclado en el bajo mundo, vivía tratando con borrachos y fumones°, con prostitutas y cafiches°.

Una tarde que llegué temprano y no encontré a mi mujer, no llegué a sospechar lo que se avecinaba°. En realidad, mi mujer salía casi todas las noches a mitigar su soledad. Cuando regresó en la noche, sorprendida al verme, sentí miedo y rabia°. —¿Qué te pasa? —le reclamé con violencia. —Ya no te quiero, he encontrado una persona que me ama—. Ésa fue su respuesta y no tuve ánimo° ni fuerzas para nada. Salí de casa y no volví a ella jamás.

a... en mi opinión

de... irritable

fumadores de marihuana / *pimps*

se acercaba

furia

valor

Como mis jefes no me comprendían, salí del trabajo y puse mi propio negocio. En eso conocí a Mariela. La sobriedad de la luna de miel duró lo que la vida de una mariposa. Los problemas no tardaron en regresar. Era como si la vida de mi primer matrimonio se estuviera repitiendo en cámara lenta. Pero Mariela era más comprensiva, o más aguantadora°, o más resignada. No sé. Tuvimos dos hijos. Cuando la menor entró en la escuela, un compañero de trabajo —mi negocio, por supuesto, había quebrado°— me preguntó dónde estudiaban mis hijos. Y no supe responder.

aguantadora°: paciente, capaz de aguantar más

quebrado°: fracasado

Un día salí a caminar y me encontré con un amigo que había sido compañero de juerga°. Lo invité y me acompañó a un bar. Me asombré cuando al pedir dos cervezas, él me interrumpió y le dijo al mesero: —Sólo una; para mí un jugo de naranjilla—. Hablamos de su enemistad con el alcohol, como yo le dije burlándome, y me contó de Alcohólicos Anónimos. Me invitó a una sesión y dejándome la dirección se despidió.

juerga°: diversiones, fiestas

Las ciudades de los Estados Unidos donde viven muchos hispanos, no sólo hacen campaña contra los choferes borrachos en inglés, sino también en español.

Empecé a frecuentar los grupos de AA y a dejar de beber. Pero aún no me reconocía como un alcohólico, y al faltarme la bebida me volví malgenioso e irascible. Descubrí que yo había sido un extraño para mi familia; no sabía en qué grado estaban mis hijos, ni cómo hacía Mariela para pagar el alquiler, o la luz, o comprar comida. Me costó mucho tiempo reintegrarme al hogar y mucho dolor también, pero al parecer, del amor todavía quedaba una pequeña llama°, que pudo ser avivada° más tarde.

llama° / avivada°: *flame* / revivida

No sé cómo hicieron los de AA, pero lo cierto es que he dejado de beber hasta hoy día, y espero no volver a beber nunca más, después de haber reconocido ser alcohólico en una reunión grande de los AA en la cual había varios niños. —Hijos de los AA—, me supuse en ese instante. Hablaban en el estrado° algunos AA cuando de pronto llegó a él una niña. —Me llamo Ana, tengo siete años y soy alcohólica—. Todo retumbó° en mi interior, y tal vez haya sido por ese choque, por esa experiencia, por lo que he contado esta historia.

tarima, plataforma

todo... sentí una sacudida

Después de siete años de sobriedad, todos estos recuerdos me suenan lejanos, pero no por eso menos terribles. El camino es largo todavía, pero espero terminar con éxito. Como repetimos diariamente, la cerveza de hoy día me la tomaré mañana.

COMPRENSIÓN

1. ¿Cómo comenzó la experiencia del narrador con el alcohol?
2. Explique lo que sintió él después de la tercera copa.
3. ¿Qué sucedió cuando el que escribe cumplió dieciocho años?
4. Describa la escena en el hogar del narrador cada vez que él regresaba borracho.
5. ¿Por qué lo consideraban «un gran tipo» en el trabajo?
6. Explique la doble personalidad que tenía el narrador.
7. ¿Cómo terminó el primer matrimonio de este hombre?
8. ¿Cómo le fue al hombre en su segundo matrimonio?
9. ¿Cómo llegó el narrador a Alcohólicos Anónimos?
10. ¿Qué fue lo que decidió al que escribe a contar su historia?

INTERPRETACIÓN

1. Juzgando por el incidente del narrador a sus siete años y los repetidos incidentes después que cumplió dieciocho, ¿cómo era la familia del narrador? ¿Qué clase de relación existía entre él y sus padres?
2. Una de las diferencias entre un alcohólico y un no-alcohólico, es la manera de beber. ¿Cómo se ve esto en el tercer párrafo?
3. La esposa del narrador tenía relaciones extramatrimoniales como reacción ante su soledad. En su opinión, ¿es justificable su comportamiento? ¿Por qué (no)? ¿Debió ella haber obrado de otra manera? ¿Cómo?
4. El narrador no parece conocer bien a Mariela, su segunda esposa. En su opinión, ¿qué clase de persona es ella? ¿Por qué continuó casada después que supo que su marido era alcohólico? ¿Cómo haría ella para pagar los gastos de la casa?
5. ¿Fue más lógico el comportamiento de la primera esposa o el de la segunda? ¿Por qué opina Ud. así?
6. Los alcohólicos viven en un mundo propio, aislados de lo que les rodea. ¿Cómo se ve esto en las experiencias que cuenta este hombre?

Un bar de Madrid. Hay discos y un buen sistema de sonido. Para muchos jóvenes, un bar es el lugar ideal para reunirse con sus amigos. Algunos, sin embargo, pasarán pronto de beber un simple trago como actividad social a una adicción muy difícil de controlar.

7. Según el que escribe, el ver a la niña alcohólica de siete años, le impulsó a contar su historia. En su opinión, ¿por qué reaccionó él de esta manera?
8. Basándose en los datos de la lectura y también en lo que sabe Ud. del alcoholismo, ¿cree que podemos ser optimistas en cuanto al futuro de este hombre? ¿Por qué (no)?

INTERCAMBIO ORAL

A. ¿Por qué hay personas más propensas al alcoholismo que otras? ¿Hay algún común denominador en las personas propensas al alcoholismo? ¿De qué manera influyen las circunstancias y los ejemplos de otros en el alcohólico?

B. Los choferes borrachos son responsables de una gran parte de los accidentes de tráfico en los Estados Unidos. ¿Qué se está haciendo para resolver este problema? ¿Qué otras cosas pueden hacerse?

C. ¿Es buena la idea de no vender licor a los menores de 21 años? ¿Por qué (no)? ¿Debería limitarse o prohibirse también la venta de alcohol en otros casos? ¿Disminuiría el número de alcohólicos si estuviese prohibido el alcohol? ¿Por qué (no)?

D. ¿Es más importante curar al alcohólico o ayudar a su familia? ¿De qué manera sufre la familia de un alcohólico? ¿Qué clase de ayuda puede ofrecérsele a la familia?

E. Además de la bebida, hay otros vicios y defectos que pueden destruir a un individuo y a su familia. Por ejemplo, el juego, la pereza excesiva, la falta de control con el dinero, los complejos y problemas de carácter, las drogas. ¿Cuáles son peores? ¿Por qué? ¿Existen soluciones para algunos de estos problemas? ¿Cuáles?

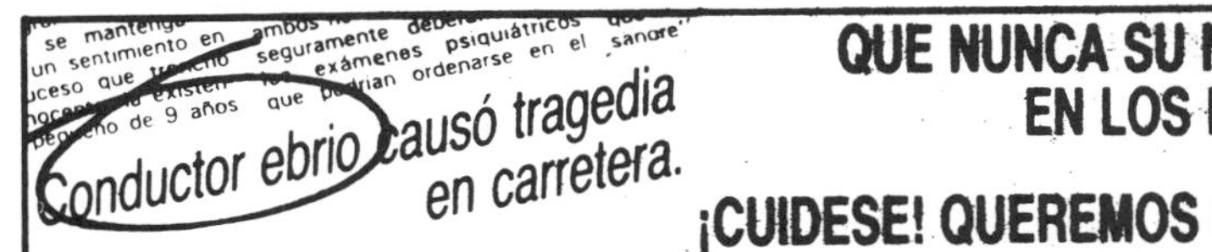

En los países hispánicos se hace mucha propaganda para combatir los choferes borrachos. Este anuncio es del Comité Nacional de Educación de Tránsito de Chile.

Sección gramatical

RELATIVE PRONOUNS

Relative pronouns refer to a preceding word, called an antecedent. Spanish relative pronouns are **que**, **quien**, **el que**, **el cual**, **lo que**, and **lo cual**. Relative pronouns are sometimes omitted in English, but they are never omitted in Spanish.

Me encanta el disco que me prestaste.	*I love the record (that) you lent me.*
Ésta es la señora que conocí en la exposición.	*This is the lady (whom) I met at the exhibit.*

USES OF *QUE*

Que is the most frequently used relative pronoun, since it may mean *that, who, whom,* or *which* and it may refer to persons or things. **Que** is invariable in gender and number.

Los zapatos que Julián llevaba eran importados.	*The shoes (that) Julián was wearing were imported.*
La niña que habló en la reunión era alcohólica.	*The girl who spoke at the meeting was an alcoholic.*
El hombre que saludé vive cerca de mi casa.	*The man (whom) I greeted lives near my home.*
El tocadiscos, que era muy viejo, no tenía muy buen sonido.	*The record player, which was very old, didn't have very good sound.*

As a relative pronoun, **que** is not used after prepositions except in the case of **con**, **de**, and **en**. This rule applies when **que** refers to either people or things.*

Me sorprendió la facilidad con que resolviste el asunto de que hablamos ayer.	*I was surprised at the ease with which you resolved the matter about which we talked yesterday.*
La reunión fue en el mismo edificio en que vivo.	*The meeting was in the same building where I live.*
No conozco a las personas con que soñé anoche.	*I don't know the people of whom I dreamed last night.*

USES OF *QUIEN*

Quien and its plural **quienes** refer to persons and are used in the following cases:

1. To express *who* in nonrestrictive clauses.**

Ofelia y Bebita, quienes (que) estaban muy cansadas, no fueron.	*Ofelia and Bebita, who were very tired, didn't go.*
Gabriel García Márquez, quien (que) ganó un Premio Nobel, es colombiano.	*Gabriel García Márquez, who won a Nobel Prize, is a Colombian.*

Note that, although **quien(es)** can be used in this case, **que** is also possible. **Que** is in fact more common, especially in the spoken language.

2. After a preposition.

Uds. son las dos personas en quienes confío más.	*You are the two people whom I trust the most.*
Sus hijos, por quienes hizo tantos sacrificios, no lo quieren.	*His children, for whom he made so many sacrifices, don't love him.*

*In the case of things **que** may also be used after **a**, except when **a** is part of an indirect object. One can say: **La universidad a que fui** (*The university I went to*) but not **La universidad a que hice una donación** (*The university to which I made a donation*). In the second sentence one must use **a la que** or **a la cual**.

Nonrestrictive clauses are those that provide additional information about a preceding word without restricting its meaning. These clauses can be omitted without altering the essential meaning of the sentence. Nonrestrictive clauses are either set off by commas or preceded by a comma: **El Cónsul de México, quien llegó ayer, asistirá a la recepción. A la recepción asistirá el Cónsul de México, quien llegó ayer. Note that in both cases we could remove the clause **quien llegó ayer** and still have a meaningful sentence: *The Mexican Consul will attend the reception*.

On the other hand, a restrictive clause is essential to identify or make specific the word to which it refers and its omission would produce a loss of meaning in the sentence. In the statement: **El hombre que llegó ayer es el Cónsul de México** the omission of the restrictive clause **que llegó ayer** would leave the sentence incomplete since *The man is the Mexican Consul* would not identify or make specific which man.

La joven con quien bailaste es viuda.	*The young woman with whom you danced is a widow.*
No dijo el nombre de la persona para quien compró las flores.	*He didn't say the name of the person for whom he bought the flowers.*

USES OF *EL CUAL*

El cual and its inflected forms (**la cual, los cuales, las cuales**)* can refer to either persons or things. These forms are used in the following cases:

1. As alternates for **que** when referring to things in nonrestrictive clauses.

Las bolsas, que (las cuales) eran de papel, se rompieron con el peso.	*The bags, which were made of paper, broke because of the weight.*
El armario, que (el cual) es una antigüedad, nos costará un dineral.	*The cabinet, which is an antique, will cost us a bundle.*

2. As alternates for **que** or **quien(es)** when referring to people in nonrestrictive clauses.

Fernando, que (quien, el cual) estaba borracho, insultó a todo el mundo.	*Fernando, who was drunk, insulted everybody.*
Las gemelas, que (quienes, las cuales) siempre se vestían igual, se parecían muchísimo.	*The twins, who always dressed alike, resembled each other very much.*
Los García, que (quienes, los cuales) compraron la casa de la esquina, son extranjeros.	*The Garcías, who bought the house on the corner, are foreigners.*

El cual is more formal than **que** and, therefore, in everyday conversation **que** is preferred in the first and second cases.

3. To refer to things after a preposition, especially in the case of longer or compound prepositions.

¡Qué problema! Olvidé mis gafas, sin las cuales no veo nada.	*What a problem! I forgot my glasses, without which I can't see anything.*
La cueva dentro de la cual se ocultan los rebeldes, es muy pequeña.	*The cave inside which the rebels are hiding is very small.*

*For brevity's sake only **el cual** will be cited henceforth.

La cuestión acerca de la cual discutimos me preocupa. — *The matter about which we argued worries me.*

Las hojas secas sobre las cuales se acostaron los niños, estaban húmedas. — *The dead leaves on top of which the children lay were wet.*

4. To refer to persons after a preposition, as alternates for **quien(es)**. (See 2. on page 294)

Uds. son las dos personas en las cuales confío más.

Sus hijos, por los cuales hizo tantos sacrificios, no lo quieren.

La joven con la cual bailaste es viuda.

No dijo el nombre de la persona para la cual compró las flores.

USE OF *EL CUAL* TO AVOID AMBIGUITY

El cual is used to avoid ambiguity when there are two possible antecedents of different genders.

La hija de Tomás, la cual es artista, acaba de ganar un premio. — *Tomás's daughter, who is an artist, has just won a prize.*

Se lo explicamos todo al criado de la duquesa, el cual había ido con nosotros. — *We explained everything to the duchess's servant, who had gone with us.*

Clara no pudo enseñarme la carta de Enrique, la cual se había perdido en Guadalajara. — *Clara wasn't able to show me Enrique's letter, which had got lost in Guadalajara.*

EL QUE AFTER PREPOSITIONS

El que and its inflected forms (**la que, los que, las que**)* are used after prepositions as alternates for **el cual** and its forms in cases 3 and 4.

¡Qué problema! Olvidé mis gafas, sin las que no veo nada.

La cueva dentro de la que se ocultan los rebeldes, es muy pequeña.

La cuestión acerca de la que discutimos me preocupa.

Las hojas secas sobre las que se acostaron los niños, estaban húmedas.

Uds. son las dos personas en las que confío más.

Sus hijos, por los que hizo tantos sacrificios, no lo quieren.

La joven con la que bailaste es viuda.

No dijo el nombre de la persona para la que compró las flores.

*For brevity's sake only **el que** will be cited henceforth.

USE OF *LO QUE, LO CUAL*

Lo que, lo cual are neuter relative pronouns. They mean *which (fact)* and do not refer to a specific person or thing, but rather to a preceding idea.

Mi televisor no funciona, lo que (lo cual) significa que necesito comprar uno nuevo.	*My TV set doesn't work, which means that I need to buy a new one.*
Mario llegó muy tarde a casa, lo que (lo cual) no le gustó a su padre.	*Mario got home very late, which his father didn't like.*
No sabíamos qué hacer, por lo que (lo cual) decidimos pedirle consejo.	*We didn't know what to do, for which reason we decided to ask him for advice.*
Soy una persona nocturna, por lo que (lo cual) tengo problemas con mi compañero de cuarto.	*I am a night person, on account of which I have problems with my roommate.*

APLICACIÓN

A. *Combine las frases de esta conversación con la información que se da en cada caso, usando* **el/la/los/las cual(es)**.

Modelo: Mi jefa tomaba decisiones (yo no estaba conforme con ellas) → Mi jefa tomaba decisiones con las cuales yo no estaba conforme.

1. Amorcito, quiero darte unas noticias (te pondrás muy contenta con ellas).
2. El problema (te hablé de él) se resolverá pronto.
3. Las condiciones (trabajo bajo ellas) cambiarán mucho.
4. El banco (soy cajero en él) va a abrir una nueva sucursal.
5. La jefa (te comenté con respecto a ella) va a ser transferida.
6. Sí, la misma jefa (presentaron quejas contra ella) varios empleados.
7. Esto significa que el ascenso (soñaba con él) es casi seguro.
8. ¡Ahora podremos llevar a cabo los planes (hemos hablado tanto sobre ellos)!
9. Pronto tendrás el anillo (suspirabas por él).
10. Tengo que cortar la conversación, porque el teléfono (te hablo desde él) es un teléfono público.
11. Te espero a las cinco en el café (nos conocimos frente a él).
12. Allí hablaremos de nuestro amor (no podría vivir sin él).

B. *Reemplace* **que** *con* **quien(es)** *en los casos en que sea posible.*

Cuando Orlando, que es mi mejor amigo, me vio entrar en la cafetería, me llamó para presentarme a dos jóvenes que estaban con él. Uno de ellos, que parecía extranjero, llevaba ropa que era, sin lugar a dudas, de otro país. Los saludé a los dos amablemente, pero el joven que llevaba la ropa extraña no pareció comprenderme. El otro muchacho, que era norteamericano, me explicó que su amigo era un griego que acababa de llegar de Atenas.

C. **Leyendas de Guanajuato.** *Complete usando el relativo apropiado. Si es posible usar otro relativo además de* **que**, *no use* **que**. *Haga contracciones con* **a** *y el artículo si es necesario.*

1. Todos los viajeros ______ llegan a Guanajuato, México, visitan el Callejón del Beso, una calle sumamente estrecha a ______ se le atribuye una leyenda trágica de siglos pasados. La bella Carmen, ______ era hija única, tenía un novio a ______ su padre no quería. El joven, ______ se llamaba Luis, no estaba dispuesto a renunciar a su amor. Una ventana de la casa en ______ vivían Carmen y su padre daba a un callejón muy estrecho y era posible tocar desde esta ventana la casa ______ había enfrente. Don Luis compró esta casa, ______ estaba a la venta, para poder entrevistarse con su novia de ventana a ventana. Pero el padre de Carmen, ______ era un hombre orgulloso y muy violento, sorprendió a los jóvenes una tarde en el momento en ______ Luis besaba la mano ______ Carmen había extendido a través de la calle. El padre clavó un cuchillo en el pecho de su hija, ______ murió en el acto. Es por esto ______ al lugar se le llama el Callejón del Beso. Los enamorados ______ visitan hoy esta calle se besan en honor de Carmen y Luis.
2. Otra historia curiosa de Guanajuato se relaciona con las momias ______ se exhiben al público en vitrinas en una doble fila ______ tiene unos quince metros de fondo. Estas momias son cadáveres ______ se encontraron naturalmente momificados en sus tumbas, probablemente a causa del terreno de la región, ______ es rico en minerales. Es un espectáculo ______ a muchos les parece demasiado morboso. Hay allí momias ______ tienen posiciones extrañas y gestos horribles en la cara, ______ parece indicar que estos individuos fueron enterrados vivos. La explicación está en la epidemia de cólera ______ hubo en la ciudad en 1833, durante ______ murieron miles de personas. Con los métodos primitivos ______ tenía la medicina en aquella época, era difícil distinguir, de entre los cientos de víctimas diarias, a las personas ______ estaban realmente muertas y a las personas ______ no habían muerto todavía.

D. *Introduzca una cláusula original en las oraciones, usando* **el cual (la cual,** *etc.*) *para evitar ambigüedad.*

Modelo: El amigo de Rosaura se sacó la lotería.
→El amigo de Rosaura, el cual tiene mucha suerte, se sacó la lotería.

1. La madre del director padece del corazón.
2. El abogado de la empresa nos aconsejará en esto.
3. La mujer de Pepe sufre de insomnio.
4. Los hijos de las presas jugaban en el patio de la cárcel.

5. El padrino de la niña es francés.
6. El ídolo de Pepita es un cantante famoso.
7. Las novias de los cadetes no podrán verlos mañana.
8. El abuelo de la condesa murió en esta habitación.
9. El emisario de la reina llevará la carta.
10. El peluquero de la actriz no habla muy bien el inglés.

E. *Complete de manera original, usando* **lo que (lo cual)** *para referirse a la idea anterior.*

Modelo: Carmita tiene la mala costumbre de pedirme dinero.
→Carmita tiene la mala costumbre de pedirme dinero, lo que (lo cual) me molesta mucho.

1. Estoy sin trabajo.
2. El hombre decidió no beber más.
3. Me invitaron a una fiesta en la Casa Blanca.
4. Tenemos examen mañana.
5. Mi grupo favorito dará un concierto el mes que viene.
6. Siempre estás criticando a todo el mundo.
7. Mi amigo es fanático del fútbol.
8. El nuevo empleado era muy poco puntual.
9. Se me perdió la licencia para conducir.
10. Vivís en una casa demasiado pequeña.

RELATIVE PRONOUNS THAT CONTAIN THEIR OWN ANTECEDENT

The relative pronouns we have seen so far all refer to antecedents in the main clause. There are other relative pronouns, however, that contain their own antecedent. They are **quien** (*he who*), **quienes** (*those who*), **el que** and its inflected forms (*the one(s) who, the one(s) which*). These pronouns are found very often in proverbs and popular sayings. While **quien(es)** refers only to people, **el que** can refer to either people or things.

Quien ríe último, ríe mejor.	*He who laughs last laughs best.*
El que a hierro mata, a hierro muere.	*He who lives by the sword dies by the sword.*
Los que (Quienes) quieran ir, que levanten la mano.	*Those who want to go, raise your hands.*
No me gusta esa grabadora, la que tengo es mejor.	*I don't like that tape recorder, the one I have is better.*

These pronouns can also be used as objects.

Contratarán a quien (al que) llegue primero.	*They will hire the one who gets there first.*

Ella escribió al principio de la carta: «A quien pueda interesar».	*She wrote at the beginning of the letter: "To Whom It May Concern."*
Enviaron varias herramientas, pero no enviaron las que pedí.	*They sent several tools but they didn't send the ones (that) I requested.*

After the verb **haber**, **quien(es)** is used. **El que** is not correct in this case.

Hay quienes dicen que el alcalde no será reelecto.	*There are those who say that the mayor won't be reelected.*
Yo preparo esa sopa con agua, pero hay quien le pone leche.	*I prepare that soup with water but there are some people who use milk.*
No había quien pudiera con ella.	*There was no one who could control her.*

A SPECIAL CASE OF AGREEMENT

When **quien(es)** or **el que** are the subjects of one clause and the other clause contains the verb **ser**, the verb in the relative clause tends to agree with the subject of **ser**.

Son ellas quienes (las que) tienen que pedir perdón.	*They are the ones who have to apologize.*
Seremos nosotros quienes (los que) decidiremos el caso.	*We will be the ones who will decide the case.*
Fui yo quien (el que) pagué la cuenta.*	*I was the one who paid the bill.*
Eres tú quien (la que) me debes dinero, y no al revés.*	*You are the one who owes me money and not vice versa.*

THE NEUTER FORM *LO QUE*

1. The neuter form **lo que** is the equivalent of the English *what (that which)*. **Lo cual** is not interchangeable with **lo que** in this case.

El final de la novela fue lo que no me gustó.	*The end of the novel was what I didn't like.*
Lo que sucedió después fue increíble.	*What happened afterwards was unbelievable.*

2. After verbs of information (**contar**, **decir**, **explicar**, **preguntar**, **saber**, etc.) **qué** (with an accent) is interchangeable with **lo que**.

*In the case of **yo** and **tú** a third-person verb can also be used. So, it is possible to say: **Fui yo quien (el que)** ***pagó*** **la cuenta** and **Eres tú quien (la que) me** ***debe*** **dinero**. However, the agreement of both verbs with the subject of **ser** is preferred by many people since it gives a more personal tone to what is being said.

Explíqueme lo que (qué) hizo toda la tarde.	*Explain to me what you did the whole afternoon.*
El consejero nos preguntó lo que (qué) pensábamos hacer.	*The advisor asked us what we were planning to do.*

3. **Todo lo que** means *all (that), everything.*

Todo lo que necesitamos es dinero.	*All we need is money.*
Ud. puede comer todo lo que quiera por cinco dólares.	*You can eat all you want for five dollars.*
Le contaré a la policía todo lo que sé.	*I'll tell the police everything I know.*

RECAPITULATION

Relative pronouns are very often interchangeable in Spanish. The following summary refers to those cases when they are not.

1. **Que** cannot be used after a preposition other than **con**, **de**, **en**, and, in some special cases, **a**.

La mesa en que escribo. El bolígrafo con que escribo.	*The table on which I write. The pen that I write with.*

But:

La mesa sobre la que (la cual) escribo.	*The table on top of which I write.*
El bolígrafo sin el que (el cual) no podría escribir.	*The pen without which I couldn't write.*

2. **Quien(es)** cannot be used in a restrictive clause.

El abogado que me representa.	*The lawyer who represents me.*
Los esquiadores que subieron a la cima.	*The skiers who went up to the top.*

3. Only **quien(es)** can be used after **haber** to express *one who, those who,* etc.

No hay quien pueda hacer eso.	*There is no one who can do that.*
Hubo quienes dijeron que el accidente fue planeado.	*There were those who said that the accident was planned.*

4. Only **lo que** can be used to express *what* in the sense of *that which.*

El vendedor no explicó lo que vendía.	*The salesman didn't explain what he was selling.*
Lo que Ud. necesita es descansar.	*What you need is to rest.*

APLICACIÓN

A. *Sustituya* **lo que** *por* **lo cual** *en el siguiente pasaje cuando sea posible.*

Soy una persona muy distraída, **lo que** me ha ocasionado algunos problemas serios. Les contaré **lo que** me sucedió la semana pasada. Necesitaba enviar un paquete por correo, **lo que** no es una actividad agradable, porque siempre hay colas muy largas. ¡**Lo que** daría yo porque los paquetes pudieran ponerse directamente en el buzón! Cuando llegó mi turno, el empleado me preguntó **lo que** contenía el paquete y me dijo que tenía que ir a la mesa y llenar un papel, **lo que**, por supuesto, yo ya sabía pero había olvidado. No sé mucho inglés, **lo que** me dificultó el comprender **lo que** el empleado decía. Tuvo que repetirme tres veces las instrucciones de **lo que** necesitaba hacer.

Al llegar a la mesa, no encontraba mi bolígrafo y tuve que vaciar mi cartera. ¡No pueden Uds. imaginar todo **lo que** yo meto en una pequeña cartera! Por fin terminé **lo que** había ido a hacer al correo y volví a casa. Mi edificio tiene cerrada con llave la puerta principal, **lo que** es una buena medida de seguridad. Pero, cuando busqué la llave para abrir, descubrí que mi cartera estaba vacía. ¡Todo **lo que** había en la cartera se había quedado sobre la mesa del correo! Menos mal que alguien encontró mis cosas y se las entregó a un empleado. Todavía hay gente honrada, **lo que** es una suerte para las personas que, como yo, olvidan siempre **lo que** deben recordar.

B. *Reemplace* **lo que** *con* **qué,** *si es posible.*

1. Le pregunté a mi amigo **lo que** iba a hacer y me contestó que haría **lo que** yo quisiera.
2. La tienda cometió un error y no nos envió **lo que** pedimos.
3. ¿No sabes **lo que** le sucedió a Brenda?
4. Los ricos deberían dar a los pobres **lo que** les sobra.
5. No quiso contarme **lo que** pensaba comprar con tanto dinero.
6. Siempre le pido a mi padre **lo que** necesito.
7. No comprendo **lo que** haces solo en el parque a esta hora.
8. Puso sobre la mesa **lo que** tenía en los bolsillos.
9. El profesor dictó varias palabras, pero no nos explicó **lo que** significaban.
10. Tocar la guitarra es **lo que** más me gusta.

C. *Complete de manera original.*

1. Los García se divorciaron y hay quienes piensan...
2. Para mí, el dinero no es esencial para la felicidad, pero hay quien considera...
3. El decano renunció a su puesto y hay quienes dicen...
4. No iré, pero hay quien piensa...
5. La reunión fue un fracaso; había quienes querían...
6. Muchos protestaron y hubo quien decidió...
7. Yo siempre voy al cine los sábados, pero hay quienes prefieren...
8. Tenemos un buen alcalde, pero no dudo que haya quien diga...
9. Nuestro país es rico, y es triste que haya en él quienes vivan...
10. La misión es peligrosa, pero siempre habrá quienes quieran...

D. *Complete de manera original.*

1. Llamamos a María, pero fue José quien...
2. La idea original fue mía, pero fueron Uds. quienes...
3. Aunque todos bailan bien, son Pedro y Teresa los que...
4. No tiene Ud. que irse, soy yo quien...
5. No creo que la culpa fuera de tu novia. Serías tú el que...
6. Ellos prometieron lavar el carro, pero fuimos nosotros quienes...
7. Yo cocinaré, pero seréis vosotros los que...
8. El equipo jugó bastante mal, fui yo el que...

THE RELATIVE ADJECTIVE *CUYO*

Cuyo means *whose, which,* and *the . . . of which*. It also has the forms **cuya/os/as**, since it agrees in gender and number with the noun it precedes.

Los jóvenes cuyos padres beben, tienen muchos problemas.	*Youngsters whose parents drink have many problems.*
No hace tanto frío en las habitaciones cuyas ventanas están herméticamente cerradas.	*It is not so cold in those rooms whose windows are tightly closed.*

The equivalent of *in which case* is **en cuyo caso**. *For which reason* is **por cuya razón**.

Es probable que llueva esta noche, en cuyo caso no iremos.	*It is likely that it will rain tonight, in which case we won't go.*
Ella nunca abre un libro, por cuya razón casi nunca sale bien en los exámenes.	*She never opens a book, for which reason she seldom does well in exams.*

Cuyo is repeated before two nouns of different genders and shows agreement with each one.

La actriz, cuya belleza y cuyo talento eran extraordinarios, merecía el premio.	*The actress, whose beauty and talent were exceptional, deserved the prize.*

If the nouns are of the same gender, **cuyo** or **cuya**, not a plural form, precedes the first noun only.

La actriz, cuya belleza e inteligencia eran extraordinarias, merecía el premio.	*The actress, whose beauty and intelligence were exceptional, deserved the prize.*
González, cuyo padre y hermano trabajan en la misma empresa, es el vicepresidente.	*González, whose father and brother work in the same company, is the vice president.*

The preceding rules apply to the plural also.

Do not confuse **cuyo** and its other forms with **¿De quién (de quiénes) + ser +** noun? which means *Whose* + noun + *to be*?

¿De quién es esa corbata?	*Whose tie is that?*
No sé de quiénes serán estos libros.	*I don't know whose books these can be.*

In English *Whose?* is often combined with a verb other than *to be* but **¿De quién (de quiénes)?** requires the use of **ser**.

No dijeron de quién era el reloj que se llevó el ladrón.	*They didn't say whose watch the thief took. (Whose watch it was that the thief took.)*
¿De quiénes eran hijos los niños que tuvieron el accidente?	*Whose children had the accident? (Whose children were the children who had the accident?)*

APLICACIÓN

Ud. está en una fiesta con un amigo. Ud. conoce a todo el mundo, pero su amigo no conoce a nadie. Dele información sobre los asistentes, combinando **cuyo/a/os/as** *con los datos que se dan en cada caso.*

Modelo: Ése es el hombre (su esposa murió el año pasado)
→ Ése es el hombre cuya esposa murió el año pasado.

1. La joven vestida de rojo es mi amiga (sus padres acaban de divorciarse).
2. Ahí veo a una señora (su esposo y su hija son cirujanos plásticos).

3. ¿Te interesaría conversar con Juan Rulfo (sus novelas te gustan tanto)?
4. Junto al bar están los señores (su hija entró en la policía).
5. Te presentaré a una pareja (su casa está junto a la mía).
6. Quiero que conozcas también a doña Beatriz (su hijo fue compañero mío).
7. Ése es el joven (su coche deportivo te llamó la atención cuando llegamos).
8. El hombre que va hacia la puerta es el tipo (sus hermanos estuvieron en la cárcel).

Análisis de la lectura

A. *Lea con atención las siguientes oraciones que contienen relativos.*

1. ... me dediqué a beber de una botella de champán que previamente había sacado de la cocina.
2. ... un terrible dolor de cabeza, que me atravesaba desde la coronilla a la frente.
3. El regreso fue la primera de las múltiples noches de vuelta a casa en las que llegaba completamente borracho...
4. ... desafiando a mi padre, el cual, en más de una ocasión, descargó terribles bofetadas sobre mí.
5. Todos los fines de semana invitaba a algunos compañeros a beber, quienes, a mi parecer, siempre se retiraban demasiado pronto.
6. Uno que intentaba cumplir con su trabajo... el otro, que mezclado en el bajo mundo...
7. ... resentido contra los jefes, a quienes acusaba de incomprensión...
8. Una tarde que llegué temprano...
9. ... no llegué a sospechar lo que se avecinaba.
10. ... he encontrado una persona que me ama.
11. La sobriedad de la luna de miel duró lo que la vida de una mariposa.
12. ... me encontré con un amigo que había sido compañero de juerga.
13. ... del amor todavía quedaba una pequeña llama, que pudo ser avivada más tarde.
14. ... en una reunión grande de los AA en la cual había varios niños.
15. ... tal vez haya sido por ese choque, por esa experiencia, por lo que he contado esta historia.

B. *Conteste ahora lo siguiente.*

1. ¿Es posible usar **quien** en los dos casos que se presentan en el número 6? ¿Y en los números 10 y 12? Explique su respuesta.
2. ¿Es posible usar también **lo cual** en los números 9, 11 y 15? Explique.

3. Diga qué otros relativos se pueden usar correctamente en los números 1, 2, 3, 13 y 14.
4. Use todos los relativos que se puedan usar correctamente en los números 4, 5 y 7.

Explique estos chistes, oralmente o por escrito.

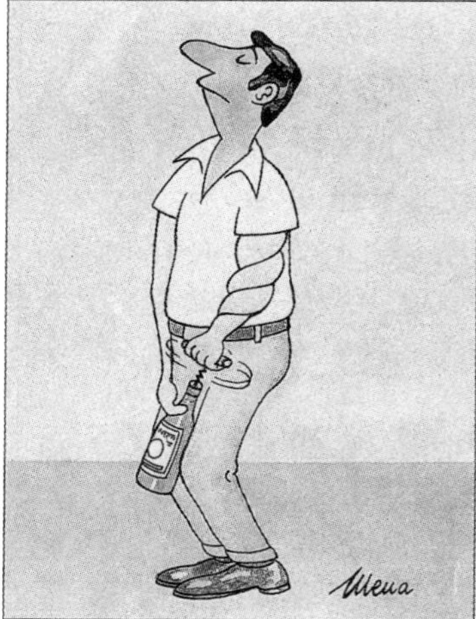

Sección léxica

REPASO

A. *Diga de qué palabra deriva cada una de las siguientes, y explique la relación entre la palabra original y su derivado.*

1. movedizo
2. coronilla
3. desenfreno
4. fumón
5. avecinarse
6. avivar
7. aguantador

B. *Sustituya las palabras en cursiva por expresiones equivalentes.*

1. *En mi opinión*, el alcohol es una droga que convierte a sus víctimas en *personas sin voluntad* y las hace *llegar a la máxima degradación* en muy poco tiempo.
2. Es frecuente que los borrachos *hagan ruido y peleen* al volver a casa por la noche.
3. Mi tío está *muy irritable* últimamente, porque su negocio *fracasó* y tuvo que cerrarlo.
4. En las aulas antiguas, el profesor siempre se subía a *una plataforma*.

AMPLIACIÓN

LOS REFRANES

Le lengua española es muy rica en refranes; los hay para todas las circunstancias de la vida diaria. «Hay más refranes que panes», dice uno de ellos. La mayoría de los refranes se originaron en la Península Ibérica hace varios siglos, y algunos datan de la Edad Media, pero también hay refranes regionales que son originarios de Hispanoamérica. Como los refranes se han transmitido oralmente, a veces un refrán tiene diferentes versiones. La lista siguiente contiene algunos refranes que usan relativos y que tienen equivalentes en inglés.

1. Antes que te cases, mira lo que haces.	*Look before you leap.*
2. A quien le venga el guante, que se lo plante. **A quien le sirva el sayo, que se lo ponga.**	*If the shoe fits, wear it.*
3. A quien madruga, Dios lo ayuda.	*The early bird catches the worm.*
4. Bien predica quien bien vive.	*He preaches well who lives well.* *Practice what you preach.*
5. Dime con quién andas y te diré quién eres.	*A man is known by the company he keeps.* *Birds of a feather flock together.*
6. El que mucho abarca poco aprieta.	*Grasp all, lose all.*
7. El que la hace, la paga.	*You get what you deserve.*
8. El que tiene padrinos, se bautiza.	*It is not what you know, it is whom you know.*
9. El que tiene tejado de vidrio, no tire piedras al del vecino.	*People in glass houses shouldn't throw stones.*

10. En el país donde fueres, haz lo que vieres.	*When in Rome, do as the Romans do.*
11. No es oro todo lo que reluce.	*All that glitters is not gold.*
12. No hay mal que por bien no venga.	*It's an ill wind that blows no good.*
13. No hay peor sordo que el que no quiere oír.	*No one is so deaf as he who will not hear.*
14. Ojos que no ven, corazón que no siente.	*Out of sight, out of mind.*
15. Perro que ladra no muerde.	*A barking dog never bites.*
16. Quien busca, halla.	*He who seeks, finds.*
17. Quien calla, otorga.	*Silence gives consent.*
18. Quien más tiene, más quiere.	*The more one has, the more one wants.*
19. Quien mucho habla, mucho yerra.	*He who talks much, errs much. Silence is golden.*
20. Quien no se aventura, no cruza la mar.	*Nothing ventured, nothing gained.*
21. Quien se junta con lobos, a aullar aprende.	*He who lies with dogs wakes up with fleas.*
22. Quien siembra vientos, recoge tempestades.	*As you sow, so shall you reap.*

APLICACIÓN

A. *Complete los siguientes refranes sin consultar la lista anterior.*

1. Bien predica...
2. A quien le venga el guante...
3. El que la hace...
4. Ojos que no ven...
5. Quien se junta con lobos...
6. Quien busca...
7. Quien calla...
8. Quien siembra vientos...
9. El que mucho abarca...
10. Quien más tiene...

B. *Explique el sentido de cinco de los refranes.*

C. *¿Está Ud. de acuerdo con el refrán que dice:* **No hay mal que por bien no venga**? *Describa sus razones.*

D. *¿Qué refrán usaría Ud. en cada una de las siguientes circunstancias?*

1. Hace más de un año que Arturo se porta mal. Su padre lo regaña constantemente y lo amenaza con echarlo de casa, pero siempre lo perdona. Arturo no tiene miedo a las amenazas de su padre y dice:...

2. Ud. piensa hacer un viaje a España, pero el día de la partida se enferma. El avión se cae. Ud. dice:...
3. Los González son, aparentemente, una familia modelo. Pero Ud., que los conoce íntimamente, sabe que no es así. Cuando un amigo le habla de lo buenos que son los González, Ud. comenta:...
4. En los países hispánicos se considera de mal gusto que una persona lleve pantalones cortos, excepto en la playa. Ud. está en Buenos Aires con un amigo y él quiere salir en pantalones cortos a la calle. Ud. le aconseja:...
5. Su amiga Juanita es muy habladora y a veces dice lo que no debe. Su comentario sobre las indiscreciones de Juanita es:...
6. Varias personas muy capacitadas querían el mismo empleo, pero fue José Ruiz quien consiguió el puesto, porque el presidente de la compañía conocía a su padre. Los otros candidatos comentan:...
7. Ud. tiene un amigo que bebe en exceso. Ud. le da buenos consejos continuamente, pero pierde su tiempo, porque él no lo escucha. Ud. le dice:...
8. Ud. es una persona muy dormilona, y su madre siempre insiste en que se levante temprano. Ella le dice:...
9. Cuquita no es muy honrada en su trabajo académico y se sabe que en el pasado presentó como suyos reportes escritos por sus amigos. Ahora Cuquita critica a un compañero que ha hecho esto. Ud. dice, refiriéndose a la actuación de Cuquita:...
10. Ud. no conoce bien a Fernando, pero sí conoce a varios amigos de él que tienen muy mala fama. Basándose en esto, Ud. tiene una mala opinión de Fernando, y la justifica diciendo:...
11. Su amigo Alberto está tan enamorado de una chica a quien conoció hace sólo un mes, que quiere casarse inmediatamente con ella. El consejo que Ud. le da es:...
12. Guillermo piensa tomar un examen del estado, por el cual la universidad le dará seis créditos. Pero el examen es difícil y Guillermo tiene mucho miedo. Ud. lo anima a que se examine diciéndole:...

DISTINCIONES LÉXICAS

RIGHT AND *WRONG*

1. When *right* means *appropriate; fitting, timely* = **correcto, apropiado; oportuno.**
When *wrong* means *inappropriate; unfitting, untimely* = **incorrecto, inapropiado; inoportuno.**

Tuve la suerte de estar en el lugar apropiado en el momento oportuno.	*I was lucky to be in the right place at the right moment.*

La cuenta anterior estaba equivocada; le enviaré una cuenta por la cantidad correcta.	*The previous bill was wrong; I'll send you a bill for the right amount.*
En el pasado, fumar se consideraba inapropiado en una mujer.	*In the past, smoking was considered wrong for a woman.*

2. When *right* means *not mistaken or wrong* = definite article + (noun) + **que** + **ser**.

When *wrong* means *mistaken, false* = **equivocado**, or definite article + (noun) + **que no** + **ser**.

Antes de llamar, asegúrate de que tienes el número que es.	*Before calling, make sure that you have the right number.*
Tomé el autobús que era, pero me bajé en una parada equivocada (que no era).	*I took the right bus but I got off at the wrong stop.*
Al salir, tomó Ud. el abrigo equivocado (que no era) por error.	*Upon leaving, you took the wrong coat by mistake.*

3. When *right* means *fair* = **justo**.
When *wrong* means *unfair* = **injusto**.

Los patronos deben pagar a sus empleados el salario justo.	*Employers should pay their employees the right salary.*
Es injusto que yo tenga que hacer todo el trabajo.	*It is wrong that I have to do all the work.*

4. When referring to a person: *to be right* = **tener razón**; *to be wrong* = **estar equivocado, no tener razón, equivocarse**.

Generalmente me equivoco, pero esta vez tengo razón.	*I am generally wrong, but this time I am right.*
Él se negaba a aceptar que estaba equivocado.	*He refused to acknowledge that he was wrong.*

The expression **equivocarse de** + noun is expressed in English in different ways: **equivocarse de fecha** (*to get the date wrong*), **equivocarse de casa** (*to go to the wrong house*), **equivocarse de número** (*to get the wrong number*).

5. When *to be right* refers to a thing accepted as correct or proper by general standards, **ser correcto** is used.

When *to be wrong* refers to a thing considered mistaken or incorrect by general standards, **ser erróneo** and **ser incorrecto** are used.

No es correcto mascar chicle en clase.	*It isn't right to chew gum in class.*

La fecha de nacimiento que ella dio era errónea (incorrecta).	*The date of birth she gave was wrong.*

If *to be right* and *to be wrong,* referring to things, stress a judgment on the part of the speaker, **estar correcto** and **estar bien** are used for the former and **estar equivocado, estar incorrecto,** and **estar mal** are used for the latter, whether or not the speaker's opinion coincides with general standards.*

El profesor dijo que todas mis respuestas estaban correctas, pero que dos de las tuyas estaban equivocadas.	*The professor said that all my answers were right but that two of yours were wrong.*
No está bien que no los ayudemos.	*It is not right for us not to help them.*
Esta suma está incorrecta (equivocada, mal); vuelva a hacerla.	*This total is wrong; add it again.*

6. *The right thing(s)* = **lo que + deber**.
   The wrong thing(s) = **lo que+no + deber**.

Lo que debéis hacer es contestar esa carta.	*The right thing for you to do is to answer that letter.*
No adelgazo porque siempre como lo que no debo.	*I don't lose weight because I always eat the wrong things.*

7. *To do the right thing in + -ing* = **hacer bien en** + infinitive.
   To do the wrong thing in + -ing = **hacer mal en** + infinitive.

Ud. hizo bien en quedarse en casa.	*You did the right thing in staying home.*
Sé que hago mal en darle dinero, pero no puedo evitarlo.	*I know I am doing the wrong thing in giving him money, but I can't help it.*

8. *Right* as a noun meaning *good* = **el bien, lo bueno**.
   Wrong as a noun meaning *bad* = **el mal, lo malo**.

Los niños pequeños no pueden diferenciar el bien del mal.	*Small children can't tell right from wrong.*
Espero que me perdones por el mal (lo malo) que te hice.	*I hope you'll forgive me for the wrong I did you.*

9. *Right* as an adverb meaning *the right way* = **bien**.
   Wrong as an adverb meaning *in a wrong manner* = **mal**.

*Note that this usage is in keeping with the normal functions of **ser** and **estar**. (See chapter 2.)

Trate Ud. de hacerlo bien; no importa cuánto se tarde. — *Try to do it right; it doesn't matter how long it takes.*

Trabajamos mucho organizando la fiesta, pero todo salió mal. — *We worked hard organizing the party, but everything went wrong.*

10. Other meanings of *right.*

at, on, to the right	**a la derecha**
right angle	**ángulo recto**
right away, right off	**inmediatamente**
right there (here, now)	**allí (aquí, ahora) mismo**
to serve one right	**estar(le) bien empleado**
right (as a noun), (a just claim)	**el derecho**
to be right-handed	**ser derecho**

El avión torció a la derecha en ángulo recto. — *The plane turned right on a right angle.*

—Necesito que saque las copias inmediatamente y aquí mismo. —Sí, señor, ahora mismo las hago. — *"I need you to make the copies right away and right here." "Yes, sir, I'll do them right now."*

Protestarán ante la Comisión de Derechos Humanos. — *They will protest before the Commission on Human Rights.*

Ud. tiene el derecho de permanecer callado. — *You have the right to remain silent.*

Le estuvo bien empleado perder, porque hizo trampa. — *It served him right to lose, because he cheated.*

Yo soy derecho, pero mis dos hermanos son zurdos. — *I am right-handed, but my two brothers are left-handed.*

11. Other equivalents of *wrong.*

When *wrong* means *in a bad state or condition, out of order, amiss* = **algo + (le) + pasar, no + andar + bien**.

Algo le pasa a este auto. (Este auto no anda bien.) — *Something is wrong with this car.*

Estás pálido. ¿Te pasa algo? — *You look pale. Is anything wrong with you?*

Tengo un turno con el médico porque no ando bien últimamente. — *I have an appointment with the doctor because something has been wrong with me lately.*

APLICACIÓN

Traduzca.

1. She did the right thing when she defended her right to call her lawyer.
2. You were right; I got the date wrong.
3. Something was wrong with the car. The driver lost control and right away hit the right side of a truck at a right angle.
4. We did the wrong thing in stopping right here.
5. Lucía is wrong. It isn't wrong to drink a little as long as one drinks at the right time.
6. What's wrong with you? You are giving me the wrong book.
7. The wrong thing for us to do is to give up our rights.
8. All your answers in the exam are wrong. It serves you right for not having studied.

Para escribir mejor

LA DESCRIPCIÓN II

El retrato.

Uno de los retratos más famosos de la literatura castellana es el que hace don Miguel de Cervantes de sí mismo:

Éste que veis aquí, de rostro aguileño, de cabello castaño, frente lisa y desembarazada, de alegres ojos y de nariz corva, aunque bien proporcionada, las barbas de plata, que no ha veinte años fueron de oro, los bigotes grandes, la boca pequeña, los dientes ni menudos ni crecidos, porque no tiene sino seis, y ésos mal acondicionados y peor puestos, porque no tienen correspondencia los unos con los otros; el cuerpo entre dos extremos, ni grande ni pequeño, la color viva, antes blanca que morena, algo cargado de espaldas y no muy ligero de pies; éste digo que es el rostro del autor de La Galatea *y de* Don Quijote de la Mancha.

Este autorretrato —puramente físico— de Cervantes es tan preciso, que un artista podría dibujar al escritor tal como era guiándose sólo por su descripción.

Veamos ahora un retrato contemporáneo que toma en cuenta, además, la ropa y los movimientos del individuo descrito:

Laguna era un hombre delgado, con las piernas brevemente arqueadas, el cuerpo un poco inclinado, bigote lacio de color que pretendía ser rubio, pero que se conformaba modestamente con ser castaño. Su cara recordaba inmediatamente a un roedor: el ratón.

Usaba alpargatas y sus gruesas medias blancas subían hacia arriba aprisionando la parte baja del pantalón. Una gorra y un traje claro, muy delgado, completaban su vestimenta que, como se ve, no podía ser confundida con la de ningún elegante.

Laguna no tenía nunca quietas sus piernas. Ya jugaba con los pies cambiando de sitio o posición una maderita o un trocito de papel que hubiera en el suelo; ya las movía como marcando el paso con los talones; ya las juntaba, las separaba, las cruzaba o descruzaba con una continuidad que mareaba. Su cara era tan movible como sus piernas. Sus arrugas cambiaban de sitio vertiginosamente. A veces no podía yo localizar fijamente a una. Y sus pequeños ojos controlaban todo este movimiento con rápidos parpadeos que me desconcertaban.

La descripción que precede está tomada de «Laguna», un cuento del chileno Manuel Rojas. En ella resaltan la presencia y opiniones del narrador: la cara del hombre le recordaba a un ratón, la ropa de Laguna no era elegante, la manera en que movía las piernas lo mareaba, no podía localizar las arrugas porque el hombre movía mucho la cara, los movimientos de los ojos de Laguna lo desconcertaban.

Compare ahora la descripción que acabamos de comentar con la que hace Ramón M. de Valle Inclán en «Mi bisabuelo»:

Don Manuel Bermúdez y Bolaños, mi bisabuelo, fue un caballero alto, seco, con los ojos verdes y el perfil purísimo. Hablaba poco, paseaba solo; era orgulloso, violento y muy justiciero. Recuerdo que algunos días en la mejilla derecha tenía una roséola, casi una llaga. De aquella roséola la gente del pueblo murmuraba que era un beso de las brujas, y a medias palabras venían a decir lo mismo mis tías las Pedrayas. La imagen que conservo de mi bisabuelo es la de un viejo caduco y temblón, que paseaba al abrigo de la iglesia en las tardes largas y doradas.

La descripción de Rojas es puramente exterior, aunque algunos detalles, como el continuo movimiento de las piernas y la cara de Laguna, tienen mucha relación con el carácter del individuo que se describe. La descripción de Valle Inclán nos da rasgos de carácter más directamente al decirnos que su bisabuelo era orgulloso, violento, justiciero. Un detalle interesante en la descripción del anciano es la mancha que tiene en una mejilla; el escritor despierta el interés del lector al comentar que algunos creían que era un beso de las brujas. En una descripción, como en cualquier otro escrito, es bueno provocar curiosidad en el lector.

Retratos de animales.

Casi tan famoso como el autorretrato de Cervantes, es el retrato del burro Platero que hace Juan Ramón Jiménez en «Platero y yo».

Platero es pequeño, peludo, suave; tan blando por fuera, que se diría todo de algodón, que no lleva huesos. Sólo los espejos de azabache de sus ojos son duros cual dos escarabajos de cristal negro...

Es tierno y mimoso igual que un niño, que una niña...; pero fuerte y seco por dentro, como de piedra. Cuando paso sobre él, los domingos, por las últimas callejuelas del pueblo, los hombres del campo, vestidos de limpio y despaciosos, se quedan mirándolo.

—Tien' asero...

Tiene acero. Acero y plata de luna, al mismo tiempo.

Observe que el poeta no hace una descripción minuciosa, sino que ha escogido los aspectos que él aprecia más en su burro: la suavidad de su piel, la cual lo hace parecer hecho de algodón, y la dureza de sus ojos, como escarabajos de cristal negro. Estos ojos duros no son un signo negativo, al contrario, indican entereza de carácter, hecho que se confirma más adelante, cuando la gente comenta que el burrito «tiene acero». El retrato no es solamente físico; el escritor nos habla de su carácter: es tierno, mimoso y al mismo tiempo fuerte y seco por dentro.

APLICACIÓN

A. *Basándose en el autorretrato de Cervantes, describa a este novelista de una manera moderna.*

B. *Retrate a alguna persona que conozca, imitando la descripción de Rojas o la de Valle Inclán.*

C. *¿Tiene Ud. un animalito? Descríbalo, enumerando sus rasgos físicos más característicos, y dé también algún detalle que informe al lector sobre su carácter.*

TRADUCCIÓN

A Mother Speaks

Ever since she was a child, my daughter has had the strength of will and the persistence to get what she wanted, characteristics that can be good or bad, depending on what one does with them.

She was only eighteen years old when she fell in love with a fellow whose parents lived in our neighborhood. The man she fell in love with and whom she married almost immediately was completely inappropriate for her. Besides being fifteen years older than my daughter, Rolando was divorced, which I didn't like. I reminded her of the saying "Look before you leap." However, "No one is so deaf as he who will not hear," and my daughter, in any case, married the man she loved and who was her first boyfriend.

They had two children, whom I adored. But Mariela changed a lot. I didn't know exactly what was happening to her, but I noticed that something was wrong. She was always sad and she avoided those who had been her friends before she married. She never spoke of her husband, who frequently left her alone all night. There were those who said that Rolando was an alcoholic, but my daughter, who loved him very much, always denied it. Mariela never bought new clothes; she had only those that I gave her. Moreover, I helped her by paying the rent and by buying my grandchildren everything they needed. My husband—who is a very strict person—said that this served her right for not having followed the advice that we gave her and, after all, he was right. He feared that some day Rolando would abandon his family, in which case we would have to take them to live with us.

One day the nightmare ended. Rolando finally did the right thing and attended a meeting of Alcoholics Anonymous. The friend who took him there had been an alcoholic also. The situation in Rolando's home improved greatly thanks to these meetings, during which my son-in-law exchanged ideas with persons who had his same problem.

Those who knew Rolando before are surprised at how much he has changed. I'm happy for my grandchildren, because children whose parents drink suffer a lot. But I'm also glad for Mariela, whose patience is admirable. She has a right to be happy.

TEMAS PARA COMPOSICIÓN

Use el mayor número posible de relativos en su composición.

1. Habla Mariela. Imite la traducción que acaba de hacer y cuente lo sucedido desde el punto de vista de la esposa paciente.
2. La madre de Mariela piensa que Rolando no es apropiado para ella porque le lleva quince años. ¿Es importante este factor en la felicidad de un matrimonio? ¿Debe una mujer casarse con un hombre que le lleva muchos años? ¿Y con uno mucho más joven? ¿Cree Ud. que una mujer de dieciocho años es demasiado joven para casarse? ¿Existe una «edad ideal» para casarse y ser feliz? ¿Hay en su familia o entre sus amigos casos de grandes diferencias de edad?
3. Otra característica de Rolando que le molesta a su suegra es que haya estado casado antes. ¿Tienen más probabilidades de fracasar en un nuevo matrimonio las personas divorciadas? ¿Y las que se han divorciado más de una vez? ¿Por qué no le gustaría a la señora que su yerno fuera divorciado? Éste era además el primer novio de Mariela. ¿Tiene más probabilidades de ser feliz una mujer que se casa con cierta experiencia? ¿Es importante que el hombre y la mujer sean igualmente expertos en cuestiones de amor?
4. Los chistes sobre borrachos. La lectura de este capítulo presenta el alcoholismo en su aspecto trágico. Pero frecuentemente el beber tiene su lado humorístico y es fuente de innumerables cuentos y chistes. ¿Cuál es el motivo de esto? Cuente o comente algunas anécdotas o chistes de borrachos que conozca.

C · A · P · Í · T · U · L · O 12

Lectura

Las telenovelas cuentan con muchos adeptos entre los hispanos. Aunque en casi todos los países se filman telenovelas, algunos, como México y Venezuela, se han especializado en producir y exportar esta clase de programas. Este artículo de la revista española Cambio 16 *comenta la enorme popularidad que las telenovelas —o culebrones, como se les llama en España— han adquirido recientemente en ese país.*

La adicción a los culebrones

Son las cuatro de la tarde. La plaza mayor° de Cantalejo, Segovia, está vacía: todos los jubilados° del pueblo se han refugiado del calor en los bares de siempre. Dejan el dominó a un lado para seguir con la partida° más tarde, y le piden al chico que encienda ya el aparato de televisión.

A la misma hora, el portero° de una finca° de la calle Velázquez, en Madrid, ve entrar como una exhalación° al abogado del sexto° y sonríe cuando le oye renegar° porque el ascensor es demasiado lento.

Las madres han hecho comer a destajo° a sus hijos y muchos estudiantes olvidan los libros por un rato. Todos han sucumbido ante un fenómeno que ha creado una enfermedad (para muchos inconfesable) que convierte a sus pacientes en adictos incurables: los culebrones de la tele.

Solamente la serie venezolana *Cristal* tiene en España una legión de siete millones de incondicionales°. Una aceptación° semejante ha provocado una avalancha de reacciones que van desde los más furibundos ataques de los que consideran la teleserie como un atentado a la inteligencia y una muestra de un grave empobrecimiento cultural, hasta la defensa más sincera y sesudos° estudios sociológicos. Pero los culebrones son, sobre todo, un negocio redondo° para las cadenas de televisión.

España arrastra° una larga historia en el fiel seguimiento de las telenovelas. La radio fue pionera en convertir los seriales en

principal
retirados
el juego
hombre que cuida la puerta / edificio / **como...** muy rápidamente / sexto piso / quejarse
a... con gran rapidez
seguidores fieles / un éxito
inteligentes
claro, rotundo
lleva detrás

Jeanette Rodríguez, la actriz venezolana protagonista de Cristal, Pobre diabla *y otros* **culebrones** *de gran éxito. Los culebrones han traspasado las fronteras del mundo hispánico.* Topacio, *otra producción venezolana con Grecia Colmenares, cautivó a los italianos, y* Los ricos también lloran, *con la mexicana Verónica Castro, fue una sensación en Rusia. En este último país, la novela no se presentó doblada ni con subtítulos, sino con un narrador que traducía para los televidentes lo que decían los personajes.*

sus programas de máxima audiencia. Estos folletines° paralizaban el país en la hora de la sobremesa°. Muchas familias se reunían en torno a aquellos viejos aparatos que cada día hacían llorar a millones de amas de casa.

> folletines: novelas por episodios
> de... después de la comida

Los culebrones, especialmente los procedentes de Venezuela, de México y de Colombia, han sabido componer a la perfección una mezcla de relaciones sentimentales, suspense, religión y violencia, que mantiene pegados a los adictos a una trama interminable.

«A mí me gustan porque sí°. Entretienen mucho y la historia termina atrapándote». «Tienen mucho morbo°, un cura con un hijo, asesinatos, jaleos° de familia... Además, ¿qué otra cosa puedes hacer después de comer?» «Estaba fregando y escuché la musiquilla del principio. Me gustó, me senté a verla y llevo cinco meses». Las respuestas de la mayoría de los seguidores de las teleseries son similares.

> porque... *just because*
> *morbid pleasure*
> líos, enredos

Mientras que antes eran las amas de casa las más fieles seguidoras de este tipo de series, ahora la audiencia es mucho más heterogénea. A las mamás se han sumado los jóvenes, la tercera edad°, los campesinos y los oficinistas. No hace mucho tiempo la serie *Cristal* se emitía a la una de la tarde. A esa misma hora se daba la comida en un centro para la tercera edad de la sierra madrileña. Los responsables se vieron obligados a grabar el programa y emitirlo por la tarde, porque todos los ancianos se quedaban sin comer.

> la... *senior citizens*

La clave de esta aceptación de los culebrones es probablemente el hecho de que acompañan durante meses a mucha gente que se siente sola. Además, la telenovela es como el fútbol para muchos hombres: constituye un elemento de sociabilidad y un argumento de conversación entre las mujeres de los barrios populares.

Los culebrones han asumido la función de puente hacia las emociones y las pasiones más primitivas. Los guiones° de las

> libretos

telenovelas se asemejan a las anécdotas que ocurren cada día en la vida real. La gran mayoría de las personas consultadas coinciden en afirmar que cualquier capítulo de culebrón puede reflejar perfectamente uno de los innumerables reportajes de las revistas del corazón° o una novela de género rosa°.

del... románticas / **de...** sentimental

El coste de producción de las telenovelas aumenta en función de° la duración de la serie. La media° de capítulos de un culebrón oscila entre los cien y los trescientos. En las superproducciones norteamericanas, el lujo de detalles aumenta considerablemente el presupuesto°, pero en el caso de las series sudamericanas, los gastos de producción no son excesivos. Algunas hasta han sido grabadas en domicilios particulares°, y normalmente casi toda la producción se rueda° en un mismo estudio, donde se va cambiando el decorado.

en... según / el promedio

budget

domicilios... *private homes* / **se...** se filma

El rodaje es muy rápido, siempre en función de la demanda. Algunos capítulos de *Cristal* se grababan por la mañana y se emitían por la noche. Los actores mecanizan su trabajo. Para rodar, los intérpretes utilizan un intercomunicador° en miniatura que, colocado correctamente en la oreja, no se aprecia en la pantalla. El intercomunicador hace las veces de° apuntador°.

earphone

hace... sirve de

prompter

Uno de los motivos del ascenso de programas como *Cristal*, *Señora* y *Días de baile* es el hastío° del público con series como *Dinastía* o *Dallas*. Los folletines de inequívoco sabor sudamericano han marcado una pauta° distinta de la fórmula norteamericana, más lejana y con la que resulta difícil identificarse.

aburrimiento

modelo, estilo

Para muchos, toda esta locura televisiva no es otra cosa que la desagradable evidencia del bajo nivel cultural del país. Pero la dureza de la crítica deja indiferentes tanto a los responsables de programarlos como a los empedernidos adictos°. Es un fenómeno imparable que se pone de manifiesto° cada día de la semana.

empedernidos... *strongly addicted* / **se...** se hace evidente

COMPRENSIÓN

1. ¿Por qué está vacía la plaza mayor de Cantalejo?
2. ¿Qué hace el abogado en Madrid a la misma hora? ¿Y las madres? ¿Y los estudiantes?
3. Para sus oponentes, ¿qué son las teleseries? ¿Y para las cadenas de televisión?
4. ¿Qué antecedentes tiene en el pasado esta afición española a los seriales?
5. ¿De qué elementos se componen especialmente los culebrones de Venezuela, México y Colombia?
6. ¿Cuáles son algunas de las explicaciones que dan los seguidores sobre su afición?
7. ¿Qué grupos forman la audiencia heterogénea?
8. ¿Qué pasó en el centro para viejos de la sierra madrileña?
9. ¿Cuál es la clave de la aceptación de los culebrones?
10. ¿En qué sentido pueden compararse las telenovelas y el fútbol?

11. ¿Qué datos se dan en este artículo sobre el coste y el proceso de la producción de los culebrones sudamericanos?
12. Según ciertos críticos, ¿qué indica esta locura televisiva?

INTERPRETACIÓN

1. La palabra **culebrón** es una metáfora de **telenovela**. Explique por qué es apropiada o no.
2. ¿Por qué se sonríe el portero cuando oye al abogado renegar de la lentitud del ascensor?
3. ¿Por qué se dice que los culebrones son una enfermedad «inconfesable»?
4. ¿Cree Ud. que se pueden hacer «sesudos estudios sociológicos» sobre las telenovelas? Explique.
5. ¿En qué sentido «paralizaban el país» los folletines?
6. ¿Por qué se dice que los ancianos pertenecen a la tercera edad?
7. Se habla en la lectura de «jaleos de familia». ¿Puede Ud. citar algunos ejemplos de posibles líos familiares?
8. ¿Qué clase de puente son las telenovelas?
9. ¿Por qué es necesario que los actores usen un intercomunicador en la oreja?
10. ¿Por qué el público español sentirá hastío por series como *Dinastía* y *Dallas* y preferirá las telenovelas hispanoamericanas?

INTERCAMBIO ORAL

A. La clase se dividirá en dos grupos: los aficionados a las telenovelas y los enemigos de ellas. Cada grupo defenderá su punto de vista.

Madrid. Padres, hijos y nietos se han reunido frente al televisor. ¿Programa de variedades, comedia o culebrón? No importa, porque todos parecen disfrutarlo mucho.

Rosa Salvaje *y* Manuela *son dos telenovelas muy populares de México y Venezuela respectivamente.*

B. La afición a los seriales en este país, ¿es comparable a la de los hispanos? ¿Qué elementos de los culebrones norteamericanos atraen al público?

C. ¿Hay un tipo especial de aficionado a las telenovelas en los Estados Unidos o es heterogéneo el grupo? ¿Se considera aquí también «inconfesable» esta afición? ¿Es cierto que las telenovelas acompañan a mucha gente que se siente sola?

D. ¿Hasta qué punto son realistas o artificiales las telenovelas? ¿Se identifican muchos con los personajes? ¿Y Ud.? Explique.

E. ¿Hasta qué punto puede este tipo de programa afectar la moral del público? ¿Pueden las telenovelas tener algún valor desde el punto de vista lingüístico?

Sección gramatical

VERBS USED REFLEXIVELY

Before discussing the passive voice later in this chapter, it will be helpful to examine the concept of *reflexive* verbs and verbs used *reflexively.** Remember that a very common way to express the passive voice in Spanish is with a *reflexive* construction.

A verb is said to be reflexive when its action is directed back on the grammatical subject. (A simpler definition states that a Spanish verb is reflexive when it is used with an object pronoun — **me, te, se, nos, os, se** — of the same person as the subject of the verb.)

The principal reflexive uses of verbs are described below.** Bear in mind that some of the subtleties of the reflexive can only be learned through years of experience with the language.

1. Some verbs are always used reflexively in Spanish.

arrepentirse (de)	*to repent, be sorry about (regret)*
atreverse (a)	*to dare*
jactarse (de)	*to boast*
quejarse (de)	*to complain*
Miguel se jacta de que no hay nada que él no se atreva a hacer.	*Miguel boasts that there is nothing that he doesn't dare to do.*

2. Transitive verbs are often used reflexively.

a. Many of these verbs show the following pattern: If the subject performs the act on someone else, the reflexive pronoun is not used (column **A**); if the

*We retain the traditional terms *reflexive* and *reflexively* although in some cases they are less precise than *pronominal* and *pronominally*, translations of the Spanish **pronominal** and **pronominalmente**.

**In the Appendix are further examples of the five categories examined here.

subject is the person affected, the reflexive pronoun is used in Spanish, even though it may not be used in English (column **B**). Observe that the English translation differs in columns **A** and **B**.

	A		B
acostar	*to put to bed*	**acostarse**	*to go to bed*
divertir	*to amuse*	**divertirse**	*to have a good time, enjoy oneself*
llamar	*to call*	**llamarse**	*to be named*
sentar	*to seat*	**sentarse**	*to sit down*

Gloria sentó al nene en la mecedora y luego se sentó en el sillón cercano. *Gloria sat the child in the rocker and then she sat down in the nearby armchair.*

A veces los cómicos divierten al público pero ellos mismos no se divierten. *Sometimes comedians amuse the public but they themselves do not have a good time.*

b. Often a Spanish transitive verb requires the reflexive pronoun when no other direct object is expressed.* Observe that in the following cases, the English translation is the same.

derretir(se)	*to melt*	**extender(se)**	*to extend*
detener(se)	*to stop*	**secar(se)**	*to dry*

Si la ropa no se seca pronto, tendré que secarla en la secadora. *If the clothes don't dry soon, I'll have to dry them in the dryer.*

Cuando detuve el coche en el paso a nivel, vi que un tren se detenía para no atropellar una vaca. *When I stopped the car at the crossing, I saw that a train was stopping in order not to run over a cow.*

3. Numerous verbs—transitive and intransitive—acquire different meanings when used reflexively.

comer	*to eat*	**comerse**	*to eat up*
dormir	*to sleep*	**dormirse**	*to fall asleep*
ir	*to go*	**irse**	*to go away, off*
llevar	*to carry*	**llevarse**	*to carry off*

Antonio se comió todas las galletas. *Antonio ate up all the crackers.*

A Cristina le gusta dormir pero con frecuencia le cuesta trabajo dormirse. *Cristina likes to sleep but frequently she has a hard time falling asleep.*

*Recall what was said in chapter 3 about the use of the *dative of interest* with verbs used reflexively.

In other cases, the shift of meaning may not be translatable and/or may vary from one Spanish-speaking area to another. Many verbs that are not reflexive in Spain are used reflexively in Spanish America.

desayunar(se)	*to have breakfast*	**enfermar(se)**	*to get sick*
despertar(se)	*to wake up*	**morir(se)**	*to die*

(Me) desperté a las ocho y a las ocho y media desperté a mi hermanito. — *I woke up at eight o'clock and at eight-thirty I woke up my brother.*

If we examine some of the differences between **morir** and **morirse**, the complexity of this problem becomes evident.

Morir refers to a death that occurs in an accident or under violent circumstances.

Muchos soldados murieron en la batalla. — *Many soldiers died in the battle.*

El niño murió en el incendio. — *The child died in the fire.*

Morirse expresses the idea *to die* (of natural causes), *to be dying, to be moribund.*

Hace días que el enfermo se muere. — *The sick man has been dying for days.*

Both **morir** and **morirse** can be used figuratively; the latter is found most often with human subjects.

A medida que mueren las costumbres viejas, nacen las nuevas. — *As old customs die, new ones are born.*

Nos morimos por ir a ese concierto. — *We are dying to go to that concert.*

Durante el espectáculo, Mariano se moría de (la) risa. — *During the show Mariano was dying of laughter.*

4. Many verbs are used reflexively when referring to actions that involve a part of the body or an article of clothing of the grammatical subject.

Al quitarse las botas, Enrique se lastimó el tobillo izquierdo. — *On removing his boots, Enrique hurt his left ankle.*

Note that the reflexive pronoun is not used when the action is purely voluntary and no external instrumentality (including another body part) is involved.

El anciano cerró los ojos pero tardó mucho en conciliar el sueño.	*The elderly man closed his eyes but he didn't fall asleep for a long time.*

5. A number of verbs when used reflexively may acquire a causative meaning.

cortarse el pelo	*to have one's hair cut*
empastarse una muela (un diente)	*to have a tooth filled*
retratarse	*to have one's picture taken*
sacarse una muela (un diente)	*to have a tooth extracted*

Ayer Manuel se cortó el pelo porque iba a retratarse.	*Yesterday Manuel got a haircut because he was going to have his picture taken.*

APLICACIÓN

A. *Añada un pronombre reflexivo, si es necesario.*

1. Con este calor, la nieve que cayó anoche _____ derretirá rápidamente.
2. Cuando los heridos _____ abrieron los ojos, vieron que estaban en el hospital.
3. Mi mamá me dijo que _____ acostara a mi hermanito.

Chenchito **Joaquín Velasco**

Víctimas del crimen

La televisión se ha convertido en un elemento esencial del hogar moderno, y así lo subraya este chiste de un periódico mexicano. Explíquelo. Si alguien robara su casa, ¿qué objeto preferiría Ud. que no se llevara?

4. Ellos siempre ____ arrepienten de sus malas acciones después de hacerlas.
5. Cuando el aire acondicionado no funciona bien, ____ quejamos.
6. Fui al dentista para empastar ____ un diente.
7. Después de comer ____ , ella ____ puso el sombrero y ____ fue de la casa.
8. Si ____ comes todos esos bombones, vas a enfermar ____ .
9. Cuando llegó el médico, el paciente ya ____ moría.
10. Ella es siempre la primera en levantar ____ la mano para contestar.
11. Si el profesor es aburrido, los alumnos ____ dormirán.
12. Antes de volar, el águila ____ extendió las alas.

B. *Traduzca.*

Last night I was dying to go to bed early because I had had a tooth extracted in the afternoon. However, when I was about to put on my pajamas, some friends arrived, explaining that they wanted to amuse me with several new jokes, so I didn't dare say anything. How could I complain in a case like this? I didn't get to sleep until after midnight, and my friends drank up all the beer and soda that I had in the house. They also took a gallon of ice cream, saying that they didn't want it to go to waste during my "illness."

IMPERSONAL USE OF *SE*

Se is found with the third-person singular of the verb (used intransitively) to mean *one*, *they*, *people*, *you* (indefinite).* This construction is similar to the reflexive substitute for the passive discussed on pages 331–32, but is much less common.

Hoy día se habla mucho de los problemas sicológicos.	*Nowadays people talk a lot about psychological problems.*
En el campo se vive mucho más tranquilamente que en la ciudad.	*In the country one lives much more peacefully than in the city.*

In order to use a reflexive verb impersonally, one must add **uno/a** or **una persona**.

Si uno (una persona) se alaba constantemente, se aburren sus oyentes.	*If a person praises himself constantly, his listeners get bored.*

*It should be noted that the indefinite or impersonal English *you* is sometimes expressed in Spanish by **tú**, especially in the spoken language. Occasionally **usted** is also used in this way.

A veces en la vida (tú) trabajas mucho y no tienes éxito.	*Sometimes in life you work hard and you're not successful.*

APLICACIÓN

Actividades del fin de semana. *Haga un comentario en cada caso usando oraciones impersonales con* **se**. Añada **uno/a** *si es necesario.*

Modelo: **Nos divertimos** mucho en la boda de Pepe, pero **bebimos** demasiado.
→ En las bodas **uno se divierte**, pero a veces **se bebe** más de lo debido.

1. Los sábados por la mañana, mi hermano y yo «*nos entretenemos*» cortando la hierba del jardín.
2. Otras veces, *vamos* de compras al supermercado.
3. Los sábados por la noche *me reúno* con mis amigas y *bailo* en la discoteca.
4. Como los sábados *me acuesto* después de medianoche, los domingos *me levanto* mucho más tarde que en los días de semana.
5. Todos en casa *comemos* mucho en el desayuno los domingos.
6. Mi familia es tradicional, por eso después del desayuno todos *asistimos* a los servicios religiosos.
7. Cuando *salimos* de la iglesia *conversamos* un rato con los vecinos.
8. Los domingos *almorzamos* en un restaurante.
9. Por la tarde, mis hermanos y sus amigos *juegan* al fútbol en el parque.
10. Yo, si *estoy* cansada, *me quedo* en casa; *duermo* la siesta o *me siento* a leer.

THE PASSIVE VOICE

Speakers of Spanish and English have at their disposal two voices, or ways, to indicate the relation of the subject of the verb to the action expressed by the verb. In the active voice, the subject *performs* the action.

Cervantes escribió esa novela. — *Cervantes wrote that novel.*

On the other hand, in the passive voice the subject is the *recipient* of the action.

Esa novela fue escrita por Cervantes. — *That novel was written by Cervantes.*

The passive voice may be expressed in Spanish by means of various constructions.

THE TRUE PASSIVE (*SER* + PAST PARTICIPLE)

When an agent (performer) is expressed or strongly implied, **ser** is used with the past participle in Spanish, much as the verb *to be* is used in English with the past participle.

Esa profesora es admirada por casi todos sus estudiantes.	*That professor is admired by almost all her students.*
Me consta que ese batería será muy aplaudido por el público en su primer concierto.	*I'm sure that percussionist will be much applauded by the public in his first concert.*
En aquella época fueron construidas todas las casas de la cuadra.	*At that time all the houses on the block were built.*
Aquellos árboles han sido plantados en la última semana.	*Those trees have been planted during the last week.*

Observations:

1. This construction, which so closely parallels English usage, is much less frequently used in Spanish. Much preferred are the active and/or reflexive structures discussed below. The overuse of the true passive is regarded as a stylistic defect. Especially frowned upon is the use of the present progressive of **ser** + present participle (e.g., **El edificio está siendo construido por una empresa extranjera.**) It is much better Spanish to say **Una empresa extranjera construye (está construyendo) el edificio.**

2. You must not use the true passive in Spanish when the English subject is an indirect object. In the sentence *We were given the bad news yesterday*, it is clear that *we* is an indirect object if the sentence is converted to the active voice: *They gave the bad news **to us** yesterday*. One should say either **Nos dieron la mala noticia ayer** or **Se nos dio la mala noticia ayer**.

THE INDEFINITE THIRD-PERSON PLURAL OF THE ACTIVE VERB

When the agent is not expressed or strongly implied, a very common equivalent of the English passive voice is the indefinite third-person plural of the active verb.*

*The active structure exists in English, but is not used nearly so often as in Spanish. In the following examples, observe how the active voice is preferred in Spanish, whereas the passive is used in English.

A Maruja no le gusta que la critiquen.	*Maruja doesn't like to be criticized.*
Seguramente esta tarde echarán al correo los dos paquetes.	*The two packages will definitely be mailed this afternoon.*
Y ¿piensas tú que cuando nos morimos no nos piden cuenta de nuestras acciones? (Galdós, **Miau**, cap. 27)	*And do you think that when we die we are not asked for an account of our actions?*

The subject in Spanish is not **ellos** or **ellas** but an unexpressed indefinite *they*. The English subject becomes the direct object in Spanish.

Admiran mucho a esa profesora.	*That professor is much admired. (They admire that professor a lot.)*
Me consta que aplaudirán mucho a ese batería en su primer concierto.	*I'm sure that percussionist will be much applauded in his first concert. (I'm sure that they will applaud that percussionist a lot in his first concert.)*
En aquella época construyeron todas las casas de la cuadra.	*At that time all the houses on the block were built. (At that time they built all the houses on the block.)*
Han plantado aquellos árboles en la última semana.	*Those trees have been planted during the last week. (They have planted those trees during the last week.)*

THE APPARENT PASSIVE (*ESTAR* + PAST PARTICIPLE)

In English, the isolated sentence *Mario was wounded* can be interpreted two ways: (a) it could refer to an action in which someone wounded Mario or (b) it could refer to the state or condition that Mario was in as a result of the fact that someone wounded him.*

In Spanish, the first meaning is expressed by **ser** + past participle: **Mario fue herido.** The second meaning is not really a passive because no action is expressed and therefore **estar** + past participle is used: **Mario estaba herido.**

Cuando yo me mudé a esa cuadra, ya todas las casas estaban construidas.	*When I moved to that block all the houses were already built.*
Ya están plantados los árboles, ¿verdad?	*The trees are already planted, aren't they?*
El delincuente estuvo encarcelado del 65 al 75.	*The criminal was locked up from '65 to '75.*

Observe carefully also the resultant states expressed in the following sentences.

El agua está compuesta de oxígeno e hidrógeno.	*Water is composed of oxygen and hydrogen.*
México está limitado al norte por los Estados Unidos y al sur por Guatemala.	*Mexico is bordered on the north by the United States and on the south by Guatemala.*

*Some grammarians of English use the term *statal passive*, which corresponds to **estar** + past participle, and *actional passive*, which corresponds to **ser** + past participle.

Las montañas estaban cubiertas de nieve. *The mountains were covered with snow.*

In none of the above cases does the verb **estar** express an action taking place at the time indicated by the tense, which is a function of **ser** + past participle. In short, these examples only *look like* the passive voice.

APLICACIÓN

A. *Vuelva a escribir los siguientes pasajes, formando oraciones de voz pasiva con los verbos que se indican.*

1. Los candidatos políticos *iniciaron* sus campañas electorales hace varios meses. Ya *han visitado* muchas ciudades y *visitarán* muchas más. Todos los días sus partidarios los *alaban*, mientras que sus adversarios los *condenan*. En algunos lugares, los ciudadanos los *han aplaudido* y, en otros, los *ha abucheado* el público. Muchos periódicos *recomiendan* a sus candidatos preferidos, pero frecuentemente el público no *sigue* tales recomendaciones. Al final, los ganadores *celebrarán* su triunfo con grandes fiestas.
2. La telenovela que estoy viendo la *transmiten* por el canal 47. Se llama «Kassandra» y la *produjeron* y *filmaron* en Venezuela, aunque el guión lo *escribió* una escritora cubana. A esta señora, Delia Fiallo, la *conocen* mucho los hispanohablantes de los Estados Unidos porque es autora de la mayoría de las telenovelas que se *importan* de Venezuela. Kassandra era una bebé de familia rica, pero la *robaron* de su cuna y la *cambiaron* por una niña gitana que había muerto. A Kassandra la *criaron* los gitanos. Ahora

Estos camarógrafos mexicanos filman una telenovela. México, país donde la cinematografía ha sido por años una industria importante, exporta ahora telenovelas a los Estados Unidos y a otros muchos países.

Kassandra es una joven muy hermosa y todos *admiran* su belleza. Un gitano de su tribu la *ama*, pero ella no *corresponde* al amor del hombre. Cuando el circo regresa a la ciudad natal de Kassandra, una criada de la familia *reconoce* a la joven a causa de su gran parecido con su madre. La novela no ha llegado a su final, pero estoy segura de que su familia le *devolverá* a Kassandra su fortuna y su nombre y de que la justicia *castigará* a la mujer culpable de que los gitanos la *hayan robado*.

B. *Reemplace los verbos reflexivos con formas que indiquen estados resultantes.*

Modelo: Me convencí
→Estoy convencido

Me *convencí* de que el doctor Pedrosa es un médico maravilloso. En enero mi padre *se internó* en el hospital porque *se hirió*. Tuvo un accidente en el trabajo y su pierna derecha *se fracturó* en varios lugares. Pero, gracias al doctor, ya mi padre *se curó*. Todo el mundo *se asombró* de su rápida recuperación.

THE REFLEXIVE SUBSTITUTE

In this construction, there are two different structures: one for things, animals, and groups of persons; another for individualized persons. Usually the agent is not expressed nor strongly implied.

1. Things, animals, and groups of persons

In this case, the English subject becomes the subject of the Spanish active verb used with **se**. If the subject is singular, the verb is singular; if the subject is plural, the verb is also plural.*

En aquella época se construyeron todas las casas de la cuadra.	*At that time all the houses on the block were built.*
Ese árbol se plantó el verano pasado.	*That tree was planted last summer.*
Se llevaron al laboratorio las ratas que se habían comprado el lunes.	*The rats that had been bought on Monday were taken to the laboratory.*
Se seleccionarán varias jóvenes para una prueba de cine.	*Several young women will be selected for a screen test.*
Los maestros recién graduados se enviaron a la nueva escuela.	*The recently graduated teachers were sent to the new school.*
No se permiten niños pequeños en el hospital.	*Small children are not allowed in the hospital.*

*When a group of persons is the subject, some grammarians apply the term **cosificación** to this structure.

Observations:

In this construction, the verb most often precedes the subject. However, the subject may precede if it is modified by a definite article, a demonstrative, or a possessive. Thus it is correct to say **Las casas se construían con madera** (but not **Casas se construían con madera**); **Aquellos árboles se han plantado recientemente** (but not **Árboles se han plantado recientemente**).

Occasionally the agent may be expressed with the reflexive passive as it is with the true passive.

Estos libros se venden por todos los libreros.	*These books are sold by all booksellers.*

2. Individualized person(s)

When the English subject is an individualized person or persons, the reflexive passive permits the use of **se** + third-person singular of the verb only and the English subject becomes the Spanish direct object.

Se admira mucho a esas dos profesoras.	*Those two professors are much admired.*
Se aplaudirá a ese batería.	*That percussionist will be applauded.*

Note the use of the personal **a** in the foregoing examples.

a. If object pronouns are required, the preferred forms of the third person are **le, les, la, las**. However, many native speakers, especially in Spanish America, avoid the construction involving reflexive and feminine direct object pronouns.

Se la admira mucho.	*She is much admired.*
Se le aplaudirá mucho.	*He will be much applauded.*

b. If the direct object precedes the **se**, a redundant pronoun is added between the **se** and the verb. Again the third-person pronouns used are **le, les, la, las**. (Compare with chapter 3, page 74.)

A Andrés se le castigará por haber tomado el auto sin permiso.	*Andrés will be punished for having taken the car without permission.*
A Sarita se la premió por haber salvado al niño que se ahogaba.	*Sarita was rewarded for having saved the drowning boy.*

RECAPITULATION

1. If the subject is thing(s), animal(s), or group(s) of persons, use **ser** + past participle if the agent is expressed or strongly implied

Esas canciones fueron compuestas por el cantautor José Feliciano.

If the agent is not expressed or strongly implied, use

a. the reflexive substitute with agreement of subject and verb

Se compusieron esas canciones el año pasado.

b. or, the impersonal third-person plural of the active verb.

Compusieron esas canciones el año pasado.

2. If the subject is an individualized person or persons, use **ser** + past participle if the agent is expressed or strongly implied:

Esos dos senadores no serán invitados a la Casa Blanca por el Presidente.

If the agent is not expressed or strongly implied, use

a. the impersonal third-person plural of the active verb,

No invitarán a esos dos senadores a la Casa Blanca.

b. or, less frequently, the reflexive substitute with **se** + the third-person singular of active verb.

No se invitará a esos dos senadores a la Casa Blanca.

APLICACIÓN

Haga las siguientes transformaciones, siguiendo los modelos.

A. *De la voz pasiva a la activa.*

Modelo: La carta fue echada al correo por Gustavito.
→Gustavito **echó** la carta al correo.

1. La moción había sido adoptada por los congresistas en la sesión anterior.
2. La madre de Cristal fue echada a la calle por su patrona.
3. La operación fue hecha con mucha destreza por el cirujano.
4. El premio es concedido por un jurado muy distinguido.
5. El problema fue resuelto en 1950 por un profesor árabe.
6. Es probable que Cristal sea reconocida por su abuela.
7. La victoria del aspirante fue bien acogida por la mayoría de los espectadores.
8. El conferenciante fue interrumpido dos veces por los aplausos de los asistentes.

9. Más refugios han sido fundados recientemente por ese rabino.
10. La novela será publicada por nuestra editorial con un título diferente.
11. La playa de Acapulco es visitada todos los años por millares de turistas.
12. Cristal será empleada como modelo por una casa de modas.

B. *De la voz pasiva con* **ser** *a la pasiva refleja.*

Modelos: **Cosa(s)** Los paquetes serán enviados mañana.
→**Se enviarán** los paquetes mañana.
El libro fue vendido ayer.
→**Se vendió** el libro ayer.

Persona(s) El soldado fue herido en la batalla.
→**Se hirió** al soldado en la batalla.

Cosa(s)

1. El coche fue robado hace dos años a su propietario.
2. El proceso puede ser utilizado en otros casos similares.
3. Estas técnicas han sido estudiadas en laboratorios del mundo entero.
4. La cubierta del álbum será impresa en rojo y negro.
5. La postura del presidente fue reforzada en la reunión.
6. La sala debe ser empapelada con un papel de calidad.
7. Si las propuestas del decano fueran aceptadas, la universidad correría un gran riesgo.
8. El autor no estaba seguro de que su novela fuera seleccionada entre las finalistas.

Persona(s)

1. Los prisioneros fueron juzgados por el delito de robo.
2. El gobernador fue elegido por primera vez en las elecciones de 1990.
3. Su hija fue contratada hace dos semanas.
4. Un policía fue apuñalado y varios otros fueron golpeados durante los disturbios.
5. El nuevo cajero es entrenado.
6. El inspector será enviado a la urbanización.

C. Terrorismo en el aeropuerto. *Cambie las construcciones de pasiva refleja a construcciones de tercera persona del plural impersonal en el siguiente pasaje.*

En la noche del viernes se colocó una bomba en una de las salas de espera del aeropuerto internacional. Se sospecha que los culpables pertenecen a un grupo terrorista al que se persigue en varios países. No hubo muertos, pero sí heridos, que se transportaron inmediatamente al hospital. Se dice que se vio a una mujer sospechosa, vestida de negro, pero los testigos que se entrevistaron no pudieron dar muchos informes.

D. *Cambie las construcciones que tienen sujetos* **yo** *y* **Ud.** *por construcciones de pasiva refleja.*

1. Vendo auto Ford, modelo LTD, de 1988 y garantizo que está en buenas condiciones. Puede Ud. verlo en Santa Rosa 315. Pido una cantidad muy moderada y doy facilidades de pago.
2. Necesito operarias para taller de costura. Pago buen salario y además ofrezco vacaciones y seguros de salud. Favor de no llamar si Ud. no tiene experiencia. Exijo también buenas referencias.

Análisis de la lectura

A. *A continuación se enumeran verbos usados con el pronombre reflexivo, y también diferentes construcciones pasivas que se han explicado en este capítulo. Estudie cada caso detenidamente para contestar las preguntas en* **B**.

1. ... todos los jubilados... se han refugiado del calor...
2. Muchas familias se reunían en torno a aquellos viejos aparatos...
3. ... me senté a verla...
4. A las mamás se han sumado los jóvenes...
5. Los guiones... se asemejan a las anécdotas...
6. Algunas (telenovelas) hasta han sido grabadas en domicilios particulares...
7. ... y normalmente casi toda la producción se rueda en un mismo estudio...
8. ... donde se va cambiando el decorado.
9. Algunos capítulos... se grababan por la mañana y se emitían por la noche.
10. ... utilizan un intercomunicador en miniatura que... no se aprecia en la pantalla.
11. ... la fórmula norteamericana, más lejana y con la que resulta difícil identificarse.
12. Es un fenómeno imparable que se pone de manifiesto cada día...
13. ... acompañan... a mucha gente que se siente sola.
14. No hace mucho tiempo la serie *Cristal* se emitía a la una de la tarde.
15. A esa misma hora se daba la comida en un centro para la tercera edad...
16. Los responsables se vieron obligados a grabar el programa...
17. ... porque todos los ancianos se quedaban sin comer.

B. *Conteste.*

1. Hay un ejemplo de **ser** + participio pasivo, o sea la construcción llamada *true passive*. ¿Cuál es? ¿De qué otra manera se podría expresar esta oración?
2. En 7, 8, 9, 10, 14 y 15 se usa la pasiva refleja en vez de **ser** + participio pasivo. ¿Por qué?

3. Los números 1, 2, 3, 4, 5, 11, 12, 13 y 16 ejemplifican el fenómeno de los muchos verbos transitivos en español que requieren el pronombre reflexivo si no hay otro complemento expresado. A veces hay una diferencia entre la traducción inglesa del verbo con el pronombre reflexivo y la del verbo sin él, pero otras veces, no; por ejemplo, **refugiar** = *to give shelter to,* **refugiarse** = *to take shelter,* pero **identificar** e **identificarse** = *to identify.* Dé ejemplos originales que muestren la diferencia entre (a) **sentar** y **sentarse**, (b) **parecer** y **parecerse.**
4. **Quedar** y **quedarse** tienen múltiples acepciones en español. Quedarse frecuentemente implica una pérdida o incapacidad. El número 17 equivale a "*because all the old people were missing dinner/ were going without eating.*" Dé un ejemplo original de este uso.

C. *En este artículo hay muchos sinónimos de la palabra culebrón. ¿Cuántos encuentra Ud.?*

Sección léxica

REPASO

Reemplace las palabras en cursiva por sus sinónimos que se encuentran en la lectura.

1. Esa película *se filmó* en Caracas.
2. *Después de la comida,* nos gusta ver algún noticiero en la televisión.
3. Miguel Ángel y Estrella son *seguidores* de esa telenovela.
4. Esa obra ha tenido gran *éxito* en este país.
5. Soy muy aficionado a *los folletines* en español.
6. Muchos *retirados* prefieren vivir en el sur o el suroeste del país.
7. La conducta de algunos artistas de cine no debe servir de *modelo* a nuestras acciones.
8. Hoy mis compañeros *se han quejado* mucho del frío.
9. Las personas *inteligentes* no desperdician el tiempo.
10. Algunos discursos políticos me producen gran *aburrimiento.*

AMPLIACIÓN

OFICIOS Y PROFESIONES

En la lectura aparecen los nombres de varias ocupaciones y cargos: **portero, abogado, oficinista, actor, apuntador, cura, ama de casa, intérprete, campesino.**

Los nombres de muchos oficios y profesiones en español derivan de nombres o verbos relacionados con lo que hace la persona. Las siguientes terminaciones son las más comunes.

1. -ero, -era

banco	**banquero/a**	pandilla	**pandillero/a**
carne	**carnicero/a**	pelo	**peluquero/a**
confite	**confitero/a**	pelota	**pelotero/a**
enfermo	**enfermero/a**	repostería	**repostero/a**
hierro (fierro)	**ferretero/a**	tinte	**tintorero/a**
leche	**lechero/a**	toro	**torero/a**
pan	**panadero/a**	vaca	**vaquero/a**

2. -or, -ora

cuenta	**contador(a)**	impreso	**impresor(a)**
composición	**compositor(a)**	oración	**orador(a)**
diseño	**diseñador(a)**	programa	**programador(a)**
domar	**domador(a)**	senado	**senador(a)**
escrito	**escritor(a)**	tejido	**tejedor(a)**
gobierno	**gobernador(a)**	traducción	**traductor(a)**

3. -ista (común a ambos géneros)

almacén	**almacenista**	maquillaje	**maquillista**
arte	**artista**	moda	**modista***
ascensor	**ascensorista**	órgano	**organista**
comisión	**comisionista**	telégrafo	**telegrafista**
computadora	**computista**	trapecio	**trapecista**
electricidad	**electricista**		

4. -ante (común a ambos géneros)**

canto	**cantante**	fábrica	**fabricante**
comedia	**comediante**	representar	**representante**
comercio	**comerciante**	tripular	**tripulante**
dibujo	**dibujante**	viajar	**viajante**

5. -ente**

agencia	**agente**	gerencia	**gerente**
asistir	**asistente/a**	presidir	**presidente/a**
dirigir	**dirigente**	servir	**sirviente/a**

*Un diseñador masculino es **el modisto.**

La Real Academia Española acepta ahora la terminación en **a para estos grupos, pero la gente vacila en usar las formas femeninas de los sustantivos en **-ante** y de algunos sustantivos en **-ente**.

6. -ario, -aria

antigüedad	**anticuario/a**	función	**funcionario/a**
biblioteca	**bibliotecario/a**	secreto	**secretario/a**
empresa	**empresario/a**		

Los nombres de otros muchos oficios y profesiones no se forman con los sufijos anteriores y hay que aprenderlos por separado. Éstos son algunos ejemplos.

albañil	**cura**	**monje, monja**
alcalde, alcaldesa	**fiscal**	**payaso/a**
árbitro	**físico/a (nuclear)**	**piloto**
arquitecto/a	**hacendado/a**	**químico/a**
bailarín, bailarina	**juez**	**rabino**
campesino/a	**mecanógrafo/a**	**sastre**
cónsul	**ministro/a**	**taquígrafo/a**

En el pasado, las formas femeninas de muchos oficios y profesiones se usaban para referirse a las esposas de los hombres que hacían esos oficios y profesiones. Varios personajes literarios pueden servir de ejemplo: la Molinera, protagonista de *El sombrero de tres picos* de Alarcón, la Regenta, personaje principal de la novela de Clarín del mismo nombre, la Zapatera en la farsa de García Lorca *La zapatera prodigiosa*. Hoy, el hecho de que tantas mujeres hayan entrado en nuevas profesiones y oficios, ha causado que la Real Academia acepte las formas femeninas, y la gente dice: **la cartera, la médica, la boxeadora, la arquitecta, la abogada**. Hay cierta vacilación, sin embargo, en el caso de algunos nombres. Así, muchos prefieren decir todavía: **el, la albañil**; **el, la cónsul**; **el, la fiscal**; **el, la juez**; **el, la sastre**; **el, la árbitro**; **el, la piloto**.

APLICACIÓN*

A. *Diga cómo se llama una persona que...*

1. compone música
2. traduce
3. vende propiedades inmuebles
4. hace mapas
5. representa a su país en el extranjero
6. es un médico especialista en operar a la gente
7. hace dulces y postres
8. pronuncia discursos
9. vende entradas para el cine
10. examina la vista y decide qué lentes necesita una persona

B. *Explique lo que hacen...*

1. un alfarero
2. una tenedora de libros

7. un traficante
8. un camionero

*No todas las palabras necesarias para contestar estos ejercicios aparecen en las listas anteriores. Si Ud. no conoce algunas de ellas, puede encontrarlas en el Glosario o en un diccionario.

3. una corredora de bolsa
4. un cerrajero
5. un ebanista
6. una fumigadora
9. un predicador
10. un practicante
11. una masajista
12. un bracero

C. *¿Cómo se llama la persona que arregla...?*

1. tapicería
2. pelo
3. zapatos
4. relojes

D. *¿Qué nombre damos a quien reparte...?*

1. mensajes
2. leche

E. *¿Qué cuida...?*

1. un carcelero
2. un vaquero
3. una jardinera
4. una portera
5. un ujier

F. *Explique, oralmente o por escrito, los siguientes puntos.*

1. Cómo será un día típico de la presentadora de un programa de televisión.
2. Qué satisfacciones y qué problemas tiene un cantante de moda.
3. Las dificultades de una mujer policía.
4. El trabajo de una consejera universitaria.
5. El control que los modistos tienen sobre la gente.
6. Las responsabilidades de un enfermero y una farmacéutica.
7. El tipo de persona que utiliza los servicios de un guardaespaldas.
8. Por qué los oficios de bordadora y tejedor tienen hoy mucha menos importancia que en el pasado.
9. Los trabajos que le gustaría más (menos) hacer y por qué.
10. Los problemas de un ama de casa que tiene otro empleo.

DISTINCIONES LÉXICAS

TO GET

Pocos verbos ingleses cuentan con tan extensa variedad de significados como el verbo *to get* (pretérito: *got*; participio pasivo: *got*, *gotten*). A continuación se presenta una muestra de los muchos usos de este verbo junto con sus equivalentes en español.

1. Los equivalentes españoles de *to get* en el sentido de *to become* se han tratado en el capítulo 5. (Véase Distinciones léxicas y Ampliación.)

2. En el inglés informal especialmente, el verbo *to get* reemplaza frecuentemente a *to be* en la voz pasiva para recalcar el resultado más que la acción. El equivalente más común en español es la pasiva refleja.

No sabemos cómo se rompió la ventana.	*We don't know how the window got broken.*
A veces el portero no puede abrir las puertas porque se pierden las llaves.	*Sometimes the janitor can't open the doors because the keys get lost.*

3. Algunos significados básicos de *to get*. Cuando *to get* quiere decir:

a. *to obtain* = **obtener, conseguir, lograr**

Si Alfonso se gradúa, conseguirá un empleo mejor.	*If Alfonso graduates, he will get a better job.*
Luis siempre logra lo que quiere.	*Luis always gets what he wants.*

b. *to catch* (*an illness*) = **coger, pescar, agarrar**

Dolores ha cogido (agarrado) un resfriado.	*Dolores has got a cold.*

c. *to understand* = **comprender, entender**

Verónica contó un chiste pero yo no lo entendí.	*Verónica told a joke but I didn't get it.*

d. *to fetch, go and bring, bring* = **buscar, ir a buscar, traer; llamar, ir por**

Traigan (busquen, vayan a buscar) sus libros y podremos estudiar juntos.	*Get (go and get) your books and we'll be able to study together.*
Hay que ir por el médico inmediatamente.	*It's necessary to get the doctor at once.*

e. *to buy* = **comprar**

Los Sánchez compraron un coche nuevo la semana pasada.	*The Sánchez family got a new car last week.*

f. *to arrive (at), reach* = **llegar**

Acabamos de llegar.	*We just got here.*
¿A qué hora llegarán a Toledo?	*What time will they get to Toledo?*

g. *to receive* = **recibir**

Ayer los señores Alvarado recibieron dos cartas de su hija. — *Yesterday Mr. and Mrs. Alvarado got two letters from their daughter.*

4. *To get* se usa también en numerosas expresiones idiomáticas cuyos equivalentes españoles tienen que aprenderse uno por uno. A continuación se enumeran algunas de las expresiones más comunes. Para otras, vea el Apéndice.

a. *to get along with* = *to be compatible* = **congeniar con, llevarse (bien)**

Algunos jóvenes no se llevan bien con sus padres. — *Some young people don't get along with their parents.*

b. *to get back at (even with). . . for* = **desquitarse con... de (por)**

Emilio se desquitará con sus enemigos de esa mala jugada. — *Emilio will get back at his enemies for that dirty trick.*

c. *to get off (vehicle), to descend from* = **apearse (de), bajar(se) (de)**
to get off (clothes) = *to take off* = **quitar(se)**

(Nos) bajaremos del tren en la próxima parada. — *We'll get off the train at the next stop.*

Me cuesta trabajo quitarme estas botas. — *It's hard for me to get these boots off.*

d. *to get on (vehicle)* = **subir a, montar (en) (a)**
to get on (clothes) = *to put on* = **poner(se)**

Subamos a este tren. — *Let's get on this train.*

No puedo ponerle este vestido a Mercedes; le queda chico. — *I can't get this dress on Mercedes; it's too small for her.*

e. *to get out* = *to go out, to go away* = **salir**

La mujer les dijo a los chicos que saliesen de su jardín. — *The woman told the kids to get out of her garden.*

f. *to get rid of* = **deshacerse de, salir de**

Tenemos que salir (deshacernos) de este auto; no sirve para nada. — *We have to get rid of this car; it's no good at all.*

APLICACIÓN

A. *Traduzca.*

1. He doesn't know what time it is because his watch got lost.
2. I hope they don't get rid of their new dog just because he barks a lot.

3. I always get nervous before getting on a plane.
4. They don't want to play another game of tennis because they don't want us to get even with them.
5. I think he was making an innuendo about his wife but I didn't get it.
6. They tell me she got pneumonia in the hospital; I hope she gets better soon.
7. His cousin told me that Federico doesn't get along with his neighbors.
8. We got a letter from Sofia a week ago.
9. Where did you get your new coat?
10. I can't get these shoes on; they're too tight.

Para escribir mejor

REPASO: PRÁCTICA DE LA PUNTUACIÓN Y DE LOS ACENTOS GRÁFICOS

A. *Repase el uso de la coma y del punto y coma y añádalos donde sea necesario en los siguientes pasajes.*

1. En julio se suda demasiado la badana de la gorra comprime la cabeza las sienes se hacen membranosas pica el cogote y el pelo se pone como gelatina. Hay que dejar a un lado por higiene y comodidad el reglamento desabotonando el uniforme liando al cuello un pañuelo para no manchar la camisa echando hacia atrás campechanamente la gorra.
   Ignacio Aldecoa, *El aprendiz de cobrador*
2. Recuerdo que poco antes del 18 de julio una tarde en Madrid nos dirigíamos al colegio mis hermanos y yo con la niñera. Era aún primavera con un fuerte olor de madreselvas y jacintos tras las tapias de los jardines. Un sordo rumor primero lejano como el anuncio de una tempestad luego violento desgarrado bajaba calle abajo. Como un río que se desborda como un lejano río que avanza inexorable y arrollador en el deshielo bajaba el vocerío estremecedor: eran unas voces nuevas y terribles que clamaban que reclamaban que agredían.
   Ana María Matute, *El autor enjuicia su obra*

B. *Repase las reglas para el uso del acento gráfico y añada acentos donde sea necesario en los siguientes pasajes.*

1. Los muros acolchados del estudio grande guardan aun los aplausos de la noche anterior. Las sillas revueltas perpetuan la confusion de ultima hora, y en tanto el salon vacio parece descansar del estentoreo dialogo de las voces, el piano enfundado, los microfonos cubiertos, esperan que la mujer de la limpieza los reintegre puntualmente brillantes al publico de las cinco, de las seis, de las diez de la noche.
   Jesús Fernández Santos, *La vocación*

2. A partir de la construccion de la presa de Malpaso se pudo integrar la red electrica nacional de costa a costa. Yo habia estado tres veces en este lugar y nunca lo conoci completo, ya que sus cientos de islas y peninsulas, amen de la forma muy irregular del larguisimo y serpenteante lago, forman una innumerable cantidad de rincones, caletas y bahias. Acabo de regresar de una expedicion por la presa de Malpaso (con una pequeña lancha rapida de 75 H.P.), y en unas 40 horas de navegacion en total conocimos bastante bien este fantastico lugar.
México Desconocido, Mayo 1992

C. *En el trozo que sigue se han suprimido las comas y los acentos gráficos. Añádalos donde sea necesario.*

El hijo de don Agustin Abraham se ofrecio a acompañarnos durante un tramo del camino hacia Joya de Salas porque decia habia un corte que era un poco perdedizo. Ademas aprovecharia para buscar un «jabalin». En realidad lo que hacia era acompañarnos por gusto. Pocas veces llegan hasta alli visitantes con los que se pueda hablar de lo que uno mismo es asi que habia que aprovechar la oportunidad. A nosotros nos agrado esto porque pudimos convivir mas tiempo con el una persona sincera y con grandes deseos de aprender cualquier cosa. Pero ¿que podemos enseñarle? pensaba yo mientras caminabamos. Al fin me di cuenta que aprendia como eramos nosotros.

Conforme ibamos subiendo la vegetacion seguia cambiando. Pero no solo subiamos sino que tambien cambiabamos de vertiente en la sierra de la oriental a la occidental y eso nos habria de ofrecer paisajes sorprendentes. El camino estaba ahora desierto salvo por las aves los mosquitos las ardillas y otros animales que adivinabamos mas que ver por sus olores sus ruidos y sus huellas. Hacia lo mas alto el bosque se volvio blanco casi del mismo color de la roca. Los troncos tenian un color de ceniza apagada y estaban desnudos de hojas pero no carecian del perenne heno que colgaba como melena.
México Desconocido, Noviembre 1992

TRADUCCIÓN

I have been asked by a friend to find out if most of a composition can be written in the passive voice. It is thought by some persons that such a task cannot be performed. On the other hand, I think it can be done, at least, in English. Let's try it. (In fact, you have already been obliged to translate five examples.)

In my opinion, it will be shown in this experiment that such a composition can be written in English without too much difficulty since the construction is very extensively used in that language, and it is regarded as normal, although not stylistically "forceful." It will be seen, however, that in the Spanish version the results will be quite different. If the passive voice has been carefully studied by the readers of this chapter, they will realize two very important truths. First, if the so-called true passive were to be used constantly, the sentences would sound very artificial and would be considered deficient by the reader. Secondly, in a composition of this type in

Spanish many reflexive constructions would have to be used and the active voice would often be substituted for the passive.*

Should a student be asked to translate such a complicated passage as this? The decision will be left to those by whom the present essay has been read.

Well, there it is! The task has been performed: the composition is now finished. I hope it has been proved that style must be taken into account if one desires to write a good composition.

TEMAS PARA COMPOSICIÓN

Use por lo menos cinco verbos reflexivos y cinco construcciones pasivas en su composición.

1. La traducción anterior se inspiró en un célebre soneto de Lope de Vega. Para el texto, véase la página 419. Escriba una composición sobre Lope de Vega y ese soneto suyo.
2. Cuente un episodio de una telenovela en inglés o en español que usted haya visto.
3. Si Ud. fuera productor(a) de televisión, ¿cómo sería su telenovela? Invente un episodio para una telenovela de su propia creación.
4. Imagínese que Ud. es crítico/a de televisión y escriba una crítica de un episodio o serie que sean reales o imaginarios.
5. Escriba un resumen del artículo sobre los culebrones.

*See page 241 on the use of **sustituir.**

C · A · P · Í · T · U · L · O 13

Lectura

En este relato de Horacio Quiroga, un escritor uruguayo del siglo XX, están representados algunos de los temas predilectos de su cuentística: (a) la selva tropical con su naturaleza impresionante, sus peligros y su fauna, y (b) asuntos crueles (alucinaciones, enfermedades, muerte y fracasos del hombre en lucha con la naturaleza).

A LA DERIVA°

El hombre pisó algo blanduzco°, y en seguida sintió la mordedura en el pie. Saltó adelante, y al volverse, con un juramento, vio a una yararacusú° que, arrollada sobre sí misma, esperaba otro ataque.

El hombre echó una veloz ojeada a su pie, donde dos gotitas de sangre estaban engrosando dificultosamente, y sacó el machete de la cintura. La víbora vio la amenaza y hundió más la cabeza en el centro mismo de su espiral; pero el machete cayó de plano° dislocándole las vértebras.

El hombre se bajó hasta la mordedura, quitó las gotitas de sangre y durante un instante la contempló. Un dolor agudo nacía de los dos puntitos violeta y comenzaba a invadir todo el pie. Apresuradamente se ligó el tobillo con su pañuelo y siguió por la picada° hacia su rancho.

El dolor en el pie iba aumentando con sensación de tirante° abultamiento° y de pronto el hombre sintió dos o tres fulgurantes° puntadas° que, como relámpagos, habían irradiado° desde la herida hasta la mitad de la pantorrilla°. Movía la pierna con dificultad: una metálica sequedad de garganta, seguida de sed quemante, le arrancó° un nuevo juramento.

Llegó por fin al rancho. Los dos puntitos violeta desaparecían ahora en una monstruosa hinchazón del pie entero. La piel parecía adelgazada° y a punto de ceder° de tensa°. Quiso llamar a su mujer, y la voz se quebró en un ronco arrastre° de garganta reseca. La sed lo devoraba.

—¡Dorotea! —alcanzó a lanzar en un estertor— ¡Dame caña!° Su mujer corrió con un vaso lleno, que el hombre sorbió en tres tragos. Pero no había sentido gusto alguno.

Adrift
blando
serpiente venenosa
cayó... golpeó con la parte plana
camino
taut, tense
swelling
burning / dolores agudos / se habían extendido / parte media de la pierna
hizo decir
estirada / romperse / **de...** por estar tan estirada / *rasping*
bebida alcohólica hecha de caña de azúcar

—¡Te pedí caña, no agua! —rugió de nuevo—. ¡Dame caña!

—¡Pero es caña, Paulino! —protestó la mujer, espantada.

—¡No, me diste agua! ¡Quiero caña, te digo!

La mujer corrió otra vez, volviendo con la damajuana. El hombre tragó uno tras otro dos vasos, pero no sintió nada en la garganta. —Bueno; esto se pone feo... —murmuró entonces, mirando su pie, lívido y ya con lustre gangrenoso. Sobre la honda ligadura del pañuelo la carne desbordaba° como una monstruosa morcilla.

Los dolores fulgurantes se sucedían en continuos relampagueos° y llegaban ahora hasta la ingle. La atroz sequedad de garganta, que el aliento parecía caldear° más, aumentaba a la par.°

Pero el hombre no quería morir, y descendiendo hasta la costa subió a su canoa. Sentóse en la popa y comenzó a palear hasta el centro del Paraná°. Allí la corriente del río, que en las inmediaciones del Iguazú° corre seis millas°, lo llevaría antes de cinco horas a Tacurú-Pucú°.

El hombre, con sombría energía, pudo efectivamente llegar hasta el medio del río; pero allí sus manos dormidas dejaron caer la pala en la canoa, y tras un vómito de sangre dirigió una mirada al sol, que ya trasponía° el monte.

desbordaba: se salía de los bordes

relampagueos: *flashes*

caldear: aumentar

a la par: a... al mismo tiempo

Paraná: río de Sudamérica

Iguazú: tributario del Paraná / **corre**... va a seis millas por hora / Tacurú-Pucú: ciudad paraguaya junto al río Paraná

trasponía: pasaba

Igual que el protagonista de A la deriva, *este hombre va por el río solo en su bote en medio de la selva. Es estación de lluvias, y los grandes ríos de Sudamérica —Paraná, Orinoco, Amazonas— se convierten en esta época en verdaderos torrentes, peligrosos y a veces imposibles de navegar.*

La pierna entera, hasta medio muslo, era ya un bloque deforme y durísimo que reventaba la ropa. El hombre cortó la ligadura y abrió el pantalón con su cuchillo: el bajo vientre desbordó hinchado con grandes manchas lívidas y terriblemente doloroso. El hombre pensó que no podría llegar jamás él solo a Tacurú-Pucú y se decidió a pedir ayuda a su compadre Alves, aunque hacía mucho tiempo que estaban disgustados°. — peleados

La corriente del río se precipitaba hacia la costa brasileña, y el hombre pudo fácilmente atracar°. Se arrastró por la picada en cuesta arriba°; pero a los veinte metros, exhausto, quedó, tendido de pecho°. — llegar a la orilla / **cuesta**... subiendo / **tendido**... acostado boca abajo

—¡Alves! —gritó con cuanta fuerza pudo; y prestó oído° en vano. —¡Compadre Alves!— ¡No me niegues este favor! —clamó de nuevo, alzando la cabeza del suelo. En el silencio de la selva no se oyó un solo rumor. El hombre tuvo aún valor para llegar hasta su canoa, y la corriente, cogiéndola de nuevo, la llevó velozmente a la deriva. — **prestó**... escuchó

El Paraná corre allí en el fondo de una inmensa hoya°, cuyas paredes, altas de cien metros, encajonan° fúnebremente el río. Adelante, a los costados, detrás, la eterna muralla lúgubre, en cuyo fondo el río arremolinado° se precipita en incesantes borbollones° de agua fangosa. El paisaje es agresivo y reina en él un silencio de muerte. Al atardecer, sin embargo, su belleza sombría y calmada cobra° una majestad única. — cañón / cierran / turbulento / *bubbling* / adquiere, toma

El sol había caído ya cuando el hombre, semitendido en el fondo de la canoa, tuvo un violento escalofrío. Y de pronto, con asombro, enderezó pesadamente la cabeza: se sentía

Las famosas cataratas del Iguazú, en cuyas cercanías tiene lugar la acción de A la deriva. *Estas cataratas se encuentran a unas 14 millas de la unión del río Iguazú con el Paraná, y tienen 237 pies de alto y más de dos millas de ancho.*

mejor. La pierna le dolía apenas, la sed disminuía, y su pecho, libre ya, se abría en lenta inspiración°. — respiración

El veneno comenzaba a irse, no había duda. Se hallaba casi bien, y aunque no tenía fuerzas para mover la mano, contaba con la caída del rocío para reponerse° del todo. Calculó que antes de tres horas estaría en Tacurú-Pucú. — ponerse bien

El bienestar avanzaba, y con él una somnolencia llena de recuerdos. No sentía ya nada ni en la pierna ni en el vientre. ¿Viviría aún su compadre Gaona en Tacurú-Pucú? Acaso viera también a su ex patrón míster Dougald.

¿Llegaría pronto? El cielo, al poniente°, se abría ahora en pantalla de oro, y el río se había coloreado también... Una pareja de guacamayos° cruzó muy alto y en silencio hacia el Paraguay. — oeste; clase de loro

Allá abajo, sobre el río de oro, la canoa derivaba velozmente, girando a ratos sobre sí misma ante el borbollón de un remolino. El hombre que iba en ella se sentía cada vez mejor y pensaba entretanto en el tiempo justo que había pasado sin ver a su ex patrón Dougald. ¿Tres años? Tal vez no, no tanto. ¿Dos años y nueve meses? Acaso. ¿Ocho meses y medio? Eso sí, seguramente.

De pronto sintió que estaba helado hasta el pecho. ¿Qué sería? Y la respiración también...

Al recibidor de maderas de míster Dougald, Lorenzo Cubilla, lo había conocido en Puerto Esperanza° un Viernes Santo... ¿Viernes? Sí, o jueves... El hombre estiró lentamente los dedos de la mano. — puerto argentino en el río Paraná

—Un jueves...

Y cesó de respirar.

COMPRENSIÓN

1. ¿Dónde tiene lugar la acción de este cuento?
2. En esa región se habla un idioma indígena llamado guaraní. ¿Qué evidencia de la influencia indígena hay en el relato?
3. ¿Por qué mordió la víbora a Paulino? ¿Qué hizo él con ella?
4. ¿Qué síntomas del envenenamiento describe el autor?
5. ¿Por qué se enojó el hombre con su mujer?
6. ¿Adónde iba el hombre en su canoa? ¿Por qué?
7. ¿Por qué quería Paulino pedirle ayuda a su compadre Alves?
8. ¿Cuáles fueron los últimos pensamientos del hombre antes de morir?

INTERPRETACIÓN

1. ¿Qué significa el título de este cuento? ¿Es apropiado? ¿Es simbólico? Explique.
2. ¿Cuántos personajes aparecen en el relato? ¿Qué efecto produce este hecho en el lector?

3. Al referirse al protagonista, Quiroga siempre dice «el hombre». Sólo una vez, cuando la esposa habla, se usa el nombre de Paulino. ¿Hay en el autor intención de «despersonalizar» al personaje? ¿Por qué (no)?
4. ¿Qué clase de relación tiene el protagonista con su esposa? ¿En qué se basa Ud. para pensar así?
5. En este cuento, ¿qué impresión de la naturaleza recibe el lector?
6. Cuando el autor dice que reina un silencio de muerte en el paisaje, ¿cómo debe uno entender esas palabras? ¿Se trata de un silencio absoluto?
7. ¿Qué sugiere el apellido del compadre Alves? ¿Y el del ex patrón de Paulino?
8. ¿Tiene alguna intención el autor al describir el río encajonado entre paredes altas? ¿Qué relación puede existir entre estas paredes opresoras y la situación del protagonista?

INTERCAMBIO ORAL

A. Paulino mató la serpiente. ¿Hubiera hecho Ud. lo mismo en esas circunstancias? Explique. Han existido y existen diferentes actitudes con respecto a las serpientes. ¿Cómo se explican estas actitudes? ¿Cuál es la suya?

B. Los animales son uno de los temas predilectos del autor de este cuento. ¿Por qué los animales fascinan tanto a los humanos? ¿Qué fobias relacionadas con los animales son comunes? ¿Existen explicaciones para estas fobias? ¿Cuáles tienen los estudiantes?

El mundo hispánico presenta una interesante variedad de climas y paisajes. Las frecuentes lluvias han creado en Puerto Rico esta espesa selva tropical conocida como **El Yunque**.

En la América Hispánica se advierte últimamente gran preocupación por la ecología, como lo prueba este anuncio de Colombia.

C. ¿Es la naturaleza más benéfica que maligna o viceversa? Los estudiantes defenderán su opinión con argumentos específicos.

D. Hoy día se discute mucho el ambientalismo. ¿Hasta qué punto debemos proteger y conservar las selvas tropicales? ¿Vale la pena proteger y conservar la flora y la fauna de una región como la que describe Quiroga? ¿Por qué (no)?

E. ¿Sería interesante visitar la región descrita en este cuento? ¿Por qué (no)? ¿Y vivir en ella?

Sección gramatical

SPANISH EQUIVALENTS OF THE ENGLISH *-ING* FORM

The *-ing* suffix is one of the most frequently used endings in the English language. To understand the Spanish equivalents it is necessary to know how the terminologies and usages of English and Spanish differ in the matter of infinitives, participles, and gerunds.

En A la deriva *la serpiente y la selva son peligrosas, pero los siguientes chistes las presentan en situaciones cómicas. Al viejo del primer chiste lo conocimos todos cuando era joven. ¿Quién es?*

Spanish terminology, with examples from the intransitive verb **arder**, is as follows:

1. infinitivo	**arder**
2. infinitivo compuesto	**haber ardido**
3. participio activo (*or* de presente)	**ardiente**
4. participio pasivo (*or* de pretérito)	**ardido**
5. gerundio (simple)	**ardiendo**
6. gerundio compuesto	**habiendo ardido**

The following sentences illustrate the uses of these forms:

1. a. **Vimos *arder* el bosque a lo lejos.**	*We saw the forest burn in the distance.*
b. **Al *arder*, el bosque producía llamas altísimas.**	*On burning, the forest produced very high flames.*
2. **¿Cómo pudo el bosque *haber ardido* tan rápido?**	*How could the forest have burned so fast?*
3. **Era difícil andar por el bosque destruido a causa de las *ardientes* cenizas.**	*It was difficult to walk through the ruined forest on account of the burning ashes.*
4. **Todo el bosque ha *ardido* en unas horas.**	*The whole forest has burned in a few hours.*
5. a. ***Ardiendo* rápidamente, los árboles comenzaron a caer.**	*Burning rapidly, the trees began to fall.*
b. **¿Está *ardiendo* todavía el bosque?**	*Is the forest still burning?*
c. **Los animales huían del bosque *ardiendo*.**	*The animals were fleeing from the burning forest.*
6. ***Habiendo ardido* el bosque, no quedaban ciervos en la región.**	*The forest having burned, no deer were left in the area.*

Observe the basic differences in usage and terminology. In English, the verbal *-ing* may function

1. as a noun (called a gerund), or
2. as an adjective (called a present participle), or
3. as an adverb (called a present participle).

The Spanish equivalents of the above functions are as follows:

1. The infinitive acts as a verbal noun (example **1b**).
2. The adjective role is played by the **participio de presente**, (example **3**), or by the **gerundio** (example **5c**), or by some other mechanism, as will be explained.
3. The adverbial function is expressed by the **gerundio** (examples **5a** and **5b**).

It should be noted that the **participio de presente*** is composed as follows:

1. First conjugation: stem + **-ante**.
2. Second and third conjugations: stem + **-ente** or **-iente**.

It must also be noted that not all Spanish verbs possess this form.

*This **participio**, despite its name, has lost its verbal character, becoming either (1) purely adjectival (**obediente**, **permanente**), or (2) purely nominal, i.e., a noun (**estudiante**, **presidente**).

ADJECTIVAL FUNCTION OF THE *-ING* FORM

The English *-ing** form is frequently used as a predominantly adjectival form: an *embarrassing* situation, a *flourishing* culture.

Only the following three **-ndo** forms may be so used: **ardiendo, hirviendo,** and **colgando**. To express the equivalent of most adjectival *-ing* forms, in Spanish a number of devices are used.

1. Present participle (**-nte**)

Este libro es muy deprimente.	*This book is very depressing.*
Esa novela es muy emocionante.	*That novel is very touching.*

2. Past participle (**-ado, -ido**)

Joaquín está sentado en la cama.	*Joaquín is sitting on the bed.*
Virginia y sus amigas están paradas frente al escaparate.	*Virginia and her friends are standing in front of the store window.*

3. Prepositions (e.g., **de** or **para**) + infinitive or noun

una máquina de coser	*a sewing machine*
un aparato para oír, un aparato para sordos	*a hearing aid*
un líquido para fregar platos	*a dishwashing liquid*
lecciones de canto	*singing lessons*

4. **Que** clause

La policía está buscando una caja que contiene una bomba.	*The police are looking for a box containing a bomb.*
El profesor puso una tarea que requería mucho tiempo.	*The professor gave a time-consuming assignment.*

5. Certain suffixes: **-dor(a), -oso/a, -able, -ivo/a,** etc.

Su prima es muy encantadora y su tío es muy emprendedor.	*His cousin is very charming and his uncle is very enterprising.*
¡Qué situación más embarazosa!	*What an embarrassing situation!*
En la sala había dos sillas reclinables.	*In the living room there were two reclining chairs.*
Esos profesores son muy comprensivos.	*Those professors are very understanding.*

*For simplicity's sake, the terms "English *-ing* form" and "Spanish **-ndo** form" will be used throughout the following discussion.

APLICACIÓN

A. Last night's movie. *Traduzca al español.*

My friend thinks that the movie we saw last night was boring but I found it amusing although rather ridiculous. The main character is a pill-popping girl who listens to deafening music day and night. Her parents aren't very understanding and her mother nags at her constantly in an irritating manner. The girl's boyfriend is a beer-drinking guy and he has stolen some jewels belonging to her mother. One day, the gun-toting boyfriend goes to her house and talks to her parents with threatening words. I didn't see the end because at this point I decided to wake up my sleeping friend and go home.

B. Mis problemas en la oficina. *Traduzca ahora el siguiente párrafo al inglés, usando tantos adjetivos terminados en* -ing *como sea posible.*

En mi oficina ha habido problemas crecientes en los últimos días. Tres de las máquinas sumadoras y la copiadora se rompieron al mismo tiempo, y nuestro jefe adquirió una enfermedad contagiosa y tuvo que renunciar de repente. Siempre he tenido dificultades para adaptarme a una situación cambiante. Mi nuevo jefe es una persona exigente y ahora no puedo fumar porque a él no le gustan los empleados que fuman en pipa.

USES OF THE *-ING* FORM AS A PURE NOUN OR AS A VERBAL NOUN

1. Frequently, in English, an *-ing* form is used as a pure noun, (i.e., it loses its verbal character). In these cases, the Spanish equivalent will be a specific noun.

el edificio alto	*the tall building*
Me gusta la cocina mexicana.	*I like Mexican cooking (cuisine).*
una advertencia obvia	*an obvious warning*

2. More frequently, in English, the *-ing* form functions as a verbal noun (gerund) and may be used as subject, object, or predicate noun. It may also be used after a preposition. The Spanish equivalent of this usage is the infinitive. Remember the fundamental rule that the **-ndo** form is not used after **al** nor after a preposition.*

*There is one exception: In certain areas, **en** is sometimes followed by the **-ndo** form to describe an action (or state) that immediately precedes the action (or state) of the principal verb.

En acabando de estudiar, iremos al cine.	*As soon as we finish studying, we'll go to the movies.*

The English combination of the preposition *by* + *-ing* form is usually expressed in Spanish by the **-ndo** form alone; see page 357 for examples.

Yo ya sabía cómo era Madrid aun antes de haber estado ahí.	*I already knew what Madrid was like even before having been there.*
(El) fumar es un hábito que detesto.	*Smoking is a habit that I hate.*
Mi pasatiempo predilecto es dormir.	*My favorite pastime is sleeping.*
Después de graduarme, tendré que pasar mucho tiempo buscando empleo.	*After graduating, I'll have to spend a long time looking for a job.*

Note that the infinitive, especially when used as the subject of the sentence, may take the article **el**.

Me molesta el constante gotear de ese grifo.	*The constant dripping of that faucet is bothering me.*

3. In Spanish, a number of infinitives have become permanently nominalized, i.e., they may always be used as masculine nouns.* Some of the most common are:

el amanecer	*dawn*
el anochecer	*dusk*
el atardecer	*dusk*
el deber	*duty*
el haber	*assets; income*
el parecer	*opinion*
el pesar	*sorrow*
el poder	*power*
el saber	*knowledge*
el ser	*being*

¿Cuál es tu parecer con respecto a los poderes síquicos de los seres humanos?	*What is your opinion regarding the psychic powers of human beings?*
Sentía pesar y remordimientos por no haber cumplido con su deber.	*He felt sorrow and remorse for not having fulfilled his duty.*

APLICACIÓN

A. *Traduzca las palabras entre paréntesis.*

1. Algunos estudiantes están cansados (*of answering*) tantas preguntas.
2. (*Doing exercises*) no es mi pasatiempo favorito.

*For other uses of the infinitive, see page 363 in this chapter.

3. Si ellos aborrecen (*drinking*), ¿por qué van a ese club nocturno?
4. (*Banking*) es una actividad de mucha importancia en esta ciudad.
5. La razón por la cual todos lo evitan es su constante (*complaining*) de todo.
6. (*Smuggling*) ha aumentado mucho entre los Estados Unidos y Sudamérica.
7. El jefe de los rebeldes declaró que (*surrendering, to surrender*) ahora sería un acto de cobardía.
8. Yo vacilaba entre (*leaving*) o (*staying*).
9. (*The crying*) del niño no me dejó dormir.
10. No vengan de visita (*without letting me know*).

B. *Use cinco de los infinitivos sustantivados en oraciones originales.*

ADVERBIAL FUNCTIONS OF THE *GERUNDIO**

1. Absolute construction**

a. The *-ndo* form has its own subject and appears in a clause that is grammatically independent of the main clause. You will observe that in all these cases there exists an equivalent adverbial clause construction, which is more frequently used in the spoken language.

Permitiéndolo Dios, mañana terminaremos ese trabajo.	*God willing, tomorrow we'll finish that job.*

= conditional clause: **Si Dios lo permite...**

Habiéndose enterado ella de lo que pasaba, no le dijimos nada más.	*Since/As she had found out what was going on, we didn't say any more to her.*

= causal clause: **Puesto que/Como ella se había enterado de lo que pasaba...**

Llegando sus padres, los niños se callaron.	*When their parents arrived, the children became quiet.*

= time clause: **Cuando llegaron sus padres...**

Aun afirmándolo el jefe, no lo creo.	*Even though the boss says so, I don't believe it.*

= concessive clause: **Aunque lo afirme el jefe...**

*Spanish grammarians emphasize the adverbial nature of the **-ndo** form whereas English grammarians insist on the adjectival functions of the *-ing* form. In both cases, however, there are those who recognize that the distinction between adverbial and adjectival is not always clear.

**An absolute construction is defined as a clause that is "relatively independent syntactically."

b. Certain set phrases are also used in independent absolute constructions.

Resumiendo el asunto, ellos no tienen suficiente dinero.	*Summarizing the matter, they don't have enough money.*
Pensándolo bien, deme la corbata roja y no la verde.	*Thinking it over, give me the red tie, not the green one.*
Volviendo al cuento, ¿qué piensas de mi plan?	*Returning to the subject, what do you think of my plan?*
Hablando del ruin (rey) de Roma, ahí viene el tipo de quien comentábamos.	*Speaking of the devil, there comes the guy that we were talking about.*

2. Reference to the subject of a sentence

When referring to the subject, the **-ndo** form is explanatory, nonrestrictive, parenthetical.

No queriendo ofender a ninguna de las dos, Alina no intervino en la discusión entre Fortunata y Jacinta.	*Not wishing to offend either of them, Alina didn't intervene in the argument between Fortunata and Jacinta.*
¿Haría Ud. eso, sabiendo lo peligroso que es?	*Would you do that, knowing how dangerous it is?*

In English, the *-ing* form is often preceded by a word such as *while*, *by*, or *when*.

Caminando ayer por la calle, me encontré con Julio.	*While walking along the street yesterday, I ran into Julio.*
Practicando todos los días, aprenderemos a hablar mejor.	*By practicing every day, we will learn to speak better.*
Dirigiéndose a sus profesores, deben ustedes tratarlos de usted.	*When addressing your professors, you should use the* **usted** *form with them.*
Hablando se entiende la gente.	*By talking, people understand one another.*
Será comiendo menos como rebajarás de peso.	*It will be by eating less that you will lose weight.*

3. Reference to the object of a sentence

The **-ndo** form is used after (a) verbs of perception (**ver, mirar, oír, sentir, notar, observar, contemplar, distinguir, recordar, hallar,** etc.), or (b) after verbs of representation (**dibujar, pintar, grabar, describir,** etc.).

a. **La vi saliendo del museo.**	*I saw her leaving the museum.*

Note that the **-ndo** form refers to an action represented as being in progress and as having a certain duration. Such an emphasis is lacking in the alternate construction: **La vi salir del museo.** (*I saw her leave the museum.*)

b. El artista pintó a su hermana recogiendo rosas en el jardín. *The artist painted his sister picking roses in the garden.*

APLICACIÓN

A. *Primero complete traduciendo las palabras entre paréntesis. Después reemplácelas con otras expresiones apropiadas, usando también la forma* **-ndo.**

Modelo: Parece que Ana está contenta hoy; ¿la oíste (*singing in the shower*)?
→**cantando** en la ducha. ¿La oíste **riéndose**?

1. Me sorprendió ver a una persona tan seria (*dancing at a disco*).
2. (*Running quickly*), Arturo llegó a tiempo.
3. Nos gusta observar los barcos (*entering the harbor*).
4. (*Speaking of something else*), ¿qué día llegarán tus amigos?
5. Margarita salió de la casa (*slamming the door*).
6. El cuento es muy gráfico; por ejemplo, describe a un cirujano (*amputating a leg*).
7. (*Hitting his opponent repeatedly*), el boxeador consiguió noquearlo.
8. Encontré a Pepito (*changing the oil*) de su auto.

B. *Usando en español un gerundio equivalente a* by + -ing, *explique cómo se puede conseguir lo siguiente.*

1. tener suficiente dinero para comprar un auto nuevo
2. hablar mejor el español
3. perder unas cuantas libras
4. gozar de buena salud
5. ser feliz
6. tener muchos amigos
7. sacar una «A» en este curso
8. no sentir frío en el invierno
9. no sentir mucho calor en el verano
10. pasar un buen rato

C. Mi viaje a México. *Sustituya cada frase en cursiva por una construcción en* **-ndo**, *como en el modelo.*

Modelo: *Si el tiempo lo permite*, llegaremos mañana.
→**Permitiéndolo** el tiempo, llegaremos mañana.

1. Mi amigo Germán y yo discutíamos con frecuencia *mientras planeábamos* el viaje. Los dos trabajábamos horas adicionales, *ya que no teníamos* sufi-

ciente dinero. Pero, *como se acercaban* las vacaciones, sabíamos que, *si no nos daban* algún dinero nuestras familias, no conseguiríamos reunir a tiempo la cantidad suficiente. Por fin, *cuando sólo faltaban* dos semanas, mi padre y la madre de Germán decidieron ayudarnos.

2. *Cuando íbamos* en el avión nos mareamos, porque el tiempo estaba muy malo. *Al llegar* a la ciudad de México, descubrimos que hacía frío allí por las noches. Pero *como habíamos llevado* alguna ropa de abrigo, el frío no nos importó.
3. *Como éste era* nuestro primer viaje a México, todo nos pareció asombroso. Germán, *puesto que tiene* una cámara excelente, era el fotógrafo oficial. *Mientras estuvimos* en México no usamos el inglés. *Si hiciéramos* esto siempre, hablaríamos con más soltura el español.

ADDITIONAL OBSERVATIONS ON THE USE OF THE *-NDO* FORM

1. The "pictorial" use of the **-ndo** form

Like the *-ing* form in English, the Spanish **-ndo** form is used in captions.

«Washington atravesando el Delaware», de Emanuel Leutze (1851)	Washington Crossing the Delaware *by Emanuel Leutze (1851)*
El Rey inaugurando la exposición en el Palacio	*The king opening the exhibit at the Palace*

2. como + -ndo = *as if + -ing*

Me respondió con pocas palabras como criticando mi verbosidad.	*He replied with few words as if criticizing my verbosity.*
Sonreía como queriendo ocultar su dolor.	*He was smiling as if trying to hide his sorrow.*

3. Incorrect uses of the **-ndo** form

The **gerundio** is sometimes used in cases that are considered incorrect by grammarians.

Ayer recibí un periódico que describía (*not* describiendo) la boda.	*Yesterday I received a newspaper describing the wedding.*

Describing does not refer to the subject of the sentence but only to the word newspaper. Its use is purely adjectival here; therefore, the **-ndo** form is not acceptable. Compare:

Escribió una novela criticando las condiciones sociales.	*He wrote a novel criticizing the social conditions.*

In this case, the **gerundio** refers to an activity of the subject of the sentence. The writer criticizes social conditions by writing a novel. If one wishes to emphasize the novel, however, only **que critica** is correct.

English-speaking persons must distinguish carefully between restrictive and nonrestrictive clauses. Only in the latter can the **-ndo** form be used. Note the difference between:

La muchacha, moviendo la cabeza, dijo que no.	*The girl, shaking her head, said no.* (The clause is nonrestrictive, parenthetical, explanatory.)
La muchacha que movía la cabeza, y no la otra, dijo que no.	*The girl shaking her head, and not the other one, said no.* (The clause is restrictive.)
Los estudiantes que se gradúan en junio no pueden votar ahora.	*Students graduating in June can't vote now.* (One cannot say **graduándose en junio** because *graduating in June* is restrictive [in Spanish: **especificativo**], not merely explanatory or parenthetical.)

APLICACIÓN

A. *Conteste basándose en los ejemplos que ilustran las reglas anteriores.*

1. ¿Cuál es el título de la pintura más famosa de Emanuel Leutze?
2. ¿Por qué te respondió él con pocas palabras?
3. ¿Cómo sonreía él?
4. ¿Qué periódico recibiste ayer?
5. ¿Qué novela escribió él?
6. ¿Quiénes no pueden votar?
7. ¿De qué manera dijo la muchacha que no?
8. ¿Cuál de las muchachas dijo que no?

B. *Traduzca al español usando una cláusula especificativa; después cambie la puntuación y use la forma apropiada en* **-ndo**.

Modelo: The children playing in the street were in danger.
→**Los niños que jugaban en la calle estaban en peligro.**
→**Los niños, jugando en la calle, estaban en peligro.**

1. The students wishing to study went to the library.
2. Several workers looking for a job had arrived early.
3. The actors working in this film will visit Buenos Aires.
4. The athlete lifting the weights says he is tired.
5. The musician playing the guitar began to sing.
6. The travelers not having a valid passport cannot cross the border.

PROGRESSIVE TENSES IN SPANISH AND ENGLISH

1. In English, the present progressive and the imperfect progressive can express future time or intention to act, but such is not the case in Spanish. Compare the following examples:

Salen/Saldrán mañana por la mañana.	*They're leaving tomorrow morning.*
Iban a salir mañana por la mañana, pero cambiaron de idea.	*They were leaving tomorrow morning, but they changed their mind.*

2. In English-language letters, the present progressive occurs in many set phrases that require the simple present in Spanish.

Le escribo...	*I am writing to you . . .*
Le adjunto...	*I am enclosing for you . . .*
Les enviamos...	*We are sending you . . .*

3. Progressives are rarely used in formal Spanish with such verbs of motion as **ir**, **venir**, **entrar**, **volver**, **regresar**, etc.

—Jorgito, ven acá. —Voy*.	*"Jorgito, come here." "I'm coming."*

4. The preterite progressive in Spanish emphasizes that a past and *completed* event was *ongoing* for a certain period of time.

Antonio estuvo estudiando toda la noche.	*Antonio spent the whole night studying.*

5. The present perfect and past perfect progressives may be used to emphasize continuity. However, as explained in chapter 3 (pages 75–76), in Spanish, alternate constructions exist under the circumstances described there.

Hemos estado leyendo toda la mañana.	*We've been reading all morning.*
Habían estado trabajando todo el día.	*They had been working all day.*

6. In many cases, the Spanish future and conditional progressives are the preferred way to express probability or conjecture about present and past time respectively. Although the simple future and conditional can also express probability or conjecture, their use may be ambiguous.

¿Qué estarán haciendo en esa tienda?	*I wonder what they're doing in that store?*

*Remember that **ir** implies motion away from the speaker, whereas **venir** implies motion toward the speaker.

(**¿Qué harán en esa tienda?** might be ambiguous since it could also mean *What will they do in that store?*)

¿Qué estarían buscando en la biblioteca?	*I wonder what they were looking for in the library?*

(**¿Qué buscarían en la biblioteca?** might be ambiguous since it could also mean *What would they look for in the library?)*

7. Progressive tenses can also be formed by combining the **-ndo** form with **seguir, continuar, andar, ir,** and **venir**. In these cases, the progressive can have special meanings.

a. **seguir, continuar + -ndo** = *to continue + -ing* (or + infinitive)

Jacinto no quiere seguir (continuar) trabajando.	*Jacinto doesn't wish to continue working (to work).*

b. **andar + -ndo** = *to go around + -ing*

Isabel anda diciendo que ella sabe más que su profesor.	*Isabel goes around saying that she knows more than her professor.*

c. **ir + -ndo** = gradual occurrence; beginning of action or state

Los estudiantes van entendiendo más acerca del subjuntivo.	*The students are getting to understand more about the subjunctive.*
Poco a poco me iba acostumbrando a la vida del campo.	*I was gradually getting accustomed to country living.*
Ve calentando el horno mientras yo mezclo la masa.	*Start heating the oven while I mix the dough.*

d. **venir + -ndo** = continuity over a period of time

Inés viene gastando mucho dinero en ropa últimamente.	*Inés has been spending a lot of money on clothes lately.*
Hace varios meses que vengo sintiéndome mal.	*I have been feeling ill for some months now.*

APLICACIÓN

Conteste usando una forma en **-ndo** *si es posible.*

1. ¿Adónde ibas anoche cuando te vi?
2. ¿Cuánto tiempo hablaste con Pedro ayer?

3. ¿Vuestro abuelo llega mañana o pasado mañana?
4. Si vieras a mucha gente correr por la calle en la misma dirección, ¿qué te preguntarías?
5. ¿Qué decía el profesor cuando llegaste a clase?
6. ¿Qué hacen generalmente los chismosos?
7. ¿Se divorciaron sólo por ese problema, o habían tenido otros problemas antes? (*Use* **venir**.)
8. ¿Comienzas ahora a comprender el gerundio? (*Use* **ir**.)
9. Cuando ves a una persona sospechosa en una joyería, ¿qué te preguntas?
10. ¿Qué has hecho toda la tarde?
11. Cuando viste a tu amigo poco diligente en la biblioteca, ¿qué te preguntaste?
12. Si te gusta hablar español, ¿qué harás después de esta clase? (*Use* **seguir**.)

OTHER USES OF THE INFINITIVE

Earlier in this chapter, two uses of the infinitive were discussed: as a verbal noun and after prepositions. In addition, the infinitive is often found in constructions that are the equivalent of adverbial clauses.

Al llegar a casa, te llamaré por teléfono.	*When I get home, I'll call you.*

= time clause: **Cuando llegue a casa...**

De (A) no ser por ti, yo no hubiera ido a la fiesta.*	*If it hadn't been for you, I wouldn't have gone to the party.*

= conditional clause: **Si no hubiera sido por ti...**

Por estudiar poco, sacarás malas notas.	*Since you study little, you'll get bad grades.*

= causal clause: **Puesto que estudias poco...**

APLICACIÓN

Exprese con cláusula de infinitivo lo mismo que dicen las siguientes oraciones.

1. Si tuviera los ingredientes, yo haría una paella.
2. Puesto que es tan chismoso, Dámaso no guardará el secreto.
3. Cuando hablan su lengua materna, esos chicos se expresan con mucha soltura.
4. Si hubiera vivido cerca de un hospital, el hombre se habría salvado.
5. Puesto que tenía tanta sed, Paulino bebió demasiado.

*This construction was treated in chapter 6, page 161.

6. Cuando su esposo la llamó, Dorotea vino corriendo.
7. Como no tenía tiempo, no pude terminar la composición.
8. Apenas sintió la mordedura, saltó adelante.

THE PAST PARTICIPLE IN ABSOLUTE CONSTRUCTIONS

You already know that the past participle is a basic element of compound tenses (**he visto**, **habías hablado**, etc.) and you learned in chapter 9 that many past participles can function as nouns as well as adjectives. In addition, the past participle is used in so-called absolute constructions that are found mainly in the written language.

1. The past participle may combine with a noun to form the equivalent of an adverbial clause.

Quitadas las rosas, el jardín sería mucho menos hermoso.	*If the roses were removed, the garden would be much less beautiful.*

= conditional clause: **Si se quitaran las rosas...**

Aun desaparecido el perro, el gato no se atrevía a maullar.	*Even though the dog had disappeared, the cat didn't dare to meow.*

= concessive clause: **Aunque el perro había desaparecido...**

Terminada la lección, todos salieron del aula.	*After the lesson ended, they all left the classroom.*

= time clause: **Después que terminó la lección...**

Note that in the case of the time constructions, the past participle may be preceded by **después de, luego de, una vez**, etc.: **Después de (luego de, una vez) terminada la lección, todos salieron del aula.**

2. The past participle may combine with a noun to express manner.

Señalaba, la mano extendida (extendida la mano), hacia la puerta.	*She was pointing with her hand extended toward the door.*

= expression of manner: **Señalaba con la mano extendida...**

APLICACIÓN

Exprese con cláusula de participio pasivo lo mismo que dicen las siguientes oraciones.

1. Cuando termine mis deberes domésticos, iré a verte.
2. Si se lava el carro, se verá mucho mejor.

3. Aunque había llegado la hora de partir, nadie se levantaba de su silla.
4. Después que leyó el periódico, Jaime encendió el televisor.
5. Al morir mi abuela, mi abuelo se mudó con nosotros.
6. Si se cortan los árboles, desaparecerá la selva.
7. Aunque la canción no había terminado, todos comenzaron a aplaudir.
8. Cuando se ligó el tobillo con el pañuelo, pudo caminar mejor.
9. Los soldados esperaban al enemigo [y] habían empuñado los fusiles.
10. Luego que se pusiera el sol, sería más difícil el viaje.

Análisis de la lectura

A. *El cuento de Quiroga incluye bastantes palabras y estructuras relacionadas con los problemas gramaticales de este capítulo. Lea estos ejemplos.*

1. ... al volverse...
2. ... estaban engrosando...
3. ... dislocándole las vértebras.
4. El dolor en el pie iba aumentando...
5. ... con sensación de tirante abultamiento...
6. ... fulgurantes puntadas...
7. ... como relámpagos...
8. ... de sed quemante...
9. ... una monstruosa hinchazón...
10. ... a punto de ceder...
11. ... un ronco arrastre...
12. ... volviendo con la damajuana.
13. ... mirando su pie...
14. ... la honda ligadura...
15. ... descendiendo hasta la costa...
16. ... quedó tendido de pecho.
17. ... alzando la cabeza del suelo.
18. ... la corriente, cogiéndola de nuevo...
19. ... el río arremolinado se precipita en incesantes borbollones...
20. ... semitendido en el fondo de la canoa...
21. ... lenta inspiración.
22. ... contaba con la caída del rocío...
23. ... en penetrantes efluvios...
24. ... girando a ratos sobre sí misma...
25. ... sin ver a su ex patrón...
26. Y la respiración...

B. *Conteste las siguientes preguntas.*

1. En los números 1, 10 y 25, ¿por qué se usa el infinitivo en vez del gerundio?

2. En los números 2 y 4, ¿qué matices se expresan por medio de estas estructuras en lugar de **engrosaban** y **aumentaba**?
3. En el número 6, la forma **fulgurantes** es ejemplo del participio de presente. ¿Qué otros ejemplos de esta forma encuentra Ud. en la lista anterior? ¿Hay alguna diferencia entre ellas en cuanto a su equivalencia en inglés?
4. En inglés hay bastantes sustantivos que terminan en *-ing* y cuyo equivalente en español no termina en **-nte/a**. En el número 5 **abultamiento** ejemplifica este fenómeno. ¿Qué otros ejemplos encuentra Ud. en la lista?
5. El número 3 demuestra cómo la forma **-ndo** funciona adverbialmente. ¿Qué otros ejemplos hay de esta función en la lista?
6. A veces en español se usa el participio pasivo como equivalente de la forma *-ing* adjetival en inglés. ¿Cuáles son los tres ejemplos en la lista anterior?

Sección léxica

REPASO

Encuentre las palabras de la lectura que están relacionadas con las siguientes y explique esa relación. Haga después una oración con cada una de las palabras que encontró.

1. tinieblas
2. ponerse (el sol) (*2 palabras*)
3. remolino
4. caja
5. oír
6. borde
7. delgado
8. radio
9. punto
10. tirar
11. bulto
12. blando

AMPLIACIÓN

ADJETIVOS ESPAÑOLES QUE EQUIVALEN A *-ING*

Ud. ya conoce la mayoría de los adjetivos que siguen, aunque tal vez sin darse cuenta de que son equivalentes de adjetivos que terminan en *-ing* en inglés. ¿Cuántos puede traducir Ud. sin consultar el glosario?

1. Terminaciones frecuentes

-ante; **-ente**, **-iente**

asfixiante, brillante, chocante, determinante, estimulante, flotante, gobernante, hispanohablante, humillante, insultante, restante, sofocante; corriente, durmiente, existente, hiriente, naciente, pendiente, resplandeciente, siguiente, sobresaliente, sonriente

-dor(a)

abrumador, acusador, adulador, agotador, alentador, cegador, conmovedor, desalentador, enloquecedor, enredador, ganador, innovador, inspirador, murmurador, revelador, tranquilizador, volador

-ivo/a; -oso/a

auditivo, decisivo, depresivo, efusivo, persuasivo, provocativo, rotativo; achacoso, amoroso, chismoso, enojoso, espumoso, furioso, indecoroso, jocoso, mentiroso, sudoroso, tembloroso

2. Otras terminaciones

-able, -ero/a, -ado/a, -ido/a, -tor(a)

agradable, incansable, incomparable, interminable, potable; duradero; cansado, confiado; afligido, dolorido, perdido; productor, protector, reductor, reproductor, seductor

3. Una categoría muy corriente y expresiva de adjetivos terminados en *-ing* es la que combina un sustantivo con el participio. A continuación se dan algunos ejemplos. Como se verá, la traducción al español varía según el caso, y frecuentemente exige el uso de una cláusula adjetival con **que**.

breathtaking	**que lo deja a uno sin respiración**
earsplitting	**ensordecedor**
eye-catching	**llamativo, que llama la atención, vistoso**
hair-raising	**que eriza, que pone los pelos de punta, que pone la carne de gallina, espeluznante**
heartbreaking	**que parte el alma, desgarrador**
heartwarming	**conmovedor**
mind-blowing	**sicodélico; alucinante**
mouth-watering	**que hace la boca agua**
nerve-shattering	**que destroza los nervios**
toe-tapping	**que invita a bailar**

APLICACIÓN

A. *Complete con adjetivos de las listas anteriores.*

1. Alejandro no es de un país ______, pero habla muy bien el castellano.
2. Algunas personas creen haber visto platillos ______.
3. Los faros del coche producían un brillo ______.
4. Tendremos un nuevo presidente, porque el partido ______ ha perdido las elecciones.
5. Nuestra casa de campo cuenta con agua ______, pero no podemos beberla porque no es ______.
6. Hace años que no leo la historia de la Bella ______.
7. Me gustan los vinos ______ de España.

8. Esa novela es tan larga que parece ______.
9. Sin ideas ______, no habrá progreso en el campo de la tecnología.
10. Estoy muy cansado después de varios días de trabajo ______.

B. *Busque en las listas los equivalentes en español de los siguientes adjetivos, y úselos después en oraciones originales.*

outstanding, humiliating, overwhelming, pending, smiling, loving, flattering, ailing, encouraging, winning.

C. *Forme participios de presente con los siguientes infinitivos, y úselos como adjetivos en oraciones.*

Modelo: entrar entrante
→No volverán hasta el mes entrante.

1. fascinar	3. alarmar	5. balbucir	7. sobrar
2. sorprender	4. salir	6. intrigar	8. corresponder

D. *Haga un comentario subjetivo usando uno de los adjetivos de la lista que se da en el número 3 y refiriéndose a las siguientes cosas o circunstancias.*

1. una música muy alegre
2. un perrito atropellado por un coche
3. una comida deliciosa
4. una película de fantasmas
5. un concierto de rock
6. los rascacielos de Chicago por la noche
7. un auto deportivo rojo
8. el último videocasete de Madonna
9. el encuentro de un niño desaparecido con sus padres
10. el interrogatorio de la policía a una persona culpable

DISTINCIONES LÉXICAS

EQUIVALENTES DEL VERBO *TO MISS*

El verbo *to miss* se emplea con significados muy diversos y por lo tanto tiene diferentes equivalentes en español. Aquí daremos algunos de los más importantes.

Usos transitivos

1. *to miss = to fail to hit* = **no acertar(le), no darle (a uno)**

El ladrón le disparó al hombre pero no (le) acertó.	*The thief fired at the man but he missed him.*

El chico le tiró una piedra a la gata pero no le dio. *The boy threw a rock at the cat but missed her.*

2. *to miss = to long for, to feel the lack of, to mourn the absence of* = **echar de menos, extrañar** (en Hispanoamérica)

La pobre viuda echaba de menos (extrañaba) a su marido. *The poor widow missed her husband.*

3. *to miss = to fail to enjoy* = **perderse**

No quisiera perderme ese programa. *I wouldn't want to miss that program.*

—No vi esa película. —No te perdiste gran cosa. *"I didn't see that movie." "You didn't miss much."*

4. *to miss = to fail to attend, to be absent from* = **faltar a**: faltar al trabajo, faltar a clase, faltar a una reunión o cita, etc.

Los estudiantes que faltan mucho a clase no salen bien. *Students who miss class a lot do not do well.*

5. *to miss = to fail to catch some form of transportation* = **perder, irse(le) (a uno)**

Date prisa o perderemos (se nos irá) el avión. *Hurry up or we'll miss the plane.*

6. *to miss = to notice the absence of; to lack* = **faltarle a uno** (Esta construcción se explica en el capítulo 3 también.)

Creo que me han robado; me falta una sortija. *I think I've been robbed; I'm missing a ring.*

Después de la pelea, al pugilista le faltaban dos dientes. *After the fight, the fighter was missing two teeth.*

7. *to miss = to make a mistake* = **errar (en), equivocarse en**

Inés había errado en las respuestas a las preguntas 6 y 8 del examen. *Inés had missed the answers to questions 6 and 8 in the exam.*

Usos intransitivos

to miss = to fail = **fallar, fracasar**

¡Anda! Pídele que salga contigo. No puedes fallar. *Go on! Ask her to go out with you. You can't miss.*

Otras expresiones con *to miss*

1. *to be missing, to be lacking* = **faltar**

En esta fiesta no falta nada. Tampoco falta nadie de importancia. — *At this party nothing is missing. No one of importance is missing either.*

2. *to just miss + -ing = to escape or avoid* = **faltar poco para que** + subjunctive; **por poco** + present indicative

Poco faltó para que me atropellara ese coche. Por poco me atropella ese coche.* — *The car just missed running over me.*

3. *to miss the boat* (figurative) = *to fail to take advantage of an opportunity* = **desaprovechar una oportunidad, perder el tren**

Alfonso perdió el tren (desaprovechó una oportunidad) al no solicitar ese empleo. — *Alfonso missed the boat when he didn't apply for that job.*

4. *to miss a chance (the opportunity) to* = **perder (una) ocasión (la oportunidad) de (para)**

Él nunca pierde ocasión de humillarme. — *He never misses a chance to humiliate me.*

Si no nos acompañas al concierto, perderás la oportunidad de oír a ese gran artista. — *If you don't accompany us to the concert, you will miss the opportunity to hear that great artist.*

APLICACIÓN

A. *Complete con la expresión apropiada de las listas anteriores.*

1. Después de haber pasado un año en Europa, Pedro se dio cuenta de cuánto ______ a los Estados Unidos.
2. Tendremos que tomar un taxi si no queremos ______ el tren de las siete.
3. Agustín insistía en que sus hijos no ______ a la escuela.
4. Cuando volvió a casa después de sus vacaciones, Andrea vio que ______ su televisor y su estéreo.
5. Virginia sacó una nota muy buena en el examen; sólo ______ en la última respuesta.
6. Muchas damas no quieren ______ el programa musical de José Luis Rodríguez.
7. La secretaria tiró el papel al cesto pero no ______.

*Para el uso de **por poco** + tiempo presente, véase la página 20.

8. Si sigues ______ tanto al trabajo, te despedirán.
9. Cuando le iba a pagar a la cajera, noté que ______ la billetera.
10. Me sorprendió que el profesor no viniera hoy porque nunca ______ a sus clases.

B. *Invente cinco oraciones originales usando el equivalente español de cada una de las siguientes expresiones.*

1. to miss (in the sense of *to fail*)

2. to miss the boat (figurative)

3. to just miss + -ing

4. to miss (in the sense of *to make a mistake*)

5. to miss a chance to

Para escribir mejor

RECURSOS ESTILÍSTICOS I

En la lengua hablada, pero sobre todo en la escrita, se usan muchos recursos para darle variedad y mayor expresividad al estilo. Aquí examinaremos tres de los más importantes: el símil, la metáfora y el sinónimo.

1. El símil se define como figura retórica que consiste en comparar explícitamente una cosa con otra. La comparación es explícita porque le antecede una de las siguientes expresiones: **como** (= *like*, *as*), **tan... como**, **más... que**, **al igual que**, etc.

En los primeros párrafos de la primera lectura, «Los chicos», vimos varios ejemplos de este recurso:

a. ... entre una nube de polvo, que levantaban sus pies, *como las pezuñas de los caballos*.
b. ... temíamos a los chicos *como al diablo*.
c. ... con los ojos oscuros y brillantes *como cabezas de alfiler negro*.
d. ... de palabras *como pequeños latigazos*...
e. ... de risas *como salpicaduras de barro*.

Observe cómo los ejemplos (d) y (e) le estimulan la imaginación al lector y requieren su interpretación.

En *A la deriva* leemos:

a. ... sintió dos o tres fulgurantes puntadas que, *como relámpagos*, habían irradiado de la herida...
b. ... la carne desbordaba *como una monstruosa morcilla*.

Tanto en español como en inglés existen símiles estereotipados que deben rehuirse. Se repiten tanto que han perdido su valor artístico. Algunos ejemplos son: **blanco como la nieve, manso como un cordero, huir como alma que lleva el diablo**.

2. La metáfora es una figura retórica que consiste en trasladar el sentido normal de las palabras en otro figurado por medio de una comparación **tácita**, por ejemplo, **Esa persona es una víbora.** Si se dijera **Las palabras de esa persona son como el veneno de una víbora**, sería una comparación no tácita sino explícita, y por lo tanto, se trataría de un símil.

El cuento de Amado Nervo (capítulo 5) nos ofrece varios ejemplos del lenguaje metafórico.

a. ... no entregan **la fortaleza** de su juventud a **los asaltos** de la vejez...
b. Al bigote siguió la rara **mies** de los cabellos, sobre los cuales empezó a **escarchar enero**...

En (a) el autor compara la relación vejez/juventud con los asaltos a una fortaleza. En (b) Nervo compara los efectos de las canas sobre los cabellos con los de una escarcha invernal sobre una mies agrícola.

En *A la deriva*, Quiroga emplea el verbo **reinar** en sentido metafórico cuando escribe: **El paisaje es agresivo y reina en él un silencio de muerte.**

3. La palabra **sinónimo** se aplica a los vocablos o expresiones que tienen un mismo o muy parecido significado, o alguna acepción equivalente, por ejemplo, **voz, vocablo, palabra** y **término**. Los sinónimos sirven para reforzar o aclarar la expresión de un concepto, por ejemplo, **Cupido lanzó una saeta o flecha a la enamorada joven**. También sirven para evitar la repetición de la misma palabra. En el capítulo 12, el autor emplea los siguientes sinónimos de la voz culebrón: **la serie, la teleserie, la telenovela, el serial, el folletín, el programa**.

Es importante recordar que la mayoría de los sinónimos son intercambiables únicamente en ciertos contextos, no en todos. La sinonimia, pues, es cuestión de grado, ya que depende del número de contextos en que los dos términos posean en común el mismo significado. Por ejemplo, **gazapo** es sinónimo de **conejo** y de **error**. Uno puede decir que **crían gazapos o conejos en esa granja** y que **han cometido varios gazapos o errores garrafales en ese libro**, pero uno no puede decir **crían errores en esa granja** ni **han cometido varios conejos garrafales en ese libro**.

APLICACIÓN

A. *En el cuento «Los chicos» hay más símiles que los citados arriba. Encuentre Ud. otros cuatro.*

B. *En «Don Diego de Noche» hay un parrafito con dos metáforas agrícolas que se relacionan con 2 (b) arriba. ¿Cuáles son?*

C. *Escriba cuatro oraciones originales usando un símil en cada una.*

D. *Invente cuatro oraciones usando una metáfora en cada una.*

E. *Escriba un parrafito ilustrando cómo se usan los sinónimos (a) para aclarar una expresión y (b) para evitar la repetición de la misma voz.*

F. *Las frases que siguen están tomadas del cuento «A la deriva.» Encuentre sinónimos para las palabras en cursiva. Consulte un diccionario y trate de encontrar más de un sinónimo en cada caso.*

a. Sintió *la mordedura* en el pie.
b. El hombre echó una *veloz ojeada* a su pie.
c. Su mujer corrió con un vaso lleno, que el hombre *sorbió* en tres tragos.
d. El hombre miró su pie, *lívido* y ya con *lustre* gangrenoso.
e. ... que en *las inmediaciones* del Iguazú corre a seis millas.
f. A los veinte metros, *exhausto*, quedó tendido.
g. *Clamó* de nuevo, *alzando* la cabeza del suelo.
h. En el silencio de la selva no se oyó un solo *rumor*.
i. Su *belleza* sombría y *calma*...
j. La pierna le dolía *apenas*.

TRADUCCIÓN*

Do you find yourself adrift and alone in a sea of ever-increasing academic problems? Does the thought of upcoming tests poison your existence and draw curses from you? If so, the following observations, culminating in some advice on taking (how to take) exams, will be fitting.

Taking final exams means different things to different persons. It can be an experience that is depressing and frightening for the student who has spent the semester having a good time and studying only now and again. On the other hand, it may be pleasing and satisfying for the student who, having studied regularly, has the joy of showing how much he/she has been (*use* **venir**) learning. It surely is a stimulating experience and a learning opportunity for all, although it may not be amusing to them.

In addition to acquiring specific skills and knowledge, the student must discover ways of studying under varying conditions and in differing surroundings. Students living at home have certain irritating distractions while those living in student residences have the problem of dealing with other disturbing elements. In both cases, establishing priorities and organizing one's time are the two outstanding requirements.

TEMAS PARA COMPOSICIÓN

Use por lo menos diez formas en **-ndo**.

1. La soledad en que muere el protagonista de *A la deriva* hace más impresionante su muerte. Imite esta historia y escriba un cuento breve en el

*Observe que el punto de partida de esta traducción es el uso metafórico de la expresión **a la deriva**.

cual el protagonista vea acercarse la muerte con angustia en medio de la soledad.

2. Escriba una descripción que demuestre los contrastes de la naturaleza. Por ejemplo, una tormenta en la cual sentimos miedo pero a la vez admiramos la belleza imponente de la naturaleza, o un desierto que parece muy apacible a la luz de la luna y puede parecer terrible cuando se está perdido en él sin agua.
3. Su actitud con respecto a los exámenes. ¿Se pone Ud. nervioso/a o es Ud. de esas personas a quienes la presión las estimula favorablemente? ¿Le importaría examinarse oralmente? ¿Prefiere exámenes frecuentes y breves o un examen largo al final del curso? ¿Cree Ud. que los exámenes en los que hay que desarrollar temas son preferibles a los exámenes de tipo objetivo (con respuestas a escoger, identificaciones, etc.)?
4. El valor pedagógico de los exámenes: los pros y los contras. ¿Reflejan los exámenes con bastante exactitud los conocimientos del alumno? ¿Qué causas pueden influir en los resultados de un examen (causas de origen físico: el ambiente, el ruido, el fumar, la temperatura, etc.; causas personales: problemas del individuo, etc.)? ¿Cree Ud. que sería práctico el abolir los exámenes? ¿Sería justo?

C · A · P · Í · T · U · L · O 14

Lectura

Las narraciones de tipo epistolar son comunes en la literatura hispánica. Eduardo Barrios, un novelista chileno contemporáneo que se interesa mucho en lo sicológico, escribió su cuento «¡Pobre feo!» en forma epistolar. Isabel y su hermana Luisita, que es una niña, viven con su madre en una pensión (casa de huéspedes) en Valparaíso y escriben cartas a su primo. Esta lectura consiste en pasajes de una de las cartas escritas por Isabel.

Carta de Isabel

... Había dejado de escribirte por no considerar de importancia los acontecimientos. Pero se han ido sucediendo unos tras otros y han formado, por su cantidad, un conjunto considerable, alarmante, digno de que te lo cuente.

Te he dicho alarmante y es verdad. Créeme, por momentos tengo miedo. Ese hombre me va pareciendo capaz de todo°. Lo soporta todo por mí. ¡Qué tenacidad! ¿Cómo es posible sufrir tanta insolencia de Luisita, tanta indirecta° de los pensionistas°, y perseverar en un propósito que yo de mil maneras le manifiesto ser descabellado°? Sí, primo, te lo juro, estoy alarmada. Me obsequia cuanto considera de mi gusto. Ayer me trajo castaña en almíbar°; el sábado, una mata de crisantemos. Y he tenido que recibirle los regalos: ante las sátiras de los demás, se me hizo° duro desairarlo. El caso es que me tiene° loca. Ya te he contado que toca el piano y que lo toca muy a menudo ahora, por saber que a mí me gusta la música. Pues hasta en esto, por agradarme, me produce más alejamiento°. Imagínate: al preguntarme qué deseo escuchar, me entona las melodías... ¡y con esa voz de fuelle°, insonora°, que sale de su boca lívida con expresión de fatiga! Es terrible, me causa malestar°.

Otra cosa: lo encuentro en todos los paseos, muy enflorado°, muy elegante. (Eso sí, nunca se ha vestido mal, aunque nada le sienta°, al pobre°). Y siempre asediándome y cargán-

Isabel se refiere a un joven que está enamorado de ella. comentarios sarcásticos con doble intención / personas que viven en la pensión / **le...** le digo que es absurdo / **castaña...** *chestnuts in syrup*

se... me pareció / **me...** me está volviendo

por... en su deseo de agradarme me hace alejarme más

de... *like bellows* / que suena mal

me... me hace sentirme enferma

muy... con una flor en la solapa / le queda bien / ... *poor devil*

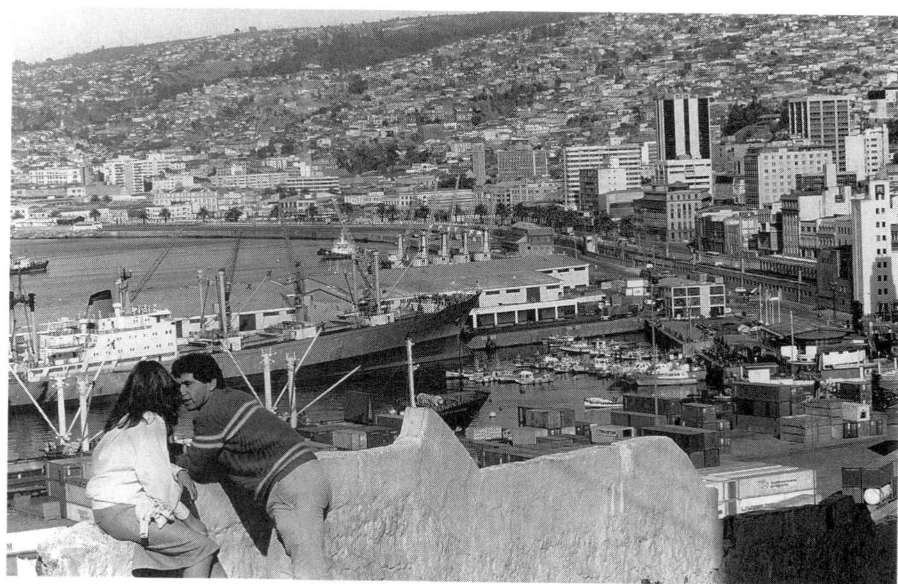

La conversación de esta pareja tiene como fondo la ciudad de Valparaíso, donde vivían Isabel y su hermana Luisita. Valparaíso es un puerto muy importante y está cerca de Santiago, la capital de Chile.

dome°... o haciéndome sufrir con la compasión que me causa. Ahora se empolva°, se afeita diariamente, se hace «toilette»°. ¡Infeliz!° ¿Puede una imaginar un espíritu simpático, un espíritu de coquetería, en la vaina° de un sable? Ya no se muestra con aquel continente° lánguido y melancólico; se ha hecho locuaz°, alegre. Y no sé de dónde ha sacado un inmenso repertorio de refranes y proverbios.

—¿Por qué siente usted tan poca simpatía° por mí, Chabelita?°— Cuando me preguntó esto último, estaba Luisita presente y, con su inconsciente crueldad de niña, le respondió por mí: —Por su nariz, José. —Por mi nariz. ¿Y qué tiene mi nariz? —¿Su nariz? Nada. Usted tiene la misma nariz de su madre—. ¡Figúrate!° Creí que Luisita se había ganado una cachetada°... Lo merecía. Es terrible, diabólica, la criatura. Sin embargo, él calló, limitándose a mirarme, como para decirme: Por usted lo tolero todo. Pero poco después se fue, para no salir en todo el día de su habitación.

Y las crueldades de la muy pícara de° Luisita no tienen fin. Cada día son mayores. Ahora, por lo visto, no nacen de un mero° deseo de reír, sino de un odio a muerte° por el infeliz Bambú°, quien la ofende con el solo delito de quererme. En otra ocasión le dijo: —Cállese, horroroso. A usted le debían haber torcido el pescuezo° cuando nació, porque no hay derecho de ser tan feo—. ¿Y qué te figuras que hizo él ante semejante grosería? Se quedó pensativo un momento, como apreciando el fondo de verdad dolorosa que pudieran tener estas

asediándome... persiguiéndome y molestándome / **se**... se pone polvos o talco / **se**... trata de lucir lo mejor posible / *Poor devil!* / funda / **aire**, aspecto / hablador / afecto / forma familiar de **Isabel**

¡Imagínate! / **se**... iba a recibir una bofetada

la... la pícara, la traviesa

simple / **a**... muy grande / **el**... el pobre Bambú (los pensionistas lo llamaban así por ser alto y delgado) / **torcido**... retorcido el cuello palabras, y al fin murmuró, con una sinceridad de partir el alma°: —¡Cierto!

de... muy conmovedora

¿Ves? Todo esto será cómico, pero muy desagradable.

Y de los pensionistas, ¡para qué hablar! Valiéndose de Luisita, lo agobian a burlas°. Aurelio le ha compuesto unos versos. Luisita suele declamarlos por las noches en el salón. Cuentan estos versos que Bambú «en cuclillas° parece una langosta y de pie puede dar besos al sol». Como ves, ya esto pasa de castaño oscuro°. ¡Y no se va de la casa! ¿Tendré razón para estar alarmada?

lo... se burlan constantemente de él

squatting

pasa... es demasiado, es intolerable

Pero, antes de terminar, voy a contarte lo que ocurrió anoche. Ya esto es triste de veras. Estábamos en el «skating rink» y nos preparábamos para patinar, cuando en esto° se me acerca Luisita y me dice: —Míralo agachado y dime si no es verdad que parece una langosta, como dicen los versos—. Miro, riéndome, y veo a José probándose unos patines en un rincón, y tan grotesco, tan ridículo, que aparté la vista de él.

en... en ese momento

Presentí otra escena de burlas y me dolió ya formar° entre los que le humillan y le hieren y le envenenan la existencia. Sentí una gran piedad por él y ¿creerás? tuve una secreta alegría: entre tanta gente, me dije, pasará inadvertido y patinará, y se olvidarán estos demonios de él, y se divertirá un buen rato y... yo patinaré con él. ¿Por qué no? ¡Pobre! Pero cuando ya todos estábamos listos, lo veo frente a mí, embobado°, contemplándome... y sin patines. —¿No va usted a patinar? —le pregunté. —No, no me gusta; la veré patinar a usted, Chabelita—. No sé si me equivoqué; pero creí hallar en su expresión una tristeza profunda, algo así como el reconocimiento° de que no eran para él los goces de nosotros, de que viéndose incapacitado por sus defectos físicos para asociarse a nuestras diversiones, prefería colocarse al margen° para no desentonar° en nuestra comparsa°, para no arrancar una vez más «las risas de las galerías». Mientras tanto, Luisita se había acercado a nosotros y, con su odio exagerado al pobre Bambú, se entregaba a su diabólico placer de hacer sufrir al infeliz. —Bah—dijo—no quiere porque no puede. Se ha probado los patines más grandes y le han quedado chicos—. Una sonrisa, como siempre, una sonrisa fue la respuesta del buen José. Y qué amarga, qué humillada, qué triste. Luego se apartó, en silencio, como si temiese que siguiendo en nuestro grupo sobreviniese° el atroz regocijo° de los demás, las risas envenenadoras, el cambio de miradas°, y él prefiriese guardar su papel pasivo ante aquella multitud hostilmente alegre, agresivamente hermosa que, con sólo ponerse frente a él, le pisoteaba°.

ser parte

fascinado

aceptación

al... a un lado / estar fuera de lugar / grupo

ocurriese/ alegría

exchange of glances

humillaba

Toda la noche sufrí por él. Lo sentía deprimido, perseguido en sus expansiones°, emponzoñado° en sus sueños de felicidad... Y no pude divertirme. ¿Por qué no se irá de nuestra pensión? Le sería fácil olvidarme. ¡Hay tantas de mal gusto°! Pero, también, estos demonios de la pensión no pueden reu-

relaxed moments / envenenado

tantas... mujeres de mal gusto (que se enamorarían de un feo) nirse jamás sin elegir una persona para blanco° de sus burlas u objeto de su diversión. ¡Qué brutos! Me da una rabia°...

Me han dado las doce de la noche° escribiéndote. Como esta carta, por lo difícil, me obligó a hacer borrador°... Y lo peor es que me ha hecho llorar. En fin, hasta mañana o pasado, si es que ocurre algo digno de mención. No te olvides de reprender a Luisita; ya ves que lo merece.

víctima
Me... Me pongo tan furiosa
Me... Las doce de la noche me han encontrado / *rough draft*

COMPRENSIÓN

Explique, basándose en la lectura y dando ejemplos cuando sea conveniente.

1. Los regalos que recibió Isabel de José.
2. La reacción de Isabel cuando José toca el piano.
3. El incidente de la nariz de José.
4. El apodo de Bambú.
5. La actitud de los pensionistas con respecto a José.
6. Lo apropiado de la expresión de Isabel: «Ya esto pasa de castaño oscuro».
7. Lo que sucedió en el «skating rink».
8. Lo que quiere decir Isabel cuando escribe: «Hay tantas de mal gusto».

INTERPRETACIÓN

1. Al principio de su carta, Isabel afirma estar alarmada y tener miedo. ¿De qué tendrá miedo ella? En su opinión, ¿tiene suficiente razón para estar alarmada? ¿Por qué (no)?
2. ¿Qué clase de persona es Bambú? ¿Cree Ud. que esa actitud suya de adoración humilde es buena táctica? Explique.
3. ¿Merece Bambú la compasión de Isabel? ¿Qué sentimientos cree Ud. que siente Isabel hacia Bambú?
4. ¿Cómo es Luisita? ¿Qué edad tendrá? ¿Qué piensa Ud. de ella? ¿Por qué es ella tan cruel con Bambú?
5. Isabel nos dice que Luisita odia a muerte a Bambú porque él quiere a Isabel. ¿Es esto lógico? ¿Por qué, en su opinión, le molesta a Luisita este amor de Bambú?
6. Al final, Isabel dice que, por lo difícil de la carta, tuvo que hacer borrador. ¿Por qué califica ella la carta de difícil?
7. ¿Cuáles son las ventajas y las desventajas de escribir una narración en forma epistolar? ¿Cree Ud. que en este caso el autor ha conseguido que esta carta parezca auténtica? ¿Por qué (no)?

INTERCAMBIO ORAL

A. Los problemas de ser feo o fea. ¿Discrimina nuestra sociedad contra los que son feos, deformes o de alguna manera diferentes? Se dice que una persona con atractivo físico tiene más oportunidades de triunfar en la vida. ¿Es esto cierto? ¿Por qué (no)?

En muchas ciudades hispánicas se ven buzones poco comunes, como el que aparece en esta foto.

B. Una actividad. Si la carta de Isabel estuviera dirigida a la columna de consejos de un periódico, ¿qué consejos recibiría ella? Los estudiantes discutirán las posibles soluciones al problema, y prepararán en grupo una carta de respuesta.

C. Las bromas de buen y mal gusto. ¿Son aceptables las bromas que aluden a características físicas de las personas? ¿Y las que se relacionan con su carácter? Cuéntense bromas de buen y de mal gusto que se hayan hecho o se hayan sufrido.

D. Se dice que las bromas son una forma de hostilidad. ¿Es esto cierto? ¿Por qué (no)? ¿Hay ocasiones en qué no es cierto? ¿Cuándo?

E. Es evidente que Luisita es una niña muy cruel y mal criada. ¿Qué debería haber hecho la madre con ella? ¿Cómo puede una madre o un padre cambiar el carácter de un hijo así?

F. Isabel habla de la crueldad inconsciente de los niños. ¿Por qué son crueles los niños? Coméntense casos de crueldad infantil.

How to Write a Letter in Spanish

BUSINESS LETTERS

THE FORMAT OF A BUSINESS LETTER

Most business letters are typed on paper that has a printed letterhead. If the paper does not have a letterhead, it is advisable to type one.

As happens in English, Spanish business letters have several possible formats, depending on the beginning of the lines and paragraphs: *full-block* (**estilo bloque**), *semiblock* (**estilo semibloque**), and *indented* (**estilo sangrado**). The extreme full-block format, where every single line begins on the left-hand margin, is seldom seen in Spanish letters.

The following guidelines will help you set up a letter.

1. In Spanish letters, it is general practice to have the left-hand margin wider than the right-hand margin, although some people prefer to have them

Estilo bloque

Estilo semibloque

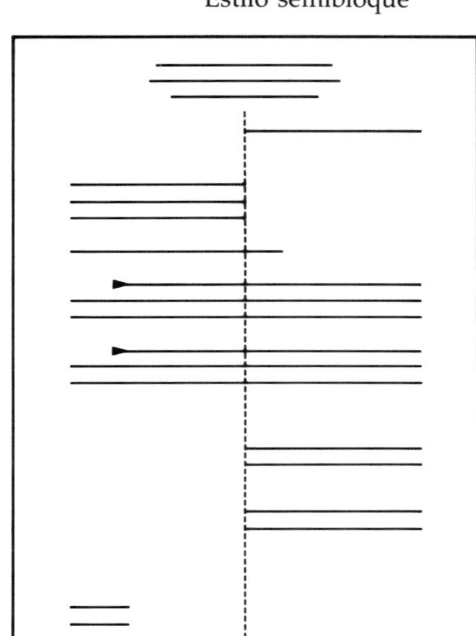

Estilo sangrado

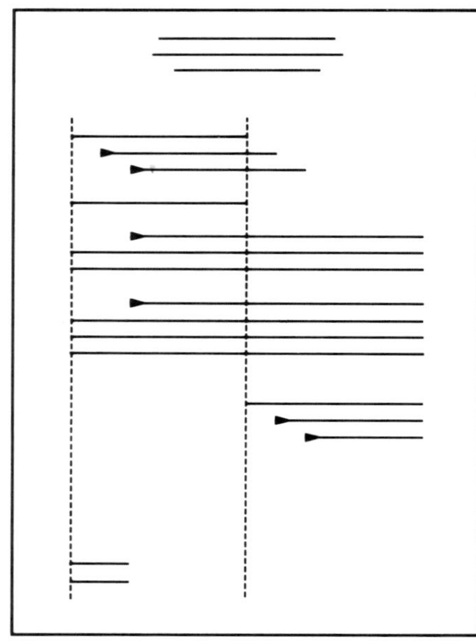

of the same width. Also, the right-hand margin is kept as even as possible, which requires a lot of hyphenation. So, if dividing Spanish words into syllables is not your strong point, you should review the rules before attempting to type letters.

2. In a long letter, the date is placed four lines below the letterhead; in a short one, eight lines is the customary distance.

3. The inside address should be placed four to eight lines below the date line, depending on the length of the letter.

4. Begin the salutation two lines below the address. In English, the salutation ends with a comma in the case of informal letters; in Spanish, a colon is used for all types of letters.

SOME SPECIFICS ABOUT THE PARTS OF A LETTER

1. *Date* (Fecha)

This includes place, day, month, and year. If the place is already indicated in the letterhead, it is not necessary to include it here. Remember that the traditional way to express dates in Spanish is with the day first: **4 de junio** (not **junio 4**). Recall that ordinal numbers are not used for the days, except in the case of the first one: **1° (1ero.) de junio.**

2. *Name and address of addressee* (Nombre y dirección del destinatario)

These are the same as they appear on the envelope. In Spain it is common to use **D., Da. (don, doña)** in addition to any other title: **Sr. D. José Guzmán Landívar, Sra. Da. Esperanza Barnet Vda. de Rondón**.

Some common abbreviations for titles are

Admor.	administrador
Arq.	arquitecto
Cía	compañía
D.	don
Da.	doña
Dr., Dra.	doctor, doctora
Ema.	Eminencia
Excmo.	Excelentísimo
Genl.	general
Hno., Hna.	hermano, hermana
Hon. Sr. Pdte.	Honorable Señor Presidente
Ilmo. (Ilo.)	Ilustrísmo
Ing.	ingeniero
Ldo., Lda., (Lcdo.), (Lcda.)	licenciado, licenciada
Mons.	monseñor
Pbro.	presbítero

Rdo. P., (R. P.)	Reverendo Padre
Rda. M., (R. M.)	Reveranda Madre
S. E.	Su Excelencia
Sr., Sres.	señor, señores
Sra., Sras.	señora, señoras
Srta., Srtas.	señorita, señoritas
S. Sa.	Su Señoría (*for some dignitaries, like judges*)
Supertte.	superintendente
S. A.	sociedad anónima (*Inc., in English*)
S. de R. L.*	Sociedad de Responsabilidad Limitada (*Limited Liability Co.*)
Vda.	viuda

Some abbreviations used in addresses are:

Avda., Av.	avenida	**E.P.M.**	en propia mano
Apdo.	apartado (de correos)**	**izqo., izqa.**	izquierdo/a
dcho., dcha	derecho/a	**No.**	número
Dpto.	departamento	**Prova.**	provincia

3. *Attention line* **(Línea de atención)**

It is generally placed below the address and it is used when the letter is addressed to a company but its contents concern a special person. The abbreviation used is **Atn.**

4. *Reference* **(Línea de referencia)**

It is placed on the right-hand side between the address and the salutation. Its abbreviation is **Ref.**

5. *Salutation* **(Saludo)**

Some common formulas of salutation are

Estimado/a/os/as + title
Apreciado/a/os/as + title
Distinguido/a/os/as + title
Honorable + title (for a president or other dignitary)

The traditional salutation **Muy Sr. (Sres.) mío(s) (nuestros)** is still used but the modern tendency is to replace it with one of the above.

*In México and some other countries.

In some countries the word is **casilla.

6. *Body of the letter* (**Cuerpo de la carta**)

A traditional letter that answers another one begins with an acknowledgment. Some of the common formulas of acknowledgment that have been used traditionally in the Spanish-speaking world are

Acuso recibo de su atta. del 28 del pasado mes.... (atta. = atenta carta)
Recibí su atta. de fecha 15 del cte.... (cte. = corriente, referring to this month).
Obra en mi (nuestro) poder su muy atta. del mes pdo. (pdo. = pasado)
Acabo (Acabamos) de recibir su grata del 14 de octubre.
En contestación a su estimada del mes de enero p. pdo. (p. pdo. = próximo pasado).
Me apresuro a contestar su carta de ayer 3 de febrero...

You should familiarize yourself with the traditional commercial formulas, not only because they are still in use, but also because they provide you with a safe, though uninteresting, style. The modern tendency, however, is to write in a more natural way, since a letter is, after all, a written conversation with an absent person.

Once you feel more confident, try to acquire a more personal style. A good way to make your letter sound natural is to imagine that you are facing the person and explaining the matter verbally.

Instead of the traditional formulas, modern usage prefers that one start right away stating one's reasons for writing. If there is an acknowledgment, it can be built casually into the first lines.

Siento mucho no poder enviarle los informes que solicita en su carta del 6 de septiembre...
Los libros que les pedí por correo el pasado mes de julio, han llegado a mi poder en malas condiciones...
Estoy interesado en el empleo que Uds. anuncian en *El Sol* del pasado domingo...
Tenemos el gusto de informarle que el crédito que solicitó en su carta del 10 de mayo...

7. *Ending* (**Despedida o cierre**)

Some traditional expressions used in the ending are

Muy agradecido/a por su atención, quedo de Ud.(s) atte., (atentamente) S. S. (Su servidor[a])
En espera de sus gratas noticias, quedo de Ud.(s) atentamente,
De Ud. atto./a (atento/a) y S. S.,
Quedamos de Ud.(s) atte.,
En espera de su contestación, me reitero su atto./a S. S.,
Sin más por ahora,
Sin otro particular por el momento, quedo de Ud.(s) S. S.,
Respetuosamente, S.S.S., (Su seguro/a servidor[a])

Con toda consideración, S. S.,
Queda suyo/a afmo./a (afectísimo/a)

8. *Initials, enclosures, and copies* **(Iniciales, anexos o adjuntos y copias)**

Sometimes the initials of the typist, or those of the sender and the typist separated by a slash, are added in the lower left section of the paper. Two spaces below them go the **anexo(s)** if there are any. When copies of the letter are sent to another person, his/her name is written last preceded by **c.c. (con copia).**

The initials **P.S. (post-scriptum)** used in English can also be used in Spanish. Most people, however, prefer to use the initials **p.d. (posdata).**

GENERAL RECOMMENDATIONS

Be concise and clear. Try to be pleasant and polite, even when writing a letter of complaint. There are sample letters in this chapter. It is impossible, however, to provide a model for every circumstance encountered in real life. So, practice writing as many letters as possible. The only way to learn to write good letters is by writing a lot of them.

PERSONAL LETTERS

The format and style of personal letters are obviously much more flexible than those of business letters. However, the following lists of greetings and endings will be useful.

Greetings:

(Muy) Querido Aniceto:	*Dear Aniceto,*
Queridísima (Adorada) mamá:	*Dearest Mother,*
Amor mío:	*My love,*
Mi vida:	
Mi cielo:	

The expressions **Mi vida** and **Mi cielo**, quite common between lovers, are untranslatable into English. On the other hand, there are no equivalents in Spanish for words like *Honey, Sweetheart, Darling,* etc.

In some countries, the words **Negro/a, Negrito/a, Chino/a,** and **Chinito/a** are used as forms of address to show affection. These words are completely unrelated to the race of the person.

Endings:

Afectuosamente,	*Affectionately,*
Cariñosamente, Con cariño,	*Fondly,*

En la biblioteca de la UNAM (Universidad Nacional Autónoma de México) los estudiantes se concentran en su trabajo. Esta joven lee con atención. ¿Estará leyendo una carta o la tarea para una de sus clases?

Recibe el cariño de,	*With love,*
Te besa y abraza,	*A kiss and a hug,*
Muchos abrazos de,	*Hugs from,*
Siempre tuyo/a	*Yours forever,*
Se despide de ti,	*Good-bye now,*
Tu novio/a que te adora,	*Your sweetheart who adores you,*
Recibe el eterno amor de,	*With the eternal love of,*
Con mucho amor de,	*Much love,*

APLICACIÓN

A. *Decida qué afirmaciones son ciertas y cuáles son falsas y corrija las falsas.*

1. En español se usa una coma después del saludo en las cartas de tipo más familiar.
2. El margen de la derecha no debe ser más ancho que el margen de la izquierda.
3. Si la ciudad se indica en el membrete, no es necesario repetirla en la línea de la fecha.

4. Lo mismo que en inglés, **atención** se abrevia en español **Att.**
5. El saludo más usado hoy es **Muy Sr. mío**.
6. Una carta debe imitar la manera en que se hablaría a la persona.
7. La abreviatura **p. pdo.** significa **por pedido.**
8. En español nunca se escriben dos títulos seguidos antes del nombre.
9. Cuando se incluye algún otro papel adicional en una carta, se escribe la palabra **Anexo** en la esquina inferior izquierda.
10. No es recomendable explicar inmediatamente el motivo de la carta.

B. *Identifique las abreviaturas.*

1. R. P. Mendía
2. Valdés y Cía, S. A.
3. Estimado Sr. Admor.
4. P. D.
5. Hon. Sr. Pdte.
6. Recibí su atta. del 3 del cte.
7. Quedo afmo. S.S.S.
8. Hno.
9. Avda.
10. E.P.M.
11. Me reitero su atto. S. S.
12. Quedamos de Uds. atte.
13. Distinguida Lcda. Castillo
14. Apreciado Ing. Gutiérrez
15. S. E.
16. R. M. Mónica Pérez Gil
17. c.c.
18. No.
19. Prova.
20. Apdo.

C. *Practique los saludos y despedidas de las cartas personales, escribiendo una breve carta a un amigo o familiar querido, a su novio/a, etc.*

MODELOS DE CARTAS

Lea con cuidado los siguientes modelos de cartas y la solicitud de empleo que les sigue. Los ejercicios de la página 394 y algunos de los temas para composición, se basan en ellas.

1. Modelo de carta comercial (de negocio a negocio).

Artesanías

Centro Comercial Paseo Las Mercedes
Nivel Mercado - Local 144
Teléfono: 91.12.24 - Las Mercedes
Caracas

Caracas, 10 de marzo, 1994

Salazar y Hnos., S.A.,
Av. República de Panamá 356,
San Isidro,
Lima, Perú

Estimados Sres:

Después de saludarlos cordialmente, pasamos a exponerles los problemas de nuestro pedido de febrero, recibido por nosotros el lunes de esta semana: Tres de los espejos cajamarquinos[1] llegaron rotos y uno de los candelabros muy abollado. Hay además un error en las cantidades, ya que les pedimos 80 tallas en madera de cabezas de Cristo[2] y 100 ceniceros medianos, y nos sirvieron 100 tallas y solamente 20 ceniceros.

Hemos decidido quedarnos con las 20 tallas de más, pero envíennos por favor los 80 ceniceros que faltan y ajusten la cuenta, añadiendo a la misma el valor de éstos. En cuanto a los tres espejos y al candelabro averiado en tránsito, les agradeceríamos nos incluyeran otros con el pedido que a continuación detallamos:

200 alfombras variadas, 1.20 m. x 1.50 m.
25 espejos sol[3] bronceados
10 pinturas sobre vidrio, 26 cm.
50 pinturas sobre vidrio, 60 cm.
25 tallas de madera (Sagrada Familia)[4], 40 cm.
20 tabaqueras No. 5
40 llamas[5] de bronce y turquesa No. 2
70 juegos de cubiertos de madera[6]

Sin más por el momento, quedamos de Uds. muy atte.,

Pablo E. Concepción
Artesanías "El artesano",
Pablo E. Concepción,
Gerente

pec/rc

[1]Espejos típicos de la zona de Cajamarca en Perú.
[2] [4]Los motivos religiosos son comunes en las artesanías hispánicas.
[3]Espejos típicos peruanos con adornos que imitan rayos de sol.
[5]La llama, animal originario del Perú y Bolivia, es también un motivo común en la artesanía de estos países.
[6]Tenedor y cuchara grandes, propios para servir ensaladas.

2. Modelo de carta comercial (de negocio a cliente).

Suite 234 Housing Investment Bldg. 416 Ponce de León Ave., Hato Rey, P. R. 00918 • Tel. (809) 759-8172

3 de septiembre de 1994

Dr. Armando Huerta,
Topacio 36,
Parque San Patricio,
Caparra

Ref: Residencial Buenavista,
Casa 15B

Estimado Dr. Huerta:

Deseamos informarle que el préstamo hipotecario solicitado por Ud. para la compra de la casa 15B del Residencial Buenavista, ha sido aprobado por el banco. Por medio de la presente, tenemos el gusto de citarlo para que acuda con su esposa al bufete del Lcdo. Castillo el día 10 del corriente, con el objeto de firmar la escritura de compraventa de dicha propiedad.

Nos permitimos recordarle además, que en el momento de la firma deberá entregarnos un cheque certificado por la cantidad de $35,000 que, como Ud. sabe, es el pronto requerido.

Con nuestros mejores deseos para el disfrute de su nueva residencia, quedamos de Ud.

Muy atentamente,

L.C. Real Estate, Inc.

Lupe C. Fernández

Lupe C. Fernández,
Presidenta

LCF/dm

c.c. Lcdo. Castillo

3. Modelo de carta solicitando empleo.

ROBERT T. WILLIAMS
7507 BENDER DR.
AUSTIN
TEXAS, 78749

5 de mayo de 1994

Sr. Emilio García Soto,
Joyería Miraflor,
Avenida Morelos 25,
México, D.F.

Distinguido señor:

Por medio de su sobrino Pablito Guzmán, que es viejo amigo mío, he sabido que, a partir del próximo mes de septiembre, va a necesitar Ud. un tenedor de libros que trabaje por las tardes en su establecimiento, y deseo ofrecerle mis servicios.

Seguramente le sorprenderá que le escriba desde Texas. Permítame explicarle que pienso instalarme en México a mediados de junio. Voy a matricularme en dos cursos universitarios para extranjeros, pero como las clases son por la mañana, estaré libre para trabajar a partir del mediodía.

Como puede Ud. ver por esta carta, escribo bien el español. Lo hablo también bastante bien y, como pienso permanecer en México por lo menos un año, lo hablaré todavía mejor en el futuro.

Le incluyo mi hoja de vida. Como verá en ella, voy a graduarme este semestre de Bachiller en Administración de Negocios, con especialidad en Contabilidad. Si Ud. lo desea, puedo hacer además que una compañía local donde he trabajado le envíe una carta de recomendación.

Quedo en espera de su apreciable respuesta.

Afmo. y S.S.

Robert T. Williams

Robert T. Williams

Anexo: Hoja de vida

4. Modelo de carta personal

Boston, 13 de marzo de 1995

Sra. Encarnación Camargo de Armas,
(Personal)
Financiera Bolívar, S.A.,
Calle 93A No. 18-20,
Bogotá, Colombia

Queridísima mamá:

Siento mucho no haber escrito en tres semanas, pero he tenido algunos problemas. Sé que le extrañará a Ud.[1] *que le escriba a la dirección de la oficina y no a casa, pero no quiero que papá vea esta carta hasta que Ud. hable con él de lo que voy a contarle.*

Como sabe, papá se oponía a que yo comprara carro cuando vine a estudiar a los Estados Unidos, por considerar que era peligroso. Pues tenía razón.

He tenido un accidente. No se asuste, no fue grave, aunque el carro quedó en bastante mal estado. Yo, gracias a Dios, no necesité quedarme en el hospital. Fue un milagro. Sólo me rompí los dos dientes delanteros con el golpe, pero ya me los están arreglando. Por cierto, necesito $650 para el dentista. ¡Cómo se va a poner papá!

El otro problema que tengo se refiere al chofer del otro carro, que quedó destrozado, aunque el hombre solamente se partió un brazo. Ahora va a ponerme pleito, porque afirma que fue mi culpa, que la luz estaba en verde de su lado y que tengo que pagarle una indemnización grande, más el costo de su automóvil. Estará Ud. pensando que el seguro cubre todo esto. ¡Aquí es donde está verdaderamente el problema, pues se me olvidó pagarlo! Esto me tiene desesperado. No sé qué hacer. Por favor, mami, explíqueselo todo a papá con dulzura, porque se va a poner como un energúmeno.

Por lo demás, todo anda bien, incluyendo mis estudios. Le volveré a escribir pronto, informándole sobre la situación con el otro chofer. O tal vez es mejor que me llame Ud.

La quiere mucho su hijo,

Jairo

P.D. No es verdad lo de la luz, pero no puedo probarlo.

[1]En Colombia es común el uso de **Ud.** entre padres e hijos. El **tú** lo usan generalmente los jóvenes sólo con sus amigos de la misma edad.

Una carta de despedida

Resuma este chiste—oralmente o por escrito—describiendo las diferentes etapas emocionales por las cuales pasa la mujer a medida que escribe.

SOLICITUD DE EMPLEO

Código Interno	

Toda información que nos suministre será mantenida en absoluta reserva. Esta solicitud quedará registrada en la Empresa por el término de un año.

Fecha	Puesto Solicitado	Otro puesto que pueda desempeñar
/ /		

1. DATOS PERSONALES

Apellido y Nombre	Domicilio (Calle N°-Piso- Dpto. Localidad)	Teléfono

Fecha Nac.	Lugar	Nacionalidad	C.I.N°.............	Estado Civil	Familiares a cargo:
/ /			DNI.N°.............		

Servicio Militar - Fuerza Armada	Año	Exceptuado Por	Registro Conductor Sí ☐ No ☐
			Categoría:

2. ESTUDIOS

NIVEL	INSTITUTO	Período Desde / Hasta	Finalizó Sí / No	Está cursando	Título/Ultimo año aprob.
PRIMARIOS					
SECUNDARIOS					
UNIVERSITARIOS					
CURSOS REALIZADOS					

3. CONOCIMIENTOS	MB	B	R	No poseo
IDIOMAS (Indicar):				
DACTILOGRAFIA				
MANEJO MAQUINAS DE CALCULAR				
TAQUIGRAFIA (Sistema)				
MANEJO TERMINALES COMPUTACION				
MAQUINAS, Herramientas y/o equipos (Indicar tipo)				
OTROS				

Form. R-1120

SE DESEMPEÑO ANTERIORMENTE EN E.L.M.A. s.a. SI ☐ NO ☐

4. ACTUACION LABORAL (Comience por el último)

Nombre de la Empresa: .... Dirección: ....
Ramo: .... Cantidad Personal que ocupa: ....
Puesto ocupado al ingreso: .... Puesto ocupado al egreso: ....
Fecha de Ingreso: .... Fecha de egreso: ....
Ultima remuneración: .... Razón por la cual se retiró o desea retirar: ....
.... Nombre, Apellido y cargo de Supervisor Directo: ....
....
Indique las tareas realizadas: ....
....

Nombre de la Empresa: .... Dirección: ....
Ramo: .... Cantidad Personal que ocupa: ....
Puesto ocupado al ingreso: .... Puesto ocupado al egreso: ....
Fecha de Ingreso: .... Fecha de Egreso: ....
Razón por la cual se retiró: ....
Nombre, Apellido y cargo de Supervisor Directo: ....
.... Indique las tareas realizadas: ....
....

Nombre de la Empresa: .... Dirección: ....
Ramo: .... Cantidad Personal que ocupa: ....
Puesto ocupado al ingreso: .... Puesto ocupado al egreso: ....
Fecha de Ingreso: .... Fecha de Egreso: ....
Razón por la cual se retiró: ....
Nombre, Apellido y cargo de Supervisor Directo: ....
.... Indique las tareas realizadas: ....
....

5. INFORMACION COMPLEMENTARIA

Remuneración Pretendida: .... ¿Tiene problemas de horario? SI ☐ NO ☐
Horario disponible: .... ¿Cuándo puede comenzar a trabajar? ....
.... ¿Cómo se contactó con la Empresa? Por aviso ☐ Por conocidos ☐ Otros ☐
¿Quienes? .... Especificar: ....

Si desea agregar información que este formulario no contempla y usted crea pueda ser de interés, descríbala a continuación:
....
....
....

....
FIRMA.

APLICACIÓN

A. *Llene la solicitud de empleo anterior con datos personales o imaginarios, y escriba una carta para acompañarla.*

B. *Escriba una carta similar a la número 3, dirigida a un negocio o compañía en un país hispánico, donde Ud. ofrece sus servicios para trabajar por unos meses.*

C. *Conteste una de las cartas modelo como si Ud. fuera el destinatario (la destinataria).*

D. *Escriba una carta basándose en la siguiente situación.*

Ud. acostumbra comprar por catálogo. Recibió su pedido equivocado y lo devolvió, pero la segunda vez volvieron a enviarle la mercancía que no era. Ud. escribe una carta de queja a la compañía.

E. *Un amigo o una amiga suya va a casarse y Ud. está invitado a la boda, pero no puede asistir. Escriba una carta personal breve, excusándose y acompañando un regalo.*

Análisis de la lectura

En este cuento se encuentran ejemplos de varios problemas gramaticales resueltos en capítulos anteriores.

A. *Lea los siguientes casos en que aparecen* **por** *y* **para**. *Traduzca las expresiones al inglés y explique por qué se usa* **por** *o* **para**.

1. ... lo soporta todo por mí...
2. ... le respondió por mí...
3. ... por su nariz, José...
4. ¿Por qué siente Ud. tan poca simpatía por mí, Chabelita?
5. ... viéndose incapacitado por sus defectos físicos para asociarse a nuestras diversiones, prefería colocarse al margen para no desentonar en nuestra comparsa.
6. ... toda la noche sufrí por él...
7. ... esta carta, por lo difícil, me obligó a hacer borrador.
8. ... limitándose a mirarme, como para decirme...
9. ¿Tendré razón para estar alarmada?
10. ... nos preparábamos para patinar...
11. ... no eran para él los goces de nosotros...
12. ... una persona para blanco de sus burlas...

B. *Basándose en las reglas que se dieron en el capítulo 7, explique por qué se usa* **parecer** *y no* **parecerse a** *en el siguiente caso.*

Bambú en cuclillas parece una langosta.

C. *¿Qué indica el uso de* **le** *en cada una de las oraciones siguientes?*

1. ... le sería difícil olvidarme...
2. ... Aurelio le ha compuesto unos versos...
3. ... A Ud. le debían haber torcido el pescuezo...

D. *¿Qué indica el uso de* **me** *en la oración siguiente?*

Me han dado las doce de la noche escribiéndote.

E. *Estas oraciones usan la construcción de* **gustar**. *Señale el sujeto de cada una de ellas.*

1. Se me hizo duro desairarlo.
2. A mí me gusta la música.
3. Nada le sienta, al pobre.
4. Me dolió ya formar entre los que le humillan.
5. [Los patines] le han quedado chicos.

Sección léxica

REPASO

Dé la palabra o expresión correspondiente a cada definición.

1. Sinónimo de **bofetada**.
2. Ocurrir o pasar.
3. A un lado, separado.
4. Expresión dicha con doble intención.
5. Adjetivo para algo que no es lógico o razonable.
6. Líquido dulce que tienen las frutas enlatadas.
7. Sinónimo de **fascinado**.
8. Otra manera de decir **sentir ira**.
9. No aceptar la cortesía o atención de alguien.
10. Sinónimo de **cuello**.
11. Adjetivo para alguien que habla mucho.
12. Otra manera de decir **quedarle bien**.

En el mundo comercial, se usan a veces en español las mismas siglas del inglés. Éste es el caso de C.O.D., que vemos en este anuncio de Colombia.

AMPLIACIÓN

Las listas que se dan a continuación, contienen palabras de uso muy común en los bancos y en el mundo comercial en general. Aprenda las que no sepa, y luego aplíquelas en los ejercicios que siguen.

El banco

el balance	*balance*
la banca	*banking* (as an institution)
el billete	*bill (bank note)*
el capital	*principal; capital*
la cifra	*figure, number*
el crédito	*credit*
la fianza	*guarantee*
cotizarse	*to be quoted*
la cuenta corriente (de cheques)	*checking account*
la cuenta de ahorros	*savings account*
el cheque	*check*
la chequera	*checkbook*
el efectivo; en efectivo	*cash; in cash*

el endoso	*endorsement*
el, la cajero/a	*teller*
el cheque sin fondos (sobregirado)	*overdrawn check*
el giro	*draft*
la hipoteca	*mortgage*
el interés	*interest*
la inversión	*investment*
la letra	*draft*
la mensualidad	*monthly payment*
la moneda	*currency; coin*
la operación	*transaction*
la planilla	*application (form)*
el pagaré	*I.O.U.*
el préstamo	*loan*
la quiebra; declararse en quiebra	*bankruptcy; to declare bankruptcy*
el saldo	*balance*
el sobregiro	*overdraft*
la sucursal	*branch (commercial)*
el tipo de cambio	*exchange rate*

El comercio en general

la acción	*stock*
el, la accionista	*stockholder*
al contado	*cash* (as opposed to *in installments*)
a plazos	*in installments, on time*
el, la apoderado/a	*manager; person with power of attorney*
la bolsa	*stock exchange*
la caja chica (de menores)	*petty cash*
el, la comerciante/a	*tradesman, merchant*
el, la consumidor(a)	*consumer*
el, la contador(a) público/a	*public accountant*
la contribución, el impuesto	*tax*
el contrato de arrendamiento	*lease*
el, la corredor(a) de bienes raíces	*real estate broker*
la firma	*signature; commercial firm*
la ganancia	*gain, profit*
el inventario	*inventory*
el mercado; comercializar	*market; to market*
la mercancía	*merchandise*
el, la notario/a público/a	*notary public*

el pago adelantado	*advance (payment)*
la pérdida	*loss*
el plazo	*deadline*
el seguro	*insurance*
la sociedad anónima	*stock company (Inc.)*
el, la socio/a	*partner, associate*
el sueldo	*salary*
el, la tenedor(a) de libros	*bookkeeper*
vencer	*to expire; to fall due*
el, la vendedor(a)	*salesperson*

APLICACIÓN

A. Conversaciones que se oyen en un banco. *Complete con las palabras apropiadas para que los diálogos tengan sentido.*

1. *Juanito:* Quiero solicitar un ______ para comprar un automóvil.
Empleado: ¿Tiene trabajo fijo y crédito establecido? Si no, necesitará darnos una ______ o conseguir una persona que lo garantice.
Juanito: Tengo trabajo y crédito. Además, mi padre puede firmar si es necesario. Él ha hecho varias ______ de negocios con este banco, pero no aquí, sino en la ______ de la calle de Atocha.
Empleado: Muy bien. Puede llenar esta ______ .
Juanito: Si pido cincuenta mil pesos, ¿de qué cantidad será la ______ que tendré que pagar?
Empleado: De unos $1,700. Parte de esa cantidad es para los intereses, y la otra parte cubre el ______ .
2. *Sr. Smith:* Para enviar dinero a España necesito hacer un ______ ¿verdad?
Cajero: Sí, es la mejor manera.
Sr. Smith: ¿Podría decirme cuál es la ______ de España, y a cómo se ______ en dólares?
Cajero: La peseta. La cotización ahora es de ______ por dólar.
3. *Srta. Cortés:* Quisiera abrir dos cuentas: una ______ y otra de ______ .
Empleada: En seguida, señorita. Llene Ud. esta ______ con sus datos.
Srta. Cortés: ¿Qué ______ pagan Uds. por los ahorros?
Empleada: El seis por ciento si la ______ del ______ es menor de $5,000.
Srta. Cortés: Voy a depositar este cheque de $200 en la cuenta de ahorros. El depósito de la cuenta corriente será en ______ . Aquí tiene Ud. $500 en cinco ______ de a cien.
Empleada: El cheque no tiene ______ detrás. Fírmelo, por favor. Después vaya al ______ de la izquierda. Él se ocupará de sus depósitos.
Srta. Cortés: Tengo una pregunta. Mis cheques... ¿podrían ser rosados? Me gustaría una ______ rosada también.

Empleada: Lo siento, señorita, sólo puede Ud. escoger entre el azul y el gris.

4. *Jacinto:* ¡Pobre Martínez! Ha perdido mucho dinero, porque ha hecho varias _______ malas últimamente.
   Mauricio: Sí, oí decir que tiene varios _______ vencidos y no ha podido pagarlos. Ha dado además varios cheques sin _______ .
   Jacinto: Me dijeron también que piensa hacer una segunda _______ sobre su casa.
   Mauricio: Ésa sería una solución para no tener que declararse en _______ .

B. *Identifique la palabra a que se refiere cada una de las siguientes definiciones.*

1. Persona que garantiza que la firma de un documento es auténtica.
2. Antónimo de **pérdida**.
3. Manera de pagar poco a poco una deuda.
4. Documento que firmo cuando alquilo un apartamento.
5. Inversión con la que varios individuos participan en una compañía.
6. Persona que representa a otra legalmente.
7. Dinero que recibe periódicamente un empleado por sus servicios.
8. Compañía formada por accionistas.
9. Lista de la mercancía que hay en un negocio o tienda.
10. Persona que vende casas y edificios.

C. *Escoja diez palabras de la lista de* El comercio en general *y defínalas en español. Puede usar un diccionario como ayuda, pero trate de usar sus propias palabras.*

DISTINCIONES LÉXICAS

ALGUNOS EQUIVALENTES ESPAÑOLES DE *TO RUN*

1. Cuando *to run* es intransitivo y significa:

a. *to go faster than walking* = **correr**

Ningún hombre puede correr tan rápido como un caballo.	*No man can run as fast as a horse.*

b. *to go (as a train)* = **ir**

Ese tren va desde Madrid a Gijón.	*That train runs from Madrid to Gijón.*

c. *to flow* = **correr**

Violeta olvidó cerrar el grifo, y cuando regresó, el agua corría por el pasillo.	*Violeta forgot to turn off the faucet, and when she came back, water was running down the hall.*

d. *to work, keep operating* (as a motor or clock) = **andar, funcionar**

Mi nuevo reloj anda (funciona) muy bien.	*My new watch runs very well.*
No debes dejar el motor andando si no estás dentro del carro.	*You shouldn't leave the motor running if you are not inside the car.*

e. *to spread* = **correrse**

Lavé el vestido con agua fría para evitar que el color se corriera.	*I washed the dress in cold water to prevent the color from running.*

f. *to continue; last* = **durar**

El contrato de mi apartamento dura tres años.	*My apartment lease runs for three years.*
¡Qué película más larga! Dura tres horas.	*What a long movie! It runs for three hours.*

g. *to be a candidate for election* = **postularse (para), aspirar (a)**

Cristóbal se postula para (aspira a) alcalde de mi pueblo.	*Cristóbal is running for mayor in my hometown.*

h. *to cost* = **costar**

¿Cuánto (me) van a costar esos armarios?	*How much will those cabinets run (me)?*

i. *to have a specified size* (garments) = **venir**

Mejor pruébese un número más pequeño; estos zapatos vienen muy grandes.	*You'd better try on a smaller size; these shoes run very large.*

k. *to stretch, extend* = **extenderse**
to run along = **extenderse (por)**
to run around = **rodear**
to run up = **trepar (por)**

El sendero se extendía desde el pueblo hasta la costa.	*The path ran from the village to the coast.*
Una hermosa moldura tallada se extendía por la pared.	*A beautiful carved molding ran along the wall.*

Las enredaderas trepaban por la cerca que rodeaba el jardín.	*Vines ran up the fence that ran around the garden.*

2. Cuando *to run* es transitivo y significa:

a. *to perform* (as in running an errand) = **hacer**

Es tarde y necesito hacer varios mandados (varias diligencias).	*It is late and I need to run several errands.*

b. *to pass (something) quickly* = **pasar(se) por**

La mujer se pasó nerviosamente la mano por el pelo.	*The woman ran her hand over her hair nervously.*

c. *to expose oneself to* = **correr**

Ud. corre el riesgo de perder su dinero en esa operación.	*You run the risk of losing your money in that transaction.*

d. *to conduct; manage* = **dirigir; administrar**

Hace diez años que Tomás Duarte administra el negocio de su familia.	*Tomás Duarte has been running the family business for ten years.*

e. *to publish* (in a periodical [e.g., an ad]) = **poner**

Pondremos un anuncio en el periódico de la mañana.	*We will run an ad in the morning paper.*

3. Otras expresiones en las que se encuentra el verbo *to run*:

to run a fever	**tener fiebre**
to run across, into	**tropezarse con**
to run away	**escaparse, huir**
to run into (crash, collide)	**chocar con**
to run out of	**quedarse sin, acabársele (a uno)**
to run over (riding or driving)	**pasar por encima de, arrollar, atropellar**
to run over (overflow)	**desbordarse**
to run (speaking of the nose)	**gotearle (a uno) la nariz**
in the long run	**a la larga**
on the run (adjective)	**fugitivo**
to be on the run	**estar huyendo, estar fugitivo**

Siento no poder ofrecerte una tostada. Nos hemos quedado sin pan (se nos acabó el pan).	*I am sorry I can't offer you a piece of toast. We ran out of bread.*

Los rebeldes estuvieron huyendo (fugitivos) varios meses.	*The rebels were on the run for several months.*
La anciana fue atropellada por un criminal fugitivo.	*The old woman was run over by a criminal on the run.*
Al niño le goteaba la nariz porque tenía catarro.	*The child's nose was running because he had a cold.*
A la larga, nos tropezaremos.	*In the long run, we'll run into each other.*

APLICACIÓN

Traduzca.

1. What a day! While walking to my car, I ran into Mrs. Castillo, whom I detest. On my way to work, my car ran over some nails and I got a flat tire. Back home, I found that the faucet in the sink was dripping and the water had run over onto the floor. I washed my best dress and the colors ran. I also broke a mirror which means that my bad luck will run for seven years.
2. We had learned about that house from an ad that its owners had run in the paper. It was beautiful! I loved the ivy running up the walls. A small brook ran at the back of the property and a stone wall ran around the garden. "I wonder how much this house will run," said my husband.
3. The man was drunk. He ran over a little girl. Then his car ran into a tree. He was hurt, the blood was running all over his face, but he ran away and now he is on the run. In the long run they'll catch him. I hope so!
4. My best friend, who runs a small flower shop, was running for president of the association of florists, and I wanted to help him in his campaign, but my car wasn't running. My mother couldn't lend me hers because she had to run several errands. Luckily, there is a train that runs between my town and the city.
5. William ran his hand over his forehead. "I am running a fever," he thought. His nose was running and he had a headache. He didn't want to run the risk of missing his job interview that afternoon. He went to get some aspirin but, unfortunately, he had run out of them.

Para escribir mejor

RECURSOS ESTILÍSTICOS II

Además de los tres recursos descritos en el capítulo anterior, existe otro muy significativo: al igual que palabras equivalentes hay construcciones equivalentes. En el capítulo 13 hemos visto que se puede expresar de varios modos una cláusula adverbial como la de la oración **Después que había salido el sol, se oyeron las canciones de las aves.** Se puede usar el gerundio: **Habiendo salido el sol**; o el infinitivo: **Al salir el sol**; o el participio pasivo (dos modos): **Salido el sol, Después de salido el sol.**

En otros capítulos también se ha visto la variabilidad sintáctica de la lengua española. Algunos ejemplos:

1. las expresiones temporales con **hace** y sus equivalentes (capítulo 3)
2. ciertos verbos de voluntad (o influencia) que permiten el uso del subjuntivo o del infinitivo, aun cuando haya cambio de sujeto (capítulo 4)
3. Para expresar un deseo, **ojalá + subjuntivo** puede reemplazar a **quién + subjuntivo** (que es de uso restringido a la tercera persona de singular) (capítulo 4)
4. **de + infinitivo** como equivalente de **si + subjuntivo** (capítulos 6 y 13)
5 En muchos casos, la voz pasiva con **ser** puede reemplazar a la pasiva refleja y viceversa (capítulo 12)
6. Frecuentemente, la tercera persona de plural del verbo activo puede reemplazar a la voz pasiva (capítulo 12)

APLICACIÓN

Exprese con otra construcción lo mismo que dicen las siguientes oraciones.

Modelo: El tesoro *fue descubierto* en una isla desierta.
→ El tesoro **se descubrió** en una isla desierta.

1. *Si no hubiera llovido*, habríamos ido al concierto.
2. Ese músico *ha estado buscando empleo durante seis meses.*
3. Esa ladrona *fue detenida* ayer en Sears.
4. ¿La invitará Jaime a *ir* al cine con él?
5. ¡*Quién no se* hubiera comprometido a hacerlo!
6. *Habíamos estado esperando* el tren *una hora y media* cuando por fin llegó.
7. Aunque *fue construida* la gatera para facilitarle las salidas al gato, él se niega a usarla.
8. *Perdido el juego*, los jugadores volvieron tristes al vestuario.
9. *De ver* al duende, tú también te asustarías.
10. No creo que esos datos *hayan sido mencionados* antes.
11. Déjame *ayudarte* con esas maletas.
12. Afortunadamente, mis joyas perdidas ya *habían sido encontradas.*
13. Mis padres me prohibieron *comprar* ese libro escandaloso.
14. Esa fortaleza *será asaltada* en la próxima batalla.
15. *Si Carlos manejara* su coche a menos velocidad, no le pondrían tantas multas.
16. *Cuando termine* este ejercicio, estaré muy contento.
17. Muchas personas importantes *han sido invitadas* a la boda.
18. A Eduardo *se le acusó* de haber cometido el crimen, pero *fue declarado inocente por el jurado.*
19. *Apagado el televisor*, Ignacio se puso a estudiar para su examen de química.
20. Pronto *se le dará* a Pedro la oportunidad de actuar en una película.

TRADUCCIÓN

ACME PRODUCTS, INC.
Guadalupe 3114
Austin, Texas 78749

May 28, 1994

Mr. Emilio García de Soto,
Joyería Miraflor,
Morelos 25,
México, D.F.,
México

Re: Mr. Robert T. Williams

Dear Mr. Soto:[1]

This is in answer to your letter of May 18th inquiring about Mr. Robert T. Williams.

Mr. Williams came to our company as a result of an ad we ran in the paper and worked for us as a bookkeeper for two months in 1993. He was employed only part-time since he was still going to school at the time. Although my contact with him was rather brief, I can say that he is a personable young man who is very intelligent and good at figures.

I must, however, inform you about the reasons for his dismissal from our company: After Mr. Williams had been with us for a month, he became quite slow in completing the tasks assigned to him. Since I run the department of accounting, I decided to watch him closely. I was able to ascertain that the reason for his slow pace was that, every time he thought nobody was watching, he put his work aside and read a copy of Don Quijote he had in his desk drawer.

I later found out from another employee that Mr. Williams was most interested in learning the Spanish language and he read Spanish books all the time. This interest, although very commendable per se, was damaging when pursued on company time and I so explained to Mr. Williams. He seemed to heed my warning for a couple of weeks, but one day I caught him again. He was reading Don Juan Tenorio this time. Of course, I had no choice but to let him go.

If I can be of further assistance, please feel free to contact me.

Sincerely yours,

Acme Products, Inc.,
John D. Manding
John D. Manding,
Supervisor,
Department of Accounting

JDM/mcd

[1]Como el remitente de esta carta es norteamericano, no sabe que el apellido de don Emilio no es Soto. Use el apellido correcto en su versión española.

TEMAS PARA COMPOSICIÓN

1. La carta del Sr. Manding. ¿Cree Ud. que hizo bien él en escribir esta carta? ¿Hizo bien Robert Williams en pedirle a Manding una recomendación?¿Deben ser completamente sinceros los que escriben una carta de recomendación?¿Empleará el propietario de la Joyería Miraflor a Williams? ¿Lo emplearía Ud.?
2. Lo que Ud. considera un buen jefe o una buena jefa. ¿Preferiría Ud. que su jefe fuera hombre o mujer? Lo que debe y no debe hacer un buen empleado.
3. El diálogo entre la Sra. de Armas y su esposo. Imagine el momento en que la madre de Jairo le explica al padre el contenido de la carta, y lo que dirá y hará el padre al enterarse.
4. El final de «¡Pobre feo!» ¿Cómo terminaría Ud. esta narración si fuese el autor? Después que decida el final que daría al cuento, busque la versión completa y compare ambos finales.
5. Por qué podría o no podría enamorarse de una persona fea. ¿Es muy importante para Ud. el aspecto físico de una persona? ¿Por qué o por qué no? Explique las cualidades que desea Ud. encontrar en la persona amada y por qué las considera importantes.

A · P · P · E · N · D · I · X

RECOMMENDED DICTIONARIES

The American Heritage Larousse Spanish Dictionary. Spanish/English. English/Spanish. Boston: Houghton Mifflin, 1986.

Diccionario enciclopédico Espasa, 1. 2a ed. Madrid: Espasa-Calpe, 1985.

García-Pelayo y Gross, Ramón. *Pequeño Larousse ilustrado, 1993.* México: Ediciones Larousse, 1992.

García-Pelayo y Gross, Ramón, et al. *Gran diccionario español-inglés, English-Spanish Larousse.* México: Ediciones Larousse, 1984.

Moliner, María. *Diccionario de uso del español.* 2 vols. Madrid: Gredos, 1966–1967.

The Oxford-Duden Pictorial Spanish-English Dictionary. Oxford: Clarendon Press, 1985.

Real Academia Española. *Diccionario de la lengua española.* 21 ed. Madrid: Espasa-Calpe, 1992.

Sánchez, Aquilino, et al. *Diccionario de uso. Gran diccionario de la lengua española.* Madrid: SGEL, 1985.

Seco, Manuel. *Diccionario de dudas y dificultades de la lengua española.* 9a ed. Madrid: Espasa-Calpe, 1986.

Smith, Colin, et al. *Collins Diccionario Español-Inglés, Inglés-Español.* 3rd ed. Glasgow: HarperCollins/Barcelona: Grijalbo, 1992.

THE SPANISH ALPHABET (EL ALFABETO ESPAÑOL)

Since Spanish words rarely need to be spelled out, many advanced students have forgotten the names of Spanish letters. Yet, it is important for students to know these names so that spelling problems can be discussed in Spanish.

All the letters are feminine in gender. To form the plural, add **-es** to the names of the vowels and **-s** to the names of the consonants. The numbers refer to the observations that follow the list.

a	**a**	n	**ene**
b	**be** (1)	ñ	**eñe**
c	**ce**	o	**o**
ch	**che** (2)	p	**pe**

d	**de**	q	**cu**
e	**e**	r	**ere, erre** (4)
f	**efe**	s	**ese**
g	**ge**	t	**te**
h	**hache**	u	**u**
i	**i** (3)	v	**ve**(5)
j	**jota**	w	**ve doble**(6)
k	**ka**	x	**equis**
l	**ele**	y	**i griega** (7)
ll	**elle**	z	**zeta** (8)
m	**eme**		

Some observations on certain letters:

1. The letter **be** (*b*) represents two sounds, according to position: at the beginning of a breath group or after a nasal consonant the sound is occlusive (the lips are momentarily closed to produce the sound: **Benito, combinar**); in all other positions the sound is fricative (it is produced by friction and the lips touch very lightly or not at all: **cabe, robo**). The letter **ve** (*v*) represents exactly the same two sounds in most Spanish-speaking areas. Since **be** and **ve** are pronounced exactly the same, Spanish-speaking people have invented various ways to distinguish orally the two letters: **Be** is called: **be alta, be grande, be larga, be de Barcelona, be de burro**; see note 5 below.
2. This letter is called **ce hache** in some areas.
3. Also called **i latina**.
4. The latest edition (1992) of the Academy Dictionary remarks on this letter: *"Su nombre generalmente es erre; pero se llama ere cuando se quiere hacer notar que representa un sonido simple."* Some Spanish speakers refer to **erre** as **ere doble**.
5. The **ve** is also sometimes called **uve** (Spain) or **u consonante**. For the reason explained in note 1, Spanish speakers distinguish this letter from **be** by means of special names: **ve baja, ve chica, ve corta, ve de Valencia**, and **ve de vaca**.
6. Also called: **doble ve, uve doble, doble u**.
7. Also called: **ye**.
8. Variants are: **zeda, ceda**.

SPANISH GRAMMATICAL TERMINOLOGY: VERB FORMS

Listed below are the names of the principal parts of the verb in Spanish, followed in each case by an example with English translation, and the usual English name of the verb form. The nomenclature is that which is recommended by the Royal Spanish Academy in its *Esbozo de una nueva gramática de la lengua española*.

1. infinitivo (**estudiar**, *to study*) infinitive
2. gerundio (**estudiando**, *studying*) present participle (see Ch. 13)
3. participio pasivo (**estudiado**, *studied*) past participle

Indicativo *Indicative*

4. presente (**Mario estudia español.** *Mario studies, does study, is studying Spanish.*) present
5. presente progresivo (**Mario está estudiando español.** *Mario is studying Spanish.*) present progressive
6. pretérito imperfecto* (**Mario estudiaba español.** *Mario used to study, was studying Spanish.*) imperfect
7. pretérito imperfecto progresivo (**Mario estaba estudiando español.** *Mario was studying Spanish.*) imperfect progressive
8. pretérito perfecto simple** (**Mario estudió español.** *Mario studied, did study Spanish.*) preterite
9. pretérito perfecto simple progresivo (**Mario estuvo estudiando español.** *Mario was studying Spanish.*) preterite progressive
10. pretérito perfecto compuesto (**Mario ha estudiado español.** *Mario has studied Spanish.*) present perfect
11. pretérito perfecto compuesto progresivo (**Mario ha estado estudiando español.** *Mario has been studying Spanish.*) present perfect progressive
12. pretérito pluscuamperfecto (**Mario había estudiado español.** *Mario had studied Spanish.*) pluperfect (past perfect)
13. pretérito pluscuamperfecto progresivo (**Mario había estado estudiando español.** *Mario had been studying Spanish.*) pluperfect progressive
14. futuro (**Mario estudiará español.** *Mario will study Spanish.*) future
15. futuro perfecto (**Mario habrá estudiado español.** *Mario will have studied Spanish.*) future perfect
16. condicional (**Mario estudiaría español.** *Mario would study Spanish.*) conditional
17. condicional perfecto (**Mario habría estudiado español.** *Mario would have studied Spanish.*) conditional perfect

Subjuntivo *Subjunctive*

18. presente (**[Ojalá que] Mario estudie español.** *[I hope] Mario studies Spanish.*) present
19. imperfecto (**[Ojalá que] Mario estudiara español.** *[I wish] Mario would study Spanish.*) imperfect
20. pretérito perfecto (**[Ojalá que] Mario haya estudiado español.** *[I hope] Mario has studied Spanish.*) present perfect
21. pretérito pluscuamperfecto (**[Ojalá que] Mario hubiera estudiado español.** *[I wish] Mario had studied Spanish.*) pluperfect

Imperativo *Imperative*

22. afirmativo (**Estudia (tú) español, Mario.** *Study Spanish, Mario.*) affirmative
23. negativo (**No estudies (tú) español, Mario.** *Don't study Spanish, Mario.*) negative

*In order to simplify, this tense is called **el imperfecto** in this and other textbooks.
In order to simplify, this tense is called **el pretérito in this and other textbooks.

From the point of view of grammatical terminology, the sentence **Mario está estudiando español** is composed of the following elements:

1. **Mario** = ***el sujeto*** = *subject*
2. **está estudiando español** = ***el predicado*** = *predicate*
3. **está estudiando** = ***el verbo o el predicado verbal*** = *verb or simple predicate*
4. **está** = ***verbo auxiliar*** = *auxiliary verb*
5. **est-** = ***el radical, la raíz*** = *stem*
6. **-á** = ***la terminación, la desinencia*** = *ending*
7. **español** = ***el complemento (directo)*** = *(direct) object*

SPANISH GRAMMATICAL TERMINOLOGY: OTHER FORMS

Here the English term is followed by the Spanish equivalent and a Spanish example.

adjective: **el adjetivo.**
demonstrative adjective: **adjetivo demostrativo**: este libro
descriptive adjective: **adjetivo calificativo**: la casa blanca
numerical adjective: **adjetivo numeral**: tres pesos
possessive adjective: **adjetivo posesivo**: mi lápiz
stressed possessive adjective: **adjetivo posesivo enfático**: el pleito mío
word used as an adjective: **palabra adjetivada**: una pierna rota
adverb: **el adverbio**: lentamente
(to) agree: **concordar** (ue): El adjetivo concuerda con el sustantivo.
agreement: **la concordancia**: "La casa amarilla" es un ejemplo de concordancia.
antecedent: **el antecedente**: En la oración "El gato que veo es de María", "el gato" es el antecedente de "que".
clause: **la cláusula**
adjective clause: **cláusula adjetival**: Busco una casa que tenga tres dormitorios.
adverbial clause: **cláusula adverbial**: Comeremos cuando lleguen nuestros invitados.
contrary-to-fact clause: **cláusula de negación implícita**: Si fuera rico, lo compraría.
noun clause: **cláusula sustantiva**: Queremos que se diviertan en la fiesta.
conjunction: **la conjunción**: Llegué tan pronto como pude.
dative (of interest): **el dativo (de interés)**: Se me murió el perrito.
(to) function as: **actuar como, funcionar como, hacer de**: En esta oración "el árbol" funciona como sujeto.
idiom: **el modismo**: Tener hambre es un modismo para el angloparlante.
intransitive: **intransitivo**: En la oración "Los árboles crecían rápidamente," crecían es intransitivo porque se usa sin complemento directo.
(to) modify: **modificar, calificar**: En la frase "un examen fácil" la palabra fácil modifica "examen."
noun: **el nombre, el sustantivo**: Vaso es un nombre o sustantivo.
direct object noun: **nombre complemento directo** (o **de objeto directo**) ¿Compraste pan?

indirect object noun: **nombre complemento indirecto** (o **de objeto indirecto**) Le presté el dinero a Teresa.

word used as a noun: **palabra sustantivada** El viejo contiene un adjetivo sustantivado.

part of speech: **la parte de la oración**: Los adverbios son partes de la oración.

pronoun: **el pronombre**

demonstrative pronoun: **pronombre demostrativo**: ése

direct object pronoun: **pronombre (de) complemento directo** (o **de objeto directo**): Lo vi ayer.

indefinite pronoun: **pronombre indefinido**: algunos

indirect object pronoun: **pronombre (de) complemento indirecto** (o **de objeto indirecto**): Le vendí el carro.

interrogative pronoun: **pronombre interrogativo**: ¿Quién?

personal pronoun: **pronombre personal**: yo

possessive pronoun: **pronombre posesivo**: el mío

reciprocal pronoun: **pronombre recíproco**: Nos vemos todos los días.

reflexive pronoun: **pronombre reflexivo**: Ellos se acostaron muy tarde.

relative pronoun: **pronombre relativo**: La película que vimos ayer era muy buena.

subject pronoun: **pronombre (de) sujeto**: Ellas no lo hicieron.

required: **obligatorio**: La a es obligatoria en la oración "Vimos a Miguel."

(to) take (e.g., the subjunctive) **requerir** (ie), **tomar**, **llevar**: La conjunción antes que siempre requiere el subjuntivo.

tense: **el tiempo**: "Estudian" está en el tiempo presente.

transitive: **transitivo**: En la oración "Están cortando el césped" el verbo es transitivo porque se usa con complemento directo.

voice: **la voz**

active voice: **voz activa**: Abel tiró la pelota.

passive voice: **voz pasiva**: La pelota fue tirada por Abel.

Demonstratives

	MASCULINE	FEMININE
this	**este**	**esta**
these	**estos**	**estas**
that	**ese**	**esa**
those	**esos**	**esas**
that	**aquel**	**aquella**
those	**aquellos**	**aquellas**

The demonstrative pronouns have the same form as the above adjectives but bear an accent on the stressed syllable. In addition, there are neuter pronoun forms (**esto, eso, aquello**) that do not take a written accent.

It is helpful to remember that the demonstratives generally correspond to the adverbs listed below.

este, etc. ⟶ **aquí**
ese, etc. ⟶ **ahí**
aquel, etc. ⟶ **allí, allá**

Note that the demonstrative adjectives when placed after the noun convey a pejorative meaning. Also, the pronouns, when referring to persons, may be pejorative.

¿Qué le pasa al tipo ese? — *What's wrong with that guy?*

Ése no se calla nunca. — *That one never shuts up.*

Possessives (with corresponding subject pronouns)

SUBJECT PRONOUNS	UNSTRESSED FORMS OF ADJECTIVE	STRESSED FORMS OF ADJECTIVE	PRONOUNS
yo	mi, mis	mío (-os, -a, -as)	el (los, la, las) mío (-os, -a, -as)
tú	tu, tus	tuyo (-os, -a, -as)	el (los, la, las) tuyo (-os, -a, -as)
él, ella, Ud.	su, sus	suyo (-os, -a, -as)	el (los, la, las) suyo (-os, -a, -as)
nosotros, -as	nuestro (-os, -a, -as)	nuestro (-os, -a, -as)	el (los, la, las) nuestro (-os, -a, -as)
vosotros, -as	vuestro (-os, -a, -as)	vuestro (-os, -a, -as)	el (los, la, las) vuestro (-os, -a, -as)
ellos, ellas, Uds.	su, sus	suyo (-os, -a, -as)	el (los, la, las) suyo (-os, -a, -as)

There are also invariable neuter pronouns: **lo mío (tuyo, suyo, nuestro, vuestro, suyo)**.

Después de la boda, lo mío será tuyo y lo tuyo será mío. — *After the wedding, what is mine will be yours and what is yours will be mine.*

Personal Pronouns

PERSON		DIRECT OBJECT OF VERB		INDIRECT OBJECT OF VERB	
Singular					
1 **yo**	I	**me**	me	**me**	to me
2 **tú**	you	**te**	you	**te**	to you
3 **él**	he	**le, lo*; lo**	him; it	**le (se)**	to him, to her, to you, to it
ella	she	**la**	her, it		
usted (Ud.)	you	**le, lo*; la**	you (*m*); you (*f*)		
Plural					
1 **nosotros, -as**	we	**nos**	us	**nos**	to us
2 **vosotros, -as**	you	**os**	you	**os**	to you

PERSON	DIRECT OBJECT OF VERB		INDIRECT OBJECT OF VERB	
3 ellos	they	**los**	them	**les (se)** to them, to you
ellas	they	**las**	them	
ustedes (Uds.)	you	**los; las**	you (*m*)	
			you (*f*)	

OBJECT OF PREPOSITION		REFLEXIVE (DIRECT/INDIRECT OBJECT OF VERB)		REFLEXIVE OBJECT OF PREPOSITION	
(para) mí**	(for) me	**me**	(to) myself	**(para) mí****	(for) myself
(para) ti**	(for) you	**te**	(to) yourself	**(para) ti****	(for) yourself
(para) él	(for) him	**se**	(to) himself, herself, yourself, itself	**(para) sí****	(for) himself, herself, yourself, itself
(para) ella	(for) her				
(para) usted	(for) you				
(para) nosotros, -as	(for) us	**nos**	(to) ourselves	**(para) nosotros, -as**	(for) ourselves
(para) vosotros, -as	(for) you	**os**	(to) yourselves	**(para) vosotros -as**	(for) yourselves
(para) ellos	(for) them	**se**	(to) themselves, yourselves	**(para) sí**	(for) themselves yourselves
(para) ellas	(for) them				
(para) ustedes	(for) you				

*The majority of modern writers in Spain prefer **le** in this case (**leísmo**). The Spanish Academy and the majority of Spanish-American writers prefer **lo** in this case (**loísmo**).
After the preposition **con, the pronouns **mí**, **ti**, and **sí** become **-migo**, **-tigo**, and **-sigo**.

Position of object pronouns (direct, indirect, reflexive):

1. They precede conjugated verb forms.
2. They follow and are attached to (a) the affirmative command, (b) the infinitive, and (c) the **-ndo** form.
3. If a conjugated verb is combined with an infinitive or **-ndo** form, the pronoun may either precede the conjugated verb form or be attached to the infinitive or **-ndo** form.

I. REGULAR VERBS

Principal Parts:	INFINITIVE	PRESENT PARTICIPLE*	PAST PARTICIPLE
1st conjugation:	LLAMAR	LLAMANDO	LLAMADO
2nd conjugation:	CORRER	CORRIENDO	CORRIDO
3rd conjugation:	SUBIR	SUBIENDO	SUBIDO

PRESENT INDICATIVE
(Infinitive stem + endings)

llamo -as, -a, -amos, -áis, -an
corro -es, -e, -emos, -éis, -en
subo -es, -e, -imos, -ís, -en

IMPERFECT INDICATIVE
(Infinite stem + endings)

llamaba, -abas, -aba, -ábamos, -abais
-aban
corr } -ía, -ías, -ía, -íamos, -íais,
sub } -ían

PRETERITE
(Infinitive stem + endings)

llamé, -aste, -ó, -amos, -asteis, -aron
corr } -í, -iste, -ió, -imos,
sub } -isteis, -ieron

IMPERATIVE
(Applies also to radical-changing verbs.)
Singular: llama, corre, sube (*This is usually the same as 3rd singular indicative.*)
Plural: llamad, corred, subid

(*Change **r** of infinitive to **d**.*)

PRESENT SUBJUNCTIVE
(Infinitive stem + endings)

llame -es, -e, -emos, -éis, -en
corra -as, -a, -amos, -áis, -an
suba -as, -a, -amos, -áis, -an

IMPERFECT SUBJUNCTIVE
(Preterite 3 plural. *Drop **-ron**, add endings.*)

llama { -ra, -ras, -ra, ´ramos,
corrie { -rais, -ran
subie { -se, -ses, -se, ´semos,
-seis, -sen

FUTURE
(Infinitive + endings)

llamar }
correr } -é, -ás, -á, -emos, -éis, -án
subir }

CONDITIONAL
(Infinitive + endings)

llamar }
correr } -ía, -ías, -ía, -íamos,
subir } -íais, -ían

*In the following tables the conventional term *present participle* is used to refer to the Spanish **gerundio**.

Present perfect
(*I have called*) he, has, ha, hemos, habéis, han
Past Perfect
(*I had called*) había, habías, había, habíamos, habíais, habían
Preterite perfect
(*I had called*) hube, hubiste, hubo, hubimos, hubisteis, hubieron
Future perfect
(*I shall have called*) habré, habrás, habrá, habremos, habréis, habrán
Conditional perfect
(*I should have called*) habría, habrías, habría, habríamos, habríais, habrían
Present perf. subj. haya, hayas, haya, hayamos, hayáis, hayan
Past perfect subj. hubiera, hubieras, hubiera, hubiéramos, hubierais, hubieran
hubiese, hubieses, hubiese, hubiésemos, hubieseis, hubiesen

Past participle: **llamado,** etc.

II. RADICAL CHANGING VERBS

(Verbs that change the last vowel of stem)

A. FIRST CLASS. All belong to 1st and 2nd conjugations.
Rule: Stem vowel changes **e** > **ie**, **o** > **ue** in 1, 2, 3, singular and 3 plural in:

Present indicative

1st conj.
cerrar: cierro, cierras, cierra, cerramos, cerráis, cierran
encontrar: encuentro, encuentras, encuentra, encontramos, encontráis, encuentran

2nd conj.
querer: quiero, quieres, quiere, queremos, queréis, quieren
resolver: resuelvo, resuelves, resuelve, resolvemos, resolvéis, resuelven

Present subjunctive

1st conj.
cerrar: cierre, cierres, cierre, cerremos, cerréis, cierren
encontrar: encuentre, encuentres, encuentre, encontremos, encontréis, encuentren

2nd conj.
querer: quiera, quieras, quiera, queramos, queráis, quieran
resolver: resuelva, resuelvas, resuelva, resolvamos, resolváis, resuelvan

B. SECOND CLASS. All belong to 3rd conjugation.
Rule: Same changes as 1st class, plus **e** > **i**, **o** > **u** in:

1, 2, plural present subjunctive

mentir: mienta, mientas, mienta, mintamos, mintáis, mientan
morir: muera, mueras, muera, muramos, muráis, mueran

3 singular and plural preterite

mentir: mentí, mentiste, mintió, mentimos, mentisteis, mintieron
morir: morí, moriste, murió, morimos, moristeis, murieron

All persons imperfect subjunctive

mentir: { mintiera, mintieras, mintiera, mintiéramos, mintierais, mintieran
mintiese, mintieses, mintiese, mintiésemos, mintieseis, mintiesen }

morir: { muriera, murieras, muriera, muriéramos, murierais, murieran
muriese, murieses, muriese, muriésemos, murieseis, muriesen }

Present Participle

mentir: mintiendo   morir: muriendo

C. THIRD CLASS. All belong to 3rd conjugation.
Rule: Change **e** > **i** in each place where ANY change occurs in 2nd class:

Example: **servir**

Present indicative: sirvo, sirves, sirve, servimos, servís, sirven
Present subjunctive: sirva, sirvas, sirva, sirvamos, sirváis, sirvan
Preterite: serví, serviste, sirvió, servimos, servisteis, sirvieron

Imperf. subjunctive: { sirviera, sirvieras, sirviera, sirviéramos, sirvierais, sirvieran/sirviese, sirvieses, sirviese, sirviésemos, sirvieseis, sirviesen }

Present participle: sirviendo

Other Irregular Verbs*

Andar (*to walk, go, stroll*)

Preterite	anduve, anduviste, anduvo, anduvimos, anduvisteis, anduvieron
Imp. subj.	anduviera, anduvieras, anduviera, anduviéramos, anduvierais, anduvieran
	anduviese, anduvieses, anduviese, anduviésemos, anduvieseis, anduviesen

Caber (*to fit into, to be contained in*)

Pres. ind.	quepo, cabes, cabe, cabemos, cabéis, caben
Pres. subj.	quepa, quepas, quepa, quepamos, quepáis, quepan
Future	cabré, cabrás, cabrá, cabremos, cabréis, cabrán
Conditional	cabría, cabrías, cabría, cabríamos, cabríais, cabrían
Preterite	cupe, cupiste, cupo, cupimos, cupisteis, cupieron
Imp. subj.	cupiera, cupieras, cupiera, cupiéramos, cupierais, cupieran
	cupiese, cupieses, cupiese, cupiésemos, cupieseis, cupiesen

Caer (*to fall*)

Pres. ind.	caigo, caes, cae, caemos, caéis, caen
Pres. subj.	caiga, caigas, caiga, caigamos, caigáis, caigan
Preterite	caí, caíste, cayó, caímos, caísteis, cayeron
Imp. sub.	cayera, cayeras, cayera, cayéramos, cayerais, cayeran
	cayese, cayeses, cayese, cayésemos, cayeseis, cayesen

*Only tenses that have irregular forms are given here.

Pres. part.	cayendo
Past part.	caído

Dar (*to give*)

Pres. ind.	doy, das, da, damos, dais, dan
Pres. subj.	dé, des, dé, demos, deis, den
Preterite	di, diste, dio, dimos, disteis, dieron
Imp. subj.	diera, dieras, diera, diéramos, dierais, dieran diese, dieses, diese, diésemos, dieseis, diesen

Decir (*to say, tell*)

Pres. ind.	digo, dices, dice, decimos, decís, dicen
Pres. subj.	diga, digas, diga, digamos, digáis, digan
Future	diré, dirás, dirá, diremos, diréis, dirán
Conditional	diría, dirías, diría, diríamos, diríais, dirían
Preterite	dije, dijiste, dijo, dijimos, dijisteis, dijeron
Imp. subj.	dijera, dijeras, dijera, dijéramos, dijerais, dijeran dijese, dijeses, dijese, dijésemos, dijeseis, dijesen
Imperative	di
Pres. part.	diciendo
Past part.	dicho

Estar (*to be*)

Pres. ind.	estoy, estás, está, estamos, estáis, están
Pres. subj.	esté, estés, esté, estemos, estéis, estén
Preterite	estuve, estuviste, estuvo, estuvimos, estuvisteis, estuvieron
Imp. subj.	estuviera, estuvieras, estuviera, estuviéramos, estuvierais, estuvieran estuviese, estuvieses, estuviese, estuviésemos, estuvieseis, estuviesen

Haber (*to have*)

Pres. ind.	he, has, ha, hemos, habéis, han
Pres. subj.	haya, hayas, haya, hayamos, hayáis, hayan
Future	habré, habrás, habrá, habremos, habréis, habrán
Conditional	habría, habrías, habría, habríamos, habríais, habrían
Preterite	hube, hubiste, hubo, hubimos, hubisteis, hubieron
Imp. Sub.	hubiera, hubieras, hubiera, hubiéramos, hubierais, hubieran hubiese, hubieses, hubiese, hubiésemos, hubieseis, hubiesen

Hacer (*to make, do*)

Pres. ind.	hago, haces, hace, hacemos, hacéis, hacen
Pres. subj.	haga, hagas, haga, hagamos, hagáis, hagan
Future	haré, harás, hará, haremos, haréis, harán
Conditional	haría, harías, haría, haríamos, haríais, harían
Preterite	hice, hiciste, hizo, hicimos, hicisteis, hicieron
Imp. subj.	hiciera, hicieras, hiciera, hiciéramos, hicierais, hicieran hiciese, hicieses, hiciese, hiciésemos, hicieseis, hiciesen
Imperative	haz
Past part.	hecho

Ir (*to go*)

Pres. ind.	voy, vas, va, vamos, vais, van
Pres. subj.	vaya, vayas, vaya, vayamos, vayáis, vayan

Preterite	fui, fuiste, fue, fuimos, fuisteis, fueron
Impr. subj.	fuera, fueras, fuera, fuéramos, fuerais, fueran fuese, fueses, fuese, fuésemos, fueseis, fuesen
Imp. indic.	iba, ibas, iba, íbamos, ibais, iban
Imperative	ve
Pres. part.	yendo

Oír (*to hear*)

Pres. ind.	oigo, oyes, oye, oímos, oís, oyen
Pres. subj.	oiga, oigas, oiga, oigamos, oigáis, oigan
Preterite	oí, oíste, oyó, oímos, oísteis, oyeron
Imp. subj.	oyera, oyeras, oyera, oyéramos, oyerais, oyeran oyese, oyeses, oyese, oyésemos, oyeseis, oyesen
Pres. part.	oyendo
Past part.	oído

Poder (*to be able, can*)

Pres. ind.	puedo, puedes, puede, podemos, podéis, pueden
Pres. subj.	pueda, puedas, pueda, podamos, podáis, puedan
Future	podré, podrás, podrá, podremos, podréis, podrán
Conditional	podría, podrías, podría, podríamos, podríais, podrían
Preterite	pude, pudiste, pudo, pudimos, pudisteis, pudieron
Imp. subj.	pudiera, pudieras, pudiera, pudiéramos, pudierais, pudieran pudiese, pudieses, pudiese, pudiésemos, pudieseis, pudiesen
Pres. part	pudiendo

Poner (*to put*)

Pres. ind.	pongo, pones, pone, ponemos, ponéis, ponen
Pres. subj.	ponga, pongas, ponga, pongamos, pongáis, pongan
Future	pondré, pondrás, pondrá, pondremos, pondréis, pondrán
Conditional	pondría, pondrías, pondría, pondríamos, pondríais, pondrían
Preterite	puse, pusiste, puso, pusimos, pusisteis, pusieron
Imp. subj.	pusiera, pusieras, pusiera, pusiéramos, pusierais, pusieran pusiese, pusieses, pusiese, pusiésemos, pusieseis, pusiesen
Imperative	pon
Past part.	puesto

Querer (*to want, love*)

Pres. ind.	quiero, quieres, quiere, queremos, queréis, quieren
Pres. subj.	quiera, quieras, quiera, queramos, queráis, quieran
Future	querré, querrás, querrá, querremos, querréis, querrán
Conditional	querría, querrías, querría, querríamos, querríais, querrían
Preterite	quise, quisiste, quiso, quisimos, quisisteis, quisieron
Imp. subj.	quisiera, quisieras, quisiera, quisiéramos, quisierais, quisieran quisiese, quisieses, quisiese, quisésemos, quisieseis, quisiesen
Imperative	quiere

Saber (*to know*)

Pres. ind.	sé, sabes, sabe, sabemos, sabéis, saben
Pres. subj.	sepa, sepas, sepa, sepamos, sepáis, sepan
Future	sabré, sabrás, sabrá, sabremos, sabréis, sabrán
Conditional	sabría, sabrías, sabría, sabríamos, sabríais, sabrían
Preterite	supe, supiste, supo, supimos, supisteis, supieron

Imp. subj.	supiera, supieras, supiera, supiéramos, supierais, supieran supiese, supieses, supiese, supiésemos, supieseis, supiesen

Salir (*to leave, go out*)

Pres. ind.	salgo, sales, sale, salimos, salís, salen
Pres. subj.	salga, salgas, salga, salgamos, salgáis, salgan
Future	saldré, saldrás, saldrá, saldremos, saldréis, saldrán
Conditional	saldría, saldrías, saldría, saldríamos, saldríais, saldrían
Imperative	sal

Ser (*to be*)

Pres. ind.	soy, eres, es, somos, sois, son
Imp. ind.	era, eras, era, éramos, erais, eran
Pres. subj.	sea, seas, sea, seamos, seáis, sean
Preterite	fui, fuiste, fue, fuimos, fuisteis, fueron
Imp. subj.	fuera, fueras, fuera, fuéramos, fuerais, fueran fuese, fueses, fuese, fuésemos, fueseis, fuesen
Imperative	sé

Tener (*to have, possess*)

Pres. ind.	tengo, tienes, tiene, tenemos, tenéis, tienen
Pres. subj.	tenga, tengas, tenga, tengamos, tengáis, tengan
Future	tendré, tendrás, tendrá, tendremos, tendréis, tendrán
Conditional	tendría, tendrías, tendría, tendríamos, tendríais, tendrían
Preterite	tuve, tuviste, tuvo, tuvimos, tuvisteis, tuvieron
Imp. subj.	tuviera, tuvieras, tuviera, tuviéramos, tuvierais, tuvieran tuviese, tuvieses, tuviese, tuviésemos, tuvieseis, tuviesen
Imperative	ten

Traer (*to bring*)

Pres. Ind.	traigo, traes, trae, traemos, traéis, traen
Pres. subj.	traiga, traigas, traiga, traigamos, traigáis, traigan
Preterite	traje, trajiste, trajo, trajimos, trajisteis, trajeron
Imp. subj.	trajera, trajeras, trajera, trajéramos, trajerais, trajeran trajese, trajeses, trajese, trajésemos, trajeseis, trajesen
Pres. part.	trayendo
Past part.	traído

Valer (*to be worth*)

Pres. ind.	valgo, vales, vale, valemos, valéis, valen
Pres. subj.	valga, valgas, valga, valgamos, valgáis, valgan
Future	valdré, valdrás, valdrá, valdremos, valdréis, valdrán
Conditional	valdría, valdrías, valdría, valdríamos, valdríais, valdrían

Venir (*to come*)

Pres. ind.	vengo, vienes, viene, venimos, venís, vienen
Pres. subj.	venga, vengas, venga, vengamos, vengáis, vengan
Future	vendré, vendrás, vendrá, vendremos, vendréis, vendrán
Conditional	vendría, vendrías, vendría, vendríamos, vendríais, vendrían
Preterite	vine, viniste, vino, vinimos, vinisteis, vinieron
Imp. subj.	viniera, vinieras, viniera, viniéramos, vinierais, vinieran viniese, vinieses, viniese, viniésemos, vinieseis, viniesen
Imperative	ven
Pres. part.	viniendo

Ver (*to see*)

Pres. ind.	veo, ves, ve, vemos, veis, ven
Pres. subj.	vea, veas, vea, veamos, veáis, vean
Preterite	vi, viste, vio, vimos, visteis, vieron
Imp. ind.	veía, veías, veía, veíamos, veíais, veían
Past part.	visto

Soneto a Violante

Un soneto me manda hacer Violante,
y en mi vida me he visto en tanto aprieto;
catorce versos dicen que es soneto,
burla burlando van los tres delante.
Yo pensé que no hallara consonante
y estoy a la mitad de otro cuarteto,
mas si me veo en el primer terceto,
no hay cosa en los cuartetos que me espante.
Por el primer terceto voy entrando,
y parece que entré con pie derecho,
pues fin con este verso le voy dando.
Ya estoy en el segundo y aun sospecho
que voy los trece versos acabando;
contad si son catorce y ya está hecho.

De la comedia *La niña de plata*, de Lope de Vega (1562–1635).

v.2 **en mi vida**, *never*
v.4 **burla burlando**, *with tongue in cheek; without noticing*
v.5 **(el) consonante**, *rhyme word*

MORE EXAMPLES OF VERBS USED REFLEXIVELY (see ch. 12)

Listed below are further examples of verbs used reflexively according to the five categories established in Ch. 12.

1. Verbs that are always used with the reflexive pronoun.

abstenerse de	*to abstain from*
darse cuenta de	*to realize*
desentenderse de	*to pretend not to know about; to wash one's hands of*
rebelarse	*to rebel*
suicidarse	*to commit suicide*

2. a. Verbs that take the reflexive pronoun only if the subject and the object refer to the same person.

afeitar	*to shave*	**afeitarse**	*to shave (oneself)*
bañar	*to bathe*	**bañarse**	*to bathe, take a bath*
enojar	*to anger*	**enojarse**	*to get angry*
lastimar	*to hurt*	**lastimarse**	*to hurt oneself*
levantar	*to lift*	**levantarse**	*to get up, lift oneself*
peinar	*to comb*	**peinarse**	*to comb one's hair*
vestir	*to dress*	**vestirse**	*to dress (oneself)*

Observe the following examples:

Yo me afeito muy mal; el barbero me afeita muy bien.
La abuela se baña y más tarde baña a su nieta.
Mi tío me enojó cuando me dijo que no me enojara.
A veces nos lastimamos cuando queremos lastimar a otra persona.
Yo iba a levantar al herido pero él se levantó en seguida.
El padre se peinó y luego peinó a su hija.
La madre se vistió y luego vistió a su hijo.

b. In many cases, the translation of the verb *with* the reflexive pronoun does not differ from that of the verb *without* the pronoun.

hundir(se)	*to sink*	**ocultar(se)** or **esconder(se)**	*to hide*
llenar(se)	*to fill*	**romper(se)**	*to break*
mover(se)	*to move*	**tranquilizar(se)**	*to calm (down)*

Translate in your mind the following sentences and you will see that in English there is no direct object in the sentences identified with the letter *b*. In Spanish, these verbs, since they are transitive, require the reflexive **se**.

El torpedo hundió el barco. (a)
El avión averiado se hundió en el mar. (b)
Voy a llenar estos vasos. (a)
La sala se llenó rápidamente de gente. (b)
La corriente de aire movía las cortinas. (a)
El asaltante gritó: ¡No te muevas! (b)
Juanito ocultó (escondió) sus juguetes. (a)
Carlos se ocultó (se escondió) detrás de la puerta. (b)
¿Rompiste la estatua que te regalaron? (a)
El espejo se cayó y se rompió (b)
Esa música siempre me tranquiliza. (a)
¡Tranquilízate; estás muy nervioso! (b)

3. a. Observe the semantic difference between the verb with and without the pronoun:

decidir	*to decide*	**decidirse**	*to make up one's mind*
estar	*to be*	**estarse**	*to stay, remain*
marchar	*to march*	**marcharse**	*to go away, leave*
referir	*to recount; tell of*	**referirse**	*to refer to*
salir	*to go out*	**salirse**	*to slip out, get out, leak out*
volver	*to return*	**volverse**	*to turn around*

b. Certain verbs can be used with or without the pronoun and have the same meaning:

acabar(se)	*to end (come to an end)*	**sonreír(se)**	*to smile*
desembarcar(se)	*to disembark*	**tardar(se)**	*to delay*
embarcar(se)	*to embark*	**terminar(se)**	*to end (come to an end)*
pasar(se)	*to spend (time)*		

4. The reflexive pronoun is used with the following verbs to refer to a part of the subject's body:

afeitarse (rasurarse) la barba	*to shave one's beard*
alisarse los cabellos	*to smooth one's hair*
cepillarse (limpiarse) los dientes	*to brush (clean) one's teeth*
cortarse las uñas	*to cut one's nails*
enjuagarse la boca	*to rinse one's mouth*
frotarse las manos	*to rub one's hands*
morderse la lengua	*to bite one's tongue*
pintarse las uñas	*to paint one's nails*
rascarse la mejilla	*to scratch one's cheek*
restregarse los párpados	*to rub one's eyes*
romperse el pescuezo	*to break one's neck*

On the other hand, the reflexive pronoun is not used with the following verbs to refer to a part of the subject's body:

abrir (cerrar) los ojos, la boca	*to open (close) one's eyes, mouth*
arrastrar los pies	*to drag one's feet*
bajar la cabeza	*to lower (bow) one's head*
bajar los ojos	*to lower one's eyes*
doblar la rodilla	*to bend one's knee*
estirar las piernas	*to stretch one's legs*
extender la mano	*to extend one's hand*
fruncir el entrecejo (el ceño)	*to frown*
guiñar el (un) ojo	*to wink*
inclinar la cabeza, el cuerpo	*to bend one's head, one's body*
levantar la voz	*to raise one's voice*
sacar la lengua	*to stick out one's tongue*

5. The reflexive in a causative sense. Note that, without a context, these expressions can be ambiguous.

construirse algo (*e.g.*, **una casa**)	*to have something* (*e.g., a house*) *built*
hacerse algo (*e.g.*, **un vestido, un traje**)	*to have something* (*e.g., a dress, suit*) *made*
limpiarse los zapatos	*to have one's shoes shined*
peinarse	*to have one's hair done*

MORE SPANISH EQUIVALENTS OF ENGLISH *TO GET* (see ch. 12)

1. *to get back* (*to return*) = **volver**; *to get back* (*to recover*) = **recobrar**

¿A qué hora volverán?	*What time will they get back?*
¿Recobraste el dinero que prestaste?	*Did you get back the money that you lent?*

2. *to get going* = **poner(se) en marcha**

No puedo poner en marcha el motor de este auto.	*I can't get this car's motor going.*

3. *to get in* = *to enter* = **conseguir entrar en**
   to get in = *to arrive* (*as an airplane*) = **llegar**
   to get in = *to get home* = **volver a casa**
   to get in = *to get elected* = **ser elegido**

A Jorge se le olvidó la llave pero consiguió entrar en su apartamento por una ventana.	*Jorge forgot his key but he got in his apartment through a window.*
¿A qué hora llega su avión?	*What time does their plane get in?*
No volvieron a casa hasta después de la medianoche.	*They didn't get in until after midnight.*
Mario se postuló para la presidencia del club pero no fue elegido.	*Mario ran for the presidency of the club but he didn't get in.*

4. *to get it* (*to be punished*) = **ser castigado, recibir su merecido**

Si sigues hablando así del jefe, vas a recibir tu merecido.	*If you keep talking that way about the boss, you're going to get it.*

5. *to get it into one's head* = **metérsele a uno en la cabeza**

No sé por qué se le metió en la cabeza a nuestro hijo ser profesor de español.	*I don't know why our son got it into his head to be a Spanish professor.*

6. *to get paid* = **cobrar**

Mañana cobramos.	*Tomorrow we get paid.*

G · L · O · S · S · A · R · Y

SPANISH-ENGLISH GLOSSARY

As an aid to students, the definitions herein are geared to specific contexts found in this book. The following classes of words have been omitted from this glossary:

a. recognizable cognates of familiar English words when the meaning is the same in the two languages.
b. articles; personal pronouns; demonstrative and possessive pronouns and adjectives.
c. numbers; names of the months and days of the week and other basic vocabulary.
d. adverbs ending in **-mente** when the corresponding adjective is included.
e. verb forms other than the infinitive, except past participles with special meanings when used as adjectives.
f. words found only in certain exercises involving syllable division and/or the use of written accents.

Noun gender is not indicated for masculine nouns ending in **-o** and feminine nouns ending in **-a**.

Adjectives are given in the masculine form only.

Likewise, masculine nouns that have regular feminine forms (**o/a, ón/ona, or/ora**) are given in the masculine form only.

Since the words are arranged according to the Spanish alphabet, **ch, ll** and **ñ** follow **c, l,** and **n**, respectively; thus **achacoso** comes after **acusador** and not after **acero**.

The following abbreviations have been used:

adj	adjective	mf	masculine and feminine
adv	adverb	n	noun
Arg	Argentina	pl	plural
f	feminine	prep	preposition
fig	figuratively	s	singular
m	masculine	S.A.	Spanish America
		v	verb

< = derived from

STRATEGY: If you are seeking the meaning of a word group, look under the key word, which in most cases will be a verb if one is present; otherwise, a noun will usually be the key word.

A

a + *definite article* + *period of time* after + period of time
abandono abandonment
abat-jour (French) lamp shade
abdicar to give up
abollado dented
abrasado hot
abrasador burning
abrigo shelter; **al abrigo de** in the shelter of; **ropa de abrigo** heavy (warm) clothing
abrumador crushing, exhausting, overwhelming
abuchear to boo
abultamiento swelling
acabar con alguien to finish someone off
acallar to silence
acariciar to caress
acaso perhaps
accionista *mf* stockholder, shareholder
acelerar to hasten, speed up
acepción *f* meaning
aceptación *f* success
acera sidewalk
acercamiento drawing near
acercar to bring close; **acercarse a** to approach
acero steel
acicalado dapper, spruced up, groomed
acierto good idea
acolchado quilted, padded
acondicionado: mal acondicionado in bad condition
acontecimiento (important) event
acorazonado heart-shaped
acortarse to become shorter
acotación *f* stage direction
acribillar de to cover with
activo *n* budget
acto: en el acto at once
actuación *f* action; performance; behavior
actual present, current
acudir to come
acuerdo: de acuerdo in agreement
acurrucarse to huddle
acusador accusing
achacoso ailing
achicado made smaller
achicharrado scorching
adelantado: por adelantado in advance
adelante: más adelante farther, further
adelgazado stretched thin
ademán *m* gesture
además in addition, besides
adepto follower, fan
adivinar to guess
adivino fortune-teller
adjunto *adj* enclosed
adorno trimming
adosado a leaning against
aduana customs
adulador flattering
adulón fawning, cringing
advertir (ie) to warn; point out; to observe
afeitarse to shave
aficionado: ser aficionado a to be fond of
afligido aching
aflojar to loosen
agachado crouching; stooped, bent over
agarrar to grab; **agarrarse de** to seize
agazapar to crouch
agobiar a burlas to overwhelm with mockery
agotador exhausting
agradable pleasing
agradecimiento gratitude
agredir to assault, attack
agregar to add
aguamanil *m* washstand
aguantador patient, capable of enduring
aguantarse to restrain oneself
aguardar to wait for
agudo sharp
aguileño sharp-featured
ahuyentar to drive away, chase off
aislado isolated
ajeno of another, of others
ajuste *m* adjustment
alabastrino, alabaster-like
albañil *mf* bricklayer, mason
alcalde, alcaldesa mayor
alcance: de largo alcance long-range
alcanzar to reach, overtake; to get; to attain; to manage
aldea village
alejamiento aloofness
alentador encouraging
alfarero potter
alfiler *m* pin
alfombra rug
alfonsino Alphonsine
algo *adv* somewhat
algodón *m* cotton
aliado con together with
aliento breath
almacén *m* department store; warehouse
almacenista *mf* warehouse owner; wholesale grocer
alojamiento lodging
alpargata sandal

alquilar to rent
alquiler *m* rent
alrededor de around; **a su alrededor** around one; **alrededores** *mpl* vicinity
altavoz *m* loudspeaker
alterado agitated
altitud *f* height; altitude
altura height; altitude; **quedar a la altura de** to be equal to
alumbrar to light
alzar to raise
allá + *subject pronoun* that's + possesive pronoun + business
allí: **de allí en adelante** from then on
amanecer to dawn; *n m* dawn
amargo bitter
amarillento yellowish; pale, sallow
ambientación sonora sound effects
ambiente *m* environment
amenaza threat
amenazante threatening
amenazar to threaten
amenguar to diminish
amo master, owner
amoroso loving
amoscadillo a little embarrassed
anaranjado orange (-colored)
andanzas adventures; activities
andar en su onda to do one's own thing
andino Andean
andrajo rag
anegarse en to be flooded with
anexo enclosure
angosto narrow
anillo ring
animar to enliven, give life to; to encourage, urge
ánimo intention; will
ante *n m* buckskin, suede; *prep* faced with
anteojos glasses
antepasado forefather, ancestor
anteponer to place before
anticuario antiquarian; antique dealer
antojársele a uno to seem like to one
apagado muffled; burnt out
apagón *m* blackout
aparentar to look, appear
aparición *f* apparition
apartado section; post office box
apartar to withdraw; **apartarse de** to separate from
aparte de aside from; besides; **aparte de que** aside from the fact that
apedrear to stone, throw rocks at
apenas scarcely, hardly
apiñarse to crowd together
aplacar to satisfy
aplastado flattened, squashed
aplastante overwhelming, crushing
aplazar to delay, put off
apodar to nickname
aporte *m* contribution
apoyar(se) to lean
apoyo *m* support
apreciarse to be visible
aprecio esteem
apresuradamente hurriedly
apresurarse to hasten
apretar to squeeze, clasp
aprobado passing grade
aprovechar to take advantage of
apuntador *m* prompter
apuntar to jot down; to aim; to appear
apuñalar to stab
apurarse to worry
apuro problem, difficulty
aquelarre *m* witches' sabbath (gathering)
arador *m* plowman, furrow-maker (Time)
arañazo scratch
arbitrio device, means
árbitro umpire, referee
arbusto shrub, plant, bush
archivo file cabinet
arder to burn
ardilla squirrel
arena movediza quicksand
arete *m* earring
argumento topic; plot
armar to set up, prepare; **armar escándalo** to make a lot of noise
armario closet
arqueado bowed, curved
artesanalmente skillfully
artesanía craftsmanship; handicraft
arrancar to draw from; to tear out; to start (a motor)
arrasar to level, raze, demolish
arrastrar to drag; to lead, pull; to bring with it; to possess
arrastre *m* rasping
arrebatar to snatch, grab
arremolinado turbulent, swirling
arreo herding
arrepentirse (ie) to regret, be sorry
arriba: **de arriba abajo** up and down
arriesgado risky, daring
arriesgar to risk
arrimarse a to join; to cultivate; to get close to
arrinconado cornered
arrodillado kneeling
arrojar to throw
arrollador overwhelming, devastating
arrollar to roll up, coil; to roll over
arruga wrinkle
asaltante *mf* robber
asaltar to break into, raid, hold up
ascender (ie) to promote

ascenso rise, increase; promotion
asediar to besiege
asegurar to insure; to secure
asemejarse a to be similar to
asentar (ie) to settle
asentir (ie) to agree
asesino murderer
asfixiante asphyxiating, suffocating
así como just as
asiento seat
asilo orphanage
asimilar to understand
asistencia attendance
asistentes *m pl* those present
asomar to appear
asombrar to astonish, impress; **asombrarse** to be amazed
asombro astonishment
asombroso amazing
aspecto look(s); appearance
áspero rough
aspirante *mf* contender
asustar to frighten (off)
atajar to interrupt
atardecer *m* nightfall
ataúd *m* coffin
atentado attack, assault
atestado packed, cram-full
atinado wise, sensible
atracador *m* hold-up man
atracar to hold up; to make shore
atractivo *n* appeal, charm, attractiveness
atravesar (ie) to cross (over)
atril *m* lectern
atropellar to run over
aturdirse to become stupefied, drunk
audaz *mf* bold
audífono earphone
auditivo hearing
aullido howl (ing)
aumentar to increase
auxilio help, aid
avariento greedy
avecinarse to come, approach
averiado damaged
avisar to inform; to warn
aviso (*S.A.*) newspaper ad
avivar to revive
ayuntamiento municipal government
azabache *m* jet

B

bachiller *mf* high school graduate
bachillerato secondary school degree
badana dressed sheepskin
bajar to take down, take out; **bajarse** to bend over
balazo (<**bala**) shot; bullet wound
balbucear to stammer
balde: **de balde** (for) free
banda de sonido sound track
bandeja tray
baratija trinket
barba beard
barbilla chin
barrera barrier
barrio neighborhood, district
barro mud
bastar to be sufficient
batazo (<**bate**) blow with a bat
beca scholarship
belleza beauty
bengarine bengaline (fabric)
berenjena eggplant
bienestar *m* well-being
bienhechor *m* benefactor
bigote *m* mustache
billetera wallet
bisabuelo great grandfather
bisoñé *m* wig, toupee
blanco *n* target
blancura whiteness
blando soft
blandura softness
blanduzco softish
bobada foolishness
bofetada slap in the face
bofetón *m* slap
bolígrafo ballpoint pen
bombero fireman, firefighter
bombilla metal tube for drinking maté
bombones *m pl* candy
borbollones: **en borbollones** bubbling, boiling
bordar to embroider
borde *m* edge
borracho drunk
borrador *m* rough draft
borrar to erase
bosque *m* forest, woods
bota boot
botín *m* booty
bóveda vault
bracero farm worker
brillante shining
brillo brightness; sparkle
brindar to toast
bronceado *n* tan
bruja witch
bruto *m* beast
bufanda scarf
bufar to groan
bufete *m* lawyer's office
bullanguero rowdy
bullicio noise; bustle
burla taunt; joke; mockery
burlarse to joke
burlón mocking, teasing
buscarle cinco pies al gato to look for trouble
butaca armchair; seat, chair
buzón *m* mailbox

C

cabestrillo: **en cabestrillo** in a sling
cabezazo (<cabeza) butt, blow with the head
cabo: **al cabo de** at the end of
cachetada (<**cachete**) slap

cachorro puppy, cub
caduco decrepit
caer de bruces to fall on one's face
caer de plano to strike with the back of the blade
caer en la cuenta to realize
café *adj* brown
cafiche *m* pimp
caída fall, falling
cajamarquino from Cajamarca, Peru
cajero cashier; (bank) teller
calco semántico false cognate
caldear to increase
calenturiento feverish
calva *f* baldness, bald head
calvo bald
calzado shod with, wearing (shoes)
callejero of or in the street
callejón *m* alleyway, passage
calloso calloused
cámara lenta: **en cámara lenta** in slow motion
camarero waiter
cambiante changing
cambio de miradas exchange of glances; **a cambio de** in return for; **en cambio** on the other hand
caminante *mf* walker
camino de on the way to
camionero truck driver
campechanamente in a cheerful way
campesino farmer
cana *n* grey/white hair
candente burning
cano grey, white
canoso grey, white
cansado tiring
cantar (*slang*) to stand out in a negative way
cantidad (de) personal que ocupa number of employees
canturrear to hum
caña an alcoholic drink made from sugarcane
capa layer; cape
capataz *m* foreman
capital *m* capital (financial term)
capitalino of the capital (city)
capitanear to lead
captar to capture
cárcel *f* jail
carecer de to lack
carente lacking
cargado de laden with, filled with; **cargado de espaldas** round-shouldered, having a stoop
cargar to pester; to load up with; **cargar con** to bear the blame for
cargo position, job; **a cargo de** in the hands of; **persona a cargo** person in one's care
cariño affection
cariñoso affectionate
carnicero butcher
cartel *m* placard
cartera purse
carrera: **hacer carrera** to get ahead
carretera highway
casera *n* landlady, owner
casero domestic, in the home
castaña en almíbar chestnuts in syrup
castaño chestnut-colored, brown
Castellana: **la Castellana** important avenue in Madrid
catarro cold
catedrático professor
cavar to dig
cazador *m* hunter
ceder to break, give away
cegador blinding
celos *mpl* jealousy
cenicero ashtray
ceniciento ashen, ash-colored
ceniza apagada burnt-out ash
centenar *m* hundred
cercano nearby
cerco: **poner cerco a** to lay siege to
cerrajero locksmith
cesto basket
C.I. (Cédula de Identidad) I.D. card for all over 18 years of age
Cía (compañía) company
científico *n* scientist
cigüeñal *m* crankshaft
cínico *adj* brazen, shameless
cinturón *m* belt
cirujano surgeon
cita appointment; engagement
citar to cite, quote; **citar (a alguien)** to make an appointment with
ciudadano citizen
clamar to cry out; to protest
claro *n m* opening, uncovered area; *adj* bright, well-lit; light-colored; *adv* of course
claroscuro chiaroscuro (combination of light and shadow)
clavar to bury; to nail
clave *f* key
clavel *m* carnation
cobrador *m* conductor
cobrar to gain; to take on; to charge, to get paid
cobrizo coppery
cocina cuisine; kitchen
codazo (<**codo**) poke, jab, nudge (with one's elbow)
codo elbow
cogote *m* nape of the neck
cojear to limp
cola line
colegiala schoolgirl
colegio primary or secondary school; association

colérico angry

colmillo eyetooth; fang

comandar to lead

comercio business establishment, store

comilón food-loving, fond of eating

comilla quotation mark

comisaría de policía police station

comisionista *mf* one who works on a commission basis

comitiva retinue, party

cómoda bureau; chest of drawers

comodín all-purpose, useful but vague

compadre *m* friend, pal

compañero de juerga drinking companion

comparsa group

compartir to share

complacido pleased, satisfied

componerse de to consist of

comportamiento conduct, behavior

comportarse to behave

compra purchase

compraventa sale

comprensivo understanding

comprimir to press down on

comprometerse con to become engaged to

comprometido engaged (to be married); compromised, involved in an awkward situation

compromiso promise; obligation; engagement

computista *mf* computer operator

conciencia awareness

conciliar el sueño to get to sleep

concordancia grammatical agreement

conchabarse to be employed

condecorar to honor with a medal

condena sentence

conferenciante *mf* lecturer

confiado trusting

confiar en to confide in, trust

confitero confectioner, candymaker

conformarse con to agree with; to accept; to resign oneself to

conforme *adj* in agreement; *conj* as

congelado frozen

congeniar to get along (with)

conjunto whole; ensemble

conmovedor moving

conocido well-known

conque so

conseguir to get, obtain; to succeed in

consulta physician's office

consumista *mf* consumer, consumerist

contabilidad *f* accounting

contactarse con to learn about

contado: al contado for cash

contador accountant

contar (ue) con to count on; to have; to include

contemplar to look at; to include

contiguo next

continente *m* countenance

continuación: **a continuación** below, following

contrario: **de lo contrario** otherwise

contrarrestar to counteract

contratar to hire

conveniente appropriate

convenir to be good for; to suit

convivencia living together

convivir to coexist; to spend time with

cónyuge *mf* spouse

copa top (of tree); goblet; glass; **Copa** winner's cup, trophy

copiador copying

corcho cork

cordura wisdom

cornada (<**cuerno**) butt; goring; thrust (with horns)

coro: **hacerle coro** to echo

coronilla top of the head

cortador *m* cutter; producer

corte *m* section; cut

cortejar to court

correazo (<**correa**) blow with a strap; strapping

corredor de bolsa stock broker

corriente running

cosa: **no ser cosa de** + *inf* not to be a good idea to

coscorrón *m* bump; lump

cosecha harvest

costado side

costumbre *f* custom; **de costumbre** usually

cotidiano everyday, daily

creciente growing

credulidad *f* belief, acceptance

crepuscular *adj* twilight

creyón de labios *m* lipstick

criar to raise

criatura child

cristal *m* crystal

cristalino crystalline; clear

criticón faultfinding, overcritical

crucigrama *m* crossword puzzle

cuadra block

cuadrado square

cuando: **de cuando en cuando** from time to time

cuanto *adj* all the; *pron* all that, everything that; **en cuanto** as soon as;

en cuanto a with regard to
cubierto *n* place setting; *pl* cutlery
cuclillas: **en cuclillas** squatting
cuchillada (<**cuchillo**) slash; knife wound
cuenta: **caer en la cuenta** to realize
cuentista *mf* short-story writer
cuentística short-story writing
cuerdo sane
cuesta arriba uphill
culata butt (of gun)
culatazo (<**culata**) blow with butt of gun; kick, recoil
culebra snake
culebrón *m* soap opera
culpa: **tener la culpa** to be at fault
culpar de to blame for, to accuse of
culto *n* religion; cult; *adj* educated; **rendir culto** to worship
cumplimiento fulfillment
cumplir + *number of years* to reach + number of years (of age); **cumplir con** to do, perform, carry out
cuna cradle
cuneta curb; ditch
cuñada sister-in-law; **cuñado** brother-in-law
cura *m* priest
cursi in bad taste, unstylish
cursiva: **en cursiva** in italics
cúspide *f* peak

CH

Chabelita affectionate form of the name Isabel
chabola shack
challis challis (fabric)
chambergo gaucho hat
chaqueño of **El Chaco**
charco puddle
charla conversation
charolado polished, shiny
chicharra cicada
chifladura craziness
chillar to yell
chinche *f* bedbug
chirriar to screech
chismoso *n* gossip(er); *adj* gossiping
chispear to throw off sparks of
chiste *m* joke; cartoon
chistoso amusing, funny
chocante shocking
chocar to hit, collide, bump
choque *m* shock; collision
chorizo sausage; petty thief
chorro stream
chubasco shower
chupar to suck

D

dactilografía typing
daga dagger
damajuana jug, demijohn
dañino harmful
dar: **dar a** to open onto; **dar fruto** to bear fruit; **dar media vuelta** to turn around; **dar voces** to scream; **dar la talla** to fit the bill, to be fitting; **darle a uno rabia** to infuriate; **darle la vuelta** to go around, to change; **no darse por aludido** to pretend not to hear; **dale con** always
deber *n m* duty
debilidad *f* weakness
debilitar to weaken
decano dean
decepcionarse to be discouraged, disappointed
decidido firm, strong-willed
decisivo overriding (e.g., consideration)
declaración de impuestos *f* tax form
decorado decor, (theater) set
dedicarse to devote oneself
dejar de to stop, cease
delantero *adj* front
delgadez *f* thinness
delicioso delightful
delito crime
demás other; **por lo demás** otherwise
denodado daring
dentellada (<**diente**) bite; tooth mark
denuncia complaint
dependiente *mf* salesperson
deporte *m* sport
depresivo depressing
deprimido depressed
depto = **departamento**
derechas: **de derechas** right-wing
derecho straight, erect
deriva: **a la deriva** adrift
derivar to drift; to derive
derramar to spill
derrocar to overthrow
derrota defeat
desabotonar to unbutton
desabrido tasteless, flat
desacostumbrado unusual
desafiar to challenge
desafío challenge
desagradable unpleasant
desairar to offend
desalentador discouraging
desapercibido unnoticed
desarmar to take apart, dismantle
desarrollar to develop; to perform
desbordarse to overflow
descabellado wild, crazy
descalzo shoeless, bare-footed
descargar to inflict

descaro impudence
descollar to be outstanding, to stand out
descompuesto distorted, twisted
desconfianza distrust
desconsiderado inconsiderate
descubierto uncovered
descuidar to neglect
descuido negligence
desdicha misfortune
desembarazado clear
desempeñarse to hold (a job), to work
desenfreno frenzy
desenlace *m* ending; outcome
desenterrar to disinter, dig up
desentonar to be out of place
desenvolver to develop
desfilar to file by
desgarrado brazen
desgarrador piercing
desgarrón *m* tear, rip
desgracia misfortune
desgraciadamente unfortunately
desgraciado *n* wretch; *adj* unhappy
desgreñado dishevelled
deshacer to take apart, destroy; **deshacerse de** to get rid of
deshielo thaw
deshojar to remove, pull off
deslizarse to slip; to slip along
deslumbrante dazzling
desmentir (ie) to contradict
desorbitado bulging
despacho office
despectivo pejorative, disparaging
despedir (i) to fire; **despedirse de** to say goodbye to
despegar to open
despejar to clear
despenalizar to decriminalize
despertador alarm clock
desprecio disdain; snub
desprovisto de lacking in; without
destacado outstanding
destacamento penal prison camp
destacarse to stand out
destajo: a destajo very fast
destapar to open, uncork
desteñido colorless
desteñir to fade
destinatario addressee; recipient
destreza skill; cleverness
detal: al detal retail
detallismo attention to detail
detenimiento care, thoroughness
determinado given; certain
determinante determining
día: al otro día on the following day
diario *adj* daily; *n* newspaper
dibujante *mf* craftsman; designer
dichoso happy
diferenciarse to differ
dificultosamente slowly
difunto dead
dignamente with dignity
digno worthy
dineral *m* a lot of money
dirección *f* address
dirigente *mf* leader
dirigirse a to address
disculpar to forgive, pardon; **disculpe** I'm sorry
discusión *f* argument; discussion
discutir to discuss; to argue
disfrazar to disguise, change
disfrutar de to enjoy
disfrute *m* enjoyment
disgustado at odds
disgustar to dislike
disimular to hide
dislocar to dislocate
disminuir to decrease
disponer de to possess; **disponga de mí** I'm at your service; **disponerse a** to prepare to
dispuesto a willing to
divisar to make out, see
D.N.I. (Documento Nacional de Identidad)
doblaje *m* dubbing
doblar to dub
dolorido aching
domador *n* trainer; tamer
domicilio home
dominio mastery; **dominio de sí** self-control
dondiego de noche four-o'clock (flower)
dorado gilded, golden
dormilón *n* sleepyhead; *adj* fond of sleeping
dormitar to doze, nap
dormitorio bedroom
dudar to doubt; to hesitate
duende *m* ghost, goblin; gnome
duradero lasting
dureza harshness
durmiente sleeping

E

ebanista *mf* cabinetmaker
ebrio drunk
echar (se) a to begin to; to set out; **echarse** to lie down; **echarse a un lado** to pull over to the side; **echar una carta** to mail a letter; **echar de menos** to miss; **echársele encima a uno** to jump on someone
edificar to build
edificio building

editorial *f* publishing house
edredón *m* feather pillow
efectivo : en efectivo in cash
efecto: a tal efecto to this end; **en efecto** in fact, in reality
efusivo gushing
egreso completion
ejemplificar to exemplify, illustrate
elaborar to prepare, make; to elaborate, develop
elegir to select
eludir to avoid
embalsamar to embalm
embarcación *f* vessel
embobado fascinated
emitir to broadcast, present
emocionado deeply moved
emocionar to touch, move; to stir
empalizada stockade, fence
empapar to soak, drench
empapelar to paper
empedernido confirmed, hard-core
empeñado en determined to
empeñarse en to insist on
empeño undertaking; insistence
empero nevertheless
empezar por cero to begin over again
empolvarse to put on talcum powder
emponzoñar to poison
emporio trading center
emprender to undertake
empresa company, concern, firm; undertaking
empresario manager
empujar to push
empuñar to grasp
enano dwarf
encajar to fit
encaje *m* lace
encajonar to box in
encanallarse to live a degrading life
encanecer to get (turn) white
encargarse de to undertake to
encender (ie) to turn on
encerrar (ie) to enclose; to involve; to shut oneself in
encontrado opposing
encuadernado bound
encuentro encounter; maneuver
enderezar to raise
endomingado all dressed up
enemistad *f* enmity
energúmeno madman; wild man
enfadado angry
enfermizo sickly
enflorado wearing a flower in one's lapel
enfocar to focus on
enfoque *m* focus
enfrentarse to confront each other
enfrente: de enfrente across the street
enfriamiento chill
engañar to deceive
engañoso deceitful; deceptive
engrosar to grow larger
engullir to swallow
enloquecedor maddening
enmarcar to act as a background for
enojoso annoying
enredador trouble-making
enriquecer to enrich
ensamblar to assemble
ensayar to try
enseñar to show
ensordecedor deafening
entablar to enter into
entender de to know all about
enterarse to find out
entereza integrity; honesty
enterrar (ie) to bury
entierro burial
entidad *f* entity; company
entonar to sing
entrante next
entre + *adj* **y** *adj* half + adj and half + adj
entrecortado faltering, hesitant
entregar to deliver; **entregarse a** to indulge in
entrelazar to intertwine
entrenado trained
entre sí each other
entretanto meanwhile
enumerar to list
envaguecerse to become hazy, vague, less visible
envenenar to poison
envidioso envious
envoltorio package
envuelto involved; wrapped
epistolar epistolary (in letter form)
equipaje *m* baggage, bags
equipo team
equitación *f* (horseback) riding
equivocarse to be mistaken, err
erguirse to rise
errante wandering
escalada: en escalada on the increase, escalating
escalofrío chill
escarchar to turn frosty white
escaso scant
escenificarse to stage
escombros *m pl* rubbish; debris
esconder to hide
escopeta shotgun
escote *m* neckline, low neck
escritura writing; deed, document
escudriñar to scan
escuincle (*Mex*) *m* child, kid

esforzarse (ue) por to strive to
esgrima fencing
esmalte *m* polish
esmero care
espantar to chase away; to frighten
especie *f* kind
especificativo restrictive
espejo mirror
espeso thick, dense
espesura thickness
espinoso thorny
espiral *m* coil
espumoso sparkling (e.g., wine)
esquina corner (outside)
esquivar to avoid
estacionamiento parking (area); (*Arg*) aging, ripening
estadía stay
estado anímico mood
estado civil marital status
estampado print
estante *m* shelf
éste (ésta, éstos, éstas) the latter
estéril useless, futile
estertor *m* death rattle, mortal cry
esteta *mf* aesthete
estimar to think
estimulante stimulating
estirar to stretch, extend
esto: **en esto** at this point
estopar to block
estrado platform; podium
estrecho narrow
estremecedor alarming; shattering
estruendo noise, din
estupidez *f* stupidity; stupid thing
etapa stage
etarra *mf* member of the ETA, acronym of **Euskadi Ta Askatasuna** (Basque Country and Liberty), a group that is fighting for the independence of the Basque Country.
evitar to avoid
examinarse to take a test
exceptuado exempt
exclusividad *f* sole agency
exhalación: **como una exhalación** very rapidly
exigente demanding
exigir to demand
existente existing
éxito success
expansión *f* expansiveness; relaxation
expedir (i) to issue
exponer to expose, show
expresividad *f* expressiveness
extrañar to surprise; to miss
extrañeza strangeness

F

fabricante *mf* manufacturer
facción *f* feature
facilidades de pago *f pl* easy terms
fachada facade, front
falda slope; skirt
faltar to lack, be without
falla faille (fabric)
fallecer to die
familiar *mf* relative
fanfarrón boastful
fango mud
fangoso muddy
farmacéutico pharmacist
faro headlight (of car)
fatigoso tiring; tiresome
felicitar to congratulate
ferretero hardware dealer
ficha personal record, questionnaire
fidelísimo very faithful
fiera (wild) beast
figurar to appear; **figurarse** to imagine
fijarse en to notice
fijeza firmness
fijo fixed
fila row; line
fin: **al fin y al cabo** after all is said and done
finca farm; ranch; country house; building
fingir to pretend
finura politeness; refinement
firmeza firmness
fiscal *mf* district attorney
flaco skinny
florero vase
flotante floating
fogonero *adj* around the hearth
folletín *m* serial
folleto brochure
fondear to drop anchor
fondo bottom; depth
forastero stranger, outsider
formar entre to be counted among
formulario form; application
fortalecer to strengthen
fortaleza fortress; strength
forro lining
fracasar to fail
fracaso failure
fragor *m* sound
franquismo the era of General Francisco Franco (1936–1975)
frasco jar
fregadero sink
fregar (ie) to wash, clean
freno brake
frente *f* forehead; **con erguida frente** with head held high; **frente a frente** face to face
frente: **al frente** at the head, in charge; **de frente** face to face, in the eye; **frente a** with regard to, in view of; in front of
fresco fresh, young
frescura freshness
frotar to rub
fuera de outside, outside of
fuerza strength

fugaz fleeting, brief
fulgurante burning
fumón marihuana smoker
función: en función de according to
funcionario official
fundador *n* founder
fundirse to merge, blend
fúnebremente gloomily
furioso raging
furtivo sly
fútbol *m* soccer

G

galán *m* hero, protagonist
galería gallery; "peanut" gallery
galleta cracker; **galletita** cookie, cracker
gana: de buena gana willingly; **de mala gana** reluctantly
ganado (vacuno) cattle
ganador winner
ganarse una cachetada to get a slap
garganta throat
gas *m* carbonation
gastos *m pl* expenses
gatera pet door
gauchesco pertaining to gauchos
gaucho cowboy, horseman
gazapo (young) rabbit; error
genio genie; genius; **de mal genio** in a bad temper, mood
genitivo genitive (possessive case)
gentileza charm; courtesy
gentuza trash, riffraff
gerente *mf* manager
gestión *f* effort, action
gesto gesture
girar to spin
giro *n* turn of phrase, expression
gitano gypsy
globo balloon
gobernante *n* leader, ruler; *adj* ruling, governing
goce *m* enjoyment, pleasure, joy
golpeado battered
gordo big, fat
gordura fatness
gorra cap
gotita droplet
gozo joy
grabadora tape recorder, tape deck
grabar to record
grandeza greatness
grasa grease
grasiento greasy; oily
graznido squawk; caw
gripe *f* flu
gritar to shout
gritón screaming
gros gros-grain (fabric)
grosería rudeness
grueso thick, heavy
guacamayo a variety of parrot, macaw
guardia encubierto plainclothes security guard
guión *m* script; hyphen
guisar to cook
gusano worm

H

hábil clever
habitación *f* room
hablador talkative
hacendado landowner; rancher
hacer: sin hacer not yet packed; **hacer la maleta** to pack the suitcase; **hacer las veces de** to serve as; **hacer una hipoteca sobre** to place a mortgage on; **hacerse "toilette"** to try to look one's best; **hacerse el dormido** to pretend to be sleeping; **hacérsele duro a uno** to become difficult for one; **ha (hace)** ago; **hace** + *period of time* for + period of time; **hace** + *period of time* period of time + ago; **hacía** + *period of time* for + period of time; *period of time* + **hacía** period of time + previously (See Ch. 3)
hacia *prep* toward
hachazo (<**hacha**) axe blow; hack
hada fairy
hallazgo find
hambriento hungry
harapiento ragged
hasta until; even; up to; **hasta llegada la noche** until nightfall
hastío boredom
hecho *n* fact
hediondez *f* stench
helado frozen; paralyzed
hendir to cut
heno Spanish moss; hay
hereje *mf* heretic
herida wound
hermético closed
hermosura beauty
herramienta tool
hierba del Paraguay Paraguayan tea, maté
hilera string
hincapié: hacer hincapié to emphasize
hinchado swollen
hinchazón *f* swelling
hipotecario *adj* mortgage
hiriente biting, stinging
hispanohablante Spanish-speaking
hogar *m* home
hoja leaf; blade (of sword); **hoja de vida** curriculum vitae
hombre: ya hombre now that I'm a man
hombro shoulder
hondo deep; tight
honradamente honestly
horario corrido continuous (shopping) hours
hormiga ant
hornear to bake

horno oven
hoya canyon
huella trace; track; footprint
huérfano orphan
huertecillo small garden
huerto garden; orchard
huidizo shy; elusive; fleeting
huir to flee
humanidad *f* body
humildad *f* humility
humillante humiliating; humbling
hundir(se) to sink, bury
hurgar to poke around
hurtar to steal

I

ignorar not to know
igual: **al igual que** just as, (just) like
ileso unharmed, uninjured
ilusionado hopeful; excited; eager
ilusionarle a uno to look forward to
imparable unstoppable
imponente imposing
imponer to impose
impreso (past participle of **imprimir** [to print])
impresor printer
impuesto tax
impulsar to drive, impel
impulso drive, stimulus
impunemente with impunity
inadvertido unnoticed
inalámbrico cordless
inaudito unheard-of
incansable untiring
incapacitado incapacitated; unfit
inciso clause; parenthetical comment; sentence
incluso even
incomparable surpassing
inconcluso unfinished
incondicional *n* follower
incorporarse to stand up; to join
indebido improper, wrong
indecoroso unbecoming
índice de oro indicator
indígena native; Indian
indirecta *n* innuendo
indolencia laziness
indómito indomitable, untameable
industrialmente artificially
inequívoco unmistakable
infeliz *n* poor devil
infinidad *f* infinity; great quantity
informar un expediente to prepare information for a file
infusión *f* herbal tea
ingle *f* groin
ingresar to enter, join
ingreso entrance; beginning; **ingresos** income
inmediaciones *f pl* vicinity
innovador innovating
inquieto nervous, uneasy
inquietud *f* anxiety
inquilino tenant
inscribirse to register; to enter
insinuante ingratiating; crafty
insonoro bad-sounding
insostenible unbearable
inspiración *f* breathing
inspirador inspiring
insultante insulting
integrar to blend, unite
intensidad *f* intensity
intentar to undertake; to attempt
intercalar to insert
intercambio exchange
intercomunicador *m* earphone
interesado *n* interested party, person concerned
interesarse por to ask about
interminable unending
interrogante *f* question mark
inundar to flood
inusitado rare
inversión *f* investment
invertir to invest
invitado *n* guest
ir: **ir a la imprenta** to go to press; **ir a parar** to end up; **Vaya por Dios** Well, for God's sake
ira rage
irradiar to spread
irrenunciable unrenounceable
isabelino Isabelline; Elizabethan

J

jabalín *m* boar
jacinto hyacinth
jactarse to boast
jadeo panting
jaleo problem; hassle
jaula cage
jirón *m* shred; tatter
jocoso joking
jornada day's work
joya de fantasía costume jewelry
joyero jeweler
jubilación *f* retirement
jubilado retiree
júbilo joy
juego gambling; game; set; **hacer juego con** to match
juez *m* judge
juguete *m* toy
juguetón playful
junco reed, rush
junto a next to
juramento oath; swearword, curse
jurar to swear
justiciero righteous
justo exact
juventud *f* youth
juzgar to judge

L

labial labial sound (made with the lips: b,m,p)
labrador *m* farmer
lacayo lackey
lacio straight

ladrido barking
ladrillazo (<**ladrillo**) blow with a brick
ladrón *m* thief; **ladrona de tiendas** shoplifter
lagarto lizard
laico lay
lamer to lick
lámpara flashlight
lámpara de quinqué oil lamp
langosta lobster
lanzada (<**lanza**) spear thrust; spear wound
lanzador *m* pitcher
lanzar to send; to utter
lápida (de mármol) (marble) tombstone
largo: **a lo largo de** throughout
lástima pity
lata can
latencia latency (state of lying dormant)
lateral izquierdo stage left
latigazo (<**látigo**) crack of a whip
latir to beat
lejano distant, faraway
lentitud *f* slowness
leve light
léxico *adj* lexical, of vocabulary
liar to tie
libreto script
ligadura binding, ligature
ligar to tie
ligereza agility; speed
limosna alms
lino linen
linterna (eléctrica) flashlight
liquidación *f* sale; clearance sale
liso smooth; plain
listo *adj* all set
lívido pale; black and blue
local *n* place
locura madness
lograr to succeed (in); **lograr que** to get; to bring about that
loma hill, low ridge
lontananza: **en lontananza** in the distance
loro parrot
lucir to sport, show off
lucha struggle
luego de *prep* after; **luego que** *conj* after
lugar *m* village; **dar lugar a** to give rise to
lúgubre mournful
lujo wealth, abundance
lujoso luxurious
lustre *m* sheen, luster

LL

llama *n* flame
llamativo showy
llavero key ring
llevado: **mal llevado** unbearable
llevar: **llevarle 5 años a uno** to be 5 years older than someone **llevar a cabo** to carry out, accomplish; **llevarse bien/mal** to get along well/badly
llorón crying; tearful; whining
lluvioso rainy

M

macarra *m* pimp
macarrones *m pl* macaroni
macizo massive, solid
machetazo (<**machete**) blow (slash) with a machete
maderita small piece of wood
madreselva honeysuckle
madrugada early morning
madrugador *adj* early rising
madrugar to get up early
madurar to ponder
magistralmente in a masterful way
magnate *m* tycoon
maldades *f pl* mischief
maldecir to curse; **maldita sea (mi suerte)** damn it
malestar *m* discomfort; uneasiness
maletero (car) trunk
malgenioso bad-tempered
malvado evil
manada pack
mancha blotch
mandón bossy
maneras: **de todas maneras** in any case
manotazo (<**mano**) slap, smack
manta blanket; poncho
manutención *f* food
mapache *m* raccoon
maquillaje *m* make-up
maquillista *mf* cosmetician
maraña jungle; tangle
marca: **de marca** designer's
marcado strong; distinct
marcar to score; to establish
marcar el paso to keep time
marco frame
marcha departure
marchar to go; **marcharse** to go off
marchito faded; worn
marear to make dizzy; **marearse** to get dizzy
margen: **al margen** aside
marica homosexual; **maricón** (vulgar) homosexual
mariposa butterfly
martillazo (<**martillo**) blow with a hammer
masaje *m* massage
masajista *mf* masseur (*m*), masseuse (*f*)
mascar to chew
mascota pet
mata plant
mate *m* a tea-like beverage
matiz *m* shade; subtle variation
matrícula tuition
mayor *adj* adult; **al por mayor** wholesale

mayoría de edad adulthood
maza club, heavy stick
mecanógrafo typist
media *n* average
medida measure; **a medida que** as
mejor: **o mejor** or rather
melena tress
membranoso soft, pliable
membrete *m* letterhead
menear to move; to shake
menonita *mf* Mennonite
menos mal (que) thank heaven, it's a good thing (that)
mensaje *m* message
mentiroso lying
menudo: **a menudo** often
mercancía wares, merchandise
merendar (ie) to have lunch
mesa de mezclas mixing desk
mesar to pull
mesero waiter
mestizaje *m* mixing of races
meta goal
métrica meter; length of breath groups
mezcla mix, mixture
mezquino low, base
microfibra microfiber (fabric)
miedoso frightening; fearful
mientras tanto meanwhile
mies: **rara mies** scant crop
milanesa breaded cutlet
milimétrico *adj* pinpoint
mimoso pampered
mira aim
mirada look, glance
miseria dire poverty
misericordia mercy
mitigar to alleviate, relieve
modales: **con malos modales** rudely, brusquely
modernista *mf* modernist (member of the literary school called modernism)
modismo idiom; expression
modos: **de todos modos** in any case
moho rust
mojado wet
mojarse to get wet, soaked
molestarse to bother oneself
molestia bother
momia mummy
monedero coin purse
monja nun
mono monkey
montaje *m* assembly; mounting
monte *m* woods, forest
montículo mound
montoneros an Argentine revolutionary group
montones: **a montones** abundantly, in abundance, galore
morbo morbid pleasure
morcilla blood sausage
mordedura bite
morder to bite
morisco Moorish
mortecino weak, failing; dim; faded
mostrador *m* counter; check-in desk
moza: **buena moza** good-looking girl
muebles *m pl* furniture
muelle *m* dock
muerte: **a muerte** deadly
muestra evidence; sign
muestrario collection of samples
mugido moo
mugir to moo
multa fine
mullido soft
muñeca doll; wrist
muñeco doll; toy
muralla wall
murmurador complaining; backbiting
muro wall
muslo thigh

N

naciente beginning
naranjilla an edible fruit native to Ecuador
naturaleza nature
navajazo (<**navaja**) slash, gash
necesitado in need of
negarse (ie) a to refuse, not to accept
negrura blackness
negruzco blackish
niñera nursemaid
niñez *f* childhood
nivel *m* level
nobleza nobility
nogal *m* walnut
novela de género rosa sentimental novel
nube *f* cloud
nublado cloudy
nuca nape (of neck)
núcleo group
nuevamente again
nuevo: **de nuevo** again

O

obsequiar to give (as a gift)
ocasión *f* opportunity
occidental western
oculto hidden
ocupar to employ
ocuparse de to take care of; to deal with
oficial *mf* officer
oficinista *mf* office worker
oficio trade
ojeada glance, look
ojo morado black eye
oler a gloria to smell great
olvidadizo forgetful
ombú *m* umbra tree
opacar to darken, spoil
opaco gloomy
operario operative; worker
opinar to think, be of the opinion
optar por to choose
ordeñar to milk
ordinariez *f* coarseness; vulgarity

orgulloso proud
oriental eastern
originarse to originate, be caused
orilla bank (of river)
ortografía spelling
osario ossuary (depository of bones)
oscilar to vary, fluctuate, range
oscuras: a oscuras in darkness
ovalado oval

P

padecer de to suffer from
padrino godfather
paella paella (a saffron-flavored stew)
pagos: sus pagos his land
paisaje *m* landscape
paisano fellow countryman
pajizo (made of) straw; straw-like
pala paddle; shovel; spade
palazo (<**palo**) blow with a stick
palco (theater) box
palear to paddle
palillo toothpick
palmada (<**palma**) slap, pat
palmera palm tree
paloma dove, pigeon
pandillero gang member
pantalla screen, curtain
pantano dam, reservoir
pantorrilla calf (of leg)
pañuelo kerchief, head covering; handkerchief
papel *m* role; paper
par: a la par at the same time
parado standing
parecer: a mi parecer in my opinion; **al parecer** apparently
parecido *n* likeness; *adj* similar
parejo even
parentesco relationship
parisino Parisian
parlamento speech
parpadeo blink(ing)
parte: por otra parte moreover
particular *n* matter, point; *adj* private, particular
partida departure; game
partidario follower
partir to leave; to strike; **partirse** to break; **partir de** to start from; **a partir de** starting; **de partir el alma** *adj* heart-breaking
pasadera stepping stone
pasado (mañana) the day after tomorrow
pasaje *m* passage
pasar de castaño oscuro to be too much (intolerable)
pasársela + *gerundio* to spend one's time + -ing form
paseo walk; stroll; ride
pasillo corridor; passageway
pastel *m* cake; pie; pastry
pasto grazing; pasture
pastoso doughy
pata paw; **mala pata** bad luck
patada (<**pata**) kick
patín *m* skate
patinar to skate
patrón *m* boss
patrulla patrol
pauta style; model; guidelines
pavor *m* fear
payaso clown
pecaminoso sinful
pedido *n* order
pegado *adj* glued; **pegado a** against, next to
pegar to hit
peinado hairdo
peleado at odds
pelotero ballplayer
peluca wig
peludo hairy
peluquero hairdresser
pena sorrow
penal *m* prison
pendenciero quarrelsome; given to fighting
pendiente pending; **pendiente de** in expectation of
penoso painful; difficult
pensativo thoughtful
pensionista *mf* boarder
penúltimo next-to-last
penumbra half-light, semi-darkness
penuria extreme poverty
peón *m* workman, farmhand, laborer
percatarse de to realize
perdedizo dangerous (where one can get lost)
perderse to miss
pérdida loss
perdido missing
peregrinar *verbal n* roaming
pereza laziness
perfil *m* profile
perjudicar to harm
perlado pearly
persecución *f* pursuit
perseguir (i) to pursue
persuasivo convincing
perrero dogcatcher
pesadamente heavily; with great effort
pesadez *f* heaviness; slowness
pesadilla nightmare
pesado heavy
pesar *m* grief, sorrow; **a pesar de** in spite of
pescante *m* driver's seat; coachman's seat
pese a despite
pezuña hoof
piafar to paw the ground, stamp
picada bite; path
picar alto to aim high, be ambitious
pícaro n rogue, rascal; *adj* mischievous

pie: **al pie de la letra** literally, to the letter; **de pie** standing; **nacer de pie** to be born lucky, to be born with a silver spoon in one's mouth

piedad *f* pity

pieza part; room

pila: **nombre de pila** first name

pillar to grab, snatch

pinchazo (<**pincho**) jab, puncture (with an object)

pintado made-up

pintoresco picturesque

pisar to step on

piso apartment (Spain); floor

pisotear to trample on

pista clue; runway

placer *m* pleasure

planilla printed form

plantarse to stand firm

planteamiento presentation, exposition

plantear to present

plata money; silver

platino platinum

plaza mayor main square

plazo period of time; time limit; (payment) date

plenitud *f* fullness; abundance

pliegue *m* crease, furrow, wrinkle

plomizo leaden; lead-colored

poblador inhabitant

pobre *mf* poor devil

poca cosa *adj* insignificant

podar to trim

poder: **por poder** by proxy

poderoso powerful

polémico controversial

polvo dust

polvoriento dusty

poner to name; to set up; **poner en marcha** to start (up); **poner la mesa** to set the table; **poner pleito** to sue; **ponerse** to set (said of the sun); **ponerse a** to begin; **ponerse de manifiesto** to become evident

poniente *m* west

popa stern (of boat)

populacho mob

porqué *nm* reason

porque sí just because

portarse to behave

portazo (<**puerta**) slam; bang (the door)

portero doorman

postizo *n* hairpiece

postura position

potable drinking

potrero pasture

practicante *mf* paramedic

prado meadow

precavido cautious

precipitarse to rush

prédica preaching

predicar to preach

predilecto favorite

preguntón inquisitive

premio gordo top prize

preocupación *f* worry, concern

preocuparse de to concern oneself with

prescindir de to do without

presentador host (e.g., of TV show)

presentir (ie) to foresee

presidio prison

preso inmate, prisoner

préstamo loan

prestar to lend; **prestar oído** to listen

presteza speed

presumido vain

presupuesto budget; estimate

presuroso in a hurry

pretender to seek; to attempt

prieto dark

principio: **desde un (el) principio** from the beginning

prisa haste

probarse to try on

procurar to seek, try; to get

productor *adj* producing

prole *f* offspring

prolijo long-winded

pronosticar to prophesy

prontitud *f* speed

pronto *n* (*Puerto Rico*) down-payment

pronto: **al pronto** early on; **de pronto** suddenly

propietario owner

proponerse to intend

propósito purpose

propuesta proposal

protector protecting; patronizing

provocativo provoking; daring

próximo pasado last

prueba proof; show

prurito desire

puente *m* bridge

puerto port

pulmón *m* lung

pulpería general store; bar, tavern

puntada sharp pain

puntal *m* pillar; support(er)

puntería marksmanship, aim

puntiagudo pointed

punto: **a punto de** on the point of; **un punto** (for) a moment

punzada shooting pain

puñalada (<**puñal**) stab; stab wound

puñetazo (<**puño**) blow with fist

puño fist

puré (de papas) *m* mashed (potatoes)

pureza purity

puro *n* cigar

purpurino purple

Q

quebrar (ie) to go bankrupt; to break

quedar en to agree to; **quedarle a uno bien, mal,** etc. to look good, bad, etc. on one; **quedarle chico a uno** to be too small for; **quedarse con** to keep; **quedarse dormido** to fall asleep; to oversleep
quehacer *m* labor; activity
queja complaint
quejarse de to complain about
quemante burning
quieto still
quirúgico surgical
quisquilloso touchy

R

rabia rage
rabino rabbi
ráfaga burst; streak
raíz: a raíz de shortly after
rajarse to crack
ralea (low-class) people
ramo section; department
rana frog
rancho hut; quarters
rapidez *f* speed
rareza rareness; oddity
rasgo feature
rastro trace
ratero petty thief
rato: hace rato for some time; **a ratos** at times; **de rato en rato** from time to time
raya line; streak; part
Real Madrid *m* soccer team of Madrid
realización *f* achievement
realizar to carry out
rebaño flock
rebozo shawl; muffler
recalcar to stress
recámara (*Mex*) bedroom
receta recipe
recetar to prescribe
recibidor de maderas man in charge of receiving lumber
recinto universitario campus
recipiente *m* container
reclamar to demand; to complain, protest
recobrar to recover
recoger to pick up; to gather together
recomienzo new beginning
reconocimiento recognition
recorrido journey
rectitud *f* straightness; honesty
recua team
recuerdo memory
recurso device
rechazar to reject
redactar to write (up)
redimir sus penas to work off their sentences
redondo clear
reductor reducing
reembolso: contra reembolso COD
reemplazar to replace, take the place of
referir (ie) to relate; to state; **referirse a** to refer to
reforzar (ue) to strengthen
refrán *m* proverb
refunfuñar to grumble
regañar to scold
regar (ie) to water
regazo lap
regenta judge's wife
registrar to search
regocijo merriment
regreso return
rehén *m* hostage
rehuir to avoid
reinar to reign
reintegrarse a to return to
reiterar to repeat
relación *f* story
relámpago lightning
relampagueo flash
relato story
reliquia relic
remediar to correct, remedy
remiendo mend; patch
remitente *mf* sender
remolino whirlpool
remontarse to go back
rendija crack
rendir (i) to render; **rendirse** to surrender
renegar (ie) to complain
renegrido black and blue
renunciar to resign
reojo: de reojo out of the corner of one's eye.
repartir to distribute
repente: de repente suddenly
repentino sudden
reponerse to recover
repostero confectioner, pastry cook
reprender to scold
reproductor reproducing
republicano supporter of the Spanish Republic, opponent of General Franco
requisito requirement
res *f* animal; *adj* beef
resaltar to stand out
resbaladizo slippery
resbalar to slip
rescatar to rescue
reseco extremely dry
reseñar to write, describe; to review
residencial residential area
resistir to stand, put up with
resonancia reverberation, reverb
respaldo back (of a chair)
respingo: dar un respingo to start, jump
resplandeciente shining, glowing
respondón impudent, sassy
respuesta reply, answer
restante remaining
resucitar to come back to life
resuelto *adj* bold, determined; p.p. resolved

resultar to be, turn out to be, turn out
resumir to summarize
retorcer (ue) to twist
retorcido twisting
retransmitir to rebroadcast, relay
retrato portrait
retrete *m* toilet
retroceder to go back; to back out
retumbar to shake
reunir to collect, gather together; **reunirse** to get together
revancha revenge
revelador revealing
reventado de trabajar killing himself with work
reventar (ie) to burst, rip
revés: **al revés** in reverse
revista del corazón romantic magazine
revolverse to squirm
Reyes Magos The Magi, The Three Wise Men. (Hispanic children receive gifts on Jan. 6, **Día de los Reyes Magos**.)
rezar to pray
riesgo risk
rincón *m* corner (inner)
risa laughter
rizado curly
rocío dew
rodaje *m* filming
rodar (ue) to film
rodillas: **de rodillas** on one's knees
rodillazo (<**rodilla**) push with the knee
roedor *m* rodent
rojizo reddish
rollo de mezclas master tape
ronco hoarse
ropero closet
rosado pink; rosy
roséola roseola (a rose-colored skin eruption)
rotativo rotating
rúbrica signature with a flourish
rudeza plainness; coarseness; ignorance
ruego request
rugir to roar
rumor *m* sound
rústico *n* peasant

S

saber *n* knowledge
sacar to solve; **sacar provecho** to take advantage
sacudir to dust; to shake (off)
sajón *adj* English (Saxon)
salado salty; amusing; charming
salida exit
saliente protruding
salir: **salir a** to take after, look like; **salir adelante** to get ahead; **salirse con la suya** to have it one's own way
salpicadura splash(ing)
salpicar to sprinkle, splash
saltar to jump
sangriento bloody
sanitario hygienic
sarcófago coffin
sastre *m* tailor
satinado glossy, shiny
seco dull; lean, thin
seda silk
sede *f* seat, location
sediento thirsty
seducir to seduce
seductor alluring; tempting
seguida: **en seguida** immediately
seguro *n* insurance
selva forest, jungle
semáforo traffic signal
semántico *adj* semantic (of meaning)
semejante such (a)
semejanza similarity
senectud *f* old age
sensatez *f* good sense
sensato sensible
sensibilidad *f* sensitivity
sentarle (ie) a uno to be to the liking of someone; to look good on someone
sentencioso terse
sentir *n* feeling
sentir ganas to feel like
señalación *f* system of signs
señalar to point out
señorearse to adopt a lordly manner
sequedad *f* dryness
ser *n* being; **es más** what's more
seriedad *f* seriousness; **con toda seriedad** seriously
servicial obliging
servir (i) to fill (an order)
seso(s) brain(s)
sesudo intelligent
seto hedge
si (in exclamations) but, why
siempre que provided (that)
sien *f* temple (*anat.*)
sierra mountain range
sigilo: **con sigilo** secretly, stealthily
siglo century
silbar whistle
simpatía liking
simpleza simpleness; nonsense
simular to simulate; to feign, pretend
sincrónicamente simultaneously
sindicato (labor) union
sinonimia synonymy (the quality or state of being synonymous)
sinsabor *m* unpleasantness
sinvergüenza *mf* rascal, scoundrel
siquiera even, at least; **ni siquiera** not even
sobrar to be more than enough

sobre *m* envelope
sobremesa after dinner
sobreponerse a to overcome
sobresaliente outstanding
sobresaltado frightened, startled
sobrevenir to take place
sobriedad *f* sobriety
socio member
sofístico false
sofocante stifling, suffocating
soledad *f* solitude; loneliness
solera prop, support
solicitante *mf* applicant
solicitar to request
soliviantar to stir up; to anger
soltar (ue) to let loose
soltura ease, facility
solvencia financial stability; reliability
sombrío somber
somnolencia drowsiness
sonriente smiling
soñador dreamy, fond of dreaming
soportar to endure, put up with
sorber to swallow
sordo deaf; quiet, muffled
subarrendar to sublease
subir to raise
súbitamente suddenly
subrayar to underline; to emphasize
sucederse to come one after another
sucedido: lo sucedido what happened
suceso event
sudar to sweat
sudoroso sweating
suegra mother-in-law
sueldo salary
suerte *f* luck; trick; **de esta suerte** in this way
Suiza Switzerland; **suizo** Swiss
sujetar to hold
sumadora adding machine
sumar to add; **sumar y seguir** to carry forward; to be still going on
sumo highest
suntuoso magnificent
superar to surpass; **superarse** to excel
superior *n* leader
supervivencia survival
suponerse to suppose, imagine
suprimir to suppress, get rid of; to omit
surcar to furrow
surco furrow
surgir to rise; to issue
suspense *adj* bewildered, baffled; *n S.A.* suspense
susto fright

T

tabacalero *adj* tobacco
tabaquera snuff-box; cigar-case
tabla plank, board
tablón de anuncios bulletin board
tacaño stingy
tachonado de estrellas star-studded
talón *m* heel
talla carving; sculpture
taller *m* workshop
tamaño size
tanto...como both...and
tanto: por (lo) tanto therefore
tapa lid
tapete *m* rug; table cover
tapia wall
tapicería upholstery
taquigrafía shorthand
taquígrafo shorthand writer; stenographer
tardanza delay; slowness
tardar en to take (a long) time in
tarima platform
teclado keyboard
tejedor weaver
tejer to weave, spin; create
tejido web; fabric; textile
tela cloth; web
telaraña web, cobweb
telenovela soap opera
televisivo *adj* television
telón *m* (theater) curtain
temblar (ie) to tremble
temblón shaky
tembloroso trembling
temible fearsome
temor *m* fear
tempestad *f* storm
temporalmente temporarily
tendido lying on the ground; **tendido de pecho** lying face down
tenedor de libros *m* bookkeeper
tener: no tener más remedio que + *inf* not to be able to help but; **no tener nada de** + *adj* not to be + *adj* at all; **tener puesto** to wear, have on; **tenerle loco a uno** to drive one crazy
tenue dim
teñir (i) to dye, color
tercera edad senior citizens
terciopelo velvet
terminantemente strictly
ternero calf
ternura tenderness
terraplén arriba up the embankment
terroso earthy
testigo *mf* witness
tetera teapot
tez *f* complexion
tibio warm
tiesura stiffness
tijeras scissors
tina bathtub
tino aim
tinte *m* dye, tint, color, coloring
tinto red wine
tintorero dry cleaner
tintura dye
tío uncle; guy
típico picturesque; folkloric; characteristic

tipo guy; type
tirado lying
tirante taut, tense
tirar to knock down, pull down; to throw; **tirar a** to go toward; **tirar de** to pull (on)
tobillo ankle
tocadiscos *m* record player
tocado (slang) high
tocar fondo to reach rock bottom
todo: del todo completely
toma de agua source of water supply, hydrant
tonada tune
tontas y a locas: a tontas y a locas without thinking
topacio topaz
toparse con to encounter, run into
torcer (ue) el pescuezo to twist one's neck
torcido twisted
tormenta storm
tornillo screw; bolt
torno: en torno a around
torpe dim-witted
torta cake; tart
toser to cough
traficante *mf* dealer; trafficker
trago drinking; swallow
traicionar to betray
trama plot
tramo stretch
tramposo crooked; tricky
tranquilizador soothing; reassuring
transeúnte *mf* passerby
trapecio trapeze
trapecista *mf* trapeze artist
tras (de) after, behind, following
trasero back
trasladar to move, transport; to shift
trasponer to go behind
tratar to contact, hire, employ; **tratarse de** to be; to be a question of
través: a través de through
travesura prank, mischievous deed
trazado depiction, description
trepar por to climb
trigo wheat
tripulante *mf* crew member
tristeza sadness
trocar (ue) to change
trofeo trophy
trompicones: a trompicones little by little, with difficulty
tropel: a tropel in a mad rush
tropezar (ie) to trip
trueque: a trueque de in exchange for
tumba grave
turnarse to take turns
turno appointment; turn
tutear to address with the familiar form (**tú, vosotros**)
TVE Televisión Española (a channel in Spain)

U

ujier *m* doorman, usher
umbral *m* threshold
unir to join, combine
unos cuantos a few
urbanización *f* residential development
usarse to be customary
utensilio tool, implement

V

vacilar to vacillate, hesitate
vagabundo wandering
vagón *m* car (of train)
vaho steam, vapor, mist
vaina (de un sable) sheath (of a sabre)
vaivén *m* coming and going
valerse de to make use of
vampiro vampire; actor whose voice is used in a dubbed film
vaquero cowboy
vejez *f* old age
veloz rapid
vencido due, payable
veneno poison
vengarse to avenge (oneself)
venir carretera adelante to advance along the road
ventaja advantage
ventajoso advantageous
veraneo: de veraneo on summer vacation
veras: de veras truly
verdura (green) vegetable
veredicto verdict
vergonzoso ashamed
verosímil likely, probably
verse obligado a to be forced to
vertiente *f* side; slope
vertiginosamente dizzily
vestimenta clothing
vestuario locker room
vez: a su vez in turn; **de una vez** finally; once and for all; this instant
vía route
víbora snake
vídeo-club *m* video (rental) store
vientre: bajo vientre lower abdomen
Viernes Santo Good Friday
vigilar to guard; to watch
vínculo link
visto: por lo visto apparently
vistoso showy
vitrina glass case
viudo widower
vivienda dwelling, housing
vocerío shouting, yelling

volador flying
volante *m* steering wheel
volcar (ue) to empty
volumen: a todo volumen at full volume
volver a + *inf* to...again
volverse (ue) to turn around
voz de fuelle a bellow-like voice
vuelta *n* return
vulgar common

Y

ya que since, because
yacer to lie
yararacusú (*Guaraní*) a variety of poisonous snake
yerguen from **erguirse**
yunta pair

Z

zapatazo (<**zapato**) blow with a shoe
zarpar to sail
zona roja red-light district
zumbar to buzz

ENGLISH-SPANISH GLOSSARY

This glossary contains the vocabulary necessary to do the English-Spanish exercises and it is geared specifically to them. Adjectives are given in the masculine form only. Likewise, nouns that have regular feminine forms are given in the masculine form.

A

to **abandon** abandonar
able: **(not) to be - (to)** (no) ser capaz (de); poder (ue)
about acerca de; (approximately) unos
abundance abundancia
to **abuse** abusar de, maltratar
academic académico
to **ache** doler(ue)
to **accept** aceptar
to **accompany** acompañar
to **accomplish** realizar, lograr
according to según
accordion acordeón *m*
account: **to take into -** tener en cuenta
accounting contabilidad *f*
to **acquire** adquirir (ie)
active voice voz activa
actual verdadero
actually en realidad
ad anuncio, aviso
to **adapt (to)** adaptarse (a)
addition: **in - to** además de
to **adjust** ajustar(se)
admirer admirador
to **adore** adorar
adrift a la deriva
advice consejo(s)
to **afford** permitirse
afraid: **to be afraid (of)** tener(le) miedo (a), tener miedo (de)
after después (de); **after all** después de todo; **to be - + hour** ser más de + hour
afternoon tarde *f*
again otra vez, de nuevo
against contra
age edad *f*
ago: **a few days -** hace unos días; **not long -** no hace mucho tiempo
to **agree (to)** acceder (a); aceptar, estar de acuerdo (con)
airline línea aérea
airplane avión *f*
alarm alarma
alcoholic alcohólico
all over por todo
to **allow** permitir
almond-shaped almendrado
almost casi; **almost +** *pret.* casi, por poco + *present*
alone solo
along: **(not) to get along** (no) llevarse bien; **along with** junto con
already ya
also también
although aunque
always siempre
ambrosia: to taste like - saber a gloria
to **amputate** amputar
amused divertido
amusing divertido
anger ira, furia
angry: to **get -** enfadarse, enojarse
annoyed: to **be - (with)** estar molesto (disgustado) (con)
another otro
anyone alguien; nadie; **hardly -** cuatro gatos
apology excusa, justificación
to **appear** aparecer (zc)
apple manzana
application solicitud, formulario (de empleo)
appointment: to **make an -** hacer una cita; to **ask for an -** pedir un turno
to **approach** acercarse a

appropriate: to **be - (for one)** convenirle (a uno)
to **approve of** aprobar (ue)
ardent ardiente *mf*, apasionado
to **argue** discutir
argument discusión *f*
armchair sillón *m*
around: **- here** por aquí
arrest: to **be under** - estar detenido
to **arrive** llegar
as: **- for** en cuanto a; **- long** - mientras (que); **- well** - y también
to **ascertain** averiguar
ashamed: to **be - (of)** avergonzarse (de)
aside: to **put** - dejar a un lado
to **ask (a question)** preguntar; **- for** pedir (i); **- (someone) out** invitar a salir
asleep: **to fall** - quedarse dormido
aspect aspecto
to **aspire (to)** aspirar (a)
aspirin: **some** - unas aspirinas
to **assign** asignar
assistance: to **be of further** - ayudar (le) en algo más
to **assume** suponer
astronaut astronauta *mf*
at en
athlete atleta *mf*
attached: to **be - (to)** estar pegado (fijo, prendido) (a)
attention: to **pay** - prestar atención, hacer caso
to **attend** asistir (a), ir (a)
attitude actitud *f*
to **attract** gustarle (a uno)
auditorium sala
Australian australiano
autograph autógrafo
to **avoid** evitar
awake despierto
aware: to **be - (of)** darse cuenta (de)

B

back (of person) espalda; **(of animal)** lomo; **(of hand)** dorso; **(of a room)** fondo
back: **- home** de regreso a casa; to **- out** retroceder; to **come** - regresar, volver (ue); **at the** - por la parte de atrás; **with one's - to** de espaldas a
bag: **shopping** - bolsa de compras
banking banca
to **barbecue** hacer barbacoa (churrasco)
to **bark** ladrar
basic básico
beach playa
beaten vencido, derrotado
beautiful hermoso
because of a causa de
to **become** convertirse (ie) en; ponerse; hacerse; quedarse; **what will - of** qué será de
bed: to **go (get) to** - acostarse (ue)
bedroom alcoba, dormitorio
beer-drinking bebedor de cerveza
before antes (de)
to **beg** rogar (ue)
to **begin (to)** comenzar (ie) (a), empezar (ie) (a)
to **behave** comportarse, actuar
behind detrás (de)
bell timbre *m*
believed: **it is** - se cree
belonging perteneciente, que pertenece
belongings pertenencias
beloved amado
besides además (de)
best mejor *mf*; (*adv*) más
better: **to get** - mejorar
big: to **be - on (one)** quedarle grande (a uno)
billboard cartelera
bitter amargado
black: **(dressed)** in - (vestido) de negro
to **blame** echar(le) la culpa
blanket manta, cobertor (*m*), frazada
blood sangre *f*
boat (small) bote *m*; **(large)** barco
bookkeeper tenedor de libros
border frontera
bored: to **get** - aburrirse
boring aburrido
born: to **be born** nacer (zc)
borrow pedir (tomar) prestado; prestar
both los/las dos, ambos
to **bother** molestar, molestarle (a uno)
boyfriend novio
bravery valentía, valor *m*
to **break** romper; to **- in** entrar a la fuerza
breath: to **be short of** - faltarle (a uno) la respiración
brief breve *mf*
brilliant brillante *mf*
to **bring into** entrar en (al)
broken: **my leg is** - tengo la pierna fracturada
broker corredor, agente *mf*
brook arroyo
brown (de) color café
brutal brutal *mf*
bush arbusto
busy: to **be** - estar ocupado
buyer comprador
by: **- day (night)** de día (noche); **- the hand** de la mano

C

to **call out a name** decir (un nombre) al pasar lista
to **calm down** calmarse
canine canino, perro
cape capa
card tarjeta; **(playing)** carta; **(set of cards)** baraja
care cuidado

care: to **take - of** encargarse de; to **be taken - of** que lo ayude(n)
careful cuidadoso
to **carry** llevar
cartoons dibujos animados, muñequitos; chistes *mpl*
case: to **be the -** ser el caso; **in any -** de todas maneras
cat gato
to **catch** capturar, atrapar
cattle ganado
to **cause (not) to** hacer que (no)
to **cease to** dejar de
Cerberus (*myth.*) Cerbero
to **challenge** desafiar (a)
chance oportunidad *f*
to change cambiar; to **- (one's) mind** cambiar de idea; to **- the subject** cambiar de tema
channel canal *m*
chapter capítulo
character personaje *m*; **main -** protagonista *mf*
characteristic característica
charge: to **be in - (of)** estar a cargo (de)
cheap barato
chief jefe; (Indian) cacique
childhood niñez *f*
chloroform cloroformo
chlorophyl clorofila
choice: to **have no - but** no tener más remedio que
choleric colérico
church iglesia
cigar puro, tabaco
circle círculo
clerk empleado
climate clima *m*
to **close** cerrar (ie)
closely con atención
clothes ropa
coat abrigo, sobretodo
cold (weather) el frío *n*; to **get -** enfriarse, ponerse frío
cold (illness) catarro, resfriado
to **collaborate** colaborar
to **come** venir
comfortable cómodo
commendable digno de elogio
commission comisión *f*
to **commit oneself (to)** comprometerse (a)
company compañía; **on - time** en horas de trabajo
competition competencia
to **complain (about)** quejarse (de)
completely totalmente, completamente
compromise acuerdo
computer computadora, computador *m*, ordenador *m*
concerning acerca de
to **condemn** condenar
to **confess** confesar (ie)
confidence confianza
constantly constantemente
construction construcción *f*
to **contact** comunicarse con
to **contain** contener (ie)
contrary: **on the -** por el contrario
consulate consulado
copy (of painting) reproducción *f*
corner: **on the -** de la esquina; **out of the - of (one's) eye** de reojo
cool frío, fresco
copy (of book) ejemplar *m*
cosmopolitan cosmopolita *mf*
to **cost** costar (ue)
to **count on** contar (ue) con
countryside campo
couple par *m*
courage: to **have the - (to)** tener el valor (de)
course: **of -** por supuesto
courteous cortés *mf*
covered: to **be - (with)** estar cubierto (de)
coward cobarde *mf*
crazy: to **go -** volverse (ue) loco
to **cross** cruzar
crossbreeding cruzamiento, cruce *m*
crying llanto *n*, el llorar
culminating que culmina
customer cliente

D

damaging perjudicial *mf*
to **dance** bailar
dangerous peligroso
to **dare to** atreverse a
daring atrevido
dark oscuro
darkness oscuridad *f*
date fecha
dawn amanecer *m*
day: **all - long** todo el santo día
deaf sordo
deafening ensordecedor
to **deal (with)** enfrentarse (a)
deceased muerto
to **decide (to)** decidirse (a)
to **defend** defender (ie)
deficient deficiente *mf*
to **delight** encantar(le) a uno
delightedly con deleite
to **demand** exigir
demanding exigente *mf*
to **demonstrate** demostrar (ue)
dense denso
to **deny** negar (ie)
department departamento
departure partida
to **depend (on)** depender (de)
dependent persona a (su) cargo
depressing deprimente *mf*
deserted vacío, desierto
to **desire** desear
determined: to **be - (to)** estar resuelto (a)
to **devote oneself to** dedicarse a

devoted: to **be - to** estar dedicado a
to **die** morir (ue)
differing diferente *mf*
difficult: to **be - to** + *inf.* ser difícil (de) + *inf*
difficulty dificultad *f*
diligent diligente *mf*
dinner cena, comida
dirty sucio
discouraged: to **be (get) -** desalentarse (ie)
to **discover** descubrir
to **discuss** discutir, comentar
disheartened descorazonado
to **dislike** disgustarle (a uno)
dismissal despido
distraction distracción *f*
disturbing perturbador
to **divorce** divorciarse (de)
divorced divorciado
dog perro
door: **next door** (*adj*) de al lado
to **doubt** dudar
down: **deep -** en el fondo
to **draw curses** arrancar(le) maldiciones
drawer gaveta, cajón *m*
dressed: to **be - as** (in) estar vestido de
drinking bebida, trago
to **drip** gotear
drop by drop gota a gota
drunk: to **be -** estar borracho
drunken borracho
to **dub** (a movie) doblar
dwarf enano

E

ear (inner) oído
effective eficaz *mf*
else: **something -** otra cosa
embarrassed: to **be (to feel) -** estar (sentirse) avergonzado
embroidered bordado
to **employ** emplear
employee empleado
empty vacío
empty-handed con las manos vacías
end fin *m*, final *m*; **at the - of the week** (month, etc.) a fines de semana (mes, etc.); to **put an - to** terminar (acabar) con
enemy enemigo
engineer (train) maquinista *mf*
to **enjoy** disfrutar (de)
enormous enorme *mf*
enough: to **have more than -** sobrarle (a uno)
envelope sobre *m*
errand: to **run an -** hacer una diligencia; (**for someone else**) hacer un mandado
essay ensayo
essential esencial, imprescindible *mf*
to **establish** establecer
even if aunque
even: to **get -** desquitarse
ever: **- since** desde que
ever-increasing que va(n) en aumento
everything todo
evident evidente *mf*
example ejemplo
to **exchange (return at a store)** cambiar; (**ideas, etc.**) intercambiar
exchange cambio
exhausting agotador
to **exist** existir
existence existencia
exit salida
expense gasto
expert experto, perito
expertise pericia, habilidad *f*
to **explain** explicar
extensively: to **be - used** usarse mucho

F

face cara
to **face** dar a
fact hecho; **in -** de hecho, es más
faculty profesorado, profesores
fail: **not to - to** no dejar de
to **fall in love** (with) enamorar(se) (de)
fang colmillo
far: **as far as I know** que yo sepa; **so -** hasta ahora
farmer campesino
to **fascinate** fascinarle (a uno)
fascinating fascinante *mf*
fashionable: to be - estar de moda
fast (*adj*) rápido; (*adv*) rápidamente; **as - as I could** lo más rápido posible
father-in-law suegro
faucet grifo, llave *f*
fault culpa
fear miedo
to **fear** temer, tener miedo (de)
feeding alimentación *f*
to **feel (for)** sentir (ie) (por), sentir (hacia)
feeling sentimiento
fellow hombre, mozo, tipo
fever: to **have** (run) **a -** tener fiebre
few pocos
field campo
figures: **good at -** hábil con los números
to **fill** llenar
filled: to **be - (with)** estar lleno (de)
film película
finally por fin
financial económico
to **find** encontrar (ue)
to **find out** enterarse (de), averiguar
finger dedo
to **finish** terminar; to **just -** acabar de terminar
fire incendio, fuego
first *adv* en primer lugar
fitting apropiado
to **fix** arreglar
to **flash** brillar
flashlight linterna

flight vuelo; to **take -** salir volando
floor piso
flu gripe *f*
to **fly (a plane)** pilotear; to **- away** alejarse volando
to **follow** seguir (i)
food comida
foot: **on -** a pie, andando, caminando
fond: to **be - (of)** ser aficionado (a)
to **force (to)** obligar (a)
forceful fuerte, vigoroso
forehead frente *f*
foreigner extranjero
forest (tropical) selva; **(nontropical)** bosque *m*
to **forget** olvidar, olvidarse de
to **forgive** perdonar
frankly francamente
frantically frenéticamente
to **frighten** asustar
frightening que asusta
frustration frustración *f*
to **fulfill** (requirements) llenar, reunir
fun: to **make - (of)** burlarse (de); to **be no -** no ser agradable (divertido)
funeral home funeraria
furious: to **be -** estar furioso

G

to **gallop** ir a galope, galopar
game juego, partido
garlic ajo
generally por lo general (regular), generalmente
gentleman caballero
to **get** lograr, conseguir; to **- home** llegar a casa; to **- on (a train)** subir (a); to **- off** bajar (de); to **- to be** llegar a ser; **to - worse** empeorar
to **get**: **not to - it** no comprenderlo
gift regalo
girlfriend amiga
to **give up** renunciar (a); darse por vencido
glad alegre *mf*, contento
to **go**: to **- away** alejarse; to **- into** entrar en (a); to **- on** seguir (i), continuar; to **- off (alarm)** sonar; to **- off to** salir para; to **- through** pasar por
to **go to get** ir a buscar
to **go to school** estudiar
God Dios
good-bye adiós *m*; to **say - to** despedirse (i) de
grandfather abuelo
grandmother abuela
greatly mucho
greedy avaricioso
to **grope** andar a tientas
to **grow** crecer (zc)
gun-toting que lleva revólver
guy tipo

H

habit: **be in the - of** tener la costumbre de
half: **- an hour** media hora; **half +** ***adj*** **and half +** ***adj*** entre + *adj* y *adj*
halfway: to **be - there** estar a mitad de camino
hand: **on the other -** por otra parte
handicrafts artesanías
handsome guapo
handwriting letra
to **hang** colgar (ue)
hanging: to **be - (on)** estar colgado (de) (en)
to **happen** ocurrir, suceder
happy feliz *mf*
harbor bahía, puerto
hard difícil *mf*
hard-working trabajador
hardly apenas; **there was - anyone** no había casi nadie, había cuatro gatos
to **hate** odiar
headache: to **have a -** tener dolor de cabeza, dolerle (a uno) la cabeza
to **heed** hacer caso de
height alto, altura; **in -** de altura
heroic heroico
high-backed de respaldo alto
highway carretera, autopista
to **hire** contratar, colocar
to **hit** pegar, golpear
to **hold (something) back** contener
home hogar *m;* **at -** en casa; to **go -** irse a casa
hope esperanza
horseback: **on -** a caballo
hostile hostil *mf*
house casa
household (*adj*) casero
however sin embargo
humble humilde *mf*
to **hurt** dolerle (ue) (a uno)
husband esposo, marido
hut choza, cabaña

I

identical: to **be - (with)** ser idéntico (a)
illness enfermedad *f*
image imagen *f*
immediate inmediato
immigration inmigración *f*
to **impose** imponer
imposing: **a large, - house** un caserón, una casona
to **impress** impresionar
to **improve** mejorar
in the afternoon (morning, etc.) de la tarde (la mañana, etc.); **in + (garment or garment's colors)** de + (prendas o colores de prendas)
inappropriate inapropiado
inconvenience molestia

to **indicate** indicar
innuendo indirecta
to **inquire about** pedir (i) informes de, preguntar por
insect insecto
insensitivity insensibilidad *f*
to **insert** insertar
inside dentro (de)
instance: **for -** por ejemplo
instantly inmediatamente
to **insult** insultar
interview entrevista
ironic irónico
irritating que irrita, irritante *mf*
ivy hiedra

J

jail cárcel *f*
jealous celoso
jealousy celos *mpl*
jewel joya
job trabajo, empleo
joy alegría, júbilo
judge juez(a)
just: **to have - (done something)** acabar de + *inf.*

K

to **keep** quedarse (con); guardar
key llave *f*
kid chico
kidding: **to be -** hablar en broma
to **kill** matar
kind (*n*) clase; (*adj*) bueno, bondadoso
knitted tejido
to **knock** llamar
knowledge conocimiento(s)

L

lace encaje *m*
to **lack** carecer de
lady dama
lake lago
landing aterrizaje *m*
last: **the - one** el último
to **last** durar
late tarde; to **get -** hacerse tarde
lately últimamente
laugh *n* risa
to **laugh (at)** reírse (de)
law ley *f*
leap: **Look before you -** Antes que te cases, mira lo que haces
to **learn (find out)** saber, enterarse de
learning opportunity oportunidad de aprender
least: **at -** por lo menos
to **leave** salir (de), marcharse
to **leave (someone or something)** dejar
lecture conferencia
left: **on my -** a mi izquierda
leg (people or pants) pierna; **(animal or furniture)** pata
legend leyenda
to **lend** prestar
less than menos de
to **let** dejar, permitir
to **let (one) know** avisar (le)
to **lie down** acostarse (ue)
life vida
to **lift** levantar
lightning relámpagos *mpl*
like como
to **like (a person)** simpatizar con
likely: to **be -** ser probable
liking: **not to be to one's -** no gustarle (a uno)
to **limit (oneself) to** limitarse a
to **listen to** escuchar
lit alumbrado
little: **a -** un poco
lobby vestíbulo
longer: **no -** ya no
to **look** verse; to **- back** mirar hacia atrás; to **- for** buscar; to **- like** parecer, parecerse a
to **lose** perder (ie)
lot: **a lot (of)** mucho
lottery ticket billete *m* de lotería
love: to **fall in - (with)** enamorarse (de); to **be in - (with)** estar enamorado (de)
lover amante *mf*
loving amante *mf*
low bajo
luck suerte *f*
lucky: to **be -** tener suerte; **it was -** fue una suerte
luckily por suerte, afortunadamente
lunch almuerzo

M

mad: to **be - with** estar loco de
main principal *mf*
major especialista *mf*
to make out (see) divisar
to **make up one's mind (to)** decidirse (a)
mall (shopping) centro comercial
to **manage (to)** arreglárselas (para)
Marist marista
mark nota, calificación *f*
marriage boda, matrimonio
married: to **be - (to)** estar casado (con)
master amo, dueño
to **matter** importar(le) (a uno)
to **mean** significar, querer (ie) decir
means: **by - of** por medio de
meat carne *f*
medical médico
to **meet** conocer (zc)
meeting reunión *f*, junta
to **memorize** memorizar, aprender de memoria
merchandise mercancía

middle: **in the - of** en mitad de, en medio de
midnight medianoche *f*
mind mente *f*; to **make up one's - to** decidirse (a)
mine mío
millionaire millonario
mirror espejo
to **miss (be absent from)** faltar a
mission misión *f*
mood: **in a bad -** de mal humor
more más; **- or less** más o menos; **the more . . . the less . . .** mientras más . . . menos . . .
moreover es más, además
most of la mayor parte de
mother-in-law suegra
motorist chofer *mf*
mouth boca
to **move** mover(se) (ue)
to **move (in) (out)** mudarse (a) (de)
movie película
movie star estrella (artista) de cine
mud fango, lodo
musician músico
mustache bigote *m*
myself yo mismo, me, mí, a mí mismo
mythological mitológico

N

nag at regañar
nail clavo
name: **family (last)** apellido
native nativo
near cerca (de)
nearby cerca, cercano
necessity necesidad *f*
neck cuello
necklace collar *m*
to **need** hacerle falta (a uno)
needed: to **be -** necesitarse
neighbor vecino
neighborhood vecindad *f*, barrio
nervous nervioso
nevertheless sin embargo
next próximo; **- door** de al lado
to be next to estar junto a
nice agradable *mf*
nightmare pesadilla
nobody nadie
noise ruido
noon mediodía *m*
notice aviso
to **notice** fijarse (en), darse cuenta (de)
now and again de vez en cuando
nowadays hoy en día

O

to **object** objetar
to **oblige** obligar
obsessed obsesionado
office oficina; **(doctor's)** consulta, consultorio
official (*n*) funcionario
offspring hijo, descendencia
often a menudo, frecuentemente
oil (motor) aceite *m*
on (light, radio, TV, etc.) encendido, prendido
one: **the - about** el/la de
to **open** abrir
opponent contrincante *mf*
oppose: to **be opposed to** oponerse a
order: **in order to** para
ordinary común *mf*
to **organize** organizar
others: **the -** los demás
outlet escape *m*
outside fuera
outstanding principal, destacado
own propio

P

pace paso
package paquete *m*
painting (art) cuadro
paper periódico
parents padres *mpl*
part-time (por) tiempo incompleto, por horas
party fiesta
to **pass through** pasar por
passage pasaje *m*
passive voice voz pasiva
passport pasaporte *m*
patience paciencia
to **pay attention to** hacer(le) caso a
payment pago
peculiar raro
people gente *fs*
to **perform (a task)** realizar, llevar a cabo
perhaps tal vez, quizá(s)
per se en sí
persistence persistencia, porfía
person: important - personaje *m*
personable agradable *mf*
personnel empleados *mpl*
pharmacy farmacia
Philadelphia Filadelfia
phonology fonología
pianist: **concert -** pianista de concierto
piece pedazo, pieza
pill pastilla, píldora
pill-popping que toma drogas
pity lástima
to **plan** planear
platonic platónico
to **play (music)** tocar; **(a game)** jugar (ue) a
pleasant: to **be -** ser agradable; to **make -** amenizar
pleasing agradable *mf*
pneumonia neumonía, pulmonía
pocket bolsillo
to **poison** envenenar
policeman policía
policy política
politician político
pool: **swimming pool** piscina
post poste *m*
powerful poderoso

to **pray** rezar, rogar (ue)
predicament apuro
to **prefer** preferir (ie)
to **prepare** prepararse
present presente
to **pretend** aparentar, fingir
pretty bonito, lindo, bello
price precio
pride orgullo
priority prioridad *f*
prisoner prisionero
to **proclaim** proclamar
programmer programador
project proyecto
proof prueba
to **protect** proteger
to **prove** probar (ue); to **-(to be)** + *adj* resultar + *adj*
psychopathic sicopático
psychosis sicosis *f*
psychotherapist sicoterapista *mf*
to **pull** tirar de, halar
purse monedero, cartera
to **pursue** seguir (i)
to **put an end to** acabar con
to **put on** ponerse

Q

quarter: **a - to six** un cuarto para las seis
question pregunta
quickly rápido, rápidamente
quiet tranquilo, callado
quite bastante

R

rack perchero
rain: to **- cats and dogs** llover (ue) a cántaros
to **raise** (*people or animals*) criar; (*vegetables*) cultivar
ranch hacienda, estancia (*Arg*)
rancher hacendado, estanciero
rather bastante, más bien; **but -** sino que
reach: **within (one's) -** a (su) alcance
to **reach (a destination)** llegar (a)
to **react** reaccionar
to **read** (*document as subject*) decir (i)
reader lector
ready: to **be - (to)** estar listo (para)
real estate bienes raíces *mpl*
to **realize** darse cuenta de
to **reappear** volver (ue) a aparecer
reason razón *f*
receipt recibo
to **recommend** recomendar (ie)
record player tocadiscos *ms*
to **reflect** reflejar
reflexive reflexivo
to **refrain (from)** abstenerse (de)
to **refuse (to)** negarse (ie) (a)
regarded: to **be - as** considerarse, estar considerado
to **register** matricularse
registration matrícula, inscripción
to **regret** arrepentir(se) (ie) de
regularly con regularidad
relations relaciones *fpl*
to **rely on** confiar en
to **remain** quedarse
remark observación, comentario
to **remember** acordarse (ue) de
to **remind** recordarle (ue) (a uno)
to **rent** alquilar
rent alquiler *m*
repeatedly repetidamente
repentant arrepentido
to **reply** replicar
request petición *f*
requested pedido
to **require** exigir, requerir (ie)
required, to **be -** requerirse (ie)
requirement requisito
to **resemble** parecer (zc)
reserved reservado
residence residencia
to **resign** renunciar (a)
to **resign oneself to** resignarse a
responsible: to **be - for** ser responsable de
result resultado
return regreso; (*adj*) de regreso
to **return** volver (ue), regresar
rid: to **get - of** deshacerse de
right (*noun*) **(a just claim or privilege)** derecho
right (*adj*) **(appropriate)** correcto; **(opposite of left)** derecho; **(not wrong)** el que + ser; **- angle** ángulo recto; **the - thing** lo que + deber; **the - time** el momento apropiado; to **be -** tener razón
right: **- away** inmediatamente; **- here** aquí mismo
right: to **serve (one) -** estar(le) bien empleado
ring argolla, anillo
risk riesgo
river río
road camino
to **rob** robar
rocket cohete *m*
room: **ladies' room** baño de las mujeres
roommate compañero de cuarto
row fila
to **rub** frotar, restregar (ie)
to **run** correr; **(continue, last)** durar; **(cost)** costar (ue); **(colors)**

correrse; (**overflow**) desbordarse; to - **out of** (**a place**) salir corriendo de; to - (**ad in a paper**) publicar
to **run**: to - **around** rodear; to - **away** escaparse, huir; to - **into** tropezarse con, encontrarse con; to - **out of** acabársele (a uno); to - **over** pasar sobre; to - **up** trepar
run: to **be on the** - estar fugitivo; **in the long** - a la larga

S

sad triste; to **make** (**one**) - ponerlo triste (a uno)
saddle montura
sadness tristeza
safe (*adj*) seguro
sailor marinero
saleswoman vendedora, dependienta
same: **the** - el mismo
satisfied satisfecho
satisfying satisfactorio
to **save** (**opposite of to spend**) ahorrar
saying refrán *m*, dicho, proverbio
scene escena
schedule horario
schizophrenic esquizofrénico
sclerosis esclerosis *f*
screen pantalla
sea mar *m*
seat asiento
seated sentado
secondly en segundo lugar
to **seek** buscar
to **seem** parecer (zc); parecerle (a uno)
seldom raramente, rara vez
to **send** enviar, mandar
sense: **good** - sentido común
sentence oración *f*
set: **TV** - televisor *m*
to **serve** (**as**) servir (i) (de); to - **right** merecerlo, estarle bien empleado
several varios
to **shake** temblar (ie), sacudir(se)
to **share** compartir
sharp agudo, afilado
shepherd: **German** - pastor alemán
shiny brillante *mf*
shopping: to **go** - ir de compras
shopping mall centro comercial
should deber
shoulder hombro
to **shout** gritar
show (**movie, theater**) función *f*
to **show** mostrar (ue), enseñar; (**a movie**) poner
sick enfermo
side lado
silly tonto
since ya que, como
sincerely yours de Ud(s) atentamente
sincerity sinceridad *f*
to **sing** cantar
sinister siniestro
sink (**kitchen**) fregadero
to **sink** hundir
sinner pecador
size (clothes) talla
skeptical escéptico
skill habilidad *f*
sky cielo
skylight tragaluz *m*, *pl* tragaluces
to **slam** (**a door**) dar un portazo, cerrar (ie) dando un portazo
sled trineo
to **sleep** dormir (ue)
sleeping dormido; durmiente
slow lento
to **smell** oler (hue); to - **of** oler a
smile sonrisa
to **smile** sonreír
to **smoke** fumar
smuggling contrabando
snake culebra, serpiente *f*
so así que; - **far** hasta ahora, hasta la fecha; - **to speak** por decirlo así; - **we did** así lo hicimos; - **what?** ¿y qué?
so-called llamado
soaking: - **wet** empapado
soccer game partido de fútbol
somber sombrío
some algún, alguno
something algo
sometimes a veces
son-in-law yerno
soon pronto; **as** - **as** tan pronto como, apenas
sore throat dolor de garganta
to **sound** sonar (ue)
space espacio
Spanish-speaking hispanohablante *mf*
special: to **be a** - **one** ser muy especial
to **specialize** (**in**) especializarse (en)
specimen ejemplar *m*
spectator espectador
to **spell out** deletrear
to **spend** (**time**) pasar
spider araña
spite: **in** - **of** a pesar de
sports (*adj*) deportivo
St. Bernard San Bernardo
to **stab** apuñalar, dar una puñalada
to **stand up** pararse, ponerse de (en) pie
startled asustado
to **state** declarar, afirmar
to **stay** quedarse
steak bisté *m*, bife *m* (*Arg*)
to **steal** robar
to **sterilize** esterilizar
stick palo
to **stick in** quedarse en, grabarse en
stimulating estimulante *mf*

stone piedra
to **stop** parar; to - + *pres. participle* dejar de + *infinitive*
store tienda
storm tormenta
strange extraño
straw paja
strength of will fuerza de voluntad
to **stress** recalcar, subrayar
strict estricto
stubbornness testarudez *f*
student (*adj*) de estudiante, estudiantil *mf*
style estilo; (**clothes**) modelo
stylistically estilísticamente
subject asignatura
subject: to **change the -** cambiar de tema
to **submit** presentar
to **substitute** sustituir
success éxito
such as tal
sudden repentino
suddenly de repente
to **suffer** sufrir
to **suggest** sugerir (ie)
suitor pretendiente
sunbathe darse baños de sol, tomar el sol
sun deck terraza
sunlight luz del sol
to **support** mantener, sustentar
sure seguro
surely de seguro
surprise: **to my -** para sorpresa mía
to **be surprised at** sorprenderle (a uno) que
surrounded: to **be - by** estar rodeado de
surroundings medio, ambiente
to **suspect** sospechar (de)
to **swim** nadar
swimming: to **go -** ir a nadar
swimming pool piscina
swine cerdo; canalla *m*
symptom síntoma *m*

T

table: **coffee -** mesa de centro
to **take** tomar, beber; to **- a bath** bañarse; to **- a nap** dormir (ue) una siesta; to **- notes** tomar apuntes; to **- off** despegar; to **- out** sacar; to **- photos** sacar fotografías; to **take (someone) for a ride** llevar a pasear; to **- (someone) or something some place**) llevar; to **- a trip** hacer un viaje
to **take after** salir a
to **take away** quitar, llevarse
tale cuento, historia
to **talk on the phone** hablar por teléfono
tall alto
task tarea
taste gusto
to **taste like** saber a
tear lágrima
terms: **not to be on speaking - with** estar peleado con
terrified aterrado
test prueba
texture textura
there ahí, allí; **- it is!** ¡Ahí está!
thief ladrón/ladrona
thin delgado
to **think** pensar (ie); **I don't - so** no lo creo
thinking: **without -** a tontas y a locas
those: **- who** los que; **there are - who** hay quienes
thought pensamiento, idea
thousand: **a -** mil
threatening amenazador
throat: to **have a sore -** dolerle (a uno) la garganta, tener dolor de garganta
throughout por todo
thyroid tiroides *f*
tight apretado
time tiempo, hora
time: **all the -** constantemente; **at the same -** a la vez, al mismo tiempo; **at the - -** en aquel tiempo; **for the first -** por primera vez; ; **in no -** en seguida, en un momento; **this -** esta vez
time: **to be -** ser hora; to **buy on -** comprar a plazos; to **have a good -** pasar un buen rato, divertirse
times: **at -** a veces; to **be behind the -** estar anticuado
tired: to **be - of** estar cansado de
together juntos
tonight esta noche
too demasiado
top (**of tree**) copa; **on - of** encima de
to **touch** tocar
town pueblo, ciudad; to **be out of -** estar fuera de la ciudad, estar de viaje
transcendence trascendencia
to **translate** (**into**) traducir (zc) (a)
transmutation trasmutación *f*
to **travel** (throughout) viajar (por)
traveler viajero
to **treat** tratar
trip viaje *m*; **business -** viaje de negocios
trouble: to **take the - (to)** tomarse el trabajo (de)
true verdadero

to **trust** confiar (en)
truthfulness veracidad *f*
to **try to** tratar de
to **try on** probarse (ue)
turn: to **turn to (into)** convertirse (ie) (en); to - **red** ponerse rojo, enrojecer; to - + **age** cumplir + años
twin gemelo, mellizo
type clase, tipo
to **type** escribir a máquina

U

to **understand** comprender, entender (ie)
understanding comprensivo
unfortunately por desgracia
ungrateful desagradecido
unique único
unknown desconocido
unless a menos que
unlikely poco probable, difícil
unpleasant antipático, desagradable
until hasta que
untiring incansable *mf*
upcoming que se avecina(n)
upon al
upset nervioso, contrariado
upstairs (en el piso de) arriba
urgently con urgencia
used: to **be - to** estar acostumbrado a; to **get - to** acostumbrarse a

V

vacation: to **be on** - estar de vacaciones
valid válido
valuable valioso
vampire vampiro
varying variante
vegetables hortalizas, verduras
veterinarian veterinario
victim víctima *mf*
virtue virtud *f*
vocabulary vocabulario
vulgar grosero

W

to **wait for** esperar
to **wake up** despertarse (ie)
to **walk through** caminar por
wall (outside) muro, tapia
warm tibio
to **warn** advertir (ie)
warning advertencia, aviso
watch reloj *m*
to **watch TV** ver (la) televisión
way manera, modo; **by the** - a propósito; **this** - de esta manera
way: to **have one's** - salirse con la suya; to **do things one's** - hacer las cosas a su manera
to **wear** llevar, usar, tener puesto
weather tiempo; **the - is good** hace buen tiempo
to **weave** tejer
weaving tejido
web tela de araña, telaraña
weekend fin de semana
weight pesa
well: **as - as** así como; y también
wet húmedo
whatever: **- happens** pase lo que pase
whereas mientras que
while mientras, cuando
widow viuda
wife esposa, mujer
willing: to **be - (to)** estar dispuesto (a)
windshield wiper limpiaparabrisas *ms*
wise sabio
wish deseo
with + physical characteristics de
to **wonder** preguntarse
to **work** (inanimate subject) funcionar
work of art obra de arte
worker obrero
world mundo
worse peor
worshipper adorador
worth: to **be - (while)** valer la pena
worthwhile (valuable) valioso
worried: to **be** - estar preocupado
wound herida
wrong (inappropriate) incorrecto; **(mistaken)** equivocado; **the - thing** lo que + no deber
wrong: to **be** - no tener razón, estar equivocado; to **get (something)** - equivocarse de + *noun*
wrong: **something + to be wrong with + noun** algo + pasarle a + *noun*, *noun* + no andar bien

Y

yesterday ayer
youngest más joven, menor

Photo and realia credits

Chapter 1 *Page 2*: Barbara Rios/Photo Researchers. *Page 23*: Art by Quino. *Page 24*: Art by Juan Ballesta, reproduced from *Cambio 16*. *Page 28*: Beryl Goldberg

Chapter 2 *Page 31*: Arlene Collins/Monkmeyer Press Photo. *Page 34*: Reproducido con autorización del diario *ABC*, Madrid. *Page 48*: Courtesy El Corte Fiel. *Page 57*: Stuart Cohen/COMSTOCK, Inc. *Page 58*: Stuart Cohen.

Chapter 3 *Page 61*: Barbara Rios/Photo Researchers. *Page 63*: Courtesy Fundación Once del Perro-Guia. *Page 64*: (top) Peter Menzel; (bottom) Courtesy El Colegio de Medicos Veterinarios de Puerto Rico. *Page 69*: Reproducido con autorización del diario *ABC*, Madrid. *Page 85*: Reproducido con autorización del diario *ABC*, Madrid.

Chapter 4 *Page 88*: Bildarchiv Foto Marburg/Art Resource. *Page 89*: Stuart Cohen. *Page 91*: (top) Ulrike Welsch Photography; (bottom) Courtesy National Committee to Prevent Child Abuse, Chicago, Illinois. *Page 116*: Art by Quino.

Chapter 5 *Page 121*: Mark Antman/The Image Works. *Page 124*: (top) Peter Menzel; (bottom) Courtesy Clinica de Belleza. *Page 127*: Courtesy Cola Performance Products. *Page 128*: Courtesy 3M Corporation, *Page 145*: Reproducido con autorización del diario *ABC*, Madrid. *Page 146*: Owen Franken/Stock, Boston.

Chapter 6 *Pages 149–150*: UPI/Bettmann Archive. *Page 151*: Victor Englebert/Photo Researchers. *Page 160*: Reproducido con autorización del diario *ABC*, Madrid. *Page 164*: Courtesy Univision Network.

Chapter 7 *Page 175*: Peter Menzel/Stock, Boston. *Page 177*: (top) Courtesy Estudios Excelsior; (bottom) Courtesy 16th Street Video Club. *Page 194*: Mimi Forsyth/Monkmeyer Press Photo. *Page 197*: (top) Courtesy Closets Imperio; (bottom) Courtesy Clonaca. *Page 203*: Aldo Rivera, from *El humor de mi vida*, Hyspamerica, Argentina. *Page 204*: Peter Menzel/Stock, Boston.

Chapter 8 *Page 208*: Hugh Rogers/Monkmeyer Press Photo. *Page 210*: Ulrike Welsch/Photo Researchers. *Page 211*: Art by Quino. *Page 229*: Emilio A. Mercado/The Picture Cube.

Chapter 9 *Page 232*: Georg Gerster/COMSTOCK, Inc. *Page 235*: Art by Quino. *Page 251*: Courtesy Santa Rosa Estancias. *Page 259*: Michael Dwyer/Stock, Boston.

Chapter 10 *Page 263*: Jorge Ianiszewski. *Page 265*: Peter Menzel. *Page 266*: Courtesy Loteria Nacional, Mexico. *Page 283*: Aldo Rivero, from *El humor de mi vida*, Hyspamerica Publishing. *Page 286*: Carl Frank/Photo Researchers.

Chapter 11 *Page 289*: Stuart Cohen/COMSTOCK, Inc. *Page 290*: Courtesy New York City Department of Transportation. *Page 292*: Peter Menzel. *Page 293*: Courtesy Comite Nacional de Educación de Transito de Chile. *Page 306*: Aldo Rivero, from *El humor de mi vida*, Hyspamerica Publishing; (bottom) Reproducido con autorización del diario *ABC*, Madrid.

Chapter 12 *Page 318*: Raul de Molina/Shooting Star. *Page 320*: Peter Menzel/Stock, Boston. *Page 321*: (top) Courtesy of WLTV 23; (bottom) Courtesy Telemundo. *Page 325*: Art by Joaquin Velasco, reproduced with permission of *Uno + Uno*. *Page 330*: Ulrike Welsch Photography.

Chapter 13 *Page 346*: Ulrike Welsch Photography. *Page 347*: Peter Menzel. *Page 349*: Peter Menzel/Stock, Boston. *Page 351*: (top and center) Art by Ruis, from *El Otro Ruis*: *Humor Blanco (1955-1985)*, reproduced with permission of Grupo Editorial Gijalbo-Mondadori; (bottom) Art by Palomo, from *Mundo in Mundo*, reproduced with permission of Editorial Patria.

Chapter 14 *Page 376*: Peter Menzel/Stock, Boston. *Page 379*: Peter Menzel. *Page 385*: Nancy D'Antonio. *Page 391*: Art by Quino. *Page 396*: Courtesy of Correo de Colombia.

I · N · D · E · X

THE ENCYCLOP
CHINESE CO